SÂMADA HESSE

romance pelo espírito Margot

Katie

A REVELAÇÃO

© 2022 por Sâmada Hesse
© iStock.com/fotorince

Coordenadora editorial: Tânia Lins
Coordenador de comunicação: Marcio Lipari
Capa e projeto gráfico: Equipe Vida & Consciência
Preparação: Janaina Calaça
Revisão: Equipe Vida & Consciência

1ª edição — 1ª impressão
2.000 exemplares — julho 2022
Tiragem total: 2.000 exemplares

CIP-BRASIL — CATALOGAÇÃO NA PUBLICAÇÃO
(SINDICATO NACIONAL DOS EDITORES DE LIVROS, RJ)

M283

    Margot (Espírito)
    Katie : a revelação / pelo espírito Margot ; [psicografado por] Sâmada Hesse. - 1. ed. - São Paulo : Vida & Consciência, 2022.
    416 p. ; 23 cm.

    ISBN 978-65-8859-946-4

    1. Romance espírita. 2. Obras psicografadas. I. Hesse, Sâmada. II. Título.

22-76714   CDD: 133.93
                                                          CDU: 133.9

Todos os direitos reservados. Nenhuma parte desta edição pode ser utilizada ou reproduzida, por qualquer forma ou meio, seja ele mecânico ou eletrônico, fotocópia, gravação etc., tampouco apropriada ou estocada em sistema de banco de dados, sem a expressa autorização da editora (Lei nº 5.988, de 14/12/1973).

Este livro adota as regras do novo acordo ortográfico (2009).

Vida & Consciência Editora e Distribuidora Ltda.
Rua das Oiticicas, 75 – Parque Jabaquara – São Paulo – SP – Brasil
CEP 04346-090
editora@vidaeconsciencia.com.br
www.vidaeconsciencia.com.br

*Para William C., Arthur C. D., Daniel.
D. H., Allan Kardec e todos aqueles
que acreditam na realidade que existe além.*

Margot

Prefácio

Medium, do latim médium, meio, intermediário. Aquele que está no meio, entre os planos material e espiritual.

A mediunidade sempre existiu, embora seja interpretada de diferentes formas nas diferentes épocas e nos diferentes ciclos pelos quais passaram a humanidade. Esta capacidade natural de comunicação entre desencarnados e encarnados, contudo, sempre esteve presente.

Antes de ser um dom, a mediunidade, como capacidade ativa e aflorada, torna-se uma verdadeira missão para o médium, porém, nem todos a enxergam dessa forma, infelizmente. Alguns não a utilizam de forma útil, optando por arquivá-la, e outros a temem como algo ruim, um atravanco, um peso e, assim, por sua própria escolha, literalmente a arrastam por sua existência afora. Há também aqueles que escolhem seguir por um caminho ainda pior, utilizando essa capacidade de forma lucrativa e egoísta para somente beneficiar a si mesmo.

A missão do médium não é fácil, muito pelo contrário. Exige disciplina, força de vontade, caráter forte e amor pelo próximo, qualidades que são de difícil desenvolvimento verdadeiro. O médium não é uma pessoa que está acima das outras. O que o diferencia é que sua missão espiritual é mais evidente, pois, na maior parte dos casos, seu espírito está ciente de seu compromisso, embora sua mente racional não consiga se lembrar. Mediunidade não é sinônimo de elevação e alto nível de desenvolvimento espiritual ou, ainda, de ausência de defeitos morais ou de caráter. Nosso planeta é um lugar de aprendizado, lapidação, desenvolvimento de nossas capacidades de compaixão, humildade, fé, paciência e, consequentemente, de aperfeiçoamento, como seres espirituais que somos em nossa centelha mais primitiva e essencial. Antes de qualquer coisa, atuar de forma séria como médium é um ato de amor ao próximo.

A história de Katie Harrison é somente mais uma história de mais uma médium entre tantas outras. Muitos anos já se passaram desde que Kardec codificou o que hoje conhecemos como doutrina espírita, e o que o inspirou a escrever seus livros foram os fenômenos de efeitos físicos, que, naquele período da história em particular, se tornaram mais evidentes, servindo ao Plano Maior.

O movimento alastrou-se por diversos países do continente europeu e também da América, em especial da América do Norte. Os médiuns de efeitos físicos desempenharam um papel importantíssimo para a semeadura das ideias acerca da vida após a morte, da existência dos ciclos reencarnatórios e da possibilidade de contato entre encarnados e desencarnados dentro das sociedades ocidentais, porém, muitos desses médiuns permitiram que a ambição e a vaidade tomassem a dianteira em seus propósitos. Deixando de lado, contudo, os julgamentos acerca da conduta de alguns, devemos concordar que muitos deles desempenharam um papel importantíssimo dentro do cenário no qual estavam inseridos.

A história que se segue trata basicamente do encontro entre uma médium e um homem da ciência, cada qual com suas diferenças, mas com um propósito em comum: comprovar que o fluxo da vida não se interrompe com a chegada da morte e que a comunicação entre encarnados e desencarnados é algo que faz parte da natureza humana.

Aproveito aqui para fazer um breve esclarecimento ao leitor antes de iniciarmos mais uma história. Todos nós estamos em constante aprendizado, e a mudança de conduta, ideais e valores se faz sempre presente, pois a própria vida é puro movimento e nos traz oportunidades para tal. Em algum momento sempre falhamos, seja por meio dos nossos pensamentos, das nossas emoções, palavras ou ações, então, não devemos julgar. O erro cometido poderá transformar-se em um aprendizado valioso quando acompanhado de arrependimento sincero e firme propósito de mudança.

Boa leitura!
Margot

Capítulo 1

Londres, janeiro de 1901.

— Will??? Tem alguém batendo na porta!

William Russel desviou os olhos das páginas do livro que ele segurava aberto entre as mãos e fechou-o, deixando-o junto da luminária. Em silêncio, caminhou a passos largos até a porta da frente.

— Doutor Russel?

— Sim. Em que posso ajudá-lo nesta noite horrivelmente fria e a estas horas, meu jovem? — perguntou o amável senhor, enquanto ajeitava os óculos sobre o nariz.

Um vento forte e gelado açoitava as árvores.

— Trago uma mensagem para o senhor — respondeu o rapaz entregando-lhe um envelope.

William pegou o envelope e pôde reconhecer nele a caligrafia de Morringan, seu amigo e colega de trabalho. Franziu levemente as sobrancelhas e, em silêncio, entregou uma moeda ao mensageiro, fechando a porta em seguida.

— Quem era, querido?

— Um rapaz corajoso que veio entregar-me uma mensagem nesta noite tenebrosa.

A mulher, que estava na cozinha, resmungou algo incompreensível a que William não deu muita atenção.

Ele entrou na biblioteca e fechou a porta. Ajeitou os óculos novamente sobre o nariz. "Morringan...", pensava, enquanto olhava para o envelope sobre a escrivaninha. "O que poderia ele querer depois de todo aquele tempo de afastamento? Por que se deu ao trabalho de enviar um mensageiro até minha casa em uma noite como essa? Deve ser algo realmente importante."

Com uma expressão muito séria no rosto, que lhe fazia pregas entre as sobrancelhas e lhe arqueava levemente os lábios e o bigode para baixo, William retirou o selo que lacrava o envelope e reconheceu as iniciais do outro médico.

>Londres, 21 de janeiro de 1901.
>
>Meu caro William, apesar do afastamento que hoje existe entre nós e da nossa incapacidade de nos desculpar um com o outro, cada qual com suas razões, as quais não tenho a intenção de abordar ou mencionar nesta carta, devo primeiramente lhe esclarecer que o estimo muito e que tenho respeito por você e admiração pelos nossos anos de sincera amizade e de convivência em nossa vida profissional.
>
>Confesso-lhe que relutei durante algum tempo antes de tomar a decisão de escrever esta carta. Por orgulho talvez ou por receio de não receber sequer uma resposta.
>
>Conhecendo-o como o conheço, poderia até apostar algum dinheiro que você leria minha mensagem, mas não apostaria nenhuma moeda no que diz respeito a qual será sua reação em seguida.
>
>Estou novamente em Londres e acredito que já tenha conhecimento desse fato. Ocorreu que, há exatamente duas semanas antes do Natal, fui procurado por um homem, que apareceu em meu consultório no final da tarde e implorou para que o seguisse até sua residência, pois sua filha mais velha estava com alguns problemas de saúde.
>
>Claro que eu o fiz! Jamais, em tantos anos de carreira, neguei atendimento a quem quer que fosse, rico ou pobre! Você bem me conhece e sabe que é a mais pura verdade!
>
>Pois bem... Depois de quase uma hora, chegamos a uma localidade da periferia e paramos em frente a um sobrado, onde, no piso inferior, funciona uma alfaiataria, que pertence ao senhor Harrison, o homem que me procurou.
>
>Fui muito bem recebido pela senhora Harrison e percebi que na casa havia mais três crianças, mas esses são detalhes que não vêm ao caso no momento. Fui convidado pelos donos da casa a segui-los até o segundo piso. Em um dos cômodos, um modesto aposento, estava uma jovem de 15 anos de idade, com muito boa aparência, sentada a uma escrivaninha antiga, fazendo algumas anotações. Ao me ver na porta, acompanhado pelos pais,

levantou-se e cumprimentou-me educada e polidamente com grande desenvoltura.

— Doutor Morringan, esta é nossa filha Katie.

— Muito prazer em conhecê-lo, doutor.

Naquele momento, observando a jovem que estava à minha frente, eu simplesmente não consegui entender o motivo de estar ali. A aparência da jovem era perfeitamente saudável e seu comportamento também.

Creio que, a esta altura, você também não esteja entendendo qual é o motivo desta narrativa e muito menos por que o procurei.

Fiquei impressionado com as maneiras daquela jovem. Sua postura, forma de se expressar e educação em nada lembravam a das jovens da idade dela. Em poucos minutos em sua presença, notei o quanto aquela criatura era singular.

E é realmente! Katie fala perfeitamente alemão, francês e latim, discorre sobre vários assuntos diferentes com impressionante desenvoltura e possui um magnetismo incrível no olhar. Sei que pode estar lhe parecendo loucura, William, mas não é! Katie é verdadeira! É diferente de todos aqueles que passaram por nossas mãos anteriormente.

O senhor Harrison procurou-me, porque estão ocorrendo fenômenos na casa, e a jovem tem passado noites inteiras sem dormir ou dias inteiros e noites seguidas também sem acordar. Além de outros fatos que irei lhe relatar pessoalmente, você se tiver, é claro, interesse em me acompanhar nesse caso.

Desculpe-me, William, mas não pude deixar de pensar em você, o único em quem realmente posso pensar diante de um caso como esse. Hoje, depois de todos esses anos de pesquisa no campo do estudo da mente humana e dos fenômenos espirituais, Katie é, para mim, um enigma.

Se você tiver interesse, sabe onde me encontrar. Estou morando em minha antiga residência e clinicando no mesmo local.

C. J. Morringan

William largou a carta sobre a escrivaninha, apagou a luz da biblioteca e foi para o quarto se deitar.

Capítulo 2

— Bom dia, doutor Morringan!
— Bom dia, senhorita Scott! A senhora Humphrey já chegou?
— Ainda não, doutor, mas não está atrasada. A consulta dela está marcada para daqui a exatamente vinte minutos.
— Estarei em meu consultório.
A mulher assentiu com um leve movimento de cabeça.
Doutor Morringan sentou-se diante de sua mesa de trabalho e se pôs a organizar papéis e fichas com os históricos de seus pacientes. Uma leve pontada no lado direito do abdômen, em um ponto próximo das costelas inferiores, incomodava-o naquela manhã e já havia alguns dias. Era um homem de estatura mediana, não passando de um metro e sessenta e cinco de altura, e estava um pouco acima do peso que costuma ser aceitável para tal, pois se tratava de um admirador da boa gastronomia.

O consultório, um pequeno cômodo no piso inferior de sua residência, era sempre mantido impecável pela senhorita Scott, uma espécie de assistente, secretária e governanta de Morringan havia mais de trinta anos. Devemos mencionar aqui que a diferença de idade entre os dois era de apenas dois anos, sendo ele o mais velho, contando já com sessenta e cinco anos. Havia uma relação de cumplicidade e de respeito entre os dois, já que ambos não tinham parentes próximos, e mesmo os mais distantes não residiam em Londres. Morringan era um solteirão convicto, inteiramente dedicado à ciência, aos livros e aos seus estudos de caso, ou seja, seus pacientes. Quando resolveu deixar Londres por dois anos e mudar-se para uma cidade que ficava a duas horas de distância da capital, a senhorita Scott nem sequer titubeou em acompanhá-lo.

Ao colocar seus pés pela primeira vez na residência de Morringan, Marianne, assombrada, percorreu com os olhos o ambiente ao seu redor e teve ímpetos de girar sobre os próprios calcanhares e retornar para o quarto de pensão de onde havia saído naquela manhã. Tudo parecia estar fora do lugar, e um cheiro forte de mofo permeava toda a casa, onde livros se misturavam com roupas limpas ou sujas. Ela aceitou o emprego, pois a necessidade falara mais alto, fazendo-a engolir o desejo de fugir porta afora e não mais retornar. Filha de pais escoceses, casara-se cedo e mudara-se com o marido para Londres. Em menos de um ano de matrimônio, ficara viúva, o que a obrigou a procurar emprego como doméstica. Teve a sorte de ser contratada como dama de companhia por uma senhora da alta sociedade. A mulher não tinha filhos, tampouco marido, e sentia-se sozinha em sua mansão. Marianne cuidou dela com total dedicação durante os onze anos em que moraram juntas. Tinha um caráter nobre, o que sua benfeitora observou em pouquíssimo tempo de convivência, providenciando para ela aulas de etiqueta e acesso a conhecimento e à educação, aos quais a vida difícil a privara.

Após a morte da patroa, Marianne teve de deixar a casa onde vivia a pedido dos herdeiros, sobrinhos da falecida, e hospedou-se em uma pensão na periferia. Possuía algumas economias, o suficiente para custear gastos com alimentação e moradia até encontrar um novo emprego, além de algumas joias de pequeno valor, que tratou de negociar assim que se viu desempregada. Depois de um mês procurando trabalho, sem encontrar nada, alguém lhe disse para procurar o doutor Morringan, o bom médico com fama de excêntrico, para não dizer maluco, tão aclamado pelos menos favorecidos e pela classe operária. Marianne perguntou à dona da pensão sobre o médico.

"— É um bom homem o doutor Morringan! Mas não sei se tem a cabeça muito boa, não... Ninguém fica muito tempo trabalhando para ele, no entanto, tem boa índole, não é de mexer com as moças. É que ele é esquisito, sabe... Nunca quis se casar, dizem que faz experiências e que até mexe com coisas do outro mundo..." — disse a mulher se benzendo rapidamente. Em seguida, acrescentou: "— Mas trabalho não está fácil de se conseguir por aqui, ainda mais para uma mulher sozinha e que veio de fora. Se eu fosse a senhorita, iria até a casa dele amanhã de manhã bem cedo. Não podemos nos esquecer de que logo, logo a temporada de inverno chegará, e ficará ainda mais difícil sair por aí batendo de porta em porta e procurando trabalho".

Na manhã seguinte, Marianne acordou bem cedo e foi até o endereço. Foi recebida pelo próprio médico, já que não havia funcionários na casa. Ele estava impecavelmente bem-vestido e foi extremamente educado. Após Marianne se identificar e esclarecer que não estava ali em busca de atendimento, mas, sim, de trabalho, Morringan, então, convidou-a para entrar e conhecer a casa. E ela nunca mais saiu de lá.

Apesar do caos que reinava em cada metro quadrado daquela propriedade, Marianne logo percebeu nele uma inaptidão natural com relação à organização da vida prática, mas que fazia parte de sua personalidade e que era facilmente explicável por ele ser um homem da ciência, com intelecto admirável, alta capacidade de raciocínio para questões e situações com as quais ela e a maior parte das pessoas comuns jamais saberiam resolver ou lidar. Com o tempo, passou a admirar a mente brilhante do médico, que estava muito além de seu tempo. Certamente era essa a razão de o doutor ser tão atrapalhado com relação ao ambiente à sua volta. Havia nele também um traço evidente de bondade, que ela detectou em pouco tempo de convivência. Bondade esta sempre acompanhada de uma modéstia que não era falsa, quando elogiado por suas atitudes e sua boa vontade para com os seres humanos que costumava ajudar. Ele demonstrava humildade e até mesmo constrangimento, evitando, inclusive, comparecer a eventos públicos para os quais, de quando em quando, era convidado para ser homenageado.

Algo na relação entre Morringan e a senhorita Scott lembrava um longo matrimônio. Eles até poderiam comemorar bodas de ouro juntos, no entanto, havia também uma linha invisível que ambos respeitavam e jamais ultrapassavam.

Passava das quatro horas da tarde, quando Marianne bateu delicadamente na porta do consultório.

— Entre, por favor, senhorita Scott — disse Morringan, enquanto fazia algumas anotações na ficha de um paciente.

— Doutor Morringan, o doutor William Russel acabou de chegar.

Ela estava parada diante da escrivaninha com postura ereta, aguardando uma resposta. Seus olhos azuis denotavam de forma quase imperceptível surpresa e certa tensão. Acompanhara de perto toda a situação que ocorrera havia alguns anos entre Morringan e Russel e não podia imaginar o motivo de tal visita.

Morringan olhou surpreso para Marianne e depois de alguns segundos pediu-lhe que fizesse o visitante entrar.

Marianne ainda permaneceu parada no mesmo lugar durante algum tempo, sem se mover. Como Morringan continuou a encará-la, ela despertou de seus pensamentos abruptamente.

— Sim, senhor!

Morringan levantou-se da cadeira e ajeitou o laço da gravata e o colete puxando-o mais para baixo o máximo que pôde.

— Muito obrigado, senhorita Scott — disse William, enquanto entrava no consultório.

Marianne retirou-se discretamente, fechando a porta e deixando-os a sós.

Morringan aguardava William de pé, atrás da escrivaninha. Estava nervoso, com o coração acelerado e as palmas das mãos suadas, apesar de todo o frio que fazia.

— Como vai, Carl? — perguntou William sem lhe estender a mão.

— Estou bem, meu caro. Confesso-lhe que estou um bocado surpreso com sua visita.

— Não mais do que eu fiquei ao receber sua carta.

O tom de voz de William não era ríspido, tampouco denotava qualquer tipo de rancor ou contrariedade. Era como sempre havia sido: sóbrio e grave. William era bem mais alto e mais magro do que Morringan, tendo os dois praticamente a mesma idade, com diferença de um ano apenas. William era o mais jovem.

— Por favor, sente-se.

Morringan aguardou até que o outro se sentasse e fez o mesmo.

— Deseja beber algo? Posso pedir para a senhorita Scott preparar-lhe um chá, se você quiser.

— Um conhaque talvez, para aquecer.

— Sim, sim, é claro.

Morringan saiu de onde estava e em seguida retornou com duas taças de *brandy*.

— Espero não estar o atrapalhando. Preferi vir até aqui neste horário, porque imaginei que já não tivesse mais pacientes para atender, haja vista que o frio incentiva todos a não ficarem doentes para não terem de sair de suas casas — disse William sorvendo um pequeno gole da bebida forte e quente.

Morringan sorriu. Sabia o quanto o outro era avesso ao inverno.

Depois de alguns segundos mantendo silêncio, cada qual com seus próprios pensamentos, procurando as palavras certas para iniciarem um diálogo, William resolveu dar o primeiro passo.

— Meu caro doutor Morringan, passei a noite em claro me virando de um lado para outro na cama e atrapalhando com certeza o repouso da minha querida Helen.

— Ah, sim! — disse Morringan arregalando os pequenos olhos castanhos por trás dos óculos. — Como ela está? Que distração a minha! Nem sequer perguntei por ela, quando você chegou!

— Está bem, obrigado. Como sempre envolvida com seus próprios afazeres e suas pesquisas. É uma mulher fantástica, incomum mesmo, que ainda consegue tempo para me ajudar no que necessito e organizar a casa. Preocupam-me um pouco as dores de cabeça constantes das quais se queixa, mas que, segundo ela, são decorrentes do encerramento de seus ciclos mensais. Como é avessa ao uso de fármacos, investe no poder curativo das plantas e das ervas somente.

Morringan sorriu. Conhecia Helen o suficiente para saber o quanto podia ser teimosa. William continuou:

— Então, Carl, como estava lhe dizendo, passei a última noite em claro. Confesso-lhe que, após receber e ler sua carta, larguei-a sobre a escrivaninha e fui me deitar, dizendo para mim mesmo que jamais viria procurá-lo, menos ainda por motivos relacionados a pesquisas desse gênero. Mas algo me atormentou a noite toda sem cessar. Foi como se sua carta despertasse algo que estava apenas adormecido dentro de mim.

Após uma pausa, William continuou:

— Por essa razão, aqui estou! Não vou lhe dizer que, no decorrer desse tempo em que ficamos afastados, não senti vontade de procurá-lo, saber como estava, enfim, me reaproximar, afinal de contas, você é o único a quem sempre considerei um amigo de verdade. Os outros são apenas conhecidos, pessoas com as quais preciso interagir no meio acadêmico e profissional. Mas não o procurei! Por orgulho, por não saber o que dizer depois de tudo o que lhe disse em nosso último encontro... — William fez uma pausa. — Quero lhe dizer que me arrependo de muitas coisas que disse naquela noite, Carl — arrematou com certa dificuldade e notável constrangimento, enquanto bebia mais um gole de conhaque.

Morringan olhava para ele sem saber o que dizer. Durante a acalorada discussão que tiveram havia alguns anos, o amigo perdera completamente o autocontrole, ofendendo-o e acusando-o, inclusive de coisas que eram somente de sua responsabilidade.

— Isso tudo já acabou, William. Eu compreendi seus motivos. Fiquei magoado, me senti ofendido, mas já passou. Conheço-o e sei o que o levou a agir daquela forma e a me dizer todas aquelas coisas. Só guardei de você, de nossa amizade e da nossa relação profissional boas lembranças, pois, em anos de relacionamento, aquele foi o único episódio negativo do qual podemos nos lembrar. Para mais de trinta anos de convivência, é uma excelente média, não concorda?

Morringan estava sendo sincero. William levantou os olhos na direção do amigo e pediu-lhe desculpas. Finalmente as mãos encontraram-se e apertaram-se com força e intensidade.

— William, nunca deixei de acreditar na possibilidade da existência de vida após a morte, e se você não conseguiu dormir após ler a minha carta é porque, assim como eu, também não deixou de acreditar.

"Temos de continuar as pesquisas, meu amigo! Talvez não estejamos vivos para testemunhar, mas chegará um momento na história da humanidade em que a ciência terá como explicar e justificar o que hoje é denominado de sobrenatural!

"Eu, você e outras dezenas de pessoas, que não são ignorantes, estudiosos da ciência em suas diferentes vertentes, da história, da antropologia, literatos e intelectuais, acreditamos nisso! Não em superstições, mas em algo que, talvez através da química, da física, da medicina e do estudo da mente humana, possamos comprovar! Algo que nos leve além de um fim debaixo da terra ou em jazigos no cemitério. Depois da morte física, não podem restar apenas ossos! Esse movimento que vem ocorrendo já há algumas décadas, não só aqui na Inglaterra, mas em outros pontos da Europa, e também na América, tem apenas se intensificado desde que o francês, que utilizava o pseudônimo de Allan Kardec, começou a realizar suas pesquisas nesse campo e a escrever seus artigos. Cada vez mais, um número maior de mentes desperta para essa realidade!"

William permaneceu em silêncio durante algum tempo. Ele olhava para Morringan.

— Me fale sobre Katie.

Capítulo 3

A neve acumulava-se nas portas e nas calçadas, tornando-se um motivo mais do que suficiente para que as pessoas evitassem deixar seus lares sem que tivessem uma razão realmente importante para isso.

A senhora Helen Russel, além de corajosa, era extremamente determinada e não se deixava abater ou intimidar nem mesmo pelas intempéries naturais.

Apesar dos argumentos do marido e de todo o frio que fazia do lado de fora, mandou avisar o cocheiro logo cedo pela manhã e partiu em direção a um dos bairros mais afastados de Londres, onde a maior parte das propriedades ainda pertencia a pequenos produtores rurais e pecuaristas.

Em determinado ponto do trajeto, o coche parou. Helen colocou a cabeça para fora na intenção de descobrir o que estava acontecendo e viu quando o cocheiro trocou meia dúzia de palavras com um dos muitos curiosos que se aglomeravam junto da ponte do rio Lea.

— Uma infeliz se atirou da ponte, senhora Russel! Foi agora mesmo. Aquele homem me disse que viu quando ela saltou. O frio faz as pessoas enlouquecerem! Minha avó sempre dizia isso! Que o inverno é um tempo de escuridão sobre a Terra e que é quando o mal influencia a cabeça das pessoas! — dizia o homenzinho atarracado em tom dramático.

Helen saltou rapidamente de dentro do transporte.

— Aonde vai, senhora? — perguntou ele incrédulo.

— Venha, Bucky! Não fique aí parado, homem!

Helen caminhou a passos largos e firmes em direção à multidão de curiosos, que se acotovelava junto ao parapeito da ponte. A maioria deles olhava para ela com espanto, pois, por suas roupas, era possível perceber que pertencia à alta sociedade.

— Com licença... por favor, cavalheiro, por onde posso descer até a margem do rio?

Um homem baixo e corpulento, usando um chapéu velho de abas curtas, olhou para trás e, admirado, deparou-se com o rosto de Helen encarando-o.

— A madame quer descer até a margem do rio?

— Sim, eu gostaria. Talvez a mulher que se atirou nas águas ainda esteja viva!

O homem gargalhou mostrando apenas meia dúzia de dentes amarelos e virou-se novamente para frente, sem dar maior atenção a ela.

Uma mulher de corpo avantajado com a face avermelhada e rechonchuda, que segurava vários pacotes de compras, aproximou-se. Trajava uniforme de criada.

— Está perdendo seu tempo com esse inútil, senhora. A menina pode, sim, estar viva ainda, mas precisamos de alguém que saiba nadar e que tenha coragem e disposição para entrar nessas águas geladas. Como a senhora pode notar, nenhum dos homens aqui presentes teve ímpeto de tomar essa atitude. Esses vermes apenas desejam assistir ao espetáculo.

Naquele exato momento, ouviu-se uma voz feminina:

— Vejam! Ela ainda está viva!

De fato, era possível ver ao longe, entre as águas turbulentas de cor marrom, uma cabeça humana, que aparecia e desaparecia a intervalos não muito longos.

Helen voltou-se para a mulher que ainda permanecia próxima e falou em um tom de voz baixo, tão baixo que o velho Bucky esticou seu enorme pavilhão auditivo o máximo que pôde, mas não conseguiu ouvir o que ela dizia.

— Claro! Conheço a maioria, madame. Não tardará para que apareçam "corajosos" voluntários para resgatar a pobre jovem.

Em seguida, a mulher bradou no meio da multidão com uma voz que por vezes lembrava uma corneta de som estridente.

— Recompensa de 25 libras para quem for corajoso o suficiente para resgatar aquela pobre criatura!

Era praticamente uma pequena fortuna. Durante alguns segundos, ouviu-se um burburinho e muitas vozes falando ao mesmo tempo. Bucky revirou os olhos para cima. Conhecia muito bem a patroa e sabia do ela era capaz.

O velho cocheiro tinha certeza de que, se fosse alguns anos mais jovem, ela certamente o teria feito entrar naquele rio.

Em poucos minutos, meia dúzia de pequenas embarcações a remo estavam na água, e seus ocupantes lutavam como podiam para equilibrarem-se dentro dos barcos, pois a força da correnteza era intensa, e esforçavam-se para alcançarem a jovem que se afastava cada vez mais. Um dos barcos conseguiu se aproximar o suficiente e lançar uma âncora na água. Um dos tripulantes estendeu um remo na direção da vítima. Esgotada e praticamente sem forças, ela soltou o tronco de árvore ao qual estava agarrada, mas não teve forças suficientes para segurar o remo.

Outro tripulante da mesma embarcação amarrou um cabo em um olhal do barco e à própria cintura e atirou-se nas águas. Nadador experiente, não teve dificuldades para alcançar a moça e finalmente puxá-la para dentro. A jovem, já desacordada, não respirava e jazia inerte no fundo da embarcação. Ele massageou a região de suas costelas e, cobrindo-lhe o nariz, soprava dentro de sua boca. Durante alguns minutos, ela pareceu não reagir. Os outros tripulantes assistiam à cena em silêncio, e, de um momento para o outro, o corpo da jovem foi sacudido por um solavanco que fez seu tórax se desprender do fundo do barco e sua boca se abrir expelindo uma grande quantidade de água. O homem que a resgatara aproximou-se e, colocando-se atrás de seu tronco, a segurou com a cabeça erguida e virada para o lado. Nos minutos que se seguiram, ela tossiu repetidas vezes e colocou para fora uma incrível quantidade de água. Muito cansada, mal conseguia movimentar-se ou manter-se sentada, a não ser com auxílio. Quando a embarcação chegou à margem, Helen, acompanhada sempre de perto por Bucky e mais meia dúzia de pessoas, aguardava ansiosa.

— Ela está viva! — murmurou um homem. — Mas... é a filha do alfaiate! Meu Deus! O que terá acontecido para que essa pobre moça tenha feito uma coisa dessas?

Helen virou-se para ele.

— O senhor a conhece?

— Sim, é a filha mais velha do senhor Harrison. O pai dela é um homem muito distinto. Ele é alfaiate — respondeu o estranho que, a julgar pela aparência, apesar de pertencer a uma classe social mais baixa, era inglês e possuía certo nível de educação.

— O senhor saberia me dizer onde ela mora?

— Vivem em um bairro pouco distante daqui, onde há uma fábrica de tecidos. Se a madame chegar até a fábrica, basta perguntar pela alfaiataria.

— Muitíssimo obrigada! Sabemos onde fica, não é, Bucky? — perguntou Helen animada.

O cocheiro assentiu com a cabeça.

— Quem pagará a recompensa? — perguntou um homem ruivo com os cabelos desgrenhados e que, ao que tudo indicava, era o dono da embarcação que realizara o resgate.

— Isso não é da sua conta, Tom! — respondeu uma voz masculina, com sotaque diferente do britânico, que Helen não reconheceu como sendo irlandês ou escocês, tampouco como sendo de alguma localidade do norte ou do leste europeu. — Já paguei pelo aluguel do seu barco!

O homem ruivo puxou um pouco mais a embarcação para a margem e terminou de amarrá-la em uma das árvores próximas. Em seguida, subiu em direção à estrada resmungando coisas incompreensíveis.

A jovem jazia no chão sobre a terra úmida coberta por um casaco masculino de cor preta. Os olhos estavam fechados, e a respiração ainda era fraca. A essa altura, a multidão de curiosos já se dispersara quase completamente, restando apenas meia dúzia de pessoas sobre a ponte. Na margem do rio ficaram apenas Helen, Bucky, o homem alto e magro que conhecia o pai da vítima e o corajoso herói que se lançara nas águas revoltas do rio, arriscando a própria vida para salvá-la.

— Muito bem, meu jovem! Acho que a recompensa lhe pertence — disse Helen olhando-o diretamente nos olhos.

Estava ensopado, com os lábios e as pontas dos dedos das mãos arroxeadas, enquanto seu corpo estremecia por inteiro devido ao frio. Ele olhou para Helen durante algum tempo antes de responder.

— Não posso aceitar seu dinheiro, senhora.

Helen levantou sutilmente as sobrancelhas.

— É um direito seu, senhor....

— Cloods. Edward Cloods.

Ela estendeu a mão para cumprimentá-lo.

— Helen Russel.

— É um prazer, senhora Russel.

Edward curvou-se levemente e segurou delicadamente as pontas dos dedos de Helen.

— Meu caro Edward, peço-lhe que ajude meu velho amigo Bucky a carregar esta jovem para cima, a fim de que possamos levá-la para a casa de seus pais.

— Não será necessário a ajuda desse senhor — disse Edward. — Eu me encarrego disso.

Diante da observação de Cloods, Bucky olhou para ele com certo ar de indignação, mas, antes que pudesse abrir a boca para dizer qualquer coisa, o jovem estrangeiro venceu rapidamente o barranco que levava até a estrada com o corpo de Katie em seus braços.

— Muito obrigada, Edward — disse Helen de dentro do coche. — Insisto para que vá até minha residência receber sua recompensa.

— Não poderei aceitar, senhora Russel. Não devemos cobrar por ajudar outro ser humano em uma situação como aquela. Que tipo de homem seria eu se aceitasse seu dinheiro? Talvez me colocasse no mesmo nível que a maioria daqueles que aqui estavam, somente assistindo ao horroroso espetáculo sem nada fazerem pela pobre criatura.

— Posso perceber bem o tipo de homem que você é, meu jovem, mas também posso deduzir que a soma em dinheiro que prometi talvez lhe seja muito útil neste momento. Está em um país distante do seu, e toda e qualquer ajuda financeira poderá ser bem-vinda em um caso assim. Peço-lhe, por favor, que não se sinta ofendido ou constrangido e me procure amanhã pela manhã. Sabe onde fica o bairro Saint James?

— Sei, sim, senhora.

— Excelente! Procure a residência do doutor Russel. Qualquer um saberá lhe dizer onde moro.

Helen despediu-se de Edward, e o coche seguiu rumo à residência dos Harrisons.

Capítulo 4

Uma fina nevasca começava a cair, quando Bucky parou o coche em frente à alfaiataria Harrison.

O ponto comercial estava fechado, muitos curiosos aglomeravam-se no local e era possível ver alguns policiais circulando por ali.

O bairro, que um dia fora considerado área rural, transformara-se em parte da periferia da grande Londres e abrigava desde moradores de classe média, operários, imigrantes e até mesmo alguns que viviam em condições miseráveis.

Bucky desceu e conversou rapidamente com um dos policiais que estavam do lado de dentro do portão lateral da alfaiataria. O homem entrou rapidamente para, em seguida, sair acompanhado de outros dois policiais e dos pais de Katie.

A jovem foi levada para dentro com urgência pelo senhor Harrison, seguido por Helen e Bucky. No interior da residência, alguns vizinhos mais chegados e amigos da família aguardavam ansiosos pelo desenrolar do caso.

Ainda sem forças até mesmo para abrir os olhos, Katie foi levada para o piso superior e entregue aos cuidados da mãe e de sua tia Rachel. Estava hipotérmica, e, em poucos minutos, conforme sugestão de Helen, foram providenciadas bacias com água quente, roupas secas e cobertores.

— Ela se recuperará e ficará bem — disse Helen. — A senhora ou seu marido tem alguma noção do que aconteceu?

— Não, senhora Russel. Hoje pela manhã, notei que Katie estava demorando muito para acordar e, quando subi até aqui para ver o que estava acontecendo, simplesmente não a encontrei! Tomei um susto e corri até a alfaiataria para avisar meu marido. Começamos, então, a procurá-la pela vizinhança, onde todos nos conhecem, porém, ninguém a tinha visto. A senhora deve imaginar meu desespero, não é mesmo?

Helen assentiu com a cabeça.

— Chamamos a polícia, pois, com tantos crimes e tantas barbáries acontecendo, o pior nos passou de imediato pela cabeça. Onde a senhora a encontrou?

— Tentando desesperadamente sobreviver nas águas do rio, na altura de uma ponte que fica em outro bairro, até bem distante daqui, se levarmos em consideração que sua filha deve ter chegado até lá caminhando.

Elgie levou uma das mãos até a boca, em uma expressão que denotava espanto e horror. Naquele momento, Katie poderia estar morta.

— Por acaso, eu e meu cocheiro passávamos por ali, a caminho de outro lugar. Pelo que nos relataram, ela havia acabado de saltar da ponte. Isso aconteceu pouco antes das sete. Ofereci uma recompensa em dinheiro para quem a trouxesse de volta, e aí está ela! — exclamou Helen sorrindo. — Sã e salva. Foi um rapaz estrangeiro quem pulou na água e a salvou.

— Vou conversar com meu marido, e lhe devolveremos o dinheiro, senhora Russel.

— Isso não será necessário. Não aceitarei. Para mim, o mais importante é que sua filha não perdeu a vida nessa manhã. O rapaz que a resgatou também não quis aceitar a recompensa. Fique tranquila. Não se faz necessário. Agora, me diga, Elgie... a senhora tem ideia do que possa ter acontecido para Katie tomar uma atitude como essa?

Elgie permaneceu algum tempo em silêncio escolhendo as palavras certas. Seus pequenos olhos castanhos tornaram-se úmidos, e, discretamente, ela procurou secar as lágrimas com o dorso das mãos.

— Não sei o que lhe dizer, senhora Russel... Katie é uma menina saudável, inteligente, alegre, muito interessada em ajudar a todos aqui de casa, porém, de alguns anos para cá, vem tendo comportamentos estranhos.

Helen franziu as sobrancelhas e ia perguntar alguma coisa, quando alguém bateu na porta do quarto.

— Doutor Morringan! Que prazer em vê-lo! — disse Elgie em um tom de voz discreto para não acordar a filha.

Ao ouvir o nome de Morringan, Helen se pôs de pé.

— Como ela está, senhora Harrison?

— Descansando, doutor. Ah, sim! Esta é a senhora Russel, e é graças a ela que Katie está viva!

Morringan, que até o momento não se dera conta da presença de outra pessoa no cômodo, olhou para o lado e, espantado, deparou-se com a figura de Helen.

— Minha cara Helen! Por Deus que o acaso não existe!

Os dois abraçaram-se calorosamente, e Elgie observava a cena com um misto de espanto e curiosidade. Naquele tempo, não era comum uma mulher cumprimentar um homem daquela maneira.

Helen sorriu.

— Fico muito feliz em vê-lo, meu amigo Carl!

— O prazer é todo meu, minha cara! Perguntei ainda ontem para William sobre você.

— Will? Vocês se encontraram? — questionou ela com os olhos arregalados e sentando-se novamente.

— Ele não lhe disse nada? Esteve comigo em meu consultório ontem à tarde — respondeu Morringan com visível satisfação.

Elgie assistia a tudo calada, e por alguns momentos Katie deixou de ser o centro das atenções.

— Mas me diga, minha amiga, como chegou até aqui? Claro! Por meio de nossa pequena Katie! Mas como a encontrou? Aliás, fiquei tão empolgado com nosso encontro que, por instantes, me esqueci da minha paciente — observou ele sorrindo, enquanto dava alguns passos na direção da cama.

Katie permanecia desacordada.

— Bem, coisas que devem acontecer, eu acredito — respondeu Helen. — Saí cedo esta manhã, disposta a visitar uma amiga e trocar algumas impressões acerca de uma pesquisa que estamos desenvolvendo com algumas plantas, e, ao chegar à metade do trajeto, eu e Bucky, sempre ele...

Morringan riu, enquanto auscultava o coração de Katie.

— Eu e o velho Bucky — continuou ela — nos deparamos com uma confusão em uma ponte e soubemos que uma jovem havia saltado momentos antes. Vimos que ainda estava com vida, sendo levada pelas águas, e, como ninguém se dispunha a salvá-la, resolvi dar-lhes um incentivo oferecendo uma soma em dinheiro. No mesmo instante, havia meia dúzia de embarcações na água remando com muito entusiasmo. Então, um jovem estrangeiro muito corajoso saltou de um dos barcos e a resgatou. Pasme, Carl! Ele não quis aceitar a recompensa.

— Vocês aceitam um chá ou café? — perguntou Elgie na primeira oportunidade que teve.

— Pode ser um chá, querida — respondeu Helen.

— Para mim, uma taça daquele vinho, se a senhora o tiver. Os batimentos cardíacos e a respiração dela estão bons, senhora Harrison. Somente a temperatura ainda está um pouco baixa. Deixemos que descanse, pois é a única coisa de que precisa neste momento, e, claro, a mantenhamos aquecida — disse Morringan.

Depois, voltando-se novamente para Helen, disse:

— Tenho acompanhado essa jovem já há alguns meses. Os pais me chamaram devido a alguns comportamentos estranhos que ela vem apresentando.

Helen franziu as sobrancelhas e, como estavam sozinhos no quarto, e Katie ainda dormia, ela questionou-o objetivamente.

— Algum tipo de doença mental, Carl?

— Não acredito nisso. Não no caso de Katie. Ela é uma jovem com grande potencial psíquico e com intensa sensibilidade para lidar com as coisas espirituais.

Helen olhou para ele com expressão muito séria.

— Carl, você e William reataram a amizade, e fico muitíssimo feliz por isso. Mas, por favor, peço-lhe que tenham mais cautela e cuidado redobrado desta vez. Eu também acredito na existência da vida após a morte, no potencial da mente humana em gerar energia ou servir como uma espécie de catalisador para forças que a ciência ainda desconhece, porém, não gostaria mais de ver você e Will passarem pela mesma situação pela qual passaram há alguns anos. Por que acha que desta vez é um caso realmente diferente dos anteriores? — perguntou ela com um suspiro prolongado.

— Porque os pais de Katie não estão interessados em transformar a filha em um meio de ganharem dinheiro ou enriquecerem. Quando Katie começou a apresentar comportamentos incomuns, eles procuraram se aconselhar com o padre da paróquia, que teve o bom senso de não atribuir as mudanças de humor e também de postura da jovem a algum tipo de influência demoníaca. Ele orientou os pais a buscarem ajuda na medicina. O senhor Harrison procurou alguns médicos e pagou-lhes bem por cada uma das consultas. Felizmente, nenhum deles tratava de doenças mentais, e alguém citou meu nome. A primeira vez em que estive aqui fiquei deveras impressionado com ela, sua maneira de agir, se expressar, seu vocabulário. Tudo nela denunciava uma jovem culta e muitíssimo inteligente.

Helen conhecia Morringan o suficiente para saber que ele jamais se deixaria enganar por uma cena teatral ensaiada. Naquele momento, Elgie retornava com o chá e o vinho.

— Aqui tem açúcar e leite fresco, senhora Russel — disse ela sentando-se ao lado de Helen.

— Este vinho é maravilhoso. É a família de Elgie que o produz. Sabe, Helen, vocês deveriam trocar algumas ideias sobre ervas e coisas assim. Os Harrisons possuem uma propriedade um pouco mais afastada daqui, onde cultivam muitas espécies de plantas, assim como criam também alguns animais.

— É mesmo? — perguntou Helen, enquanto provava do chá. — Sabor e aroma maravilhosos. Sinto um suave toque de... rosas? E também sinto certo odor de mel?

Elgie sorriu e balançou afirmativamente a cabeça.

— Sim, aos poucos estamos entrando no ramo do chá, mas pretendemos fazer algo diferente do que já existe no mercado. Nossa produção é pequena, já que não dispomos de uma grande área de terra para plantio.

— É muito bom! Falarei com algumas pessoas conhecidas, e, quem sabe, não lhe consiga alguns bons clientes?

— Então, Helen, como estava lhe falando sobre Katie — disse Morringan —, muitos fenômenos começaram a ocorrer aqui, na residência dos Harrisons. Podemos até mesmo classificar alguns como assustadores, não é, Elgie?

— Sim! Já tinha ouvido falar de coisas desse tipo, mas nunca havia ocorrido nada semelhante em minha família ou com alguém tão próximo. Katie é minha filha, e, como mãe, posso lhe dizer que talvez eu seja a pessoa que mais bem a conheça e lhe garantir, senhora Russel, que em muitas das situações que presenciamos nesta casa não era a minha filha quem estava presente; era outra coisa ou outra pessoa. É assustador pensar que, em momentos assim, possamos estar diante de pessoas que já morreram e que nem sequer conhecemos. Temos mais três filhos, todos pequenos ainda. Katie é a mais velha, e muitas coisas começaram a acontecer. Coisas assustadoras mesmo! O padre veio benzer nossa casa muitas vezes, mas o efeito que surtia era apenas temporário, e tudo recomeçava. Barulhos, vozes, gargalhadas... louças que eram atiradas contra a parede ou no chão... Katie começou a falar em línguas diferentes, até mesmo em russo, e posso lhe assegurar que ela jamais teve quem a ensinasse tais idiomas. Somos pessoas simples, como a senhora pode observar. Eu, meu marido e minha irmã Rachel, que também mora conosco, mal completamos nossos estudos.

— Sempre foi assim? Quero dizer, esse tipo de situação sempre esteve presente na vida da sua filha? Qual é a idade de Katie? — perguntou Helen.

— Katie completará 16 anos na próxima semana, mas posso lhe dizer que, até os treze anos de idade, ela tinha uma vida normal, como qualquer outra criança da idade dela. Nós tínhamos uma vida normal. Tudo começou com alguns ataques de pânico que Katie passou a apresentar durante as noites, sempre indo bater na porta do nosso quarto ou no quarto de Rachel. Ela sempre dizia que havia fantasmas em seu quarto, que ouvia as coisas que eles falavam, que eram coisas muito ruins e que sentia medo. No início, eu e meu marido não demos muita importância a isso, mas, devido ao fato de que a menina chorava desesperada, não querendo mais retornar para a cama, resolvemos permitir que dormisse temporariamente nos aposentos da minha irmã. Então, começaram os ruídos pela casa. Ouvíamos passos, tanto em cima quanto embaixo. Vozes, portas se abrindo e fechando, enfim, perturbações que ocorriam quase todas as noites. Katie começou a apresentar desmaios e mudanças bruscas de comportamento, até mesmo quando estava na rua, na escola ou na igreja. Gastamos algum dinheiro com médicos para a maior parte chegar à conclusão de que ela era uma menina com boa saúde física. Alguns deles disseram que minha filha talvez sofresse de alguma enfermidade mental. Eu e meu marido nos recusamos a procurar uma dessas instituições para pessoas lunáticas e foi então que encontramos o doutor Morringan.

Morringan levantou-se e deixou a taça vazia na bandeja sobre a cômoda.

— Tenho feito entrevistas com Katie e já conversei com algumas entidades por meio dela. Também posso lhes dizer que ela mesma possui um espírito diferente, mais avançado do que a maioria e com grande potencial magnético. Em décadas estudando casos de anormalidades da mente humana, posso afirmar que Katie é uma jovem com grande potencial psíquico e não uma doente mental. Potencial este que, se não for doutrinado, poderá levá-la, sim, a um estado de intenso desequilíbrio, ao qual muitos já chegaram, e que a sociedade generaliza como loucura.

Naquele exato momento, Katie começou a despertar. Elgie acercou-se rapidamente da cama e segurou a mão da filha.

— Estou aqui, minha querida.

De onde estava, de frente para a cabeceira, Helen observava a cena de pé, enquanto Morringan se mantinha próximo a Elgie.

— Mamãe, o que aconteceu?! — perguntou com voz fraca.

Somente, então, Katie percebeu a presença de Morringan e de Helen, que também a observavam. Procurou sentar-se e teve dificuldades, pois seu corpo inteiro doía.

— Você não se lembra de nada, minha querida? — perguntou Morringan com delicadeza.

— Lembrar? Do que eu deveria me lembrar, doutor?

— Katie, esta é a senhora Russel — disse Elgie apontando para Helen, que havia se aproximado um pouco mais.

— Olá, senhora Russel. Muito prazer em conhecê-la.
— O prazer é todo meu, Katie.
— Mas por que o doutor Morringan e a senhora Russel estão aqui? — perguntou Katie olhando para a mãe.
— Minha filha, hoje pela manhã você não estava aqui, em seu quarto. Não sei de que forma chegou até a região das docas, vestindo apenas sua camisola, e saltou de uma ponte. A senhora Russel foi quem a salvou.
— Não, não... eu passava por lá e a vi sendo levada pela correnteza. Um jovem estrangeiro chamado Edward Cloods foi quem a salvou.

Katie olhava espantada para os três rostos à sua volta, sem entender o que estava realmente acontecendo. Os enormes olhos castanho-escuros exibiam uma expressão que parecia ser um misto de perplexidade e pavor.

— Doutor Morringan... — balbuciou ela —, eu, eu... simplesmente não consigo me lembrar de nada disso! Como é possível? Caminhar daqui até as docas neste frio, saltar de uma ponte e não me lembrar de nada?

Elgie e Morringan entreolharam-se. Durante alguns minutos, houve um silêncio incômodo entre as quatro paredes. Helen deu dois passos para frente, fazendo algumas tábuas estalarem sob seus pés.

— Minha jovem — disse ela com delicadeza —, você deve agradecer a Deus por estar viva, pois as águas do rio estavam particularmente escuras, geladas e revoltas essa manhã.

Talvez devido ao jeito de Helen falar ou ao fato de finalmente ter relaxado e encontrar-se na segurança de seu lar, Katie chorou. Chorou muito, o que não era comum.

Depois de algumas horas, a família Harrison voltou à sua rotina. Katie permaneceu na cama durante o resto do dia, e Helen e Morringan partiram juntos para a residência dos Russels.

Capítulo 5

William largou o lápis e o caderno de anotações sobre a escrivaninha e caminhou a passos largos até o *hall* de entrada, pois ouvira o ruído do coche e depois a voz de Helen, que conversava animadamente com alguém. A empregada adiantou-se solícita para pendurar os casacos e os chapéus.

— Ora! Além de chegar tarde em casa e de me deixar preocupado a ponto de procurar a polícia, vem acompanhada de um homem... — disse William aproximando-se.

— Olá, querido! Tenho um excelente motivo para minha demora e uma ótima história para contar — disse ela sorrindo e beijando suavemente o rosto do marido.

— Como vai, meu amigo? — perguntou Morringan, enquanto estendia a mão para William. — Nos encontramos antes ainda do que podíamos supor, não é mesmo?

William retribuiu o aperto de mão e, embora estivesse ansioso para saber o que havia acontecido, apenas quem o conhecesse muito bem poderia perceber. Um movimento involuntário na pálpebra superior esquerda o denunciava aos mais íntimos.

— Verdade, Carl, mas o que me deixa muitíssimo inquieto é o fato de você e Helen haverem chegado juntos. Conhecendo os dois como conheço, posso supor algo muito interessante ou algum acontecimento, que, para mim, possa se tornar assustador...

Apesar da postura séria e sempre irrepreensivelmente elegante do doutor Russel, ele era conhecido no meio acadêmico pelos alunos por ter um aguçado e sutil senso de humor. Dificilmente, perdia a paciência, costumava manter a calma durante as situações mais adversas e sorria pouco.

Mantinha a longa barba bem cuidada e aparada, sempre da mesma maneira, por anos a fio. Dificilmente, usava chapéu e era dono de uma espessa cabeleira já quase que completamente branca, que mantinha sempre cortada da mesma forma e muito bem penteada. Os fios eram mantidos cada qual no seu lugar, untados com um óleo de fragrância amadeirada, o mesmo que costumava usar desde a juventude.

Embora vivesse em excelente condição financeira, era um homem de poucos luxos no que dizia respeito a gastos supérfluos. Dedicava a maior parte de seu tempo aos seus alunos do curso de anatomia e às suas pesquisas, que eram feitas quase que integralmente em sua residência.

— Mas venha, meu caro amigo! Estou muito feliz em recebê-lo novamente em nossa casa após todos esses anos — disse William.

— Eu também estou muito satisfeito em estar aqui com vocês, Will — disse Morringan sorrindo.

— Vou pedir a Lucy que sirva algo para comermos — disse Helen.

— Venha, Carl. Vamos para a biblioteca. Assim poderemos conversar um pouco, enquanto Helen providencia uma refeição para nós.

Morringan contou para William sobre o ocorrido com Katie e a forma como ele e Helen haviam se encontrado na residência dos Harrisons.

— Incrível coincidência, meu caro — comentou William pensativo.

— Incrível fato, meu amigo. Sabe que, para mim, não existem coincidências — observou o outro, enquanto sorvia um gole de licor de castanhas.

— E como está a jovem neste momento?

— Está bem. Apresentou um quadro de hipotermia, o que é perfeitamente normal em um caso como o dela, mas está bem. Nós a deixamos descansando.

William ficou pensativo durante algum tempo.

— Carl, você realmente não acha que essa criança possa ter algum tipo de doença mental?

Morringan balançou a cabeça negativamente.

— Não, Will, mas tenho receio de que possa vir a desenvolver alguns problemas do tipo. Ela possui um grande potencial psíquico e mediúnico. Acho que podemos nos referir dessa forma. O problema que enxergo em Katie é que nem ela, por ser jovem demais, nem os pais, por falta de mais conhecimentos, sabem lidar com a situação conforme essa se apresenta. Parece estar piorando, se agravando, se tornando mais intenso e incontrolável. Veja que, essa manhã, Katie deixou a casa da família muito cedo, praticamente de madrugada, e terminou saltando de uma ponte. Isso tudo poderia ter resultado em uma tragédia, pois ela talvez estivesse morta agora. A menina afirma, no entanto, não se lembrar de nada, e eu acredito no que ela disse, e Helen também. Mas por quanto tempo ela estará a salvo de mais uma situação como a que ocorreu hoje pela manhã?

"Venho acompanhando o caso já há alguns meses. Entrevistei Katie várias vezes, ouvi relatos da família, tenho tudo anotado e posso lhe dizer que está se tornando mais intenso, forte. Há mais de um tipo de entidade que se acerca da médium. Elas se manifestam com personalidades e gênios distintos. Qualquer pessoa ligada à medicina diria que Katie sofre de algum tipo de psicose."

William sabia que era verdade. Qualquer médico que tratasse de enfermidades mentais e que não fosse espiritualista diria que Katie sofria de algum tipo de doença mental.

— Gostaria de conhecê-la. Você acha que os pais concordariam em trazê-la até aqui? Talvez agora que conheceram Helen se torne mais fácil para eles.

— Acredito que sim. Tanto Harold quanto Elgie me parecem abertos a qualquer método ou terapia que possa ajudar a filha a lidar com o problema. Costumo conversar mais com a mãe e com a tia de Katie, uma irmã solteira da senhora Harrison, que reside com a família e que, pelo que sei, ajuda na criação dos filhos do casal. Quanto ao pai de Katie, Harold, ele é um homem bastante acessível, mas do tipo que mais ouve do que fala... Apesar disso, até hoje nunca se opôs às minhas visitas ou aos meus métodos. Para a família, isso está se transformando em um problema. A menina deixou de frequentar a escola, pois as outras crianças se assustavam quando ela tinha seus "ataques", e não é para menos. Cheguei a presenciar algumas manifestações desse tipo, que costumam ser assustadoras, pois Katie se transforma...

"Alguns pais da vizinhança, por ignorância, proibiram os filhos de se aproximarem dela, alegando que talvez o mal pudesse ser contagioso ou fosse coisa do demônio. Para que a jovem não sofresse mais nenhum tipo de humilhação ou preconceito, sugeri aos pais que a mantivessem em casa, e eles concordaram. Como a adolescente possui uma inteligência acima da média, tenho me encarregado de levar até ela materiais didáticos e livros, com o objetivo de que não deixe completamente os estudos de lado. Também a oriento quanto à leitura de livros instrutivos a respeito da mediunidade, o que acho ser o mais importante no caso dela. Sempre reservamos um tempo durante minhas visitas para debatermos e tirarmos as dúvidas que ela possa vir a ter."

Naquele instante, Lucy bateu discretamente na porta da biblioteca.

— Doutor William, o almoço está servido.

— Obrigado, Lucy. Diga a Helen que estamos indo.

A refeição foi servida com o mesmo zelo e capricho de sempre. Morringan havia almoçado e ceado inúmeras vezes na casa dos Russels. No passado, esta costumava ser uma prática comum. Lucy, assim como o cocheiro Bucky, estava na família havia muitos anos e foi devidamente treinada por Helen. Era organizada, caprichosa e cozinhava muito bem.

— O porco está fantástico, minha cara! — disse Morringan para Helen, enquanto se servia de mais um bocado de carne.

— Todos os méritos pertencem a Lucy, Carl. Culinária nunca foi um dos meus talentos.

William sorriu discretamente por trás do guardanapo.

— Mais um pouco de vinho, Carl? — perguntou William.

O outro alcançou para ele a taça a fim de que a enchesse novamente.

Durante o almoço, falaram rapidamente da situação político-econômica no país, que, com o término da era vitoriana, passava por uma grande transição, como o aumento do número de estrangeiros, que chegavam em busca de trabalho no setor industrial. Mas não demorou muito para que Katie se tornasse o assunto principal à mesa.

— O que achou da senhorita Harrison, Helen? — questionou William objetivamente.

Conhecia bem a capacidade da esposa de analisar rapidamente as pessoas.

— Certamente, trata-se de uma jovem com um sério problema a ser resolvido — respondeu Helen, enquanto limpava delicadamente os lábios com o guardanapo.

— Viu nela algum indício de charlatanismo, fingimento ou teatralidade, que talvez nosso bondoso doutor Morringan não tenha conseguido detectar, por trás de uma frágil figura feminina juvenil? — questionou novamente William de forma objetiva e direta e, em seguida, voltou-se para Morringan: — Veja, meu caro amigo, não estou colocando-o na posição de ingênuo ou inexperiente. Conheço muito bem sua capacidade como médico e estudioso da mente humana, mas Helen é uma mulher, e, como tal, nada melhor para analisar outro ser do mesmo sexo. Elas enxergam coisas que nós, homens, jamais conseguiríamos.

Ambos olhavam para Helen aguardando uma resposta.

— Para mim, é difícil fazer uma análise da personalidade de Katie Harrison, levando em conta que, durante a maior parte do tempo em que estivemos juntas, ela estava dormindo ou desacordada, recuperando suas forças após o ocorrido. Durante o pouquíssimo tempo em que pude observá-la desperta, só posso lhes dizer que não vi nada além de uma criança assustada. À primeira vista, me pareceu ser verdadeira a afirmação feita por ela de que não se lembrava de nada do que havia acontecido. Posso falar mais da mãe, haja vista que vi o pai apenas quando cheguei à casa e quando a estava deixando. Elgie Harrison é uma mulher simples, mãe de quatro filhos, e não me passou a impressão de que seja uma pessoa desonesta ou que acalente grandes ambições. Parece estar realmente muito preocupada com a filha. Foi o que pude sentir, em especial durante o tempo em que estivemos a sós. Creio que, de momento, não tenha mais nada a dizer.

— Então, conforme sua primeira impressão dos Harrisons, não se trata de mais um casal tentando exibir a filha com o intuito de ganhar dinheiro? — perguntou William novamente.

— Não. Eu não acredito nisso — respondeu Helen. — Pelo menos não até o momento... Acho difícil que alguém se atirasse nas águas gélidas de um rio revoltadíssimo somente para obter fama. Acredito, sim, na possibilidade de influência espiritual, doença mental ou um sério problema de ordem emocional, o qual, neste caso, se supostamente existe, desconhecemos do que se trata.

— Pois bem... — William voltou a falar. — Sugiro que pensemos em uma estratégia, elaboremos um método, para estudarmos o caso dessa jovem. Somente assim poderemos ajudá-la de forma eficaz. Ao que me parece, se não agirmos com certa urgência, poderá ser muito tarde.

Morringan concordou, e Helen também. Os três ainda permaneceram em agradável reunião até a hora do chá. Morringan, então, não adiou mais sua partida e despediu-se do casal. William pediu para Bucky levá-lo até em casa. Não era muito longe de onde estavam, e Morringan insistiu que poderia muito bem ir caminhando. William, contudo, convenceu-o de que fazia muito frio, que de coche estaria mais seguro e que chegaria mais rápido ao seu destino.

✷✷✷

Elgie terminou de arrumar os três filhos mais novos para irem se deitar. Uma menina de onze, outra de seis e o pequeno Tim de quatro anos. Todos trajavam confortáveis camisolões de lã e estavam devidamente penteados e limpos. Sentados à mesa da cozinha, aguardavam o jantar ser servido. A casa estava toda fechada, e a lareira mantinha a temperatura agradável, além de perfumar o ambiente com leve fragrância de cedro.

— Onde está Katie, mamãe? — perguntou Telma, a filha de seis anos.

— Está no quarto dela. Sua irmã não passou muito bem hoje e está descansando, Telma. Vocês não devem ir até lá para não incomodá-la — respondeu Elgie, enquanto enchia as três tigelas com a sopa de legumes.

— Mamãe, a Katie ficará boa? — perguntou o pequeno Tim.

— Sim, claro que sim!

O menino pareceu mais tranquilo e voltou sua atenção para a tigela com sopa à sua frente.

Cindy, a mais velha entre os três, permanecia calada, o que não era do seu feitio.

Era extremamente apegada a Katie. Seguia a irmã mais velha o tempo todo, por onde fosse possível. Elgie estranhou a atitude da filha, que, com a cabeça baixa, mantinha os olhos fixos na sopa.

— Cindy, você também está preocupada com sua irmã?

— Claro que sim, mamãe. Desejo que Katie fique bem o mais depressa possível — respondeu a menina prontamente.

Elgie continuou observando os três filhos, em especial Cindy, que costumava ser a mais falante durante as refeições, precisando até receber advertências durante quase todo o tempo em que ficava à mesa. Havia algo de estranho. Quando finalmente terminaram, cada um pegou o próprio prato e deixou-o sobre a pia.

— Telma, leve Tim para o quarto. Cindy, gostaria que ficasse para me ajudar na cozinha. Sua tia Rachel está fazendo companhia para Katie.

As duas crianças obedeceram e subiram a escada de madeira que levava até o piso superior, onde ficavam os dormitórios. Cindy permaneceu de pé ao lado da mesa. Mantinha o rosto voltado para baixo, olhando para os próprios pés.

— Cindy, o que está acontecendo?

A menina evitava o olhar de Elgie.

— Nada, mamãe.

Elgie respirou profundamente, pegou-a pela mão e levou-a até a sala de visitas, onde havia dois sofás, uma poltrona e a lareira. Era um ambiente conjugado com a sala de jantar, sem paredes ou portas que os dividissem. Cindy sentou-se em um dos sofás, e Elgie acomodou-se ao seu lado. Além do fogo da lareira, duas lamparinas iluminavam o ambiente, que, como decoração, contava apenas com um vaso de porcelana francesa antigo, que ficava sobre uma mesinha de madeira de pernas longas e curvilíneas, e duas tapeçarias. Uma delas retratava uma cena de caça, e a outra exibia damas junto a um lago. Ambas estavam empoeiradas e manchadas tanto pela umidade quanto pelo tempo.

— Cindy, sou sua mãe e a conheço. Há algo que está me escondendo! — disse Elgie em um tom de voz baixo, porém enérgico.

A menina começou a chorar, ainda procurando evitar o olhar da mãe.

— Seja lá o que tenha acontecido, ordeno que me fale!

— Eu... eu não queria, mamãe... — dizia Cindy já com a voz entrecortada por soluços, enquanto torcia as mãos nervosamente.

— O quê? O que você não queria, minha filha? — perguntou Elgie segurando o queixo da filha e levantando-lhe o rosto.

A menina desviou o olhar. Os olhos verdes claros tingidos de vermelho procuravam evitar os olhos da mãe.

— Fale!

— Eu... eu vi quando a Katie saiu de casa — confessou finalmente.

Elgie olhou surpresa para a filha.

— E por que não chamou a mim ou ao seu pai, ou até mesmo sua tia Rachel?

— Porque Katie me disse para não chamar. Mas não era a Katie, mamãe! Era aquela outra coisa.

Dizendo isso, a menina desabotoou a camisola e deixou à mostra a região da clavícula e do pescoço. Elgie puxou-a pelo braço para o mais perto possível de uma das lamparinas, a fim enxergar melhor. Havia marcas arroxeadas de dedos e unhas.

— Katie ou aquela outra coisa disse que, se eu contasse, viria me pegar e que também iria pegar Telma e Tim. O olhar dela estava diferente, mamãe. Era como se estivesse com muita raiva! Fiquei com medo e voltei para a cama. Não pensei que a Katie fosse pular da ponte e que pudesse morrer! — concluiu a criança aos prantos.

— Está tudo bem, querida. Você não é culpada pelo que aconteceu com sua irmã.

— Na escola, estão dizendo que ela está louca, mamãe.

— Quem está dizendo?

— Os outros alunos! A professora disse que Katie está apenas doente e que vai melhorar.

— Querida — disse Elgie tocando o ombro da filha com suavidade —, sua irmã não está doente. Sua irmã é diferente da maioria das pessoas.

— Mas se ela não está doente, por que o doutor Morringan sempre vem vê-la?

— Porque ele entende dessas coisas.

— É coisa do demônio, mamãe. É o demônio que está fazendo isso com ela?

— Não, Cindy. É muito complicado de explicar. Sua irmã tem uma espécie de dom. Ela consegue perceber e interagir com pessoas que já morreram — respondeu Elgie, procurando resumir de forma simples a situação. — Lembra quando sua avó faleceu e você tinha mais ou menos a idade da Telma?

A menina concordou com a cabeça.

— Então, já lhe expliquei que, quando morrem, as pessoas vão morar em outro lugar. Em um lugar melhor, caso elas tenham sido boas quando viveram aqui na Terra. Lembra que um dia você me perguntou o que era o Dia dos Mortos ou Samhain?

Cindy balançou novamente a cabeça em um gesto de afirmação.

— As pessoas antigas acreditavam que, neste dia, era possível nos comunicarmos com nossos parentes e amigos que já faleceram. É como se Katie e mais algumas pessoas pudessem fazer isso durante quase todo o tempo... Eu também não sei explicar direito, filha...

— O padre diz que essas coisas são mentiras inventadas pelo demônio — disse a menina encarando Elgie.

— Cindy, é muito complicado para você entender. Até mesmo para mim e para o seu pai tem sido difícil, e você ainda é uma criança. Quero apenas lhe pedir que tenha paciência com sua irmã, procure não fazer comentários com estranhos na escola, ou em qualquer outro lugar, sobre o que tem acontecido aqui nesta casa. Ela precisa de ajuda, e o doutor Morringan e alguns amigos dele estão tentando ajudá-la. As pessoas podem ser más e também agressivas com aquilo que desconhecem e não conseguem compreender. Todos nós temos que proteger a Katie, você entendeu?

A menina franziu as sobrancelhas.

— Mas, mamãe, como poderemos proteger a Katie de fantasmas? Não podemos vê-los!

Em silêncio, Elgie permaneceu observando o rosto da filha durante algum tempo.

— Você, Cindy, é a mais velha dos três. Não posso contar com Telma e Tim para me ajudarem, pois eles ainda são muito pequenos. Você deve ficar atenta a toda e qualquer reação ou atitude estranha da sua irmã. Se notar algo de diferente no comportamento dela, quero que venha me dizer. Caso eu não esteja em casa, procure sua tia Rachel ou seu pai e peça ajuda. Você entendeu? Ignore qualquer coisa ou ameaça feita por sua irmã, pois ela jamais ameaçaria qualquer um de vocês. Nestes momentos, ela não estará respondendo pelos próprios atos. Você me entendeu, Cindy?

A menina balançou a cabeça afirmativamente.

— Sua ajuda é muito importante, filha. Enquanto o doutor Morringan não estabelecer um tratamento para sua irmã, ela poderá correr perigo.

— Pode deixar, mamãe. Vou ficar de olho nela — prometeu a menina.

— Agora vá para seu quarto, faça suas orações e procure dormir.

Cindy obedeceu e foi para o quarto que dividia com os dois irmãos mais novos. Puxou as cobertas até cobrir os ouvidos e parcialmente a cabeça. Sentia que alguém a observava. Vinha tendo essa sensação havia alguns meses, mas procurava se convencer de que era apenas sua própria imaginação lhe pregando peças, estimulada pelos eventos ligados à irmã mais velha. Em um canto do quarto, junto da parede, Andrew observava a menina, que, pouco a pouco, se entregava ao sono ao mesmo tempo em que sussurrava suas orações.

Capítulo 6

Edward Cloods levantou-se muito cedo. Do lado de fora do pequeno sobrado onde residia com seus gatos fazia frio e uma chuva fina caía. O dia custava a chegar, e, sob a fraca iluminação das ruas, pois apenas alguns postes em pontos específicos mantinham luminárias a gás, poucas pessoas caminhavam enroladas em casacos, gorros e capas de chuva. Alguns iam em direção às fábricas, outros trabalhavam nas docas e nos estaleiros, e outros, ainda, estavam bêbados ou eram moradores de rua.

Edward alimentava o fogo no fogão à lenha a fim de aquecer a água para o chá e também para lavar o rosto e fazer a barba. Alguns de seus gatos esticavam-se pela sala e pela cozinha, enquanto outros ainda dormiam enrolados pelos cantos, sobre o tapete ou junto da lareira, onde um braseiro era mantido aceso por entre as cinzas. Ao todo eram oito gatos a fazer-lhe companhia. A única companhia com a qual Edward Cloods podia contar. Fazia sete anos que chegara a Londres, e, nesse período de tempo, a sorte não lhe sorriu. Por falta de dinheiro, abandonou o curso de medicina na universidade. Após a morte do pai, recebeu uma pequena soma em dinheiro que lhe permitiu apenas pagar algumas dívidas e comprar o sobrado onde morava no subúrbio. Fazia bicos para sobreviver, além de prestar alguns serviços como professor particular de matemática e de ciências, incluindo, nessa última categoria, assuntos relacionados à química, física e anatomia.

Serviu um pouco de pão com leite para os gatos e subiu novamente para o quarto, levando consigo um jarro com água aquecida. Ajeitou o melhor que pôde a lamparina sobre uma prateleira, de forma que iluminasse o espelho pendurado na parede. Pôs-se, então, a fazer espuma com um pedaço de sabão e a cobrir com ela parte do rosto. Não costumava usar barba nem bigode; usava apenas costeletas bem aparadas. Era um homem jovem, de traços agradáveis e bastante proporcionais, olhos azuis muito intensos, cabelos louro-escuros, um metro e oitenta e oito de altura, com noventa quilos bem distribuídos, não se acumulando em excessos em ponto algum de seu corpo. A boa forma era mantida em parte pelo trabalho pesado nos estaleiros, pelas caminhadas que costumava fazer e, finalmente, por sua dieta equilibrada e livre de álcool e fumo. Também era um exímio nadador, tendo participado de competições desde a adolescência. Apesar de solteiro, virava-se muito bem sozinho dentro de uma casa, era extremamente organizado e limpo e conseguia manter tudo dentro da mais perfeita ordem. Até mesmo seus gatos pareciam conviver em perfeita harmonia.

A parte de cima do sobrado era composta apenas por três cômodos pequenos. Um deles servia de dormitório para Edward, o outro havia sido convertido em uma biblioteca e o último fora transformado em um modesto laboratório, já que ele nunca recebia hóspedes em casa. Nesse laboratório, fazia experimentos com extratos e tinturas que ele mesmo retirava de espécies do mundo vegetal. Tudo era mantido limpo e incrivelmente organizado para um espaço tão pequeno, que abrigava tantos equipamentos, alguns até mesmo improvisados e criados por ele, que era dono de uma mente privilegiada, porém, desprovida de recursos financeiros ou patrocinadores dispostos a financiar suas ideias. Algumas pessoas do meio acadêmico enxergavam essas ideias como visionárias ou até mesmo estúpidas, já que estavam muito à frente de seu tempo.

Edward testava essas substâncias em cobaias, sapos, rãs, ratos, o que pudesse conseguir, mas era incapaz de testar seus experimentos em seus gatos ou nos cães que circulavam pela vizinhança. Seu laboratório e suas ideias não convencionais inspiraram histórias a seu respeito nas redondezas de onde morava. Era visto como um sujeito esquisito, e os mais criativos chegavam a afirmar que Edward fazia seus experimentos em seres humanos. Bastava alguém desaparecer, um bêbado, um mendigo, uma criança ou uma prostituta, para que o nome de Edward Cloods circulasse nos bares da região como suspeito em potencial. O americano esquisito, que morava sozinho cercado por gatos no final da rua, povoava o imaginário dos moradores daquela parte da East End, como uma espécie de cientista louco. Em contrapartida, era procurado por muitas pessoas que não tinham condições de pagar por uma consulta médica, e a todas ele procurava ajudar dentro de suas possibilidades, com seus conhecimentos. Eram mães que levavam seus filhos com febre e infecções gastrointestinais, cortes e feridas infeccionadas devido às péssimas condições de higiene em que a maioria vivia; idosos desnutridos, vítimas de infecções respiratórias, ou prostitutas que haviam sido espancadas ou contraído algum tipo de doença venérea. Ele recebia e atendia a todos sem fazer distinção de classe social e sem o mínimo preconceito. De alguns recebia algumas moedas, presentes e até mesmo alimentos como forma de pagamento, mas da maioria ouvia apenas um "muito obrigado, doutor Cloods". Ao que respondia dizendo: "Apenas Cloods, por favor. Apenas Cloods", deixando claro que não recebera o título ainda.

Naquela manhã, após salvar a vida de Katie Harrison, ele sentia algo novo, algo diferente. Era como se tudo estivesse prestes a mudar. Não se importava com o frio nem com a caminhada que iria empreender até a residência dos Russels, que ficava do outro lado da cidade. Estava acostumado a utilizar as pernas e apenas sabia que algo diferente estava para acontecer em sua vida. Ainda tinha alguns ternos de boa qualidade, que guardava para ocasiões especiais ou importantes. Escolheu um paletó cinza-escuro, a gravata da mesma cor, calçou seu melhor par de sapatos, vestiu um sobretudo preto e por cima deste uma capa de chuva. Não costumava usar chapéus e decidiu não os usar também naquela ocasião. Era por volta das seis horas da manhã quando trancou a porta da frente e seguiu rumo ao bairro Saint James.

✷✷✷

Helen ajudava Lucy a servir o desjejum quando ouviu alguém bater na porta. Olhou para o relógio na parede da sala e viu que os ponteiros marcavam dez para as oito da manhã. William estava lendo o jornal na biblioteca.

— Senhora Russel, há um jovem lá fora querendo lhe falar — disse Lucy.

— Um jovem? — perguntou Helen franzindo levemente o nariz. — Ah, sim! Pode deixar que vou atender, Lucy. Obrigada. Termine de arrumar a mesa, por favor.

— Meu caro Edward! Que prazer em vê-lo! — disse ela. — Venha, entre! Está muito frio aí fora. Venha tomar o desjejum conosco. Estou certa de que meu marido William apreciará muito sua companhia.

— Como vai, senhora Russel? Peço-lhe perdão pelo horário, mas achei melhor vir logo cedo. Não quero ser inconveniente e atrapalhar a rotina da senhora ou do seu marido — explicou-se, enquanto avançava pelo *hall* de entrada após cumprimentar polidamente a dona da casa.

— Eu estou bem, muito obrigada. Você não está nos atrapalhando em nada. Somos um casal de velhos, que faz o que bem entende de nossa vida, então, nós alteramos nossas rotinas quando queremos — concluiu ela sorrindo. — William? Você pode, por favor, vir até aqui, querido?

Ouviram-se alguns passos no corredor que ligava as salas de visita, de jantar e a copa da casa com os fundos, onde ficavam a biblioteca e o laboratório.

— Querido, este é o corajoso jovem de quem lhe falei ontem: senhor Edward Cloods. Foi ele quem salvou a vida de Katie Harrison.

— Como vai, senhor Russel? — disse Edward estendendo a mão para cumprimentá-lo.

— Muito bem, meu jovem! É um prazer conhecê-lo. Minha esposa está muito entusiasmada com sua pessoa — disse William mantendo o olhar fixo no recém-chegado e uma expressão séria no rosto.

Edward sentiu as faces esquentarem, e Helen soltou uma gargalhada.

— Não ligue, Edward! Meu marido tem um senso de humor um tanto quanto singular.

William também sorriu ao observar o constrangimento do visitante.

— Venha, meu jovem. Venha sentar-se conosco.

— Será um prazer! — disse Cloods um pouco mais à vontade.

A copa da casa dos Russels era um ambiente acolhedor. Não era exagerada em tamanho e tampouco faltava espaço nela. As paredes brancas estavam revestidas com madeira até certa altura e sobre essa linha divisória era possível ver delicados ramos de juníipero pintados à mão, que contornavam todo o ambiente, terminando junto à porta que dava acesso à cozinha.

Os três sentaram-se a uma mesa antiga, redonda, que acomodava seis pessoas. No canto direito havia uma cristaleira ocupando quase toda a largura da parede, com louças de todos os tipos e cristais. Entre as duas portas de vidro do móvel descansava, sobre uma prateleira, um porta-retratos com a foto de Helen e William, talvez uma década mais jovens, e outro que exibia o rosto de uma adolescente. Ao percorrer rapidamente o ambiente com os olhos, Edward deparou-se com as fotos e, embora o rosto da menina tivesse lhe chamado a atenção por se parecer muito com o de Helen, não teceu comentários a respeito.

— Então, senhor Cloods, o que está achando de Londres? — perguntou William, enquanto bebia um gole de chá.

— Eu acho que Londres cresce rápida e desordenadamente.

William concordou com a cabeça, e Edward continuou:

— Mas isso é o que acontece com as cidades que prosperam — continuou ele. — É o preço da evolução. É necessária mão de obra de todos os tipos, e, para cada tipo de atividade, precisamos ter diferentes trabalhadores e profissionais. Há sempre o lado positivo e o negativo. Não posso dizer que esta cidade foi desfavorável aos meus propósitos e projetos, porque, se até agora não consegui colocá-los em prática, foi por acontecimentos provenientes de minha vida particular, alheios às mudanças que ocorrem nesta cidade, e também à minha própria vontade. Então, em momento algum poderia culpar a velha Londres por isso ou quem a administra.

Helen serviu-se de mais um pedaço de pão e de ovos.

— Mas conte-nos um pouco de sua história, Edward — pediu ela. — Pelo sotaque, sabemos que veio da América, contudo, ainda desconhecemos os motivos que o trouxeram para o Velho Mundo.

— Bem — começou ele —, cheguei à Inglaterra há sete anos para continuar meus estudos na área da medicina, mais precisamente no que diz respeito à anatomia, à patologia e aos fármacos. Tudo ia bem, e eu mesmo vinha me destacando como aluno, até que meu pai faleceu. Tive, então, de largar a universidade para me virar da forma como podia e, assim, me sustentar. Vivo dessa maneira até hoje, desempenhando diferentes tipos de atividades na periferia onde moro. Também dou aulas de reforço a jovens estudantes universitários, instruindo-os em anatomia, fisiologia, química, física e matemática. Tento guardar algum dinheiro para, quem sabe um dia, poder retomar os estudos e finalmente concluí-los, já que falta pouco para tal.

— Você está trabalhando para alguém no momento? — perguntou William.

— Como lhes disse, não tenho um trabalho fixo. Faço o que aparece para fazer. Conserto telhados, encanamentos, ajudo em construções, piloto pequenas embarcações de pesca ou de passageiros, enfim, qualquer coisa que me renda algum dinheiro para meu sustento e o sustento dos meus gatos — arrematou ele, sorrindo.

— Gatos! Eu e Helen apreciamos muito os felinos... Pois bem — disse William —, acho que talvez possa ajudá-lo no retorno à universidade. Tenho alguns amigos com quem poderei conversar a seu respeito, assim, você retornaria aos estudos por meio de minha indicação. Verei o que posso fazer.

Olhando para o marido, Helen sorriu satisfeita. Edward ficou visivelmente surpreso.

— Doutor Russel, nem sei o que lhe dizer ou como lhe agradecer — balbuciou ele.

— Não precisa dizer nada. Apenas continue se dedicando à pesquisa e à ciência. Talvez você possa prestar alguns serviços para mim e para um grande amigo meu, o doutor Morringan. Já ouviu falar dele?

Edward balançou a cabeça afirmativamente.

— Helen, querida, se nos dá licença, gostaria de levar Edward até meu laboratório e minha sala de estudos.

— Claro, querido! Divirtam-se! — disse ela sorrindo.

Os dois seguiram por um longo corredor até o final. Tinham praticamente a mesma altura. Edward ia logo atrás de Russel, observando as paredes com poucos quadros, quase todas vazias e sem nenhuma decoração. Aquilo lhe chamou a atenção. Geralmente, as casas das pessoas que pertenciam a uma classe social mais alta costumavam ser decoradas com objetos caros, mas os Russels pareciam realmente diferentes da grande maioria. Houve entre ele e Helen uma empatia inicial quase imediata, e o mesmo ocorreu entre ele e William.

— Por favor — disse Russel abrindo a porta.

O cômodo, em formato retangular, era grande e ocupava praticamente quase toda a extensão da construção aos fundos. Três grandes janelas exibiam boa parte do jardim e da estufa, que era mantida por Helen. Um pomar com macieiras estendia-se até um ponto próximo do muro, com dois metros de altura e que era a divisa da propriedade. Apesar do frio, William abriu duas das janelas a fim de aumentar a circulação de ar. O odor das soluções era forte, como em todo e qualquer laboratório no qual se pratique o estudo da anatomia.

Havia muitas prateleiras com inúmeros frascos, cheios ou vazios, tubos de ensaio, seringas, pipetas e toda sorte de instrumentos cirúrgicos estava organizado sobre as mesas dentro de caixas de madeira de tamanhos variados, nas quais havia várias divisórias. A gigantesca estante de mogno exibia uma coleção invejável de volumes literários.

Peças de anatomia eram conservadas em fluídos apropriados para tal. Como William se interessasse em especial pela mente humana, suas reações químicas, enfermidades, síndromes e deformidades, Edward pôde contemplar o cadáver de um recém-nascido com a caixa craniana aumentada; uma cabeça cortada longitudinalmente, com as diferentes camadas do revestimento cerebral bastante visíveis em suas delimitações; e, ainda em diferentes frascos de vidro, cérebros que representavam tanto a espécie humana como diferentes espécies do mundo animal.

— Espetacular! — exclamou ele, enquanto olhava fascinado para o ambiente à sua volta.

Os lábios de William Russel moveram-se sutilmente em um sorriso de orgulho e satisfação. Aquele laboratório, suas pesquisas e seu amor pela ciência eram sua vida. Não era comum receber visitantes a quem pudesse mostrar seu ambiente particular de trabalho. Evitava fazê-lo, especialmente quando não faziam parte da comunidade científica, pois a maioria sensibilizava-se diante da visão das peças anatômicas que estavam ali expostas. O cheiro das soluções também costumava deixar aqueles que não estavam acostumados, no mínimo, nauseados, e os mais frágeis ainda corriam o risco de desmaiar. Helen era uma mulher culta e liberta de qualquer tipo de pensamento supersticioso a respeito da utilização de cadáveres para estudo, mas evitava entrar no laboratório do marido devido ao odor intenso e acre das soluções.

Edward sentiu-se muito à vontade, pois tudo aquilo fazia parte do seu universo particular.

Os dois homens conversaram muito, fazendo conjecturas e especulações dos mais diferentes tipos acerca da fisiologia e da anatomia do corpo humano, assim como discursaram e debateram animadamente sobre doenças, metabolismo e diferentes reações químicas que regem o funcionamento do organismo.

Assim, algumas horas se passaram sem que eles se lembrassem da existência do relógio.

— Qual é a vertente da medicina que mais o agrada, Edward? — perguntou William, enquanto colocava fumo em seu velho cachimbo.

Estavam sentados de frente um para o outro. No cômodo havia duas poltronas de couro razoavelmente macias, além de uma banqueta e uma cadeira.

— É difícil citar apenas uma delas, mas gosto muito de estudar as diferentes reações químicas produzidas pelo corpo humano, tanto em seu estado de perfeito funcionamento, como quando está sendo afetado por doenças. Também possuo um pequeno quarto em minha casa, que converti em um espaço de pesquisa para mim. É onde passo a maior parte do meu tempo, quando não estou trabalhando fora. Faço minhas experiências com fármacos, tinturas e outras substâncias. Acredito que, se desvendarmos os mistérios de como funciona o corpo humano, poderemos alcançar a cura para qualquer tipo de enfermidade, mas também defendo a tese de que aquilo que comemos ou ingerimos pode ser para nós cura ou veneno. Devo confessar-lhe que, em minha opinião, a ciência ainda tem alguns bons anos pela frente até que conseguir elucidar e comprovar tudo isso. Percebo que o senhor tem um interesse especial pela anatomia do cérebro, estou certo?

William balançou a cabeça afirmativamente, enquanto tragava o cachimbo.

— Sim. No decorrer das duas últimas décadas, tenho me dedicado ao estudo da mente humana, à fisiologia do cérebro, ainda tão desconhecida para nós, homens da medicina. Para mim, ali — disse ele, enquanto se levantava e apontava o dedo indicador para um cérebro exposto em um recipiente de vidro — reside toda e qualquer resposta que buscamos.

Em silêncio, Edward ficou olhando para o médico, enquanto observava cada movimento de seu rosto. Os olhos de William brilhavam por trás dos óculos. Sofria de miopia desde a infância e, mesmo com as lentes, dependendo da distância em que estivesse, enxergava as coisas embaçadas e turvas. Tinha também um leve estrabismo, que podia ser notado pelos mais atentos.

— Aqui, meu jovem doutor Cloods, está a fonte de todos os mistérios, e posso até lhe dizer que é onde reside toda a cura. Sei que, se me fossem dados mais cento e vinte anos de vida sobre aqueles que já tenho, jamais conseguiria chegar a conhecer e a desvendar esse mundo desconhecido e singular que é a mente humana. É extraordinário supor que tudo, tudo o que somos no presente, nossos gostos, temperamentos, nossas reações perante as mais diversas situações que vida nos impõe, nossos medos, desejos, nossas manias, memórias... tudo está ali...

William calou-se imerso em seus próprios pensamentos, enquanto tocava suavemente o frasco de vidro com as pontas dos dedos. No dedo mínimo da mão direita um anel de ouro com detalhes de prata exibia um berilo retangular. Depois de algum tempo em silêncio, virou-se para o outro e surpreendeu-o com uma pergunta incomum.

— Você acredita, jovem cientista, que esta peça anatômica... — perguntou ele, apontando novamente para o cérebro — possa ser o receptáculo da nossa centelha divina? Que o mistério da alma humana possa residir neste órgão composto de massa fluídica e que lembra uma noz gigante?

Edward foi pego de surpresa. Homens da ciência, ainda mais alguém com a reputação do doutor William Russel, jamais fariam aquele tipo de pergunta. Estaria o homem com seu próprio cérebro cansado demais e, devido à idade, começando a ter devaneios?

William continuava olhando para Edward e aguardando uma resposta.

— O senhor se refere à vida após a morte?

— Podemos dizer que sim.

— Bem, nunca fui um homem religioso, senhor.

— Então, não acredita? Crê que, depois de viver e caminhar sobre esta terra, sentir emoções das mais variadas, ter uma personalidade única no mundo, seu corpo, por uma razão ou outra, um dia simplesmente irá parar de funcionar e tudo o que você é, sua história, sua identidade, irão para debaixo da terra e fim?

Edward não sabia o que responder de imediato. Tivera uma oportunidade naquela manhã e não poderia jogá-la fora. Costumava ser muito franco, fiel aos seus próprios conceitos. Certamente não acreditava na vida após a morte, mas precisava ter tato.

— Não sei o que responder — disse Edward por fim. — Nunca pensei nessas questões... em céu, inferno, Deus... — ponderou um pouco antes de prosseguir. — Talvez exista esse tipo de coisa. Talvez haja uma continuidade, a meu ver. Não podemos ter certeza, mas, em contrapartida, como médico, tenho como me certificar de que o corpo cessou suas atividades e atestar a morte de um ser humano. Não posso afirmar se a alma existe, e, no caso de existir, se é imortal...

— Seu raciocínio está muito correto, rapaz, contudo, apesar de ser um homem da ciência, enveredei por um caminho do qual não consigo mais sair. Você é jovem e está iniciando sua carreira. Não pense que está diante de um velho cientista que se tornou lunático — William esboçou um leve sorriso e continuou: — Apesar de tê-lo conhecido somente essa manhã, tenho a impressão de que você é um jovem curioso, com ideias inovadoras e aberto a novos conceitos e novas descobertas. Certamente já tenha ouvido falar de casos em que mentes privilegiadas realizam fenômenos que podemos denominar de sobrenaturais.

Edward concordou com a cabeça.

— Também acredito que já tenha ouvido falar de uma doutrina ou crença denominada espiritismo e também de outra vertente, o espiritualismo.

— Sim, lá na América, já há alguns anos, correm rumores sobre o assunto e até mesmo alguns periódicos publicam matérias sobre isso. Já ouvi falar. É comum nas rodas sociais, em especial da alta sociedade, comentarem a respeito de pessoas com dons especiais, que conseguem se comunicar com os espíritos daqueles que já morreram. Mas o senhor não acha que essas histórias, em boa parte dos casos, possam ser mentiras? Algumas beiram o fantástico e a fantasia. Existem pessoas enriquecendo à custa desse tipo de prática. Aqui mesmo na Inglaterra, o assunto tem tomado uma proporção gigantesca, e um número cada vez maior de pessoas está se tornando adepto dessas crenças. Ouço também dizer que a polícia tem descoberto muitas fraudes nesse campo.

— Em tudo existe fraude — disse William. — Até mesmo na ciência! Como lhe disse anteriormente, há mais de duas décadas venho me dedicando a estudos relacionados à mente humana e fui levado a me interessar pelo que denomino capacidade psíquica, o que, para mim, é uma característica muito individual. Ou seja, cada ser humano a possui em menor ou maior grau. Comecei a frequentar essas rodas de entusiastas do espiritualismo e vi algumas coisas que despertaram muito minha curiosidade. Uma parte delas é verdadeira, outra, não. Fenômenos que ainda a ciência não pode explicar, mas que mesmo assim ocorrem. Ora, eu também sou um estudioso da química e da física e não há como fechar os olhos para o óbvio. Tudo é energia. Tudo. Nós somos energia, e nossa mente, nossos pensamentos, nossas emoções produzem energia. É muito complexo, Edward. Mas, voltando ao tempo em que frequentei aquelas reuniões, posso lhe dizer que, em algumas delas, havia sim a manifestação de algo que não podemos denominar de humano. Talvez o espírito, o tal sopro divino, seja também energia, e achamos que sua existência é absurda e fantástica, como um personagem de conto de fadas, somente porque não temos como explicá-la de uma forma aceitável. É algo invisível aos olhos da maioria, intocável ao nosso tato, e nossos ouvidos não conseguem captar os sons produzidos por ele. Nossos ancestrais mais primitivos, por exemplo, não imaginavam algo como o fogo, e há até poucas décadas nos soaria absurda a ideia de ouvir alguém falar de eletricidade. O que hoje para nós é conhecimento, considerado e denominado muitas vezes de ciência, um dia foi, aos olhos da raça humana, considerado magia, algo sobrenatural e até mesmo demoníaco!

Edward sorriu balançando a cabeça ao ouvir aquelas últimas palavras.

— Talvez, o senhor possa me familiarizar com tais ideias, doutor Russel. Sou um homem com a mente aberta, como o senhor mesmo disse. Tudo o que diz respeito a teorias relacionadas aos potenciais da mente humana e à existência da vida após a morte é novo para mim, mas confesso-lhe que fiquei no mínimo entusiasmado e curioso diante da possibilidade de presenciar e estudar tais manifestações — declarou Edward.

— Era exatamente isso, meu jovem, que esperava ouvir de você — disse William, enquanto fumava distraidamente seu cachimbo.

Capítulo 7

Katie olhou pela janela do quarto e viu as pesadas nuvens cor de chumbo, que se avolumavam cobrindo quase todo o céu. "Mais chuva e frio", pensou e lembrou-se com certo desânimo de que seu aniversário seria no dia seguinte.

Desde o episódio quase trágico ocorrido na semana anterior, no qual saltara da ponte, ela não tinha mais posto os pés para fora de casa. Sentou-se novamente na cama e desatou o laço de veludo vermelho, que prendia os cabelos em uma espessa trança, e correu lentamente os dedos entreabertos por toda a extensão dos fios, desembaraçando-os. Tinha medo de dormir e não gostava de acordar. Levantou-se, deu três passos em direção à penteadeira e sentou-se novamente diante do espelho. Permaneceu durante algum tempo observando o próprio rosto e chegou à conclusão de que era bonita. Desejou com todo o seu ser e sua vontade ter uma vida normal, como qualquer outra jovem de sua idade, frequentar a escola, sair aos domingos para ir à igreja com sua família, conhecer um rapaz por quem se apaixonasse e com quem pudesse, enfim, casar-se e ter uma casa só sua, filhos, talvez netos... Mas algo dentro dela lhe dizia que isso seria impossível, que sua vida jamais seria normal e que ela talvez nem chegasse a envelhecer.

Mesmo assim, Katie esforçava-se para acreditar que um dia sua realidade mudaria. Ela escovou os longos cabelos escuros e prendeu-os novamente em uma trança, que lhe caía pelo lado esquerdo do pescoço esguio. Os olhos castanhos possuíam uma vivacidade incomum e refletiam seu espírito forte e dotado de grande curiosidade. A pele era clara e destacava os lábios rosados, não muito volumosos, porém, bem delineados da jovem. Katie remexeu os dedos delicados dentro de um pequeno porta-joias de louça e retirou de dentro dele um par de brincos de prata com rubis. Sorriu satisfeita após prendê-los nas orelhas, pois eram os seus preferidos. Fez a higiene matinal, foi até o roupeiro e escolheu um vestido cor de vinho, no qual havia detalhes de xadrez na saia e nas mangas. Calçou sapatos pretos, botas femininas de cano curto, com fivelas na lateral, e pequenos saltos. Tinha estatura mediana, cerca de um metro e sessenta de altura, e provavelmente cresceria ainda mais alguns centímetros. Borrifou um pouco de perfume e desceu para tomar o desjejum.

Quem a visse descendo as escadas, com seu porte altivo e sua elegância, diria que era uma jovem pertencente à classe aristocrática. Apesar das vestimentas simples, o vestido confeccionado com tecido barato e retalhos resultantes do reaproveitamento de roupas que não lhe serviam mais, a figura de Katie Harrison chamava a atenção por onde quer que passasse. Nas ruas, agora que seu corpo tomava forma e adquiria as curvas comuns ao corpo de uma mulher adulta, os homens olhavam-na com interesse. Ela sabia disso, mas ignorava, já que nenhum deles lhe despertava a atenção. As mulheres observavam-na com um misto de curiosidade, inveja e admiração e procuravam manter distância, cochichando pelos cantos quando a viam passar. Nas redondezas de onde morava, à medida que o tempo passava e Katie se transformava em uma mulher, ela passava a ser vista como a filha lunática dos Harrisons. Eram poucos os que a olhavam livres de preconceitos e superstições.

A maior parte dos moradores daquela localidade não tinha acesso à cultura ou à educação, devido à situação financeira de que dispunham. Katie levava esse fato em consideração a cada vez em que a olhavam daquela maneira ou quando fingiam não vê-la, desviando o olhar para o lado, evitando, assim, lhe dirigirem a palavra. Os mais supersticiosos e ignorantes diziam que ela estava possuída pelo demônio, e Katie também sabia disso.

Sabia de tudo o que falavam a seu respeito. Era como se, em alguns momentos, pudesse ouvir a voz de Gina Mackenzie dizendo para as outras garotas da escola: "A Katie está assim, porque o demônio está vivendo nela. Minha mãe disse que ela é má, e que devemos manter distância". A dona da mercearia onde sua mãe fazia compras e que sofria do mal da língua solta, mas possuía uma mente bastante criativa e mordaz, costumava dizer para quem pudesse: "Pois é... a filha da Elgie... Coitada! Ter uma filha assim, doente mental... Soube que já tentou matar o próprio irmão de três anos de idade com uma faca! Se o senhor Harrison não tivesse chegado a tempo, o pequeno Tim estaria morto agora!". Ao final desse tipo de comentário, a mulher sempre acrescentava: "Por favor, não comente com mais ninguém... Pobre Elgie".

Durante algum tempo, Katie sentiu-se revoltada. Essas cenas vinham-lhe à mente nos momentos mais adversos, em que ela conseguia ver e ouvir exatamente o que diziam a seu respeito. Quando a mãe lhe pediu que parasse de frequentar a escola, a jovem a obedeceu sem questionar, sentindo certo alívio, porém, tornou-se ainda mais introspectiva e melancólica e passava por momentos em que sentia crescer dentro de si uma raiva intensa. Foi então que Gina Mackenzie passou a desenvolver, da noite para o dia, um quadro de paranoia, no qual a fobia e o medo de estar sendo perseguida pelos "demônios de Katie Harrison" a fizeram se recusar a sair de casa e se entregar a noites seguidas de vigília forçada, sem poder conciliar o sono, por temer, segundo relatos dela mesma, ver Katie perambulando dentro de seu quarto e proferindo-lhe ameaças.

A dona da mercearia entrou em uma espécie de depressão, deixando o próprio negócio nas mãos do filho e da nora e recusando-se até mesmo a comer.

As pessoas na vizinhança comentavam que a filha do alfaiate deveria ser uma espécie de bruxa, com poderes demoníacos e que a atitude mais segura para eles seria ignorá-la.

Tudo isso só serviu para fortalecer os mitos que estavam sendo criados ao redor da figura de Katie. Até onde havia participação dela nesses eventos é algo bastante questionável, já que emoções negativas em ebulição pareciam funcionar como combustível, transformando e colocando em prática os pensamentos da jovem. Até onde ia o potencial psíquico da adolescente e onde iniciava a ação das entidades, que se acercavam dela nos casos acima mencionados, era o mistério que o doutor Morringan e o doutor Russel buscavam desvendar.

Os fenômenos físicos também começaram a ocorrer de forma mais intensa na casa dos Harrisons. As pancadas nas paredes e no assoalho, no início, eram aleatórias e menos frequentes. Harold associou-as a uma possível infestação de ratos, tão comuns naqueles lados da cidade, mas, com o passar dos dias, as manifestações aumentaram até que o doutor Morringan pudesse presenciá-las e identificá-las como uma tentativa de comunicação de um ou mais espíritos. Ele conseguiu até mesmo codificar as batidas, iniciando, assim, uma comunicação que se estendeu por três de suas visitas à casa dos Harrisons. O espírito apresentava-se como uma mulher e dizia conhecer Katie de outras existências. A comunicação ocorreu da seguinte forma: Morringan estabeleceu um número de pancadas para uma resposta negativa e outro número para uma resposta positiva. Ele, então, fazia as perguntas, e a entidade respondia por meio das pancadas.

Katie só precisava estar presente para que o fenômeno começasse a ocorrer. Seu comportamento modificava-se um pouco, e a jovem tornava-se mais calada. Por vezes, ela mesma respondia às indagações de Morringan, complementando o sim ou o não estabelecido pelo número de pancadas.

Ocorria que diversas entidades se aproximavam, segundo esclarecimentos prestados pelo primeiro espírito que se comunicou com doutor Morringan por meio da tiptologia, espírito esse que Katie afirmava chamar-se Andressa. Alguns, aparentemente, se aproximavam com o objetivo de apenas se comunicarem, por diferentes razões. Outros, contudo, segundo relatos da própria Katie, confirmados por Andressa, não eram bem-intencionados.

Devo esclarecer aqui, neste ponto da narrativa, que Katie era uma médium de potencial incomum, porém, bastante vulnerável devido à sua idade e ao seu pouco conhecimento a respeito do assunto. Também devemos deixar claro que as características positivas e negativas, bem como os traços do caráter do médium, pertencem exclusivamente a ele, sendo de sua responsabilidade, como ocorre com qualquer outra pessoa, esforçar-se para fortalecê-lo, educá-lo, lapidá-lo e moldá-lo.

Em um dos encontros com Morringan, antes do episódio ocorrido na ponte, do qual Katie por pouco não passa de protagonista à vítima, Andressa manifestara-se e comunicara-se não somente por meio das batidas, mas também se utilizando da voz da médium.

"— Ela corre perigo!"— disse em tom aflito.

Quando Morringan perguntou a que tipo de perigo a entidade estava se referindo, a comunicação foi interrompida.

Naquela manhã de véspera de aniversário, a jovem Katie Harrison decidira que teria um dia normal, de uma garota normal.

Tomou seu desjejum junto com a mãe e a tia. Cindy estava na escola, Tim e Telma brincavam no quarto, e o senhor Harrison havia saído logo cedo em busca de matéria-prima para a alfaiataria.

— Querida, amanhã é o seu aniversário — disse Elgie. — Eu e seu pai pensamos em convidar o doutor Morringan e a senhora Russel e o marido para um jantar. O que acha?

— Gosto muito do doutor Morringan, mamãe — respondeu Katie, enquanto espalhava cuidadosamente a manteiga sobre uma fatia de pão. — E sou grata à senhora Russel pelo que fez por mim, portanto, pode convidá-los, se assim o desejar.

— Acho que seria uma forma de agradecermos ao doutor Morringan pelo que tem feito e também aos Russels. Enviarei uma mensagem a ele e pedirei que estenda o convite ao outro casal.

— Você está bonita, Katie! — disse Rachel. — Vai a algum lugar?

— Não, tia. Só estou me sentindo um pouco mais animada esta manhã. Mamãe, pode me passar o queijo, por favor?

— Claro, querida.

— Terei que sair para comprar algumas coisas de que sua mãe precisa para o almoço. Você gostaria de me acompanhar? — perguntou Rachel.

Katie ponderou um pouco antes de responder.

— Acho que sim, talvez seja uma boa ideia. Tenho passado todo o meu tempo aqui, dentro desta casa. Talvez me faça bem sair um pouco.

A tia e a mãe sorriram satisfeitas ao perceberem que, aparentemente, o estado de ânimo de Katie estava melhorando. Após o término da refeição matinal, tia e sobrinha saíram em direção ao pequeno centro comercial que havia no bairro.

Estavam a apenas duas quadras de distância e não estava chovendo, o que era um bom sinal. A rua pavimentada com pedras era irregular e junto das calçadas e das portas das casas formavam-se poças de água e lama escura. A propriedade dos Harrisons era uma das mais antigas da localidade, e a casa fora construída em uma época em que existiam ali apenas pequenas fazendas. O avô paterno de Katie mudara-se para Londres quando Harold Harrison tinha apenas dois anos de idade. Ele também era alfaiate. No começo, trabalhou como empregado em outras alfaiatarias do centro da cidade, mas seu trabalho era muito bom, e, dentro de poucos anos, ele pôde montar seu próprio negócio em casa e mais tarde ensinou o ofício ao único filho. Harold demonstrou ter o talento e a habilidade necessários para continuar com a atividade.

Com o passar dos anos, tudo mudou. As propriedades rurais cederam espaço a casas e pequenas vilas para aluguel. Não havia mais os campos em volta, com animais pastando e pequenas plantações. As propriedades diminuíram de tamanho, e o número de moradores aumentou muito. O próprio avô de Katie vendeu parte de sua pequena fazenda, que considerava grande demais, exigia muitos cuidados e manutenção e lhe custavam uma boa soma em dinheiro.

A alfaiataria dos Harrisons permaneceu no mesmo lugar, e, apesar de atender ao público de classe média e baixa, Harold prestava serviços a grandes alfaiatarias de Londres.

Dentro do mundo onde viviam e da realidade que conheciam, os Harrisons poderiam ser considerados uns dos poucos com uma condição financeira abastada, quando comparada com a da maioria que vivia à sua volta.

Katie conversava distraidamente com Rachel, quando foi abordada por um homem que tocou de leve em seu cotovelo.

— Senhorita Katie?

Katie virou-se rapidamente e deparou-se com um rosto que lhe pareceu familiar.

— Sim? Eu conheço o senhor? — perguntou procurando lembrar-se de onde conhecia o homem que estava parado à sua frente.

— Peço-lhe perdão, senhorita. Não poderia mesmo me reconhecer... Como sou distraído! Permita-me que me apresente — disse ele sorrindo e fazendo uma sutil reverência. — Meu nome é Edward Cloods. Eu estava presente quando ocorreu aquele infeliz incidente na ponte do rio Lea.

Olhando dentro dos olhos de Edward, Katie estendeu a mão para ele, que a segurou delicadamente pelas pontas dos dedos. Repetiu o mesmo gesto com Rachel e, em seu habitual cavalheirismo, convidou-as para um chá.

Caminharam juntos, os três, até uma modesta casa de chá e café, a única que havia na localidade. Rachel e Katie não quiseram comer nada, aceitando apenas uma xícara de chá com leite cada uma. Edward pediu um café e pão com manteiga.

— Para mim — disse ele esticando um largo sorriso —, é um imenso prazer vê-la caminhando pelas ruas e em perfeita saúde.

O sotaque combinado ao timbre agradável de sua voz tornava o quase estranho ainda mais interessante aos olhos de Katie. A própria figura masculina de Edward agradou-a assim que seus olhos o viram. Pela primeira vez em sua vida, sentia-se atraída por um homem.

— Seu rosto me pareceu familiar assim que eu o vi, mas não conseguia me lembrar de onde o conhecia. Peço-lhe que me perdoe, senhor Cloods.

— Ora, Katie! — interveio Rachel. — Não precisa se desculpar. Acredito que o senhor Cloods compreenda perfeitamente a situação e saiba que não foi indelicadeza ou falta de educação da sua parte.

— Claro que sim! — disse ele. — Você permaneceu desacordada durante quase todo tempo em que estivemos juntos, mas eu não esqueci seu rosto. Tive que vir até aqui trazer uma encomenda e jamais poderia imaginar que a encontraria! Foi uma surpresa muito agradável.

Katie observava cada traço do rosto de Edward.

— Eu também fico muito satisfeita em termos nos encontrado novamente, senhor Cloods...

— Edward, por favor — disse ele interrompendo-a.

— Edward... fico muito satisfeita em tê-lo encontrado, pois finalmente posso lhe agradecer pelo que fez por mim naquela manhã.

— Não é necessário. Fiz somente o que deveria fazer.

Katie permanecia olhando para Edward. Não conseguia evitar.

— Bem — disse ela repentinamente —, acho que temos que ir, não é mesmo, tia?

— Sim, sim. Sua mãe está nos aguardando para fazer o almoço. Senhor Cloods, quero dizer, Edward, muito obrigada pelo chá. Quando estiver passando por aqui novamente e quiser nos fazer uma visita, moramos nos fundos da única alfaiataria das redondezas. Não há como errar — disse Rachel sorrindo.— Tenha a certeza de que será sempre bem-vindo em nossa casa!

— Muito obrigado pelo convite, senhorita Rachel — depois, voltando-se para Katie, disse: — Foi um prazer revê-la.

— O prazer foi todo meu, Edward.

Permaneceram assim por alguns segundos ainda, um de frente para o outro, antes de darem as costas e seguirem em direções opostas. Katie deu alguns passos e virou sobre os próprios calcanhares.

— Edward!

Ele parou e virou-se. Estavam a poucos metros de distância um do outro, e ela avançou na direção dele, ignorando os olhares dos curiosos que acompanhavam o desenrolar da cena. Quando chegou perto o suficiente, disse com sua habitual desenvoltura, tão incomum a uma garota de sua idade.

— Amanhã será meu aniversário. Completarei dezesseis anos, graças ao que fez por mim. Meus pais oferecerão um pequeno jantar, e eu ficaria muito feliz se você estivesse presente. O doutor Morringan e a senhora Russel e o marido também comparecerão. Acredito que deva conhecer a senhora Russel.

— Claro! Estive com os Russels ainda ontem. Será um prazer! — disse ele, sorrindo. — A que horas devo estar em sua residência? Por volta das oito horas da noite?

— Está ótimo! — disse ela sorrindo. — Ficarei muito satisfeita com sua presença e tenho certeza de que meus pais também por conhecê-lo pessoalmente. Agora, se me der licença, tenho que acompanhar minha tia às compras...

Despediram-se e novamente tomaram direções opostas.

Edward ia pelas ruas pensando na estranha coincidência de haver encontrado a jovem que salvara e na impressão que ela deixara nele. Havia algo de tão forte em seu olhar e em seu rosto, que o impressionara de forma singular. Ficara com a sensação esquisita de que a imagem e a presença dela tivessem ficado impressas em sua mente.

Katie esqueceu-se completamente dos olhares curiosos, supersticiosos ou maldosos que a acompanhavam enquanto ela passava pelas ruas naquela manhã. O encontro com Edward fez todo o resto perder a importância. Desejava com todo o seu coração e com toda sua força que ele comparecesse ao seu jantar de aniversário.

Rachel percebeu de imediato a mudança no comportamento da sobrinha.

— Bonito esse tal Edward Cloods, não é mesmo? — perguntou ela.

Katie sorriu, evitando olhar diretamente para a tia.

— Katie, você não precisa esconder nada de mim e, mesmo que queira, não conseguirá, pois a conheço tão bem ou melhor ainda que sua própria mãe. Sei que o achou atraente, e ele é! Não há nada de errado nisso, minha querida!

Katie soltou uma risada.

— Sei que não posso enganá-la, tia. Achei Edward um homem interessante, sim. Bonito, inteligente e atraente, mas talvez já esteja comprometido, não acha?

— Talvez sim, talvez não! — respondeu a tia desviando de um buraco.

Rachel estava um pouco ofegante, já que caminhavam a passos largos na direção da mercearia e da casa de carnes, driblando as poças de lama com grande destreza, enquanto seguravam as saias longas para impedir que elas se sujassem.

— Ah... um homem tão bonito como ele deve ter pelo menos uma namorada — disse Katie com certo desânimo. — Também duvido um pouco que se interesse por alguém da minha idade... Deve apreciar mulheres mais velhas...

Acabavam de entrar na mercearia. Uma mulher com ombros largos e peitos inflados olhou para as duas com os cantos dos olhos. Era uma moradora nova no bairro, porém, nem Katie nem Rachel tinham conhecimento nem sequer do seu nome. A estranha era alta, com estatura acima da média da maioria das mulheres, e estava bem-vestida, ostentando um chapéu novo de veludo e rendas, além de joias. Rachel lembrou-se de onde vira aquele rosto comprido e anguloso, os olhos esverdeados e a expressão que misturava melancolia, esperteza e curiosidade. Aquela era a estrangeira que comprara, havia algumas semanas, uma das maiores propriedades locais, quase vizinha à residência dos Harrisons. Embora agisse com discrição, Katie e Rachel perceberam que a mulher procurava manter-se o mais próximo possível de onde elas estavam. Por fim, esbarrou em Katie, enquanto a jovem escolhia batatas.

— Me perdoe, minha querida... Que desastrada eu sou! — disse a estranha esticando um largo sorriso.

— Oh, não há do que se desculpar... — respondeu Katie, enquanto se abaixava para apanhar alguns dos tubérculos que rolavam pelo chão.

A mulher abaixou-se prontamente e, como era mais alta e tinha os braços mais longos, conseguiu apanhar com facilidade as batatas, que rolaram para baixo das prateleiras e se aglomeraram junto das paredes.

— Aqui estão suas batatas — disse ela colocando-as novamente dentro da sacola de Katie.

— Obrigada.

— Você é a filha do alfaiate Harrison, não é mesmo?

Katie balançou a cabeça afirmativamente. Rachel aproximou-se para ouvir a conversa e fingiu olhar alguns produtos que estavam próximos.

— Algum problema, querida? — perguntou para a sobrinha, mantendo certa distância.

— Não, tia, está tudo bem. Só deixei cair algumas batatas, e esta senhora me ajudou.

A mulher aparentava ter mais do que quarenta anos, embora fosse daquelas pessoas cujos traços confundem o mais hábil observador. Apesar de seu rosto parecer uma caricatura de mulher de meia-idade, sua pele, suas mãos e o timbre de sua voz denunciavam alguém na casa dos trinta.

— Permita-me apresentar-me. Somos vizinhas. Mudei-me faz algumas semanas — disse ela ficando frente a frente com Katie. — Meu nome é Ilzie, e é um prazer conhecê-la... — disse a estranha sorrindo, enquanto estendia a mão para cumprimentar a jovem.

— O prazer é todo meu! — respondeu Katie retribuindo o aperto de mão. — Eu me chamo Katie.

— Que lindo nome! Você é uma moça muito bonita e simpática, Katie.

— Obrigada. A senhora não é de Londres, é?

As duas agora caminhavam lado a lado entre as prateleiras. Ao perceber que a sobrinha não corria riscos de sofrer nenhum tipo de ofensa ou retaliação, Rachel prosseguiu com as compras.

— Não, nasci na Hungria, mudei-me para cá com meus pais e meus irmãos ainda criança, casei-me muito jovem com um inglês, um perfeito cavalheiro, e mudei-me para Paris. Ele era bem mais velho do que eu e faleceu no ano passado, durante o inverno. Como sempre gostei muito daqui e dois dos meus irmãos ainda moram na Inglaterra, mudei-me para cá novamente.

— Quer dizer que vive sozinha naquela casa enorme? — perguntou Katie com os olhos arregalados.

— Sim... Quero dizer... meu enteado, Armand, está para chegar, e tenho um casal de empregados que vieram de Paris comigo. Eles trabalham há anos para mim e são de extrema confiança — respondeu Ilzie.

Era uma mulher muito elegante, apesar de não ser bonita. Sua voz era suave, porém firme, e ela tinha uma dicção perfeita. Seu inglês apresentava um toque afrancesado, o que de certa forma combinava com a aparência de Madame Ilzie, como já se tornara conhecida na vizinhança.

Naquele momento, Rachel aproximou-se carregada de sacolas e embrulhos.

— Tia, esta é a senhora Ilzie, nossa nova vizinha.

— Somente Ilzie, por favor, querida... — disse sorrindo e estendendo a mão para Rachel.

— Muito prazer, Ilzie. Sou Rachel, tia de Katie, irmã de Elgie Harrison.

— Conheci o senhor Harrison, mas ainda não tive o prazer de conhecer sua irmã, a senhora Harrison. Não conheço muitas pessoas aqui, pois passo a maior parte do tempo dentro de casa organizando a mudança ou saio pela manhã para ir até o centro da cidade, retornando já ao cair da noite.

— Não se sente sozinha naquela casa enorme? — perguntou Rachel.

Ilzie sorriu.

— Como estava dizendo para sua sobrinha, meu enteado deverá chegar na próxima semana, e mora comigo um casal de empregados, que são quase como parte da família. Também ocupo meu tempo com meus afazeres. Estou montando uma pequena butique no centro de Londres. Pequena, mas muito charmosa — disse ela sorrindo. — Venderei roupas e acessórios femininos, que trarei de Paris, e algumas peças de vestuário feitas sob encomenda e que serão confeccionadas por mim.

— Ohhh! — exclamou Rachel. — Isso é formidável! Se precisar de alguém para ajudá-la com pequenos acabamentos ou bordados, por favor, lembre-se de mim!

— É mesmo? Sempre se faz necessário! O senhor Harrison também me prestará alguns serviços. Pode ter certeza de que terá trabalho, minha querida.

As três iam caminhando a passos lentos, carregadas de sacolas, até que chegaram em frente à casa de Ilzie. Um imenso portão com lanças de ferro erguia-se a três metros de altura a partir do chão. A propriedade era rodeada por um muro de pedras, que percorria toda a sua extensão. Havia um jardim com vários canteiros independentes entre si, e todos ainda apresentavam ares de abandono e estavam tomados de ervas daninhas. A casa era uma construção mista, um pouco diferente do padrão da maioria das casas de campo da sua época, sendo que, parte dela, a que compreendia o piso superior, era feita de madeira e a outra, de pedras. Na frente, dois grandes vitrais coloridos exibiam motivos florais, ladeando a porta de entrada, e, mais ao fundo, via-se outra construção menor de madeira, que servia de dependência para empregados.

No jardim havia uma fonte coberta por limo, que exibia uma concha negra e viscosa, através da qual jorrava água fresca e limpa no passado. Era, sem dúvida, uma bela propriedade, porém, entregue ao abandono durante décadas. Ao fundo, quatro grandes pinheiros erguiam-se majestosos ultrapassando em muito a altura do telhado e do muro.

— Bem — disse Ilzie —, só tenho a agradecer pela agradável companhia. Gostariam de entrar para conhecer minha casa?

Rachel e Katie entreolharam-se e ponderaram durante alguns segundos. O primeiro impulso foi de aceitarem o convite, pois tinham, sim, curiosidade, mas a sensatez fê-las recusarem o convite. Elgie aguardava-as. Já haviam demorado muito fora de casa.

— Outro dia talvez, Ilzie. Minha irmã está nos aguardando para fazer o almoço — disse Rachel.

— Ora! Faço questão de que venham esta tarde para o chá. Providenciarei tudo!

Rachel e Katie entreolharam-se novamente e aceitaram o convite. Satisfeitas, despediram-se e caminharam mais alguns metros até chegarem a casa.

Entraram pelo portão lateral e passaram pelo estreito corredor que ficava entre a parede da alfaiataria e o muro.

Elgie aguardava-as impaciente na cozinha. As sobrancelhas levemente franzidas no centro da testa e as bochechas avermelhadas denunciavam seu estado de espírito.

— Quase pedi ao Harold que fosse atrás de vocês! Que falta de responsabilidade! — disse ela olhando diretamente para Rachel.

— Não se zangue! Tivemos dois encontros bastante surpreendentes nessa manhã — desculpou-se Rachel, enquanto colocava as sacolas sobre a mesa e começava a retirar as compras de dentro delas.

— É, mamãe... não fique zangada — disse Katie sorrindo.

Ao ver a expressão de leveza no rosto da filha, Elgie desarmou-se. Há tempos não via um traço de felicidade em Katie.

— Encontros? — perguntou mudando o tom de voz.

— Sim! — disse Rachel. — Hoje, Katie conheceu o homem que a salvou!

Elgie demorou alguns segundos até entender o que a irmã estava dizendo, mas, em seguida, olhou para a filha arregalando os pequenos olhos.

— Edward Cloods. Ele me reconheceu quando eu e tia Rachel estávamos indo às compras.

Katie não conseguia disfarçar o entusiasmo ao falar de Cloods, e Elgie e Rachel trocaram um rápido olhar.

— Eu o convidei para o jantar de amanhã — disse ela, enquanto retirava algumas maças de dentro de um embrulho. — Tem algum problema, mamãe? Ele é um perfeito cavalheiro — completou, enquanto colocava as frutas e os legumes em seus devidos lugares, alheia aos olhares trocados entre a mãe e a tia.

— Claro que não há problema, querida. Acho mais do que merecido estender o convite a esse cavalheiro que salvou sua vida! Foi uma sorte tê-lo encontrado hoje, justamente na véspera do seu aniversário!

— Foi ele quem me encontrou... — disse Katie — pela segunda vez.

Era verdade. Edward Cloods encontrara Katie Harrison pela segunda vez.

— Mas... e quanto ao outro encontro? — perguntou Elgie, enquanto descascava algumas batatas.

— Conhecemos a mais nova moradora do bairro — respondeu Rachel animada.

Elgie olhou para elas com uma expressão de quem novamente não fazia a mínima ideia do que estavam falando.

— A mulher que comprou a casa abandonada da esquina...

— A casa que era dos húngaros?

— Sim! Ilzie é o nome dela. É tão elegante, mamãe... e muito gentil. Ela convidou a mim e a tia Rachel para tomarmos chá esta tarde na casa dela — disse Katie, passando o braço em volta dos ombros da mãe. — Podemos ir? Por favor?

— Acho que não há nenhum problema, querida, desde que sua tia Rachel também vá. Não me agrada a ideia de você ir sozinha para a casa de estranhos.

— Pode deixar. Eu irei — declarou Rachel satisfeita.

— Ótimo! Agora que vocês estão felizes e tomarão chá com a mulher misteriosa e rica da esquina, tratem de me ajudar com o almoço, pois estou atrasada por culpa de vocês! Rachel, corte as cenouras... E você, Katie, comece a arrumar a mesa, pois daqui a pouco seu pai chegará para comer.

As horas passaram lentas para Katie e Rachel, que estavam ansiosas pelo encontro que teriam naquela tarde.

Capítulo 8

Havia uma sineta de bronze do lado de fora do portão da residência de Madame Ilzie. Katie puxou o cordão de seda que estava preso a ela, fazendo o badalo tocar algumas vezes. Em alguns minutos, a porta da frente abriu-se, e a figura de um homem de meia-idade, muito magro e alto, com a coluna levemente curvada, apareceu.

Trajava vestes típicas de um mordomo, usava enormes bigodes bem cuidados, com as extremidades retorcidas para cima, formando duas espirais, e um colete listrado com botões dourados. Katie e Rachel observavam em silêncio a singular figura aproximar-se do portão.

— Boa tarde, senhoritas! Queiram me acompanhar, por favor, Madame Ilzie as aguarda — disse ele curvando-se ainda mais em uma respeitosa reverência.

Elas agradeceram e deram dois passos para frente, adentrando na propriedade.

O mordomo trancou novamente o cadeado e seguiu na frente delas. Subiu os três degraus de granito até alcançar a varanda que emoldurava toda a frente da construção. Uma trepadeira seca e sem vida pendurava-se ainda agarrada a diferentes pontos do beiral. De repente, Ilzie apareceu para recebê-las.

Estava muito elegante em um vestido azul profundo, com discretos detalhes de renda preta, que iam do peito até a altura do pescoço e também ornavam os punhos. Katie e Rachel ficaram olhando para a dona da casa com um misto de admiração e constrangimento, já que estavam vestidas com simplicidade. Ilzie percebeu e precisou de apenas alguns segundos para deixá-las mais à vontade. Apesar do gosto refinado e da excelente condição financeira, experimentara dificuldades no passado e era do tipo que não esquecia a própria história e tampouco a omitia do restante da sociedade.

— Estou muito feliz por estarem aqui! — disse ela sorrindo.

Rachel entregou-lhe um embrulho com alguns biscoitos caseiros e um pacote de chá artesanal.

— Que aroma delicioso! Onde conseguiram essa maravilha? — perguntou referindo-se ao chá.

Rachel sorriu envaidecida.

— É a nossa família que produz.

Ilzie olhou para ela surpresa.

— Deveria ser comercializado! — disse segurando entre os longos dedos o pote de vidro. — É fantástico! Conversaremos sobre isso mais tarde. Agora, venham, venham. Quero que conheçam minha casa!

Não havia um corredor depois da porta principal. Ela dava acesso diretamente a um enorme salão. No centro dele erguia-se uma escada de madeira com degraus largos e corrimão finamente entalhado. Havia caixas e baús espalhados por todo o cômodo. Algumas caixas estavam abertas, e Katie observou que dentro delas havia objetos de decoração, livros, tecidos, revistas e até jornais. Alguns manequins femininos, todos nus, estavam enfileirados em um canto junto à enorme janela que se abria para o jardim. Um jogo de poltronas revestidas com tecido de cor de vinho estava coberto por almofadas de cetim de diferentes tons de amarelo, ocre e marrom. Alguns quadros já ocupavam seus lugares na parede, e todos exibiam figuras femininas, a maioria em poses sensuais trajando vestes diáfanas junto a lagos ou jardins, todas com expressão despreocupada, colhendo flores ou simplesmente descansando na natureza. Katie olhava para tudo com grande curiosidade e admiração, já que era um cenário completamente novo e atraente, que se descortinava diante de seus olhos.

— Peço que me perdoem por esta bagunça! Ainda não tivemos tempo para organizar tudo! Dei prioridade ao andar superior, onde ficam os quartos, e à cozinha, que é de extrema importância que esteja em funcionamento. Venham! — disse ela caminhando à frente das outras duas. — Aqui é a sala de jantar.

A sala de refeições era bem modesta em comparação ao cômodo anterior, mas tinha espaço suficiente para uma grande mesa com doze lugares, ao redor da qual as pessoas poderiam se movimentar confortavelmente, sem se esbarrarem umas nas outras ou se espremerem contra as paredes, que eram revestidas de madeira e pintadas com motivos florais em tons pastéis de verde e azul sobre o fundo branco. A imensa cristaleira ocupava quase completamente uma das paredes e estava cheia de louças e cristais caros. Conforme Rachel observara, parecia não haver sobrado espaço nem mesmo para um alfinete dentro do móvel.

Havia grandes aberturas em volta de toda a casa, e todas as cortinas eram de cores fortes, combinando com a decoração de cada ambiente.

— Aqui é a cozinha... — disse Ilzie. — Tomaremos nosso chá aqui. Acho mais aconchegante... — explicou sorrindo. — A mesa da sala de jantar é muito grande, e não precisamos de tanto...

— Como você preferir... — disse Rachel. — Sabe que somos pessoas simples e que não estamos acostumadas com luxos.

— Para ser bem franca, Rachel, eu também não gosto muito de fazer pose... Apesar de ter frequentado ambientes caros e luxuosos, em especial quando meu marido estava vivo, confesso-lhe que não tenho muita paciência para lidar com a alta roda, em que costuma haver muita hipocrisia e inúmeros falidos que vivem tentando manter as aparências desesperadamente.

A mesa com quatro cadeiras já estava arrumada. Havia pães, alguns doces cobertos por creme e frutas cristalizadas, manteiga, três tipos de queijo e salames.

Até então nenhuma empregada havia aparecido, somente o mordomo que desaparecera sem deixar vestígios.

— Vamos nos sentar. Venham, meninas! Quero que fiquem à vontade!

Rachel e Katie serviram-se, e em pouco tempo travou-se entre as três um diálogo animado.

— Como é morar em Paris, Madame Ilzie? — perguntou Katie.

— Apenas Ilzie, meu bem... Paris é maravilhosa! Aprendi muitas coisas lá e conheci muitas pessoas interessantes também, mas, depois da morte do meu marido, Londres passou a me vir na mente incessantemente e achei que estava na hora de retornar. Embora gostasse de Paris e de tudo o que aquela cidade pode me proporcionar, sempre tive um carinho especial pela Inglaterra. Talvez por ter passado minha infância e parte da adolescência aqui... não sei lhe explicar — Ilzie fez uma pausa antes de prosseguir. — Sabe... tive bons momentos aqui mesmo, neste lugar, e consegui comprar esta casa por um preço razoável, contudo, deverei ir a Paris de vez em quando, pois a loja que estou montando revenderá algumas mercadorias de grifes francesas, e, assim, poderei matar as saudades.

— E sua terra natal, a Hungria? — quis saber Katie novamente.

Ilzie permaneceu calada durante algum tempo.

— Tenho poucas lembranças de lá, e elas não são agradáveis. Minha família passou por grandes dificuldades naquele lugar e não sinto vontade de retornar, nem mesmo para visitar.

Katie e Rachel entreolharam-se.

— Mas diga-nos, Ilzie... lá na França você já trabalhava com roupas?

— Sim, quero dizer, nunca tive uma loja antes, mas prestava alguns serviços criando vestidos de noivas para algumas pessoas da alta sociedade com quem eu e meu marido nos relacionávamos. Sempre gostei de costurar. Minha avó materna costurava, bordava e fazia coisas lindas! Acho que puxei a ela. Comam mais, queridas. Quero que se sintam em casa... Tenho facilidade para fazer essas coisas! Em Paris frequentei algumas aulas e aprimorei meus conhecimentos. Na verdade, desde que me casei, nunca precisei trabalhar, e meu marido me deixou uma herança bastante razoável. Em Paris, ocupava meu tempo com esses afazeres mais por distração do que pelo dinheiro e me dedicava também ao estudo dos fenômenos espirituais. Já ouviram falar disso?

Katie manteve-se em silêncio. Foi Rachel quem respondeu.

— Já sim, Ilzie, mas não temos grande conhecimento sobre esses assuntos.

A anfitriã esboçou um leve sorriso, pois já ouvira comentários a respeito dos problemas da família Harrison com a mediunidade de Katie e buscava uma oportunidade de aproximar-se.

— Então — prosseguiu ela, enquanto se servia de um pouco de chá —, como estava lhes dizendo, o assunto me fascina, assim como fascinava meu falecido marido. Herman chegou a financiar alguns médiuns e pesquisadores e realizou muitas reuniões em nossa residência, nas quais obtivemos resultados maravilhosos. Alguns diriam "assustadores" — arrematou ela sorrindo.

— Madame Ilzie, por que fez questão de comprar justamente esta casa? — perguntou Katie sem rodeios.

— Ora, Katie! Porque a casa pertencia à família dela — respondeu Rachel em um tom de quase repreensão.

— Não, está tudo bem... — interveio Ilzie. — Compreendo sua curiosidade, Katie. Em parte, é porque realmente pertenceu à minha família, mas o lugar é propício para dar continuidade ao meu trabalho. Nesta localidade, ninguém tentará se meter, pois estou distante do centro de Londres e longe também dos olhos da alta sociedade, daqueles senhores e daquelas senhoras que costumam julgar o que é certo e o que é errado. Por haver sido construída por meu avô paterno, a casa é um local que, por si só e por sua história, facilita minha comunicação com meus antepassados. Na minha família existiram vários médiuns. Para mim, a memória do lugar e a energia daqueles que viveram aqui exercem muita influência. É como se me fortalecesse para prosseguir com minha busca e com meu desenvolvimento como espiritualista.

Katie podia sentir perfeitamente a vibração de duas entidades que estavam próximas ao campo energético de Ilzie. Em sua tela mental, seus rostos estavam nítidos. Tratava-se de um casal. Podia perceber também que não eram de índole ruim, e sim espíritos familiares, antepassados da dona da casa.

— Ouvi comentários a seu respeito, Katie — disse Ilzie objetivamente. — São verdadeiros ou apenas especulações de curiosos?

— Depende do que a senhora ouviu — respondeu Katie olhando diretamente nos olhos dela.

— De tudo o que possam imaginar e que acredito que saibam que é comentado por aí... Quando ouço histórias sobre alguém que está possuído pelo demônio ou sobre alguma suposta bruxa, que oferece grandes riscos para a comunidade, fico em estado de alerta, pois podem estar falando de um médium com excelente potencial e que está sendo mal compreendido ou interpretado. A ignorância é algo muito perigoso, minha querida, e eu sei do que estou falando.

Rachel e Katie entreolharam-se. Evitavam falar com estranhos sobre o "problema" de Katie, mas Ilzie parecia ser uma mulher culta e demonstrava ter boa compreensão sobre esses assuntos.

— Eu sinto coisas. Presença de pessoas que já morreram. Doutor Morringan as chama de entidades — disse Katie pausadamente. — Muitas vezes, isso me incomoda, porque sinto emoções que não são minhas, como raiva, medo, tristeza. É difícil, pois cheguei a um ponto em que não consigo controlar o que ocorre à minha volta.

— Como assim? Quem é esse doutor Morringan?

— Doutor Morringan é um médico que, assim como a senhora, se interessa por essas coisas. Ele também trata de problemas da mente humana. Meus pais o procuraram, porque acreditavam que eu estava sofrendo de alguma doença mental.

— Compreendo...

— Quando digo que não consigo controlar o que ocorre à minha volta, me refiro às coisas que começaram a acontecer em nossa casa. Barulhos, objetos que se mexem, que quebram, porque são jogados contra o chão ou a parede. Também vejo o que os espíritos veem e como eles são, e alguns deles são muito assustadores. Às vezes, estou fazendo alguma coisa, qualquer coisa, como, por exemplo, uma tarefa doméstica qualquer a pedido de minha mãe e de repente perco totalmente a noção de onde estou. Já não sou mais eu mesma. É como se tudo parasse, e eu visse outras coisas, pessoas, cenas, acontecimentos em outros lugares e em outra época. Não vou mais à escola, pois sou malvista lá, e evito sair de casa, já que todos na rua me olham como se eu fosse uma anormal.

Ilzie espantou-se com a forma clara com a qual Katie se expressava sobre seu problema.

— Você é uma médium de fenômenos físicos, minha querida — disse Ilzie. — A julgar por sua idade, talvez seja apenas uma fase transitória. A puberdade e o início da adolescência são períodos bastante fortes, vamos dizer assim, no sentido de gerar energia. Seu corpo está passando por mudanças, e isso influencia tudo, mas há também a possibilidade de os fenômenos persistirem e se intensificarem com o passar do tempo, e a única solução positiva é a educação do próprio médium. Por acaso, em alguns desses momentos nos quais ocorreram essas manifestações espirituais, você notou a formação de uma massa densa que saía de sua boca?

— Cruzes! — exclamou Rachel. — Que coisa horrível!

— Desculpem... não quis assustá-las, mas acredito que Katie possua um grande potencial mediúnico e terá de aprender a controlá-lo. Também devemos levar em consideração sua própria energia, querida. Aquela que é gerada por você mesma, por seus pensamentos, suas emoções, seus desejos... Além disso, nosso próprio corpo gera energia, e você terá de aprender a discernir entre o que vem de você e o que não vem. Tudo isso faz parte de um todo, de um mecanismo que você, como médium, precisará se esforçar para conhecer e aprender a controlar. A massa esbranquiçada à qual me referi é chamada de ectoplasma, que se trata de um material fornecido pelo médium por meio de sua energia para que a entidade possa se materializar, ou, em alguns casos, materializar elementos de composição orgânica, como plantas, por exemplo. Vocês conseguem me entender? — perguntou ela.

— Mais ou menos... — respondeu Rachel um pouco hesitante.

— Eu entendi, Madame Ilzie — disse Katie. — O doutor Morringan já havia comentado sobre isso, contudo, nunca aconteceu nada parecido. Os espíritos se comunicam com o doutor Morringan na maior parte das vezes por meio de batidas nas paredes ou na mesa, e basta minha presença para tal. Há um espírito, cujo nome é Andressa, que se diz minha protetora e que, às vezes, se comunica por meio de mim, utilizando minha voz. Muitos se aproximam pedindo auxílio... São pessoas que morreram e que parecem ter deixado algo por fazer ou que não se deram conta da própria morte. Em um dos encontros que tive com o doutor Morringan, o espírito de um homem aproximou-se de mim, e sua história me impressionou muito, pois, de alguma forma, consigo vê-los. Esse homem, que aparentava ter mais ou menos a idade do meu pai, usava trajes antigos de marinheiro e tinha morrido havia muitos anos. Ele estava procurando desesperadamente a família. Como alguém pode morrer e não se dar conta disso? Tenho muitas dúvidas e também tenho medo de me aprofundar demais nesses assuntos, pois receio pelo que possa vir depois.

Ilzie sorriu. A adolescente começava a despertar nela uma verdadeira empatia.

— Compreendo perfeitamente, minha querida. Imagino que, para você, deva ser bastante difícil conviver com tudo isso, pois é o mesmo que viver entre duas realidades. Ainda mais na sua idade, afinal, essa situação a está impedindo de viver uma vida normal, como qualquer outra jovem. Estou disposta a ajudá-la e lhe digo que você deve aprofundar-se no assunto, pois essa é a única maneira que existe de o médium obter o controle da situação.

Os olhos de Katie brilharam, e ela esboçou um leve sorriso de satisfação. Sua intuição lhe dizia que Ilzie era a pessoa certa para lhe prestar auxílio.

— Como estava dizendo a vocês, pesquiso esses assuntos há muitos anos e, inclusive, quando ainda residia em Paris, escrevi alguns textos e artigos para periódicos e para uma revista especializada. Já faz algumas décadas que o interesse das pessoas pela espiritualidade e pela vida após a morte vem crescendo. Ouviram falar nas mesas girantes?[5]

As duas balançaram negativamente a cabeça.

— E de um homem chamado Allan Kardec?

— O doutor Morringan já me falou sobre ele — respondeu Katie. — Foi ele quem escreveu um livro sobre os médiuns e outro sobre os espíritos, não é?

— Sim. A doutrina decodificada por ele é denominada de Espiritismo. Temos na Inglaterra outras vertentes, cujo foco também é a existência da vida após a morte, mas digamos que o trabalho do senhor Kardec é fundamental para qualquer um que esteja buscando uma compreensão maior acerca desses fenômenos.

---

5 As mesas girantes foram fenômenos de natureza mediúnica amplamente difundidos na Europa e nos Estados Unidos, a partir de meados do século XIX. O fenômeno consistia no movimento, sem causa física aparente, de mesas e outros objetos pesados, em torno dos quais reuniam-se, nos salões, pessoas interessadas no fenômeno.

— Você é médium, Ilzie? — perguntou Rachel, enquanto se servia de mais uma xícara de chá.

A porta dos fundos da cozinha abriu-se com um rangido, e uma mulher de meia-idade com os cabelos completamente brancos apareceu. Era de estatura muito baixa, encorpada, com peitos inflados e postura enérgica. Ela murmurou um boa-tarde em um inglês quase incompreensível.

— Berta, estas são a senhorita Rachel e a senhorita Katie. São nossas vizinhas e minhas amigas — apresentou Ilzie.

Katie e Rachel cumprimentaram a governanta, que não esboçou nenhum gesto sequer de simpatia, limitando-se apenas a dirigir o olhar para cada uma das duas e fazer uma leve inclinação com a cabeça.

— Precisa de alguma coisa, madame Ilzie? — perguntou ela em francês.

— Não, obrigada, Berta. Pode ir. Se precisar de algo, eu a chamarei.

Katie entendeu o que disseram. Conhecia o idioma razoavelmente bem.

— Ela parece um pouco assustadora para quem não a conhece, mas Berta e August estão na família há muitos anos. São de extrema confiança, além de serem excelentes pessoas — explicou Ilzie. — Então, respondendo à sua pergunta, Rachel, a palavra médium significa ao pé da letra "aquele que está no meio", ou seja, aquele que está entre os dois mundos. O médium é uma espécie de ponte, um canal entre o mundo material e o espiritual. Acredito que todos nós tenhamos essa capacidade, já que todos nós somos seres espirituais. Somente pertencemos a este mundo porque estamos vivos, temos um corpo físico, contudo, nossa verdadeira natureza é a espiritual. Algumas pessoas como Katie, por exemplo, que possuem essas capacidades mais afloradas, já estão em outro nível, diferente de nós duas, Rachel, que não possuímos a mesma facilidade de comunicação que ela possui. Ainda assim, também somos seres espirituais e, como tal, possuímos aquilo que chamamos de mediunidade, mas em um grau menor ou menos desenvolvido. Possivelmente, Katie tenha vindo com uma missão, ou seja, um espírito muito antigo, que já cumpriu muitos ciclos de existências aqui na Terra. Talvez esteja em um nível de evolução mais avançado do que o nosso. Cada caso é um caso. Você tem lembranças ou sonha com existências anteriores, Katie? Existem pessoas que têm a capacidade de se lembrarem.

Katie pensou durante alguns segundos antes de responder.

— Às vezes, eu sonho sim com outros lugares, outras épocas, e me vejo nesses sonhos. Na maioria das vezes, tenho uma aparência diferente da que possuo agora.

— Isso mesmo! Esses sonhos são, muitas vezes, lembranças de vidas anteriores, mas, como eu havia dito, posso ajudá-la. Aprendi muito durante o tempo em que vivi na França, e minha família possui certa tradição e muita história relacionada à mediunidade e aos fenômenos desse tipo.

— Agradecemos muitíssimo por sua gentileza e por seu interesse em ajudar Katie, Ilzie — disse Rachel.

— Para mim, será um prazer servir como orientadora para ela. Acredito que essa seja minha missão nesta vida: orientar médiuns como você. Querida, você é uma jovem encantadora; não pode correr o risco de se perder pelo caminho.

Ao dizer essas últimas palavras, Ilzie olhou diretamente para os olhos de Katie, e houve entre elas uma compreensão silenciosa e profunda, que escapou ao entendimento de Rachel. Katie sabia exatamente do que ela estava falando. A vigilância constante e incansável por parte do médium pode se tornar exaustiva, e ele corre o risco de fraquejar.

— Bem... acho que devemos ir, Katie. Sua mãe ficará preocupada se não retornarmos antes de escurecer, e Ilzie tem toda uma casa para organizar. Não devemos tomar mais do seu precioso tempo — disse Rachel levantando-se.

Katie fez o mesmo.

— Oh! Por mim, podem ficar o tempo que desejarem. Foi uma visita maravilhosa! — exclamou Ilzie abraçando-as afetuosamente. — Gostaria que voltassem mais vezes! Sinto-me sozinha nesta casa enorme. Como puderam perceber, Berta e August são extremamente silenciosos...

— Amanhã será o aniversário de Katie, e minha irmã oferecerá um jantar para algumas poucas pessoas amigas. Se você quiser ir, temos certeza de que sua presença será muito apreciada por todos — disse Rachel, quando já estavam à porta prestes a saírem.

— Claro que irei! Fico muito grata pelo convite!

— Será uma boa oportunidade para a senhora e o doutor Morringan se conhecerem — observou Katie. — Acho que terão muito que conversar. Também estarão presentes a senhora Russel e o marido, que é médico. Eles são amigos do doutor Morringan — completou a jovem com entusiasmo.

— Que interessante! Irei com toda a certeza, minha querida! Até amanhã!

Capítulo 9

Deitada na cama, Katie dormia profundamente com o corpo afundado entre as cobertas de lã. No leito ao lado do seu, Rachel também dormia tranquilamente. Desde o episódio que ocorrera na ponte, ela passara a dividir novamente o quarto com a sobrinha.

A noite estava escura e fria, e uma fina nevasca ainda insistia em cair sobre Londres e em diversos pontos do Reino Unido. A família toda estava dormindo, pois já passava da meia-noite.

Os degraus da escada começaram a ranger, como se estivessem sob o peso de um corpo que os galgasse um a um. Os passos continuaram pelo estreito corredor de madeira até cessarem diante do quarto de Katie. A massa escura e volumosa passou pela porta e aproximou-se da cabeceira da cama onde ela dormia. Imediatamente, o sono tranquilo da jovem começou a dar sinais de inquietação. Ela abriu os olhos, mas não podia mover-se, pois um peso incômodo concentrava-se em seu tórax, sufocando-a. Ela tentou chamar a tia, mas não conseguiu. No piso inferior, batidas fortes fizeram-se ouvir em diferentes pontos das paredes, enquanto algumas louças e alguns utensílios de cozinha eram arremessados das prateleiras no chão. Elgie e Harold despertaram assustados. Já havia algum tempo que não ocorriam manifestações daquele tipo na casa. Elgie vestiu o roupão e desceu as escadas apressadamente, e Cindy apareceu na porta do quarto das crianças.

— Voltem para a cama — ordenou Elgie.

A menina obedeceu e fechou a porta novamente, procurando tranquilizar os dois irmãos menores.

Harold juntou-se à esposa. Ambos carregavam velas acesas, enquanto as batidas continuavam, parecendo vir de dentro das paredes. Espalhados pelo chão da cozinha, havia panelas, pratos e canecas, muitos desses quebrados.

— Verifique a porta da frente, e eu verei a dos fundos — disse Harold.

— Está trancada! — gritou Elgie.

— A dos fundos também! — disse Harold.

— Graças a Deus! — exclamou Elgie. — Vou olhar no quarto de Katie.

Dizendo isso, subiu as escadas às pressas quase escorregando no último degrau, pois usava apenas meias de lã. Harold, que vinha logo atrás dela, impediu com um gesto rápido que Elgie caísse.

— Katie! — gritou, batendo com força na porta. — Katie! Rachel! Abram a porta!

Elgie girava a maçaneta com força, e as pancadas na parte de baixo da casa continuavam.

— Abram esta porta!

— Estou tentando! — respondeu Rachel do lado de dentro. — Parece que está emperrada! Não abre de jeito nenhum. Não estou conseguindo...

— Harold, acho que você terá de arrombar a porta. Alguma coisa errada está acontecendo — disse Elgie, procurando falar o mais baixo possível para que as crianças não a ouvissem.

Quando Harold se preparava para empreender a tentativa de arrombamento, pois o corredor era estreito e não havia uma boa distância que o possibilitasse se afastar para ganhar o impulso e a força necessários para tal, a porta finalmente se abriu, e os barulhos cessaram.

A casa ficou em silêncio novamente.

Elgie e Rachel encararam-se. Estavam uma de frente para a outra, e Rachel levou a mão direita ao peito involuntariamente. Os últimos dez minutos haviam sido de grande tensão para ela.

— Katie... — murmurou Elgie empurrando a irmã para o lado e entrando no cômodo.

— Parece estar dormindo tranquilamente agora — disse Rachel, enquanto acompanhava os passos da irmã.

Harold juntou-se a elas. Os três observavam o rosto de Katie, que, naquele momento, parecia dormir profundamente.

— Será que devemos acordá-la?

— Parece respirar com tranquilidade — observou Harold, aproximando um pouco mais o candelabro do rosto da filha.

— Por que você demorou tanto para abrir a porta? — perguntou Elgie para a irmã em um tom de voz mais baixo.

— Não demorei. Despertei segundos antes de os ruídos começarem. Katie estava se debatendo bastante, gemia e balbuciava coisas incompreensíveis. Levantei-me e tentei acordá-la, mas não consegui. Em seguida, ouvi um barulho na parte de baixo da casa, vocês dois conversando no corredor e depois descendo as escadas. Então, coloquei a chave na fechadura, pois durmo com ela todas as noites embaixo do meu travesseiro — explicou ela —, girei-a duas vezes, mas, quando fui abrir a porta, ela não se moveu. Era como se estivesse emperrada — Rachel silenciou por alguns segundos. — Que sensação horrível! Acho que agora não conseguirei mais pegar no sono...

— Acho que nós também não... — comentou Harold. — Querida, se puder fazer um café para mim e preparar algo para comer, eu lhe agradeço. Vou para a alfaiataria, pois tenho bastante trabalho que posso adiantar.

— Sim, pode ir se trocar que já estou descendo — respondeu Elgie.

Rachel e Elgie ficaram a sós no quarto.

— Rachel, você acha mesmo que ela está bem?

— Acho que sim. Fique tranquila e dê atenção ao Harold que eu fico aqui.

— Obrigada...

Rachel abraçou-a procurando confortá-la.

— Vou deixar a porta aberta — disse ela para Elgie.

Rachel acendeu as velas que estavam sobre a mesa de cabeceira e pegou o livro que estava ao lado. Olhou para a sobrinha antes de começar a ler. Katie ainda dormia na mesma posição, e Rachel imaginou que deveria ser por volta das quatro da madrugada. Procurou concentrar-se na leitura, porém, uma sensação estranha a incomodava. Era como se algo ruim estivesse prestes a acontecer. Procurou afastar aquele tipo de pensamento e concentrar-se no livro que narrava a aventura de um navegador em uma ilha tropical no Oceano Índico, habitada por nativos. Junto da cama de Katie, Andressa e Andrew faziam vigília.

— É uma pena que tenhamos de assustá-los dessa forma... — comentou Andressa.

— Pelo menos, foi eficaz... — disse Andrew. — E agora, o que faremos?

— Temos de permanecer aqui e pronto — respondeu Andressa de forma objetiva.

— Mas não estamos conseguindo protegê-la dos ataques. Precisamos de ajuda.

— Ela precisa nos ajudar, Andrew. Quantas vezes terei de dizer isso para você? Estamos tentando nos comunicar o tempo todo, mas Katie precisa colaborar conosco. Tenho esperanças de que o encontro que promovemos entre ela e Ilzie surta algum efeito. Houve bastante empatia entre elas, como imaginamos que aconteceria. Os médicos ajudarão, mas ela precisa de alguém com quem possa estabelecer um relacionamento de intimidade e confiança maiores... e Ilzie é perfeita para tal, já que o vínculo entre elas, firmado em existências anteriores, é positivo, e esse encontro já estava programado para ocorrer, como você já sabe...

Andressa apresentava-se como uma mulher de trinta e poucos anos, cabelos escuros compridos e ondulados, bem arrumados, soltos, pele clara, estatura mediana. Era uma bela mulher de traços exóticos, bastante diferentes daqueles que são comuns ao tipo físico dos descendentes dos saxões e dos bretões. Os trajes eram simples: um vestido longo de algodão tingido de verde, sem enfeites ou babados, que descia até a altura dos tornozelos, com mangas longas. Uma fita azul enfeitava a cintura e a região do colo junto ao decote. Tudo na aparência dela denotava simplicidade, como alguém que fora morador do campo, sem posses materiais notáveis em sua existência terrena. Não ostentava adereços ou joias, e tudo levava a crer que pertencera a uma época bem anterior a esta na qual se passa a nossa narrativa.

Andrew tinha a aparência de um jovem de dezoito anos de idade, estatura mediana e constituição robusta. Ligava-se a Katie pelo passado espiritual de ambos, assim como Andressa. Suas vestes indicavam que, em sua última existência, pertencera a uma classe social elevada e que não se distanciava tanto assim do período em que se passa a nossa história. Os cabelos louro-escuros eram cortados retos na altura do pescoço, e ele usava costeletas bem aparadas. Usava uma camisa branca com mangas longas, uma calça escura e um colete da mesma cor, cinza chumbo.

— Gostaria muito de saber o que fazer por ela... — comentou Andrew olhando para o rosto de Katie.

— Já estamos fazendo o que está ao nosso alcance. Existe ainda a parte dela, Andrew, e não poderemos interferir nisso.

— Eu sei — respondeu ele com certo ar de preocupação.

— Não se esqueça de que Katie completará somente dezesseis anos amanhã. É pouco mais do que uma menina em sua vida terrena. Nasceu em um lar onde ninguém pôde orientá-la a respeito de suas capacidades e está recebendo muito auxílio! Veja o doutor Morringan, por exemplo. Agora também o doutor William, Ilzie...

— E Edward? Como será?

Andressa fez um gesto com as mãos que expressavam impaciência.

— Não sei como será! Já lhe disse: dependerá deles. De Edward, de Katie, dos pais dela... O fato de sermos espíritos, de não estarmos presos a um corpo físico, não nos permite fazer o que queremos da forma que desejamos!

— É muito difícil nos comunicarmos com eles — queixou-se Andrew sentando-se na cama de Katie e apoiando o queixo entre as mãos.

— É... a mente racional dificulta muito nosso acesso, mas você sabe como fazer para influenciá-la. A única maneira é conversarmos com o espírito. E também podemos tentar alertá-los quando for necessário, como fizemos há pouco...

— Mas... e quanto a esta entidade horrível que a perturba? Por que ela consegue fazer tudo isso, se aproximar de Katie dessa forma?

— Somos responsáveis por aquilo que atraímos, meu caro amigo. Nossa querida Katie o atrai por meio de algum padrão de comportamento, pensamento ou emoção.

Ele olhou para Andressa e desviou o olhar em seguida.

— Este é um dos aspectos da nossa missão, ou melhor, do nosso compromisso com Katie — continuou Andressa. — Dar-lhe apoio em sua existência atual e agirmos como protetores e orientadores, mas não podemos decidir por ela, Andrew. Você, assim como eu, sabe muito bem que Katie é um espírito muito antigo, que passou por muitas existências, desenvolveu faculdades que a maioria de nós, desencarnados e encarnados, não chegamos nem mesmo perto de desenvolvermos. A mente física dela não se lembra de como utilizar todo esse conhecimento, mas, mesmo assim, ele está ali... seu espírito sabe disso. Katie, a garota que está deitada neste quarto, do ponto de vista da mente racional, desconhece, contudo, o potencial que tem. Mesmo assim, ela o tem, e isso é um fato.

— Será que ela e aquela entidade possuem algum vínculo de vidas anteriores, assim como o que possui conosco?

Andressa ponderou durante alguns segundos antes de responder.

— Talvez... há essa possibilidade, mas não tenho certeza.

— Somente um inimigo de outras existências ficaria assim tão interessado em arruinar a vida dela...

— Pode ser, Andrew... pode ser...

***

Na cozinha, iluminada por lamparinas e algumas velas, Elgie e Harold conversavam durante o desjejum antecipado daquela manhã.

— Não sei, "mãe"... — disse ele, enquanto colocava um ovo frito sobre uma grossa fatia de pão. — Não sei se não é melhor procurarmos a ajuda de outro médico para ela.

Elgie olhava para o marido com preocupação.

— Harold, querido, compreendo sua preocupação de pai. Entendo que, aparentemente, o doutor Morringan não tem obtido muitos progressos com Katie, mas lhe peço, por favor, que dê a ele mais algum tempo! Pelo que sei, ele e o marido da senhora Helen, doutor William, estudarão juntos o caso de Katie. Ambos possuem fama aqui em Londres, e não posso acreditar que não chegarão a uma conclusão ou que simplesmente não poderão fazer nada por ela. Dê-lhes uma chance, querido. Custa muito a mim, como mãe, imaginar nossa filha, jovem, inteligente e saudável, com um corpo perfeito, internada nesses hospitais para doentes mentais. Fico apavorada! Katie não é uma doente mental! É esse o fim que deseja para ela?

Na voz de Elgie havia súplica. Ela sabia que o marido era um homem de caráter tranquilo e muito paciente, porém, também sabia que era do tipo irredutível quando sua paciência chegava ao limite.

Ele limpou a boca com o guardanapo, sendo extremamente cuidadoso com o bigode, certificando-se de que nele não tivesse restado nenhum resíduo de gordura ou migalhas de pão. Depois de praticamente fazer um minuto em silêncio, resolveu dar sua resposta.

— Está bem. Também não gosto de imaginá-la em um lugar como esses. Que seja, então, da maneira como você deseja. Mas, se dentro dos próximos três meses, nossa filha não apresentar melhora, procurarei outro médico ou um padre, se for mais apropriado. Não tenho nada contra o doutor Morringan, pelo contrário. Tenho por ele muita estima e consideração, mas o tempo está passando, e Katie continua com o problema. Nós continuamos com o problema, Elgie! — concluiu ele.

Ela sabia que não adiantaria mais argumentar e intimamente pediu a Deus que abençoasse o doutor Morringan e o doutor William para que, juntos, pudessem ajudar Katie.

Harold vestiu o casaco, beijou a testa da esposa e foi para a alfaiataria. Sozinha na cozinha, ela sentou-se novamente pensando na filha e lembrou-se de quando ela era apenas um bebê. Lembrou-se de que a menina começara a falar muito cedo e o quanto demonstrava ser especial e diferente já nos primeiros anos de vida. Ela fora uma criança bastante quieta e observadora, bem diferente dos outros três irmãos mais jovens. Na escola, sempre tivera facilidade de aprender e, inclusive, ajudava os colegas de classe em qualquer dificuldade que pudessem apresentar. Lembrou-se de uma pergunta que o doutor Morringan e os outros médicos lhe fizeram quando entrevistarem a ela e ao marido: "Existem pessoas na família de vocês com histórico de doenças mentais?". Elgie teve uma sensação de frio dentro do peito. Sabia que mentira. Mentira tanto para Harold quanto para os médicos, inclusive para o doutor Morringan. A única pessoa que sabia da verdade era Rachel, e ambas juraram guardar segredo em nome da segurança de Katie. Em sua família, houvera o caso de uma tia, irmã de sua mãe, que era doente mental, ou, pelo menos, fora tratada como tal. Ela e Rachel a tinham visto algumas vezes quando ainda eram crianças. Elgie sentia o estômago revirar-se só de se lembrar da figura da tia, que era mantida a maior parte do tempo fechada em um quarto pela família. A mulher sacudia a cabeça procurando espantar esses pensamentos desagradáveis e sombrios, quando se deparou com Rachel, que a observava junto da porta que dava acesso à sala.

— Está tudo bem, Elgie?

— Oh, você estava aí... desculpe-me. Acabei me distraindo um pouco. Na verdade, precisamos conversar.

Rachel aproximou-se e sentou-se ao lado da irmã.

— Harold disse que dará três meses ao doutor Morringan e ao doutor Russel como prazo...

— Como assim?

— Se dentro destes três meses não houver nenhuma mudança no comportamento de Katie e se fenômenos como os que ocorreram nessa madrugada continuarem, ele procurará outro médico.

— Mas o caso de Katie não deve ser tratado apenas pela medicina convencional! Por isso mesmo, o doutor Morringan assumiu o caso!

— Eu também acho... — concordou Elgie. — Não posso sequer imaginar minha filha internada em um daqueles locais! Por favor, Rachel — disse Elgie aproximando-se o máximo que pôde do ouvido da irmã e baixando o tom de voz —, aquele nosso segredo jamais poderá vir à tona...

Elgie segurava com firmeza o antebraço da irmã e mantinha seus olhos fixos nos dela.

— Claro! Nunca! Já lhe dei minha palavra! Katie é médium e não louca! Ainda não havia tido tempo de conversar com você sobre a visita que fizemos à nossa vizinha Ilzie na tarde de ontem. Ela entende dessas coisas. Além disso, é uma mulher culta, que morou durante anos em Paris e estuda esses assuntos. Ela está interessada em Katie, Elgie, e disse que pode ajudá-la.

— Ajudá-la como?

— Ajudá-la, Elgie! Toda ajuda é bem-vinda para sua filha! Nós três, eu, você e Harold, não podemos ajudá-la, além do que estamos fazendo, isto é, protegendo e cuidando para que nada de mal lhe aconteça. Mas Ilzie, o doutor Morringan e o marido da senhora Russel poderão instruir sua filha e ensiná-la a lidar com a própria mediunidade! Qualquer um deles é mais culto do que nós três juntos! Eu sei ler e escrever, você e Harold também, mas não entendemos absolutamente nada dessas coisas! Arranjar outro médico para Katie equivale a trancá-la para sempre em uma dessas casas para lunáticos! Minha sobrinha é uma jovem sadia e inteligente, e eu lutarei por ela se for necessário e enfrentarei até mesmo Harold. Respeito muito seu marido, contudo, farei o que puder para impedir que ele cometa essa loucura. Se Harold fizer isso com Katie, condenará a filha e depois morrerá de remorso!

— Eu também penso como você, mas compreendo quando Harold questiona o fato de que há alguns meses o doutor Morringan frequenta a nossa casa, entrevista Katie, realiza sessões, conversa com os espíritos, faz um monte de anotações, e nada muda... Passa algum tempo, e tudo recomeça!

— Elgie, você se lembra do que o doutor Morringan nos falou sobre as batidas nas paredes e nos móveis?

Ela balançou negativamente a cabeça. Realmente não sabia a que Rachel estava se referindo.

— Ele nos disse que é uma forma de os espíritos se comunicarem conosco. Acho que o que ocorreu essa madrugada foi para nos alertar sobre alguma coisa. Consegue me entender?

— Não. Ainda não sei o que quer dizer. Sobre que tipo de coisa eles poderiam estar querendo nos alertar? Apenas acordaram e assustaram a todos...

— Estou dizendo que talvez tenham feito todo aquele barulho não com a intenção de assustar a família, mas talvez tenha sido a forma que encontraram para nos acordar e, assim, impedirem que algo ruim acontecesse com Katie... Como naquela madrugada em que ela saiu e saltou da ponte, por exemplo.

— Entendo... você está me dizendo que talvez nem todo fantasma que se aproxima de Katie tenha a intenção de fazer coisas ruins e que talvez todo o barulho que escutamos na cozinha tenha sido provocado por alguém que procurava nos acordar para ajudar...

— Isso mesmo! O doutor Morringan e Ilzie disseram que essa é uma forma que muitos deles encontram para se comunicarem conosco. Acredito que existam casos em que ajam daquela forma para assustar e incomodar mesmo, mas, desta vez, acho que foi com o intuito de nos acordar, pois, depois que acordamos e a porta do quarto se abriu, os barulhos cessaram. Você percebeu que, depois que o doutor Morringan começou a fazer as sessões com Katie, os ruídos que ocorriam pela casa raramente voltaram a acontecer?

Elgie concordou com a cabeça.

— Acredito que isso esteja acontecendo porque agora, com o auxílio do doutor Morringan — continuou Rachel —, eles vêm conseguindo se comunicar durante as sessões e não precisam mais chamar nossa atenção como faziam antes. Senti que havia algo acontecendo dentro do quarto essa noite.

— Algo?

— Sim. Senti que havia uma presença estranha lá dentro. Quando acordei com o barulho, Katie estava se debatendo. Senti muito medo, pois dava para perceber uma presença ruim, como se fosse uma forte opressão. Por essa razão, acredito que alguém tentou nos alertar... — concluiu Rachel.

— É possível que você tenha razão. Eu prefiro acreditar que sim. Vejamos como Katie estará quando acordar e o que acontecerá daqui para frente. Rogo a Deus que você tenha razão, Rachel, e que essas coisas não se repitam com frequência como antes, porque não sei qual será a reação do Harold.

— Bem, hoje durante o jantar do aniversário de Katie, você terá a oportunidade de conhecer nossa nova vizinha. Nós a convidamos.

— Como você pode saber se essa mulher é realmente confiável?

— Porque me pareceu ser, e você sabe que eu raramente me engano.

Elgie olhou para a irmã com um sorriso de canto de boca. Era verdade. Ela raramente se enganava.

— Todas essas pessoas elegantes vindo para jantar aqui em casa! Fico preocupada, pois somos muito simples! Não sei preparar pratos finos e caros e não temos sequer louças à altura deles.

— Fique tranquila, querida! Ilzie é uma pessoa bastante simples, e, a julgar pela senhora Russel, o marido dela também deve ser um homem que não se importa muito com essas bobagens. Quanto ao senhor Edward Cloods, me pareceu um rapaz estrangeiro, muito educado e bastante simples também. Então, fique tranquila. Eu a ajudarei a preparar o jantar.

Logo mais irei buscar os gansos que encomendamos e também o leitão. Tudo ficará delicioso — disse Rachel animada.

Elgie sentiu-se um pouco melhor e esqueceu-se do desagradável diálogo que tivera momentos antes com o marido. A presença da irmã a tranquilizava. Não tinha amigas, pouco saía de casa, vivia para a família e, por natureza, era uma mulher extremamente controlada em relação às suas emoções e procurava não demonstrá-las. Muito reservada e discreta, respeitava as opiniões do marido em qualquer situação, mesmo que fossem contrárias às suas. Sentia que não tinha o direito de exteriorizar seus medos e suas inseguranças, então, conseguia desabafar um pouco com Rachel.

Do lado de fora, o dia finalmente começava a clarear, mas o frio ainda era intenso. Os preparativos para o aniversário de Katie deveriam começar logo cedo.

Capítulo 10

Rachel foi buscar um pouco mais de lenha, pois o fogo precisava ser alimentado constantemente tanto no fogão quanto na lareira.

Havia logo atrás da cozinha uma construção de madeira, na qual Harold costumava guardar suas ferramentas e estocar lenha para os meses de frio. Ela olhou para junto do muro ao fundo, onde havia uma macieira muito velha, e viu uma silhueta que, em poucos segundos, desapareceu por completo. Ficou durante alguns minutos ainda observando o terreno, as árvores que formavam um pequeno bosque e também uma pilha de pedras que estava ali havia anos. Rachel caminhou até a macieira e intuitivamente olhou para cima e para a parede dos fundos da casa. Havia alguém em uma das janelas. Era o quarto de Katie. "Talvez seja ela", pensou Rachel e acenou. A imagem durou mais alguns segundos e, em seguida, desapareceu. Uma sensação incômoda apoderou-se de Rachel, que sentiu o coração palpitar de forma diferente. Ela, então, apressou-se em pegar a lenha e voltar para dentro.

— Katie já desceu? — perguntou para Elgie, enquanto empilhava os tocos de madeira ao lado da lareira.

— Não, é cedo. Ainda deve estar dormindo — respondeu a outra distraidamente.

— Vou subir para ver se está tudo bem.

Rachel subiu os degraus rapidamente. A porta estava aberta como havia deixado algumas horas antes. Espiou dentro do cômodo e viu a sobrinha sentada diante do espelho penteando os cabelos.

— Bom dia, tia Rachel!

— Bom dia, querida. Dormiu bem? — perguntou aproximando-se.

— Acho que sim, mas acordei com o corpo todo dolorido... — respondeu com um longo suspiro. Depois, olhando para a tia através do espelho, questionou: — Aconteceu alguma coisa durante a noite, não foi?

— Sim — respondeu Rachel afagando-lhe suavemente os cabelos.

Katie virou-se de frente para ela.

— O que eu fiz?

— Você não fez nada, querida. Somente estava se debatendo bastante, e eu tentei acordá-la, sem, contudo, conseguir. Aconteceram algumas coisas. Houve muito barulho na cozinha, e a porta do nosso quarto não abria de jeito nenhum. Seu pai, inclusive, achou que teria que arrombá-la.

Katie arregaçou a gola do vestido e mostrou o pescoço para Rachel. Nele havia manchas arroxeadas e irregulares.

— Não consigo me lembrar com o que estava sonhando, mas acho que era algo ruim — disse a jovem, enquanto puxava as mangas do vestido para cima até a altura dos cotovelos. Os hematomas estavam espalhados pelos braços e antebraços. — Às vezes, eu me questiono, tia, se isso nunca irá parar. Hoje é meu aniversário, e simplesmente não sinto ânimo com relação à minha vida. Pensamentos ruins passam por minha cabeça o tempo todo e já não sei se são meus ou se pertencem à outra "pessoa". É como se alguém me incentivasse a fazer coisas ruins.

— Que tipo de coisas?

— São vários tipos de ideias. Algumas tentam estimular sentimentos de revolta contra outras pessoas e até mesmo sugestões para que eu dê fim em minha própria vida.

Rachel assentiu com a cabeça e segurou nas mãos de Katie.

— Sei que não deve ser fácil, querida, mas você tem de lutar contra essa falta de vontade de viver. Acredito que existam algumas entidades que se aproveitam da sua tristeza. Você é jovem, bonita e tem a vida toda pela frente. Eu, sua mãe e seu pai, seus irmãos, apesar de serem ainda crianças, estamos ao seu lado, e agora temos, além do doutor Morringan, o senhor e a senhora Russel e Ilzie... Todos eles desejam ajudá-la. Você verá que logo enxergará as coisas de outra maneira.

Rachel permaneceu em silêncio durante algum tempo, olhando para o rosto da sobrinha, e em seguida a abraçou.

— Feliz aniversário! Amo você, minha querida! Pegue! Aqui está seu presente — disse ela retirando de dentro da gaveta do móvel de cabeceira um pequeno embrulho azul e entregando-o a Katie.

— Não precisava, tia. É muito bonito! Obrigada!

Era um prendedor de cabelos de prata e um par de luvas rendadas.

— As luvas combinam com seu vestido novo. Comprei para você usá-las hoje, durante seu jantar de aniversário.

Katie sorriu e abraçou Rachel com força.

— Pode prender meus cabelos com ele, por favor?

— Claro, querida! Depois, vamos descer, pois sua mãe já está na cozinha começando os preparativos para hoje à noite.

Katie sorriu satisfeita, enquanto via através do espelho Rachel prender seus cabelos.

— Tia, você acha que Edward virá?

— Acho que sim... — respondeu Rachel sorrindo.

Enquanto observava Katie terminar de se arrumar, lembrava-se com certa nostalgia de quando a sobrinha era apenas uma menininha. Sempre fora mais apegada a ela do que aos outros filhos de Elgie.

— Você foi até a janela um pouco antes de eu subir?

— Não, por quê?

— Nada. Pensei que a tinha visto quando fui buscar lenha, mas acho que foi só impressão. Venha! Vamos descer, pois sua mãe precisa de ajuda.

✹✹✹

As horas passaram-se rapidamente, e a hora do jantar na casa dos Harrisons se aproximava.

As crianças já estavam arrumadas e brincavam na sala, próximas à lareira. Elgie e Harold também estavam vestidos apropriadamente para receberem os convidados.

Rachel ajudava Katie a trançar os cabelos e a prendê-los em volta da cabeça, seu penteado favorito. O vestido da jovem era de um rosa pálido e discreto, com detalhes bordados nas mangas e no decote. Estava realmente muito bonita. A cor do vestido contrastava com seus volumosos cabelos quase negros e com seus olhos escuros. Por fim, a jovem calçou as luvas com as quais fora presenteada pela manhã.

Ao descer a escada, Katie arrancou suspiros de admiração das crianças e também de Elgie. Harold permanecia calado, e, embora seu rosto não demonstrasse nenhuma emoção, seus olhos brilharam de orgulho ao constatarem que a filha estava se tornando uma bela mulher. Katie tinha muito mais características de sua família do que da família de Elgie.

— Está muito bonita, minha filha — disse ele, enquanto avançava alguns passos na direção dela e a segurava delicadamente pelas mãos.

— Está linda, Katie — disse Tim, espremendo os olhos e juntando as mãozinhas na frente do peito em um gesto que a fez sorrir.

— Feliz aniversário, Katie! — disseram Telma e Cindy quase que ao mesmo tempo.

As crianças envolveram-na em um longo abraço, e, em seguida, Elgie aproximou-se e abraçou a filha procurando conter a emoção.

— Aqui está seu presente — disse entregando a ela uma caixa de joias.

Katie abriu devagar a tampa de madrepérola e de dentro retirou uma delicada gargantilha de ouro com um pingente de coração.

— Pode colocar para mim, mamãe? É lindo! Não precisavam ter comprado nada. Já gastaram com o vestido e com o jantar...

— É uma data especial, querida — disse Elgie. — É uma pequena lembrança para que nunca se esqueça deste dia.

Em seguida, ouviram alguém tocar a sineta da porta. Rachel adiantou-se para receber os primeiros convidados. William, Helen e Morringan chegaram juntos.

— Sejam bem-vindos! Entrem! Está fazendo muito frio aí fora — disse ela, enquanto seguia na frente dos recém-chegados pelo estreito corredor que dava acesso à casa.

— Elgie! Os Russels e o doutor Morringan já chegaram.

— Boa noite! — disse Helen cumprimentando Elgie com um abraço. — Este é William, meu marido.

— Como vai, senhora? — perguntou ele curvando-se ligeiramente diante dela.

— Eu estou bem, doutor Russel. É um grande prazer conhecê-lo.

— O prazer é todo meu.

Katie deu alguns passos na direção dos convidados.

— E você — disse William — deve ser a jovem Katie, não é mesmo?

Ela sorriu e estendeu a mão na direção dele.

— Encantado, minha jovem.

— Muito prazer em conhecê-lo, doutor Russel. O doutor Morringan sempre fala muito bem do senhor. Tenho grande estima por sua esposa — disse ela com desenvoltura.

William observava o rosto de Katie com atenção. Apesar da miopia, podia ver os olhos penetrantes da jovem, e Morringan realmente tinha razão. Havia algo de especial nela.

— Finalmente nos conhecemos, minha cara jovem. Nosso doutor Morringan me fala de você há algum tempo e confesso-lhe que estava curioso para conhecê-la.

— Espero que não esteja decepcionado — retrucou Katie.

— Muito pelo contrário, estou encantado — disse ele inclinando levemente a cabeça.

William admirava-se com as maneiras de Katie. Morringan já o advertira sobre isso também.

Helen aproximou-se e entregou-lhe um embrulho.

— Obrigada, senhora Russel — disse Katie sorrindo.

A jovem desatou com cuidado o laço de fita de cetim e abriu com delicadeza o papel de seda lilás, que envolvia uma caixa de madeira em formato retangular. Dentro dela havia um frasco de perfume e maquiagens em embalagens elegantes. Os olhos de Katie não puderam disfarçar a surpresa e a admiração.

— É lindo, senhora Russel!

— Ficamos felizes que tenha gostado, querida. Uma jovem bonita como você deve ter esses mimos em sua penteadeira... — disse Helen tocando-lhe suavemente no ombro.

Morringan aproximou-se e também entregou a ela um presente.

— Obrigada, doutor.

— De nada, querida. Foi a senhorita Scott quem escolheu. Não entendo muito dessas coisas de mulher.

— É muito bonito, doutor Morringan! Agradeça à senhorita Scott por mim! — disse ela envolvendo o médico em um afetuoso abraço.

— Ora, querida, não precisa agradecer! Você merece... — retrucou ele com as bochechas ruborizadas.

— São pérolas! — exclamou Elgie sem esconder a admiração.

Rachel entrou na sala acompanhada de Ilzie.

— Madame Ilzie...

Katie levantou-se de onde estava e foi ao encontro da recém-chegada. Os olhares de todos os presentes se voltaram para elas. Ilzie realmente não passaria despercebida nem mesmo em um salão lotado. O vestido preto de veludo com detalhes em marfim, combinando com uma estola de pele da mesma cor, associados à sua estatura incomum tornavam-na uma figura bastante notável.

— Querida! Você está linda! Que seus desejos se realizem! — exclamou ela ao abraçar Katie. — Aqui está seu presente. Espero que seja do seu agrado!

Era um embrulho volumoso e de dentro dele Katie retirou um belo vestido de cor lavanda muito apropriado para a idade e o porte da jovem. Vinha acompanhado de um par de luvas da mesma cor.

— É lindo!!! — exclamou Katie.

— É realmente um vestido digno de contos de fadas... — comentou Helen.

— Muito obrigada, madame Ilzie.

A própria Katie apresentou Ilzie aos outros convidados e também para sua mãe e seus irmãos, que ainda não a conheciam. Rachel e Elgie serviram bebidas para todos, enquanto terminavam de organizar a mesa para o jantar. Encerrada a empolgação da entrega dos presentes, Katie passou a olhar para os ponteiros do relógio. Já passava um pouco das oito horas. A expressão de felicidade em seu rosto foi se modificando rapidamente, pois Edward era o único convidado que ainda não chegara.

— Katie... — disse Ilzie tocando de leve o braço da jovem —, está tudo bem?

— Está sim, madame Ilzie... — mentiu ela procurando esboçar um sorriso.

— Somente Ilzie... Parece que ficou triste de repente...

— Eu havia convidado uma pessoa, mas acho que ela não virá.

— Ah, entendo. Talvez ela esteja somente atrasada, querida.

— É... pode ser.

— Deve ser alguém bastante especial para você...

Katie permaneceu em silêncio durante algum tempo.

— É, sim. Ele salvou minha vida.

Ilzie franziu as sobrancelhas.

— É uma longa história — continuou Katie. — Há algumas semanas, eu caí de uma ponte.

Agora a expressão no rosto de Ilzie era de espanto.

— Era uma manhã muito fria, e, se a senhora Russel e ele não tivessem aparecido, eu possivelmente não estaria comemorando mais um aniversário agora. Edward foi o homem que se atirou nas águas e me salvou — resumiu ela.

Ilzie permaneceu durante algum tempo em silêncio observando o rosto de Katie.

— Realmente, ele é importante.

As duas foram interrompidas por Elgie, que avisava que a refeição estava servida. Harold agradeceu a presença de todos em um pequeno discurso seguido por uma breve oração. Havia abundância de comida e de bebidas, e todos conversavam animadamente. Para as crianças, foi preparada uma mesa separada na sala de visitas. Katie continuava calada.

Finalmente, a campainha tocou, e a jovem levantou-se rapidamente. Harold fez um gesto com a mão para que voltasse a se sentar, e, a contragosto e procurando controlar a ansiedade, ela obedeceu.

Em poucos instantes, ele retornou acompanhado de Edward, que trazia nas mãos um buquê de flores e um discreto embrulho.

— Boa noite a todos! Peço-lhes que me perdoem pelo atraso — disse ele, enquanto entregava para Rachel o casaco e o guarda-chuva.

— Meu caro doutor Cloods! — exclamou William visivelmente satisfeito em vê-lo. Depois, voltando-se para Morringan, disse: — Este é o jovem médico de quem lhe falei.

Edward sorriu e cumprimentou-o com um movimento de cabeça do lugar onde estava.

— Ah, sim! É também o homem que salvou nossa aniversariante — disse Morringan observando a figura de Cloods com atenção.

Katie levantou-se e caminhou até o recém-chegado, que a aguardava de pé. Todos os olhares se voltaram para eles.

— Fico muito feliz que tenha vindo, Edward — disse ela, sem esconder a satisfação.

— Não costumo chegar atrasado aos meus compromissos, mas tive alguns contratempos. Parecia que tudo estava contra mim hoje, tentando me impedir de chegar até aqui — disse ele um pouco constrangido, pois o olhar de Katie realmente o perturbava.

— Não precisa se desculpar — disse ela gentilmente. — O importante é que você chegou.

— Ah! São para você! Espero que goste de rosas. Trouxe as brancas porque são minhas favoritas.

— São adoráveis — disse ela aproximando o nariz e aspirando profundamente o perfume. — Nunca havia recebido flores antes...

— Ah... isto também é para você — disse ele entregando para ela um embrulho, cujo papel estava um pouco amarfanhado e úmido.

Katie abriu-o cuidadosamente. Não era grande, tinha formato retangular e não ultrapassava trinta centímetros de comprimento.

Era uma caixa de papel. Katie retirou a tampa e dentro dela havia uma caixa para joias. Ela esboçou um leve sorriso, enquanto levantava o objeto no ar segurando-o com ambas as mãos. Era feita de madeira ricamente entalhada, com minúsculas flores enfeitadas com pedrarias.

— Por favor, abra — disse Edward.

Katie obedeceu, girou a pequena chave prateada e no interior da tampa havia um espelho ocupando quase toda a sua largura e todo o seu comprimento. A caixa era forrada com veludo escarlate e no interior repousava uma pequena figura. Katie segurou-a com as pontas dos dedos e levantou-a no ar.

— Com licença — disse ele pegando a caixa que estava sobre o colo de Katie.

Edward girou várias vezes a peça de metal que havia na parte de baixo do objeto, colocou a caixa sobre uma cadeira e depois posicionou a delicada figura feminina que Katie ainda segurava com as pontas dos dedos diante do espelho. A bailarina com vestes singulares e diminutas asas, imitando as de uma borboleta, rodopiava suavemente sobre um pequeno palco e encerrou sua apresentação somente quando a música chegou ao fim.

— Espero que tenha gostado — disse ele observando o rosto de Katie, que olhava fascinada para o singular presente.

— Eu estou encantada! — murmurou ela.

— Fico muito feliz! Estava bastante preocupado, pois, com exceção de minha estimada mãe, nunca havia presenteado outra mulher em minha vida.

Dizendo isso, ele ofereceu o braço para Katie, convidando-a a se levantar e a retornar para junto dos outros convidados.

Seguiu-se uma rápida apresentação de Edward para aqueles que ainda não o conheciam, e, em poucos minutos, o jantar aconteceu como deveria ser, com todos os presentes se sentindo à vontade. A diferença social entre alguns e a família Harrison em nada afetou o bom andamento da confraternização. Edward ocupou uma cadeira entre William e Morringan, e o assunto entre eles foi a medicina e as ciências no geral. Katie sentou-se ao lado de madame Ilzie, enquanto Helen conversava animadamente com Elgie e Harold. Rachel ocupara um lugar na mesa das crianças e cuidava para que todos estivessem sendo bem servidos, circulando o tempo todo entre a sala de jantar e a cozinha.

— Então, este é Edward... — Ilzie disse baixinho junto ao ouvido de Katie.

— Sim, é ele — concordou ela, enquanto colocava no prato mais uma porção de ervilhas.

— É realmente um belo rapaz e parece ser muito educado — comentou Ilzie, enquanto bebia um gole de vinho e observava as maneiras de Cloods do outro lado da mesa.

— É, sim. Ele será médico um dia.

— Isso é muito bom, querida... Mas ele é estrangeiro? Percebi um certo sotaque diferente...

— Veio da América.

— Hum... americano. Eles costumam ser muito criativos e menos tradicionais do que os ingleses — comentou Ilzie, servindo-se em seguida de mais algumas batatas assadas. — Estão maravilhosas! — disse, enquanto as colocava no prato. — Foi sua mãe quem cozinhou?

Katie balançou a cabeça afirmativamente enquanto mastigava e acrescentou em seguida:

— Minha tia a ajudou. Não sei quem temperou as batatas... Acho que ele não é comprometido... — disse ela junto ao ouvido de Ilzie.

A outra sorriu animada.

— Você perguntou para ele?

— Não, mas ele me disse que até hoje nunca havia comprado um presente para uma mulher, com exceção da própria mãe — respondeu Katie sorrindo e olhando para a outra pelo canto dos olhos.

— Mas isso é formidável! Já é mais de meio caminho andado! Ânimo, minha querida! Você tem grandes chances com nosso futuro médico americano...

Ambas riram, e Ilzie tocou de leve no braço de Katie.

— Minha querida, sabe que gostei de você desde a primeira vez em que nos vimos, não sabe?

Katie balançou a cabeça em um gesto de concordância.

— Você está completando dezesseis anos hoje! Ainda é muito, muito jovem. Apesar de eu saber que é inteligente e especial, quero lhe pedir que tenha cautela, pois a paixão costuma cegar as pessoas, nos faz enxergar coisas que não existem e nos impede de vermos coisas que estão diante do nosso nariz. Não quero que se machuque, nem quero vê-la infeliz.

Katie a ouvia atentamente.

— Querida, não estou tentando desanimá-la, nem lhe pedindo que esqueça Edward. O que estou lhe dizendo é que procure conhecê-lo melhor, saber mais a respeito dele, de seu carácter e de sua personalidade.

Ele é um homem muito bonito, o que o torna encantador aos olhos de qualquer jovem como você, e eu quero que você seja feliz.

— Eu sei, madame Ilzie. Compreendo sua preocupação. Minha tia falou a mesma coisa. Nunca olhei para outro homem como olho para Edward e acho que estou apaixonada por ele.

— Na sua idade, isso é perfeitamente normal — disse Ilzie.

— Você já se apaixonou alguma vez na vida, madame Ilzie?

Ela permaneceu em silêncio durante algum tempo antes de responder.

— Sim.

— Não foi pelo seu falecido marido, não é mesmo?

— Não — respondeu Ilzie olhando diretamente nos olhos de Katie.

— Não pense que a critico por isso, mas eu senti... se é que você me entende...

Ilzie concordou.

— É um romance difícil, querida. Para mim, é quase impossível. Apesar de não haver sido apaixonada por meu marido, sempre o respeitei e sou muito grata pelo que ele fez por mim. Nunca escondi dele meus sentimentos e, mesmo assim, ele me aceitava. Nunca tive coragem de deixá-lo.

— Mas ele já se foi, madame... — argumentou Katie.

— Ilzie, querida, me chame de Ilzie. É bem mais complicado do que você imagina. Talvez um dia, em outra ocasião, possamos conversar melhor a respeito.

Katie compreendeu que não deveria mais tocar no assunto, pois aquele não era o momento nem o local certo.

Após o jantar, Rachel levou as crianças para a cama e apenas os adultos permaneceram no piso inferior. Ilzie agora conversava animadamente com Helen, Elgie e Harold, contando histórias interessantes de sua passagem por Paris, enquanto William, Morringan e Edward, sentados na sala ao lado, trocavam ideias e informações a respeito das enfermidades e dos distúrbios que afetavam a mente humana e da cruel realidade na qual viviam os portadores dessas enfermidades. A psiquiatria era, naqueles tempos, uma vertente da medicina que ainda estava em estado bruto, sem lapidação alguma, e isso se refletia na forma como essas pessoas eram tratadas nas instituições destinadas para esse fim. Aos olhos de Russel e de Morringan, este era um problema a ser solucionado com urgência pela classe médica atuante. Para Edward, era uma faceta da medicina quase totalmente desconhecida por ele, o que o transformava em um atento ouvinte.

Katie aproximou-se discretamente.

— Os senhores aceitam uma bebida? Um licor de maçã? Talvez um conhaque?

— Nossa jovem aniversariante! — exclamou Morringan. — Venha! Aproxime-se, querida!

Ela deu dois passos em direção ao pequeno grupo. Edward e William também lhe voltaram suas atenções, enquanto Morringan foi buscar uma cadeira para que ela pudesse juntar-se a eles.

— Não quero atrapalhar a conversa de vocês.

— Você não está nos atrapalhando, Katie — disse William, enquanto ajeitava melhor os óculos. — Diga-nos, querida! Poderia nos dar a honra de sua presença em minha casa esta semana?

Edward olhou para o doutor Russel um pouco surpreso. Não sabia nada a respeito do caso de Katie.

— Se meus pais permitirem, certamente irei, doutor Russel. Terei prazer em colaborar com o senhor e com o doutor Morringan no que estiver ao meu alcance.

— Muito bem! Antes de irmos embora, conversarei com seus pais sobre o assunto. Os encontros, a princípio, serão semanais. Todas as quartas-feiras, um carro poderá vir buscá-la, e, caso seus pais sintam-se mais confortáveis e seguros, sua mãe ou sua tia poderá acompanhá-la sempre que quiser. Precisamos fazer algo com certa urgência e, para isso, teremos que dispensar um tempo para tal.

— Para mim, já está tudo certo.

Notando a expressão no rosto de Edward, que não conseguia entender o que estava acontecendo, resolveu explicar.

— Caro doutor Cloods, percebo que não está entendendo o que ocorre aqui. Vou lhe explicar, haja vista que será meu assistente.

Katie olhou rapidamente para Edward. Não imaginava que ele estaria presente em seus encontros com Morringan e Russel. William prosseguiu.

— Esta jovem é um caso raro que a ciência não consegue explicar. Pelo pouco que conhecemos da senhorita Katie, ela possui uma inteligência acima da média e uma notável capacidade psíquica. Aqui, em especial neste caso, pesquisaremos e procuraremos documentar o máximo que pudermos todas as experiências resultantes das nossas reuniões. A senhorita Katie é uma sensitiva com alto potencial mediúnico, capaz de manifestar, inclusive, fenômenos físicos no ambiente à sua volta por meio do seu campo de energia. O doutor Morringan conhece a família Harrison, estuda o caso já há alguns meses e pediu meu auxílio. Assim como eu, ele acredita que exista vida após a morte. Aquele assunto sobre o qual conversamos na primeira vez em que esteve em minha casa.

Edward assentiu com a cabeça.

— Minha jovem — continuou ele voltando-se para Katie —, aceito uma dose de conhaque, se não for lhe dar trabalho.

— Certamente, doutor Russel. Não me dará trabalho algum... Doutor Morringan, Edward, aceitam uma bebida, um café?

— Eu gostaria de mais uma taça de vinho, por favor, minha querida — respondeu Morringan.

— Para mim, um café com pouco açúcar — pediu Edward.

Certificando-se de que Katie deixara o cômodo, William prosseguiu:

— Aos olhos da maioria dos médicos, nossa encantadora aniversariante seria uma doente mental, doutor Cloods.

Mediante essa afirmação de Russel, Edward arregalou os olhos sem procurar disfarçar o espanto, afinal, desde que a conheceu, algo assim jamais teria lhe passado pela cabeça. Não conseguia compreender em que se embasava tal afirmação.

— Está surpreso, não é mesmo? Pois lhe digo e afirmo que alguns fatos ocorridos, envolvendo mudanças bruscas no comportamento da senhorita Harrison diante de testemunhas — fez uma pausa —, incluindo o nosso doutor Morringan aqui, levariam esta jovem diretamente para uma casa de abrigo a doentes mentais e lunáticos.

— Mas não noto no comportamento dela qualquer traço que denuncie alguma anormalidade ou enfermidade desse tipo... — argumentou Edward. — Ela me parece perfeitamente saudável e normal!

— Exatamente, doutor Cloods! — exclamou Morringan. — É nisso que eu e William acreditamos. Katie possui capacidades que a maioria das pessoas não tem. Algo mais que a ciência e a medicina, por ainda não conseguirem explicar, denominariam de loucura ou insanidade. Sem saber, o senhor mesmo foi protagonista de um desses episódios.

Edward permaneceu durante alguns segundos em silêncio, procurando lembrar-se.

— Na manhã em que conheceu Katie, doutor — disse Morringan. — O senhor não crê que ela estivesse praticando natação, não é mesmo?

Novamente, Edward estava estupefato.

— Claro que não. Mas imaginei que houvesse ocorrido algum acidente... qualquer coisa assim!

Naquele momento, Katie retornou trazendo uma bandeja com as bebidas.

— Doutor Russel...
— Obrigado, minha jovem!
— Doutor Morringan...
— Obrigado, querida...
— Edward...
— Muito obrigado, Katie.
— Senhorita Katie, sente-se conosco, por favor — convidou William.

Ela sentou-se de frente para os três homens.

— Poderia nos fazer a gentileza de responder a algumas perguntas? — questionou William.

— Certamente que sim, doutor Russel. Será um prazer!

— Doutor Cloods será meu novo assistente, e gostaria que ele se familiarizasse um pouco mais com o caso da senhorita.

— Compreendo. Fique à vontade para fazer as perguntas que desejar.

— Pois bem... — continuou ele: — Há quanto tempo vem sofrendo assédios, acho que posso me referir dessa maneira, por parte de entidades espirituais?

— Posso lhe dizer que desde meus doze anos de idade, mas tudo se tornou mais intenso de dois anos para cá.

— Não vou me aprofundar muito aqui... — disse ele olhando para Edward e em seguida para Morringan. — Neste momento, meu objetivo é apenas colocar você, Cloods, por dentro do caso — e, voltando-se para Katie, continuou: — Você poderia nos falar superficial e resumidamente a respeito desses contatos ou assédios?

— Sim, podem ocorrer a qualquer momento e em qualquer lugar. Percebo a presença "deles", no caso, dos espíritos. Alguns são bons e outros não. Conversam comigo, falam coisas, pedem favores e, às vezes, dizem coisas muito ruins. Já perdi a consciência algumas vezes, acredito que pela quantidade de espíritos que se aproximam ao mesmo tempo, por sua qualidade ou seu tipo... não sei ao certo como me expressar com relação a isso... índole!

— Possivelmente, ocorreu uma sobrecarga de energia, ocasionada por alguns tipos específicos de entidades. Como você mesma acabou de dizer — complementou Morringan —, existem aqueles que são de boa índole e aqueles que não são, assim como ocorre no mundo dos vivos, onde existem pessoas boas e más.

— Que tipos de fenômenos começaram a acontecer aqui, em sua casa, e fizeram seus pais procurarem o doutor Morringan? — perguntou William novamente.

— Houve vários incidentes, batidas, vozes e ruídos por toda a casa, e o que realmente os preocupou foram alguns episódios em que meu comportamento se modificou por completo — respondeu ela. — As pancadas nas paredes e nos móveis talvez fossem os fenômenos mais frequentes, mas vozes, ruídos e objetos quebrando ou voando pelo ambiente também se tornaram comuns e eram bastante assustadores para todos nós.

— Esses fenômenos ocorriam com tanta frequência assim? — perguntou Edward.

— Sim, muita! Isso diminuiu após começarem os encontros com o doutor Morringan, pois era uma forma de os espíritos tentarem se comunicar.

— Quantos idiomas você fala, Katie? — perguntou William.

— Além do inglês, falo também alemão, francês e italiano. Consigo entender coisas escritas em latim.

Edward ouvia tudo com grande atenção.

— Aprendeu na escola?

Ela sorriu.

— Não, senhor. Aprendi sozinha. É como se já o soubesse. Percebi que tinha facilidade para entender palavras escritas nesses idiomas. Minha tia conseguiu alguns livros para mim, e, praticando um pouco, posso tanto falar como escrever.

— Eu soube que parou de frequentar as aulas — disse William.

— Sim, tive de parar, pois entrei em transe algumas vezes e desmaiei em outras. Nas ocasiões em que entrei em transe, assustei muito os outros alunos e também os professores, pois me comportei de forma distinta da qual me comporto habitualmente, e vozes diferentes saíram de minha boca. Tudo isso me causou um transtorno imenso, pois aqui, onde moramos, as pessoas ainda são bastante ignorantes e julgam esse tipo de coisa como sendo de origem demoníaca.

Edward olhava para Katie com uma expressão indefinível no rosto. Estava muito sério segurando entre as mãos a xícara de café suspensa no ar, surpreso com tudo o que estava ouvindo. Mediunidade? Aquela palavra soava-lhe fantasiosa. Em sua opinião, as pessoas sempre procuravam driblar a morte, o fim da vida humana de alguma forma, mas, em contrapartida, para ele também era difícil enxergar Katie como uma doente mental. Por mais que se esforçasse, não conseguia ver na moça ou em seu comportamento qualquer traço que denunciasse loucura.

Havia, sim, nela algo que o perturbava e que ele ainda não conseguira definir, mas, sem dúvida, era um homem solteiro, jovem, e ela, uma mulher jovem e atraente. Sentia-se atraído por Katie, contudo, percebia que havia algo há mais, que ele não conseguia definir. Já conhecera outras mulheres por quem se sentira atraído e com algumas até chegou a ter envolvimentos rápidos e sem importância. Katie, no entanto, despertava nele algo diferente, e isso Edward reconhecia. Mas toda aquela história de mediunidade, espíritos e fenômenos paranormais era muito fantasiosa aos seus olhos.

— Querida — disse Morringan —, poderia dizer em poucas palavras ao doutor Cloods o que ocorreu naquela manhã em que ele a resgatou?

— Deixei a casa dos meus pais de madrugada, muito cedo, sem ter consciência do que estava fazendo e, segundo me disseram, saltei da ponte. De nada me lembro até o momento em que já estava lutando contra a força das águas e finalmente fui salva por você.

— Muito obrigado por sua boa vontade e paciência conosco, senhorita Harrison — disse William. — Agora, se me dão licença, vou procurar minha esposa e convidá-la para irmos embora, pois já está tarde, e Bucky deve ter congelado dentro daquele carro do lado de fora.

— Mas, doutor William, por que não o convidou para entrar? — questionou Katie.

— Helen o chamou, e acho que sua tia foi levar o jantar para ele lá fora, mas Bucky preferiu ficar no carro, pois assim pôde cochilar à vontade — explicou William sorrindo.

Dizendo isso, afastou-se e encontrou Helen junto de Elgie, Rachel e Ilzie na copa. Harold já havia se recolhido, pois teria de começar cedo na alfaiataria. Tinha uma encomenda grande para entregar ainda pela manhã.

— Querida, vamos indo? — perguntou ele acercando-se de Helen.

— Sim, vamos! A companhia está muito agradável, mas já é tarde, e o velho Bucky está nos aguardando. Carl irá conosco?

— Sim — respondeu William e, em seguida, voltou-se para Elgie: — Senhora Harrison, conversei com sua filha sobre um encontro amanhã em minha residência. Iniciaremos as pesquisas com Katie. O doutor Morringan e o doutor Cloods também estarão presentes, se a senhora e seu marido assim concordarem. Para maior tranquilidade de vocês, a senhora ou a sua irmã poderá acompanhá-la se assim preferir.

Elgie e Rachel entreolharam-se.

— Amanhã, eu tenho compromisso — disse Rachel. — E você — continuou ela olhando para Elgie — tem as crianças.

— Eu posso acompanhá-la. — Ofereceu-se Ilzie. — Isto é, se Elgie e Harold confiarem em mim e se não for inconveniente para o senhor, doutor Russel.

Pela primeira vez, William prestou mais atenção na figura singular de Ilzie.

— A senhora sabe do que se trata? — perguntou ele olhando diretamente para ela através das lentes dos óculos.

Helen tocou discretamente no braço do marido.

— Sim, querido. Ilzie conhece a história de Katie e está mais familiarizada do que você imagina com os estudos ligados aos fenômenos espirituais.

— Se madame Ilzie não se incomodar de acompanhar Katie — disse Elgie —, ficarei muito satisfeita, pois nem eu nem minha irmã poderemos nos ausentar.

— Estamos combinados, então — disse William, enquanto dava o braço para Helen. — No início da tarde, logo após o almoço, mandarei um carro para buscá-las.

— Não se faz necessário, doutor Russel — disse Ilzie. — Usaremos o meu — completou ela sorrindo. — Helen me disse onde moram. Amanhã, no início da tarde, eu e Katie estaremos lá.

Capítulo 11

Apesar da insistência de William em levar Edward até sua casa, ele preferiu descer no ponto mais próximo e, mesmo assim, ainda tinha mais da metade do trajeto para percorrer a pé.

As ruas eram escuras, com pouquíssima iluminação, e já passava de uma hora da madrugada, quando ele alcançou a região das docas. Indivíduos de todos os tipos circulavam por ali. Habitações decrépitas e o sistema de esgoto precário — e em alguns trechos inexistente — tornavam o local ainda pior, com o forte odor de urina e dos excrementos humanos mesclando-se à pesada umidade do ar. Edward cobriu o nariz com a gola do casaco e continuou caminhando a passos largos e rápidos como era de seu costume.

O local estava praticamente vazio, com exceção de alguns cães e gatos que procuravam alimento entre o lixo acumulado pelos cantos. A rua formava um declive pouco acentuado e estava repleta de poças de lama. Alguns bares e algumas pensões de péssima categoria mantinham a pouca iluminação do trajeto. Dentro desses estabelecimentos aglomerava-se toda espécie de gente que se possa imaginar, nenhuma delas com caráter refinado ou o mínimo de educação ou escrúpulos. Eram beberrões, viciados em ópio, vigaristas, ladrões, cafetões e prostitutas. A classe menos perigosa era a dos mendigos. Edward não precisaria necessariamente passar por ali para chegar em casa, mas cortaria um bom pedaço de caminho, e ele preferiu se arriscar. Queria chegar logo, pois já estava tarde e tinha de alimentar os gatos. Se tivesse optado pelo trajeto mais longo, demoraria no mínimo uma hora a mais.

Ao aproximar-se da esquina, ouviu passos que caminhavam rapidamente atrás de si. Virou-se sem parar de andar, contudo, não viu ninguém. A densa neblina funcionava como uma cortina esbranquiçada. Os passos continuavam, e Edward aumentou seu ritmo. Os passos atrás dele também pareciam estar mais rápidos. Ele finalmente começou a correr até alcançar a esquina onde havia um prédio abandonado que ficara em ruínas após um incêndio. Olhou novamente para trás e viu um vulto que se aproximava muito rápido. Quando ia começar a correr novamente, quase esbarrou em um sujeito alto e corpulento, que se assemelhava a uma parede e que sorria mantendo os olhos fixos nele. Parecia ter surgido dos escombros do prédio e, com a iluminação precária, Edward só o notou, quando seu nariz estava a uns vinte centímetros do abdômen superior do sujeito.

— Ora, ora... se não é o nosso doutorzinho americano... — disse uma voz que vinha de algum ponto atrás da nuca de Edward.

O sujeito que o vinha seguindo agora estava de pé atrás dele, enquanto o homenzarrão à sua frente funcionava como uma espécie de muralha, cumprindo muito bem a tarefa de impedir sua passagem.

A voz soou-lhe familiar, e Edward virou-se para trás com cuidado, pois sentiu que havia algo pontiagudo junto da sua coluna vertebral, na altura do tórax.

— O que você quer? — perguntou Edward, sentindo o coração acelerar e o sangue desaparecer da face.

— Isso são modos de tratar um velho amigo, Cloods?

Ele permaneceu em silêncio encarando o homem à sua frente e, apesar do frio intenso da madrugada, sentiu que o suor brotava de sua testa. Elliot era o nome dele, e realmente eram velhos conhecidos.

— O que você quer de mim?

O rosto magro do outro contorceu-se em um sorriso.

— Vingança, é claro! O que mais poderia ser? Sempre fui honesto com você, e disso não pode se queixar.

Edward engoliu em seco. Sabia do que Elliot estava falando. Agora, encarando o outro, podia ver o mesmo trajeto que percorrera momentos antes. Uma luz tênue movia-se entre a neblina e começava a aproximar-se cada vez mais. Andressa e Andrew observavam a cena.

— Silêncio, Cloods! — sussurrou Elliot entre os dentes.

Dizendo isso, Elliot agarrou o médico pelos ombros e encostou a lâmina afiada no seu pescoço. A luz aproximava-se cada vez mais.

— Aqui! — gritou Edward.

O homenzarrão cobriu-lhe a boca quase deslocando seu maxilar, e, em seguida, ouviu-se o som prolongado de um apito e pesados passos correndo em direção ao local onde estavam.

— Maldição! — exclamou Elliot, que empurrou Edward contra a parede com o auxílio de seu grotesco ajudante e lhe desferiu vários golpes de faca no abdômen. Ele procurou se defender e escapar, porém, a massa de músculos e gordura que o detinha obteve sucesso.

— Vamos! — ordenou Elliot.

Os dois homens desapareceram entre as ruínas do velho prédio em segundos, deixando Edward desmaiado na calçada. O vigilante aproximou o lampião e observou atento o rosto da vítima. O apito soou mais uma vez, e, em pouco tempo, mais dois homens desceram a rua correndo.

— Ainda está vivo — disse um deles colocando o ouvido próximo dos lábios de Edward.

— Você o conhece?

O primeiro vigilante a aparecer no local iluminou novamente o rosto do rapaz ferido e balançou afirmativamente a cabeça.

— Sim, é o doutor Cloods, um médico americano que vive próximo daqui. Provavelmente, eram assaltantes. Este americano é maluco por andar aqui a estas horas...

— Temos de dar um jeito de tirá-lo daqui o mais rápido possível, caso contrário, ele realmente não sobreviverá.

Um deles subiu a rua correndo e, depois de quase vinte minutos, apareceu com uma carroça puxada por um cavalo.

— Foi o melhor que consegui arrumar a esta hora — justificou-se ele.

Em seguida, desceu e ajudou os outros dois a colocarem Edward sobre o compartimento de carga do transporte.

— Vou procurar um médico. Espero que ele aguente, pois parece ter perdido bastante sangue.

Os outros dois homens ficaram para vasculhar a área, mas não encontraram Elliot e seu comparsa. Andressa e Andrew seguiram na carroça junto com Edward.

— Acha que ele resistirá? — perguntou Andrew.

Andressa colocava as mãos sobre os ferimentos de Edward e sobre o centro de seu peito, tentando estabilizar os batimentos cardíacos, cujo ritmo aumentara muito devido à perda de sangue. A entidade trabalhava por meio dos corpos sutis de Edward, procurando conter a perda de fluido vital.

— Acredito que sim. Ele é jovem e forte. Chegamos bem a tempo — disse ela.

Levaram quase uma hora para chegar até a residência do médico. O homem que conduzia a carroça desceu e bateu na porta com força. Dentro de alguns instantes, ouviu passos descendo uma escada, e a senhorita Scott apareceu com os cabelos envolvidos por uma rede e usando um pesado casaco de lã sobre a camisola.

— Entre! Vou chamar o doutor Morringan — disse ela ao ver o corpo de Edward sobre o ombro do outro homem.

A mulher subiu as escadas correndo e, em seguida, reapareceu acompanhada por Morringan.

— Acenda as luzes, por favor, senhorita Scott — ordenou Morringan. — Venha, meu bom homem. Coloque seu amigo aqui, nesta cama.

— Não é meu amigo, doutor. Eu e outros dois vigilantes chegamos a tempo de impedir que o matassem em uma esquina na área das docas. Acho que eram assaltantes. Aquele lugar é muito perigoso! Só existem bandidos por ali.

— Ora! Mas é o doutor Cloods! — exclamou Morringan estupefato.

— Quem? — perguntou Marianne.

— É o amigo de Helen e William, que também estava presente no jantar há pouco, na casa dos Harrisons. Bem que William insistiu para o levarmos para casa... — disse Morringan balançando a cabeça com pesar. — Ora! Vejam isso! Que maldade! — depois, voltando-se para o homem que levara Edward até lá, disse: — Meu bom homem, pode ir se quiser. Já fez sua parte. Aceita um gole de uma bebida quente antes de partir?

— Sim, senhor!

— Senhorita Scott, providencie um café bem forte com um pouco de conhaque para nosso amigo aqui e depois venha me ajudar a salvar a vida do nosso jovem doutor.

Marianne saiu do consultório e retornou prontamente com a bebida para o vigilante, que a sorveu rapidamente, despedindo-se em seguida, pois o turno estava chegando ao fim e ele ainda precisava devolver a carroça.

— Huuummm... Nosso jovem médico tem mais sorte do que possa imaginar! — comentou Morringan consigo mesmo ao analisar os ferimentos. — Senhorita Scott, preciso de água quente, compressas, muitas compressas, uma atadura grande e aquele frasco com tintura de iodo que está ali no armário. Alguns centímetros acima, meu amigo, e sua aorta teria sido perfurada... — resmungava o médico, conversando com Edward, que permanecia inconsciente.

Morringan percebeu as manchas arroxeadas no maxilar inferior de Edward, impressas pelos dedos grossos do ajudante de Elliot.

— Parece que encontrou um brutamontes pelo caminho, meu rapaz... — resmungou Morringan novamente.

Marianne acabava de retornar empurrando um pesado carrinho de metal, com bacias, jarra com água quente, lençóis limpos e todo o restante do material para curativos solicitado por Morringan.

Após mais ou menos uma hora e meia de trabalho de Morringan e Marianne, Edward descansava em um leito limpo e confortável. Perdera bastante sangue, e dos vários golpes de faca que levara apenas dois eram mais profundos, porém, nenhum deles chegou a atingir seus órgãos vitais. Segundo Morringan, ele deveria ficar em observação nos primeiros dias, fazer repouso praticamente absoluto e, dentro de algumas semanas, já estaria bem novamente.

***

William Russel lia o jornal, enquanto tomava o desjejum na companhia de Helen. De repente, quando alguém bateu na porta, e a empregada foi atender, retornando em seguida com uma mensagem.

— Doutor Russel, é para o senhor.

— Obrigado, Lucy.

William, venha até minha casa. É urgente.

Carl

Ele franziu as sobrancelhas e alisou a própria barba.

— De quem é, querido? — perguntou Helen.

— É do Carl. Está me pedindo para que eu vá até a casa dele com urgência.

— Será que aconteceu alguma coisa com ele ou com Marianne? Talvez Katie? — questionou ela com ar de preocupação.

— Não sei, Helen, e de nada adiantará ficarmos especulando. Irei até lá — disse ele levantando-se da mesa sem terminar a refeição matinal.

— Vou pedir ao Bucky para preparar o coche — disse ela levantando-se.

— Está bem. Vou buscar minha maleta e já estou de saída. Talvez Carl precise de ajuda com algum paciente.

✷✷✷

A residência dos Russels não ficava muito distante da de Morringan, e, em pouco menos de meia hora, William chegou ao seu destino.

— Bom dia, senhorita Scott!

— Bom dia, doutor Russel! O doutor Morringan está lá nos fundos, na enfermaria. Deseja que eu o acompanhe?

— Não será necessário. Eu conheço o caminho. Obrigado.

William atravessou a passos largos o longo corredor que levava até o consultório. A porta estava aberta, e ele dirigiu-se até a parede dos fundos, onde havia outra porta que dava acesso à sala de procedimentos e a uma modesta enfermaria com apenas três leitos. Deu três batidas leves na porta e abriu-a lentamente.

Morringan fez um sinal com a cabeça para que o amigo entrasse, enquanto lavava as mãos.

— Vim o mais rápido que pude — disse William observando rapidamente que apenas um dos leitos estava ocupado.

Aproximou-se procurando não fazer barulho e observou que o paciente estava dormindo. Olhou bem para o rosto do indivíduo deitado sobre a cama e virou-se rapidamente para encarar Morringan, que o observava.

— O que aconteceu?

— O trouxeram para cá essa madrugada, algumas poucas horas após sairmos juntos da casa dos Harrisons.

— Assalto? — perguntou William, enquanto levantava as cobertas deixando à mostra o abdômen cheio de curativos de Edward.

— Não sei, mas acredito que sim. Ele foi encontrado próximo das docas. Um vigilante o trouxe em uma carroça. O doutor Cloods perdeu bastante sangue, mas vai se recuperar. Por pouco, nosso amigo americano não perdeu a vida. Enviei a mensagem, porque sei que você e Helen o estimam bastante e também porque não sei quase nada sobre ele, onde mora e se tem algum parente a quem eu possa comunicar o ocorrido...

— Até onde sabemos, Cloods não tem parentes na Inglaterra e vive sozinho em um bairro da periferia da cidade com um bando de gatos.

— Gatos? — perguntou Morringan sorrindo. — Um pouco excêntrico o nosso amigo — observou, enquanto fazia um sinal com a mão para que William o seguisse. — Ele só precisa descansar; ficará bem.

Foram para o consultório e fecharam a porta.

— O que você e Helen sabem sobre esse rapaz, William? — perguntou Morringan, enquanto se servia de uma xícara de café com conhaque.

William fez o mesmo.

— Apenas o que ele nos disse. Que veio para a Inglaterra para terminar os estudos, o pai faleceu e que a família ficou quase que sem dinheiro, pois estavam endividados. Cloods herdou uma pequena soma de dinheiro, que o permitiu comprar uma casa para morar, mas teve de parar com os estudos. É um rapaz inteligente, dedicado à ciência e à pesquisa dos fármacos em especial, bastante esforçado, pois, segundo ele mesmo, teve de se submeter a qualquer tipo de trabalho braçal para garantir o próprio sustento. Confesso-lhe que Helen e eu simpatizamos muito com ele e até mesmo já havia comentado com você que tenciono dar-lhe um emprego de assistente. Desejo também ajudá-lo a retornar para a universidade.

— Compreendo... — murmurou Morringan pensativo.

— Por quê, Carl? Descobriu algo sobre Cloods?

— Não... o vigilante que o trouxe também acredita que foi uma tentativa de assalto, o que é bastante comum por aqueles lados...

— E???

— É que me passou pela cabeça que você e Helen não o conhecem muito bem, ninguém o conhece muito bem...

William bebeu mais um gole do ardente café e fez um gesto de impaciência com uma das mãos.

— Ele realmente frequentou o laboratório e as aulas de anatomia por mais de um ano, Carl. Eu chequei os registros. Você sabe que tenho acesso. Não acredito que esse rapaz seja um mentiroso ou um marginal.

— Desculpe, William, não foi isso que eu quis dizer... — Morringan fez uma pausa como se estivesse procurando as palavras certas para exprimir o que lhe passava pela cabeça. — Não quero julgar ninguém, mas procuremos observar. É só o conselho de um velho amigo. Eu me preocupo com você e com Helen.

— Fique tranquilo, Carl. É só um estudante de medicina, que veio para outro continente em busca do seu sonho e não teve muita sorte. Agora me fale sobre o estado de saúde dele.

— Bem, ele foi ferido com diversos golpes de faca, todos no abdômen. Apenas dois, contudo, foram mais profundos, e, aparentemente, os órgãos vitais não foram atingidos. Ele deverá acordar a qualquer momento. Preciso saber que destino dar ao paciente, pois ele não poderá ficar aqui durante todo o período de recuperação. Por essa razão, eu também, o chamei. Se ele vive sozinho, não acho apropriado mandá-lo para casa.

— Ele poderá ficar em minha residência, se assim o desejar. Não acredito que Helen irá se opor a isso, pois simpatiza muito com ele.

Os dois homens levantaram-se e dirigiram-se novamente para a enfermaria. Edward acabava de abrir os olhos.

— Doutor Russel? Doutor Morringan? — balbuciou com voz fraca ao vê-los.

O enfermo percorreu com os olhos o ambiente ao redor.

— Onde estou?

— Em meu consultório, meu jovem — respondeu Morringan. — Teve muita sorte essa madrugada e por pouco não perdeu a vida.

— Sim... — disse ele procurando sentar-se, mas uma dor aguda no abdômen o impediu e fê-lo deitar-se novamente. — Dois sujeitos me atacaram em uma esquina na região das docas — disse ele fazendo uma careta de dor. — Posso me lembrar de tudo...

— Eu lhe disse que era melhor deixá-lo em casa — observou William. — Faremos o seguinte. Você deverá permanecer aqui, na clínica, por mais dois ou três dias, depois terminará seu período de recuperação em minha residência. Pedirei a Helen que prepare o quarto de hóspedes, que fica junto ao meu laboratório e à biblioteca, assim não terá de subir escadas.

— De jeito nenhum, doutor Russel! Não quero incomodar! — exclamou Edward.

— Meu jovem, quanto menos se alterar e falar nas próximas quarenta e oito horas, melhor. Assim também reduziremos a produção de gases, que são bastante incômodos, e você deve saber disso — interferiu Morringan.

— Mas doutor Morringan! Eu tenho que retornar para a minha casa! Tenho de alimentar meus gatos! Não posso deixar a casa sozinha por tanto tempo!

— Pensaremos em algo, fique tranquilo. Por ora, se você estiver com a chave, poderemos resolver seu problema com os gatos — disse William esboçando um leve sorriso.

— Se eu estava com meu casaco ainda quando fui trazido para cá, talvez a chave ainda esteja no bolso — disse ele.

Morringan afastou-se e retornou em seguida trazendo um molho de chaves que entregou para William.

— Suas roupas foram entregues aos cuidados da senhorita Scott, que providenciará para que fiquem limpas novamente. O senhor chegou aqui em um estado deplorável. Foi uma tremenda sorte este molho de chaves não ter se perdido — explicou Morringan. — Fique tranquilo, meu rapaz. Seus gatos estão em boas mãos. Minha amiga Helen aprecia muito os animais em geral e as plantas. Agora, pedirei para a senhorita Scott que lhe traga um desjejum leve. Coma e depois descanse o quanto puder — concluiu sorrindo.

Morringan e William retornaram para o consultório, e Edward ficou sozinho na enfermaria. Lembrava-se perfeitamente de tudo o que ocorrera durante a última madrugada, a expressão de ódio nos olhos de Elliot, os longos minutos de luta travada entre eles de forma desigual, o sangue encharcando sua roupa e a lama pegajosa em suas costas. Também sabia o motivo de haver sofrido a emboscada. Teria de pensar em algo, pois precisava livrar-se urgentemente do problema.

Capítulo 12

Katie sentia-se ansiosa e agitada naquela manhã, pois Edward não lhe saía da cabeça. Cortara o dedo descascando batatas, quase caiu da escada e derrubou um frasco com óleo perfumado de lavanda derramando mais da metade do conteúdo sobre o tapete do quarto, o que deixou o ambiente insuportavelmente saturado com o aroma. Sentia-se agoniada. Via o rosto de Edward em sua mente o tempo todo. Ele parecia lhe dizer algo e estava aflito e preocupado. Por conta disso, mal conseguiu tocar no almoço, apesar da insistência de Elgie para que se alimentasse.

Precisava terminar de se arrumar, pois dentro de uma hora Ilzie passaria para apanhá-la. Tinham um compromisso com o doutor Russel e o doutor Morringan.

Katie respirou fundo e viu o próprio rosto no espelho. Permaneceu assim, imóvel, durante alguns minutos, olhando para os próprios olhos e, em poucos instantes, entrou em uma espécie de transe. Viu Edward pedindo-lhe ajuda. O rapaz estava cercado por rostos sombrios e assustadores. Katie não enxergava mais o ambiente à sua volta, e até mesmo a penteadeira e a moldura do espelho haviam desaparecido. Sombras disformes golpeavam-no insistentemente, entre elas um espectro de tamanho singular, que se sobressaía. A respiração de Katie ficou mais curta, e ela sentiu o coração acelerar quando o rosto de um homem apareceu diante dela. Ele sorria ameaçador, e seu olhar traduzia sua índole e suas intenções. Por instantes, ela não conseguiu saber se ele a estava vendo ou não, até que se aproximou ainda mais, deixando Edward e seus perseguidores em um plano de fundo. Involuntariamente, Katie inclinou o tronco para trás em um reflexo, sentindo muito medo. Nunca vira um deles assim, tão nitidamente e tão de perto. Não conseguia gritar e chamar por ajuda.

Alguém segurou em seu ombro com força e o sacudiu e, aos poucos, o som do seu nome foi se tornando claro em seus ouvidos.

Rachel agora a segurava com força pelos ombros chamando seu nome. Katie olhou para o rosto da tia, e, aos poucos, o cenário à sua volta transformou-se novamente. Estava em seu quarto diante da penteadeira e do espelho, e o cheiro intenso da lavanda causava-lhe náuseas.

— Katie! O que aconteceu?

Ela permaneceu em silêncio durante alguns minutos, apenas observando o rosto da tia. A sensação que tinha era de que acabara de acordar e tinha dificuldades de coordenar os próprios pensamentos.

— Não sei explicar direito... Estava aqui em frente ao espelho, terminando de me arrumar para sair com Madame Ilzie e, de um instante para o outro, eu não estava mais aqui. Tudo ficou escuro, o quarto desapareceu, e eu vi Edward...

Rachel a ouvia com atenção.

— Ele pedia socorro e estava cercado de sombras que o golpeavam... Foi horrível! Depois, vi o rosto de um homem assustador!

— Como assim, assustador? — perguntou Rachel. — Que cheiro forte de lavanda é esse?

— Derrubei o frasco do óleo por acidente — respondeu a moça. — Assustador, tia... Ele tinha um rosto normal, mas o olhar dele apresentava algo de muito ruim... Ele era mau, tia, e tenho certeza de que ele me viu! E, de alguma forma... aquele rosto me era familiar... Não consigo lhe explicar...

Katie escondeu o rosto com as mãos, e Rachel olhou para a sobrinha com preocupação. Lembrou-se da conversa que ela e Elgie haviam tido na manhã do aniversário de Katie, e um calafrio percorreu-lhe a coluna vertebral até a altura da nuca. Estaria a sobrinha desenvolvendo algum problema mental?

— Ouça, querida, você precisa terminar de se arrumar, pois Ilzie já a aguarda lá embaixo. Edward estará lá também... Agora me deixe terminar de trançar seu cabelo. Assim, pronto! Está linda! Agora vá, afinal, já está atrasada.

Katie abraçou a tia com carinho e foi ao encontro de Ilzie. Rachel a observava do parapeito da escada e sentia o coração apertar todas as vezes em que pensava na hipótese de ela ser diagnosticada com alguma doença mental. Katie olhou e sorriu acenando antes de desaparecer, e Rachel acenou de volta, procurando disfarçar os pensamentos que lhe povoavam a mente, e retornou aos seus afazeres.

Ao chegarem à residência dos Russels, Ilzie e Katie foram recebidas por Helen, que as conduziu diretamente à sala de visitas, onde Morringan e William já as aguardavam.

Após os devidos cumprimentos, Ilzie e Katie sentaram-se junto a Helen. Katie percebeu a ausência de Edward, mas procurou controlar a ansiedade e aguardar.

— Fico grato que tenham vindo — disse William. — Nossa primeira reunião será realizada na biblioteca, pois Morringan e eu consideramos mais apropriado do que usarmos a sala de visitas ou meu laboratório.

— O cheiro das soluções pode ser bastante agressivo e desagradável para quem não está acostumado — explicou Helen.

O pequeno grupo dirigiu-se à biblioteca, onde havia uma mesa retangular com excelente tamanho e cadeiras confortáveis.

— Pedirei ao doutor Morringan que dê início à nossa reunião — disse William, voltando-se em seguida para Helen: — Querida, gostaríamos que anotasse tudo o que achar relevante: data, horário em que iniciaremos e encerraremos nosso encontro. Depois, gostaria que, por gentileza, todos os presentes assinassem.

Todos concordaram. Havia um interesse científico da parte de William Russel no caso de Katie Harrison, mas também havia o interesse e a expectativa de provar por meio de fatos devidamente registrados as manifestações espirituais no mundo material através da mediunidade.

— Com licença, doutor Russel — disse Katie. — Vamos começar sem o doutor Cloods?

— Ah, sim, doutor Cloods... Ele não poderá estar presente nesta primeira reunião devido a um desagradável incidente que ocorreu essa madrugada.

Katie empalideceu, o que não passou despercebido aos olhos de Helen.

— O que aconteceu? — perguntou Ilzie.

— Após sairmos da casa de seus pais, Katie, nós o deixamos, por insistência dele mesmo, próximo à região das docas, onde o doutor Cloods, lamentavelmente, sofreu uma tentativa de assalto por parte de dois maus elementos.

— Meu Deus! — murmurou Ilzie levando involuntariamente uma das mãos aos lábios, pois, durante o trajeto até a casa dos Russels, Katie comentara sobre a visão que tivera momentos antes diante do espelho.

Katie estava em silêncio. O coração da jovem estava acelerado, e o rosto, mais pálido do que o habitual.

— Mas fiquem tranquilas, pois a vida do nosso jovem médico não corre mais perigo, e, no momento, ele está repousando em minha clínica — explicou Morringan. — Deverá permanecer por lá até amanhã e depois será trazido para cá, ficando sob os cuidados especiais de minha querida amiga Helen — completou ele, sorrindo.

Ao ouvir o comentário de Morringan, ela respirou um pouco mais aliviada.

— Bem, vamos, então, dar início à nossa reunião — disse William. — Carl, por favor, peço-lhe que conduza daqui para frente.

— Helen, poderia fazer a gentileza de fechar as cortinas e acender as velas dos castiçais?

Ela levantou-se e atendeu às solicitações.

— O ambiente com pouca iluminação auxilia a médium a entrar em um estado de relaxamento, conduzindo ao transe com maior facilidade.

O grupo estava acomodado ao redor de uma mesa com seis lugares, e uma das cadeiras permanecia vazia. Helen sentou-se em uma das extremidades, posicionando-se exatamente de frente para Katie. Colocou próximo de si uma vela, a fim de ter iluminação suficiente para escrever. Morringan estava à direita de Katie, e Ilzie, à sua esquerda. Ao lado de Morringan estava William Russel, assumindo o papel de espectador e observador durante essa primeira reunião do grupo.

— Katie, gostaria que fechasse os olhos e procurasse ficar o mais à vontade possível — disse Morringan. — Respire devagar e mantenha a mente tranquila.

Helen começou a fazer as primeiras anotações. Na parede, um relógio com pêndulo estava iluminado por seis velas dispostas em um castiçal de prata, posicionado bem abaixo dele.

As janelas estavam fechadas, o que tornava a temperatura bastante confortável, isolada do frio que fazia do lado de fora. As paredes de madeira colaboravam para manter o cômodo aquecido.

Cerca de vinte minutos se passaram, nos quais apenas se ouvia o ruído dos ponteiros e do pêndulo do relógio, que oscilava de um lado para o outro. Katie agora respirava lentamente e mantinha os olhos fechados. Aos poucos, ela foi se desligando da realidade à sua volta, enquanto figuras lhe vinham à mente e sumiam. Rostos desconhecidos, homens, mulheres e crianças. Finalmente, ouviu-se o som abafado de uma pancada na parede e, em seguida, outra e outra. Helen escrevia o melhor que podia com a pouca iluminação fornecida pela vela. Após um intervalo, que durou um minuto, mais cinco pancadas se fizeram ouvir. Ilzie, que estava acostumada a participar desse tipo de reuniões, sentiu um calafrio percorrer sua coluna e procurou controlar o nervosismo.

— Quem está aí? É um espírito? — perguntou Morringan. — Se for e tiver a intenção de se comunicar, por favor, dê mais três batidas na parede.

Demorou poucos segundos até que o grupo pudesse ouvir claramente a resposta. Três fortes golpes foram desferidos contra a parede. Katie manteve-se na mesma posição e com os olhos fechados.

— Conhece alguém que está presente aqui nesta sala? — perguntou Morringan novamente. — Para sim, dê três batidas; para não, apenas duas.

Após alguns segundos de silêncio, ouviram-se apenas duas batidas. Ilzie respirou aliviada. A cada batida desferida contra a parede, o pequeno grupo, com exceção de Katie, parecia sobressaltar-se, cada um à sua forma. Até mesmo Morringan, que já estava mais habituado àqueles fenômenos e àquelas manifestações, parecia ser pego de surpresa a cada vez que um novo golpe era desferido.

— Em sua última existência, foi homem ou mulher? Homem, três batidas; mulher, duas.

Em seguida, ouviram-se três novos golpes na parede. Todos perceberam que a temperatura no ambiente caíra consideravelmente, e apenas Katie em seu estado de transe semiconsciente parecia manter-se alheia a tudo.

— Você deixou este mundo há mais de dez anos? Para sim, três batidas; para não, duas.

Três pancadas. Os golpes eram fortes, porém abafados.

— Você morreu há mais de cinquenta anos?

Desta vez, Morringan nem precisou mencionar o código. Ouviram três batidas seguidas uma da outra com intervalos de segundos.

— É o mentor de Katie Harrison?

"Não."

— É familiar de alguém que esteja presente nesta sala, no grupo dos encarnados?

"Não."

— Procura ajuda?

"Sim."

— Pode escrever algo para nós?

"Sim."

Em sua tela mental, Katie via com clareza a imagem do espírito que se aproximava do seu campo de energia, posicionando-se atrás dela.

— Helen, me dê papel e lápis — pediu Morringan em um tom de voz bastante baixo.

Imediatamente, ela providenciou o material e entregou-o a ele.

Morringan colocou algumas folhas em branco e o lápis diante de Katie. Ela colocou o braço direito sobre a mesa e segurou o lápis, posicionando-o de encontro a uma das folhas de papel. Os olhos da jovem estavam fechados, e William observava tudo minuciosamente. Cada movimento de Katie, sua respiração, a expressão em seu rosto, nada lhe passava despercebido.

O lápis começou a mover-se rapidamente sobre o papel, e todos observavam que Katie mantinha a cabeça erguida e os olhos fechados. Depois de algum tempo, o movimento cessou, e ela soltou o lápis sobre a mesa. Morringan pegou a folha de papel e aproximou-a o máximo que pôde da luz das velas.

Andressa e Andrew aproximaram-se do espírito, que agora se afastava lentamente de Katie. A roupagem fluídica era de um homem simples, do século anterior ao da história narrada, e parecia de um pastor ou agricultor. Apresentava-se com as características físicas e a idade que tinha ao desencarnar, entre os cinquenta e sessenta anos.

As batidas não tornaram a ocorrer, e Morringan pediu a Helen que abrisse as cortinas. Assim foi feito, e Katie finalmente abriu os olhos, contraindo as pálpebras nos primeiros instantes devido à luminosidade.

— Está tudo bem, senhorita Harrison? — perguntou William.

— Sim... sim, doutor Russel. Estou bem. Sinto-me um pouco... como vou dizer... talvez leve, com a sensação de estar com a cabeça leve, mas isso é normal quando esses contatos ocorrem — respondeu ela com tranquilidade.

Na verdade, Katie sentia-se também um pouco enjoada, o que, dependendo da vibração da entidade que se aproximasse, também era normal. O espírito que participara da reunião era de roupagem fluídica densa e de baixa vibração.

— Senhora Russel, aceito um copo com água, por favor — pediu ela.

— Claro, querida!

A palidez do rosto de Katie estava acentuada, e seus batimentos cardíacos um pouco arrítmicos. Ilzie tocou de leve na mão esquerda da jovem.

— Acredito que se sinta um pouco fraca após esses episódios, não é? — perguntou Helen, enquanto entregava a ela o copo com água.

— Sim... mas logo vou me recuperar.

— Isso mesmo — disse Ilzie. — Beba a água lentamente, beba tudo. É importante para reestabelecer seu equilíbrio.

Assim que Katie se recuperou, William pediu a Morringan que analisasse o que a médium escrevera.

Em uma letra diferente da de Katie, uma caligrafia praticamente rudimentar, fora escrito o nome e o sobrenome de alguém do sexo masculino, além do possível nome de uma localidade. Mais abaixo, havia também um sobrenome e a palavra "assassino". Após passar de mão em mão, a folha de papel acabou nas mãos de Morringan.

— Bem, temos algumas informações aqui, e acho que deveríamos checá-las. A última palavra me parece ser o nome de uma localidade rural distante poucas horas daqui, na região de Essex. Temos também um nome e dois sobrenomes. Aparentemente, o espírito batedor está acusando alguém por sua morte. O que acha, Will? — perguntou ele desviando os olhos do papel e encarando o outro.

— Acho que temos de checar — respondeu Russel objetivamente. — Senhorita Katie, não se sinta ofendida, porém, estamos aqui desempenhando o papel de pesquisadores, tanto da veracidade dos fenômenos ditos espirituais quanto no que diz respeito à senhora como paciente.

— Compreendo perfeitamente, doutor Russel, e de forma alguma me sentirei ofendida. Façam o que acharem correto fazer. Quando essas manifestações ocorrem, envolvendo um contato mais próximo com um espírito ou mais, na maior parte das vezes consigo ver imagens em minha mente.

— E o que viu, senhorita Katie? — perguntou William.

Helen tomava nota de tudo, com muita agilidade.

— Vi nitidamente a figura do homem que fez contato conosco. Ele era alto e tinha mais ou menos sua altura — disse ela referindo-se a Russel. — Tinha alguma idade, assim como o senhor, e estava vestido com simplicidade como as pessoas que vivem fora da cidade, mas seus trajes não pareciam pertencer à nossa época. Também pude ver a imagem de um lugar. Parecia uma fazenda ou algo assim. Vi muitas ovelhas e também alguns cavalos e um grande celeiro. O espírito me passou a sensação de aflição e tristeza, e suas roupas estavam sujas de terra. Foi isso. Acho que não posso acrescentar nada — finalizou ela.

— A senhorita refere-se a sensações... — comentou Russel. — Poderia nos explicar um pouco melhor o que quis dizer com isso? Pode sentir o que o espírito sente ou a senhorita se sentiu triste e aflita com a aproximação do suposto espírito?

— Talvez não tenha me expressado bem. Quando essas manifestações ocorrem, é como se eu pudesse sentir como o espírito está se sentindo.

— Hum... e como a senhora está se sentindo fisicamente neste momento?

— Agora estou melhor. Mas, logo em seguida a esses episódios, geralmente me sinto um pouco fraca, enjoada, e experimento uma sensação de leveza em minha cabeça, da qual lhes falei anteriormente.

— Sente algum tipo de dor?

Katie ponderou um pouco antes de responder.

— Às vezes. Mas, nesses casos, acredito que tenha algo a ver com a história do espírito que se aproxima ou com a forma como morreu. Por exemplo, se ele foi vítima de um tiro no peito e morreu sentindo uma dor aguda nessa parte do corpo e ainda a sente, posso experimentar a mesma sensação.

Ilzie levantou uma das mãos e pediu autorização para falar.

— Tenha a bondade, senhorita — disse William.

— Doutor Russel, eu participei de muitas reuniões desse tipo enquanto vivi na França. Os médiuns verdadeiros conseguem sentir coisas e emoções que os desencarnados sentem. Ao se aproximarem do médium, este pode perceber como eles se sentem por meio de seu campo magnético. Acredito que seja como uma fusão, em que um campo adentra o outro, e, dessa forma, o sensitivo pode perceber muitas vezes as condições em que esse espírito desencarnou ou como ainda está se sentindo naquele exato momento no qual o contato está ocorrendo... Se está sofrendo, se sente dor, raiva, tristeza, angústia, desejo de vingança ou se vem somente com a intenção de se comunicar para testemunhar que a morte não é o fim.

— Interessante... — comentou William e depois, voltando-se para Katie, disse: — Senhorita Harrison, acho que não devamos abusar de suas forças. Não quero esgotá-la, mas estudar suas capacidades e ajudá-la a lidar com elas — completou ele fazendo uma pausa. — Helen, poderia pedir a Lucy para servir nosso chá? O que acha?

— Claro, querido — respondeu ela levantando-se. — Aqui estão as anotações que foram feitas durante nosso encontro de hoje.

Ele e Morringan revisaram rapidamente o material.

O chá foi servido na agradável cozinha dos Russels. Katie saboreava em silêncio uma xícara de chá com leite, enquanto observava através da grande janela à sua frente o bosque de macieiras que ficava nos fundos da propriedade. O restante do grupo conversava animadamente sobre a reunião daquela tarde e a existência do mundo espiritual. Ela olhava com atenção a figura feminina de uma jovem, aparentemente tão jovem quanto ela mesma, que vez por outra lhe acenava, aparecendo e desaparecendo entre os troncos das árvores.

Capítulo 13

Edward levantou-se cedo, contrariando as determinações de Morringan a respeito do repouso quase absoluto que deveria manter. Fora liberado apenas a deixar o leito quando fosse estritamente necessário, para fazer suas necessidades fisiológicas.

Sentou-se na cama comprimindo com a mão direita a região das costelas do lado esquerdo e colocou as pernas para fora com cuidado. Procurou endireitar a coluna e sentiu o quanto estava dolorido. A rápida luta com o guarda-costas de Elliot o massacrara, e sorte que o embate durara apenas alguns minutos, senão estaria liquidado.

O rapaz colocou os pés no chão e sentiu o piso gelado debaixo deles. Caminhou descalço até o banheiro e olhou o próprio rosto no espelho. Estava com uma péssima aparência. Pálido, com olheiras, cabelos despenteados e sujos, ainda com resíduos de lama, e barba por fazer.

Naquele momento, Marianne entrou no cômodo segurando uma bandeja retangular de madeira com a refeição matinal de Edward.

— Senhor Cloods! — exclamou ela ao vê-lo de pé. — O doutor Morringan ainda não o liberou para levantar-se da cama! — disse a assistente em tom autoritário. — Queira, por favor, retornar ao seu leito.

Marianne deixou a bandeja sobre a mesa de cabeceira e caminhou com passos enérgicos até o banheiro.

— Senhorita Scott, preciso fazer minhas necessidades... — disse ele em tom de súplica.

— Está bem. Faça o que tiver de fazer, e eu ficarei aguardando aqui do lado de fora para ajudá-lo a retornar à cama — disse encostando a porta.

Depois de algum tempo, Edward saiu do banheiro e, com a ajuda de Marianne, voltou para o leito caminhando lentamente.

— Senhorita Scott, seria possível conseguir uma navalha para que eu possa fazer minha barba?

— Sim, se o senhor aguardar o doutor Morringan descer. Posso pedir a ele, mas terá de se virar aqui mesmo, sentado na cama.

— Ficarei muito satisfeito — disse ele sorrindo. — Mas vou precisar tomar um banho — comentou, enquanto se servia de uma xícara de chá. — Meus cabelos estão sujos de lama.

Marianne observava-o com atenção, pois tinha o costume de observar as pessoas.

— O senhor acredita que foi vítima de assaltantes, senhor Cloods?

Edward foi pego de surpresa pela pergunta e procurou dar uma boa resposta, enquanto mastigava lentamente um pedaço de pão com manteiga.

— Acho que sim — respondeu com ar displicente. — Não vejo outro motivo para ter sido atacado daquela forma. Talvez tenham imaginado que trouxesse dinheiro ou algum outro objeto de valor comigo, como um relógio, por exemplo. A senhora conhece a região das docas?

Marianne balançou negativamente a cabeça.

— Todo tipo de gente vive lá. Matam por qualquer coisa, pois tudo para eles é dinheiro. Foi um milagre não terem roubado o casaco que eu estava usando naquela noite, pois até ele pode ter lhes chamado a atenção. Parece uma espécie de purgatório... se existe, conforme nos dizem os padres, o tal purgatório deve ser algo parecido com aquilo... Foi tolice minha pegar aquele atalho, àquela hora da noite, para ganhar apenas trinta minutos de caminhada até minha casa.

Marianne pareceu menos desconfiada após ouvir suas últimas palavras.

— Deve tomar mais cuidado, senhor Cloods. Ainda é muito jovem, e parece que tem uma carreira promissora pela frente.

Ele sorriu.

— Assim espero, senhorita Scott, mas as coisas não estão muito fáceis para mim. Por motivos financeiros — e não por falta de vontade —, tive de deixar os estudos.

— Não desanime. O doutor Morringan me disse que o senhor agradou muito ao doutor Russel e à esposa dele. Tenho certeza de que receberá a ajuda da qual precisa para continuar seus estudos em medicina, pois eles são pessoas muito generosas — disse ela com um leve sorriso. — Posso retirar? — perguntou referindo-se à bandeja.

— Oh, sim! Muito obrigado, senhorita Scott. Estava muito bom.

— De nada, senhor Cloods. Logo o doutor Morringan deverá vir vê-lo. Se precisar de mim, use a sineta.

Após a saída de Marianne, Edward ficou novamente sozinho.

Pensava em Elliot e o que faria em relação a ele quando se recuperasse. Não seria fácil encontrá-lo. Talvez até tivesse deixado Londres novamente após o ocorrido, o que era típico dele, mas teria de encontrá-lo. Sabia que, se não o fizesse, Elliot o encontraria novamente e tentaria matá-lo, e provavelmente não tivesse mais a sorte de escapar com vida. Edward não era um assassino, mas estava habituado a lidar com a morte, o que, aos seus olhos, era um ponto a seu favor, pois teria de eliminar Elliot. Disso ele tinha certeza, pois não haveria outra forma de livrar-se do problema. Também se considerava mais astuto e melhor estrategista que o outro.

Não rezava, pois considerava-se ateu, mas rogava com todas as suas forças para que o contrabandista não soubesse de seu paradeiro. Certamente, àquela altura, já deveria saber onde ficava sua casa, e fora bastante providencial a ideia de Morringan de mandá-lo passar um tempo com os Russels, pois lá estaria em segurança e poderia ganhar tempo para pensar em um bom plano, que teria de ser bom e infalível, pois, se falhasse, estaria arruinado.

— Bom dia, meu caro doutor Cloods! — disse Morringan bem-humorado. — Soube que andou saindo da cama essa manhã, não é mesmo?

Edward sorriu. Simpatizava com Morringan, e era difícil não simpatizar com a figura do bom médico, sempre bem-humorado e prestativo.

— Bom dia, doutor! Precisei me levantar e gostaria de tomar um banho... — disse Cloods em tom de súplica.

— Hummm... talvez isso seja possível. Vou pedir à senhorita Scott que traga toalhas limpas e material de higiene para o senhor. Nós já providenciamos algumas roupas do seu tamanho. Após o banho, teremos de trocar essas bandagens, mas terá de secar-se sentado em uma cadeira...

— Não sei como agradecer a todos vocês.

— Ora! Isso não é nada. Estou apenas cumprindo o juramento que fiz um dia. Agora, se me der licença, vou atender outros pacientes.

Ia saindo pela porta da enfermaria, quando retornou.

— Ah, sim! Já ia me esquecendo... A senhorita Katie e a madame Ilzie mandaram lembranças e estimam suas melhoras. Disseram que, quando o senhor estiver sob os cuidados de William e de Helen, lhe farão uma visita.

A propósito, William deve estar vindo para cá. E sim... mais uma coisa... seus gatos estão sendo bem alimentados.

Edward olhou para Morringan e franziu as sobrancelhas.

— Bucky, o fiel cocheiro de Helen, assumiu essa missão. Pelo que soube, tudo por lá está em perfeita ordem — concluiu o médico sorrindo e finalmente fechou a porta, deixando-o novamente a sós.

Que alívio! Os gatos o preocupavam muito, e a integridade de seu laboratório também. Torcia para que a casa não fosse invadida em sua ausência. O rosto de Katie Harrison lhe veio à cabeça. Esquecera-se de que, na tarde anterior, fora marcada a primeira reunião com ela na casa dos Russels. Estava curioso para saber o resultado e, ao mesmo tempo, sentiu certo entusiasmo ao ouvir Morringan dizer que ela iria visitá-lo. Sentia-se atraído por Katie ao mesmo tempo em que havia nela algo que o assustava. Talvez fosse a idade, afinal, ela era ainda muito jovem, apesar de lhe parecer tão madura e misteriosa.

Marianne abriu a porta da enfermaria e deixou sobre um dos leitos algumas toalhas, materiais de higiene pessoal e roupas limpas. Ajudou Edward a sentar-se na cama e, desculpando-se, retirou-se rapidamente, pois naquela manhã Morringan tinha muitos pacientes para atender.

Após um longo banho, Edward sentiu-se renovado. Fizera a barba e lavara e penteara o cabelo. Retirou os curativos do abdômen conforme a orientação de Morringan e notou que as feridas estavam cicatrizando bem. Não havia mais sangramentos ou sinais de inflamação. Havia apenas alguns hematomas na região das costelas e do pescoço.

Olhava-se no espelho e pensava em Katie. Não conseguia tirá-la da cabeça e ansiava por vê-la novamente.

Alguém bateu na porta.

— Pode entrar! — disse Edward.

— Bom dia, doutor Cloods! — disse William. — Como está se sentindo hoje, meu jovem? Vejo que está com melhor aparência!

— Doutor Russel! Que surpresa agradável! Sinto-me muito bem. Não poderia ser diferente estando sob os cuidados do bom doutor Morringan e da gentil senhorita Scott. Agora, com sua visita, me sinto ainda melhor! — acrescentou ele sorrindo.

William observava-o em silêncio, pois não lhe passaram despercebidos os hematomas no pescoço.

— Creio que deveríamos ir à polícia, senhor Cloods.

Edward teve uma sensação de frio na região do estômago, pois não tinha a menor intenção de envolver a polícia naquilo.

— Acredito que será uma perda de tempo, doutor — disse ele com um longo suspiro, fingindo desalento. — A polícia não nos dará atenção, pois esse tipo de coisa acontece com frequência naquele lugar. Não conseguirão encontrar os responsáveis, pois o que mais circula ali é esse tipo de gente. Não pude ver o rosto dos marginais, afinal, não havia luz, muito menos os vigilantes conseguiram, já que, quando chegaram, os bandidos já tinham fugido. Para a polícia, é uma busca inútil. Seria como procurar agulha em um palheiro. Na verdade, a culpa foi toda minha. Eu não deveria ter seguido por aquele atalho. Mesmo sabendo que era perigoso, e o fiz ainda assim — concluiu ele.

— Compreendo... Tem razão, meu jovem. Tem razão — concordou William. — Bem, conversei com Morringan, e hoje o senhor se mudará para minha casa. Helen já o está aguardando, e Bucky, inclusive, tomou a liberdade de pegar algumas coisas em sua residência e levar para seu novo quarto. Roupas, calçados e pertences pessoais que lhe serão necessários. Daqui a mais alguns dias, quando estiver em melhores condições, poderá ir até lá com Bucky e selecionar os itens que deseja ter consigo.

— Não sei como lhe agradecer, doutor Russel.

— Não se preocupe com isso, meu jovem. Eu e minha esposa teremos prazer em tê-lo conosco. Agora vamos! — disse ele retirando o relógio do bolso. — Está quase na hora do almoço, e, logo no início da tarde, terei alguns compromissos na universidade.

Após muitas recomendações de Morringan acerca de repouso, dieta e atividades bastante limitadas para Edward no que dizia respeito a realizar esforço físico, eles partiram para a residência dos Russels.

Capítulo 14

— Bom dia! Madame Ilzie está?

O mordomo observou o rosto de Katie durante alguns segundos, com aqueles olhos acinzentados envoltos pelo vermelho das pálpebras, e, sem pronunciar uma palavra, abriu o pesado portão de ferro para que ela pudesse entrar.

— Obrigada.

— Por aqui, senhorita — disse o homem abrindo a porta da frente e conduzindo-a pelo grande salão.

Katie observou que muitas coisas já haviam sido colocadas em seus devidos lugares, e o número de caixas e baús espalhados pela casa estava bastante reduzido.

O mordomo conduziu-a até um cômodo que ficava próximo da cozinha, à esquerda, cuja existência ela não notara quando estivera na casa pela primeira vez.

— Katie! Entre, querida! Venha! — exclamou Ilzie ao vê-la de pé na porta.

Caminhou sorridente e a passos largos na direção dela e cumprimentou-a com um beijo no rosto.

— Aqui será minha biblioteca e sala de estudos. O que acha?

— Parece um ótimo lugar, madam... quero dizer, Ilzie. — respondeu Katie, percorrendo com os olhos o ambiente à sua volta. — Meu Deus! São muitos livros! Trouxe todos eles de Paris?

Ilzie sorriu com as mãos na cintura, admirando sua invejável coleção. Eram livros de história antiga da Europa e também de outros continentes, além de volumes que tratavam de assuntos como religião e espiritualidade.

Muitos ainda estavam empilhados pelo chão, aguardando serem colocados nas prateleiras. Alguns haviam sido publicados em francês e outros em inglês.

— Sim! Na verdade, os coleciono. Acredito que você gostará de utilizar minha biblioteca. Gostaria que você lesse alguns volumes, que seriam muito instrutivos e a auxiliariam a lidar com sua mediunidade.

— Terei prazer em lê-los — disse Katie.

— Sente-se, querida — convidou Ilzie.

Katie sentou-se de frente para a amiga.

— Ilzie — começou Katie um pouco insegura —, vim até aqui para conversar com você sobre meu problema com os espíritos.

— Sim, prossiga. Poder falar o que quiser. Sabe que tem em mim uma amiga.

— Gosto muito do doutor Morringan e também do senhor e da senhora Russel, mas não estou muito confiante de que poderão me ajudar. Sinto-me bem mais à vontade com você.

Ilzie ouvia com atenção.

— Pelo que entendi, o interesse de Morringan e Russel — continuou Katie — é provar de alguma forma que existe vida após a morte e que esse tipo de fenômeno, de contato entre o mundo dos espíritos e o dos vivos, existe, mas preciso de alguém que me ensine a lidar com esse problema. Eles estão mais interessados em comprovar a veracidade dos fenômenos mediúnicos, eu percebo isso...

— Você não tem um problema, querida. Você tem um dom — esclareceu Ilzie com delicadeza.

— Pois, para mim, esse "dom" é um problema. Preciso aprender a controlá-lo, pois, caso contrário, sinto que meus problemas aumentarão. Tenho uma certeza muito grande dentro de mim... Uma espécie de instinto... é como se eu pudesse farejar... pressentir o perigo, Ilzie! É como se ele me rondasse o tempo todo, à espreita, à espera de uma oportunidade para agir.

Ao dizer essa última frase, Katie deixou transparecer todo o medo que estava sentindo, e Ilzie sentiu compaixão por ela. Quando ouviu os rumores e as histórias sobre a filha mais velha dos Harrisons ser uma bruxa ou uma possessa, ficou curiosa, por imaginar que, possivelmente, pudesse se tratar de um caso de mediunidade. Mas, ao conhecê-la naquela manhã, na mercearia, simpatizou espontaneamente com a jovem. Havia algo na médium que despertara sua admiração. Talvez o porte altivo e elegante, talvez a forma inteligente e clara de ela se expressar. O certo é que era inegável que Katie possuía um poder de atração, uma espécie de magnetismo, que era incomum na maioria das pessoas.

— Por que acha que está correndo perigo?

— É uma sensação muito forte. Sei que alguém quer me destruir! — exclamou ela. — Não sei o porquê, mas me persegue. Durante a noite, sinto de forma mais intensa essa presença. Não é como os outros espíritos; é como se ele fosse mais perigoso, e eu sei que quer me destruir. Me sinto vulnerável, pois ele consegue entrar na minha mente, e tenho pensamentos que não me pertencem. Eu não sou uma pessoa má, Ilzie. Não tenho uma índole ruim, contudo, sinto desejos de fazer coisas que espantam até mesmo a mim!

Ilzie franziu as sobrancelhas.

— Que tipo de coisas?

Katie demorou algum tempo antes de responder.

— Coisas ruins — resumiu ela. — De fazer coisas ruins contra algumas pessoas e até contra mim mesma.

— Quem são essas pessoas?

— Pessoas das quais sinto raiva por alguma razão — respondeu Katie, dando de ombros. — Por exemplo, alguém que tenha me ofendido ou me humilhado. Fico com raiva, penso em coisas ruins envolvendo a pessoa, imagino situações, é isso. Tenho desejos fortes de vingança, imagino coisas acontecendo a essas pessoas, e depois fico sabendo, por meio de alguém, que a pessoa foi afetada de alguma forma.

Ilzie olhava para ela com atenção.

— Mas juro para você que nunca saí de casa para fazer nada de ruim a ninguém. Depois, quando descubro que algo aconteceu, sou acometida de um forte remorso, porém, não consigo evitar... Já não sei se sou eu ou alguma entidade que me cerca que coloca em prática meus desejos de vingança. Você consegue me entender?

Katie nunca tocara naquele assunto com ninguém, nem com Rachel, muito menos com os pais e tampouco com Morringan. Com esse último, abordara o assunto superficialmente uma única vez, por não ter coragem de aprofundar-se. Era algo muito íntimo, do qual se envergonhava. Era realmente afetada por um forte sentimento de culpa e, naquela manhã, estimulada por sua mentora espiritual Andressa, resolveu procurar Ilzie para desabafar e pedir ajuda.

— Katie, nem tudo o que ocorre à sua volta é culpa dos espíritos. Veja... aprender a lidar com seu dom ou com sua mediunidade envolve exatamente isto: obter o discernimento acerca do que você é e do que não é. Conhecer a si mesma é essencial, reconhecer seus defeitos e suas qualidades é o primeiro passo para se proteger de qualquer entidade que queira tentar enganá-la — disse Ilzie olhando dentro dos olhos da jovem. — Preste atenção. Todos nós temos algo chamado poder de escolha ou livre-arbítrio e sempre poderemos optar entre cultivar emoções e pensamentos bons ou ruins. Todos nós sentimos coisas boas e ruins, pois temos defeitos e qualidades. Sei que sentimos raiva diante de algumas situações às quais somos submetidos ou nos submetemos, mas cultivar essa emoção negativa ou não é escolha nossa. Acredito na energia, na força gerada por nossa mente, que ainda é um território misterioso e desconhecido para a ciência. Talvez você possua uma mente privilegiada no que diz respeito a gerar força e até mesmo conseguir afetar a vida de outras pessoas, mas também existe a possibilidade de alguma entidade estar promovendo todos esses eventos e essas situações que você descreveu. Você é uma jovem singular e inteligente, Katie. Soube disso na primeira vez em que nos encontramos e compreendo bem seu receio quanto ao futuro, pois ele não é infundado, caso não aprenda a lidar com o que tem em mãos.

Katie prestava atenção.

— Vou ajudá-la no que puder, contudo, acho que você não deve descartar o auxílio do doutor Morringan ou dos Russels, pois toda ajuda é bem-vinda. Ademais, posso ajudá-la utilizando o que aprendi ao longo desses anos, somente do ponto de vista espiritual, já que frequentei reuniões e grupos de estudiosos de fenômenos desse tipo por muito tempo. Mas Morringan e Russel são homens da ciência, que estudam o ser humano, sua mente, e que admitem a possibilidade da comunicação com o mundo dos espíritos, e essa é uma conjugação rara de ocorrer. A maior parte dos cientistas e médicos não acredita em nada disso. Você seria diagnosticada como doente mental. Não quero que se sinta ofendida, Katie, contudo, preciso ser franca para que possa confiar em mim. Isso é muito comum... pessoas que têm a capacidade de se comunicar com o mundo espiritual e que são consideradas lunáticas acabam terminando seus dias trancafiadas em um quarto qualquer ou em uma instituição destinada para esse fim.

Ela fez uma pausa antes de prosseguir.

— Alguns espíritos de índole ruim podem mesmo ser perigosos, a ponto de enlouquecerem uma pessoa propositadamente ou de destruírem sua vida, mas eu defendo a hipótese de que essas entidades mal-intencionadas precisam encontrar terreno fértil para plantarem o que desejam.

Pela expressão no rosto de Katie, Ilzie percebeu que ela não entendera muito bem a última parte.

— Explico um pouco melhor para que possa acompanhar meu raciocínio. Os espíritos têm uma enorme influência em nossas vidas, e, muitas vezes, pensamentos ruins e deprimentes, ou incitando a vingança ou a violência, como os que você mencionou, nos são sugeridos por eles. Somos falhos, cometemos erros, então, sentimos emoções negativas e desejos que, às vezes, não são tão nobres quanto gostaríamos que fossem. Essas entidades se aproveitam desses momentos para conseguirem o que querem, contudo, é nossa obrigação não cultivarmos esse tipo de emoção ruim ou destrutiva, quer seja em relação a nós mesmos, quer seja em relação aos outros. Como o pensamento possui força, temos de cuidar também do que pensamos. Você já ouviu falar em carma?

Katie balançou a cabeça negativamente.

— E em reencarnação?

— Li sobre isso em uma revista francesa que o doutor Morringan me deu.

— Então, sabe que um espírito vive muitas vidas diferentes, não é mesmo?

Katie balançou a cabeça afirmativamente.

— No decorrer dessas vidas, vamos evoluindo e aprendendo. Nossa mente racional, consciente, não pode se lembrar, mas nosso espírito consegue recordar-se de nossas experiências passadas. A palavra carma ainda não é um termo muito conhecido no Ocidente, mas é utilizada desde a antiguidade por alguns povos orientais, que há muito já admitem a teoria da reencarnação. O carma é criado por nós. É como se, por nossas imperfeições e nossos defeitos, acabássemos, por meio de escolhas conscientes, criando situações no caminho da nossa evolução justamente para aprendermos com nossos próprios erros e evoluirmos.

— É como se fosse um castigo por nossos atos?

— Não, não utilize a palavra castigo. Aqui estamos nos referindo a efeito e à causa somente. Vou exemplificar, pois acredito que seja mais fácil para você compreender.

"Suponhamos que, em uma vida anterior, eu tenha sido alguém muito injusto e mau caráter, que tivesse pertencido à monarquia e tivesse tido poder sobre a vida das pessoas. Suponha que eu tenha utilizado minha posição para humilhar e extorquir bens dos menos favorecidos e tenha passado minha vida assim, fazendo mau uso do que me foi dado pela Providência Divina, até que um dia, morri, como acontece com todos. Antes de nascer novamente, me foram predestinadas algumas situações para que eu pudesse expiar minhas falhas anteriores e, assim, evoluir espiritualmente. Nasço em um novo corpo, porém, em um lar humilde, por minha própria escolha e para sentir na pele o que proporcionei aos outros no passado. Dependendo das minhas ações durante minha nova existência, poderei ter uma vida até mesmo razoável, contudo, dependendo das escolhas que eu faça, posso criar ainda mais carma para mim. Entendeu? O carma não é criado por Deus ou pelo diabo, mas sim por nós mesmos. Somos nós quem o determinamos. Somos resultado daquilo que fomos, pensamos, sentimos e fizemos e ainda seremos diferentes do que somos agora, pois estamos em constante mudança. Carma significa evolução através da reencarnação. Não é uma punição, mas uma oportunidade para evoluirmos."

— Entendo... então, se eu matar alguém nesta vida, essa pessoa poderá me matar para me cobrar a dívida?

— Não, o raciocínio não está correto. Deus é o criador de todo o universo, e Sua sabedoria está além de nossa compreensão. Ele não criaria um sistema tão falho assim... Existe uma hierarquia de seres espirituais responsáveis por toda a estrutura que envolve não somente os reinos espirituais, mas também o mundo material. Veja... se você foi uma assassina, talvez tenha de conviver com esse desafeto do passado em sua própria família, como seu filho, pai ou sua mãe... O objetivo principal é o perdão e, consequentemente, a libertação. A libertação de nossas limitações como seres espirituais que somos, em constante evolução. Somos totalmente responsáveis pela vida que vivemos.

— Consegui entender. Mas você acha que esse espírito que me persegue, aquele que me causa medo, é um inimigo do passado?

— Pode ser que sim, pode ser que não. Cada caso é um caso, Katie. Teríamos que investigar qual o motivo de sua ligação com essa entidade, ou dessa entidade com você. Acredito que, em algumas situações, haja o interesse por parte de alguns espíritos em atrapalhar a missão de um médium. Não posso generalizar, contudo, posso me comprometer com você a fazer o possível para ajudá-la — concluiu Ilzie.

Katie sentia-se mais tranquila.

— Acho que vou indo. Já tomei muito do seu tempo — disse ela levantando-se.

— Não quer almoçar comigo?

— Não, muito obrigada. Minha mãe está me aguardando para o almoço.

Já na varanda, antes de sair pela porta da frente, Katie voltou-se novamente para Ilzie.

— Ah, Edward já deve estar na casa do doutor Russel. Você iria comigo visitá-lo?

— Claro, querida! Poderíamos ir amanhã à tarde. O que acha?

— Para mim, está ótimo. Mas seria bom avisarmos à senhora Russel que iremos, não é mesmo?

— Deixe comigo. Enviarei uma mensagem para ela hoje mesmo.

Capítulo 15

  Marianne Scott e Morringan entraram no coche e partiram rumo à estação. Deveriam pegar o próximo trem para uma localidade rural que ficava a duas horas de Londres. Pernoitariam em uma estalagem local e retornariam para casa na manhã seguinte.

  — Senhorita Scott, quando chegarmos ao nosso destino, peço-lhe a gentileza de anotar tudo o que ouvir e observar, incluindo nosso horário de partida e de chegada — pediu Morringan.

  O coche seguia rápido pelo trajeto, o que o fazia chacoalhar bastante devido às poças e aos buracos criados pela chuva excessiva nos últimos meses. Sentada de frente para Morringan e com a postura ereta, Marianne procurava manter-se firme, já que, com os solavancos mais fortes, seu quadril se desprendia do banco onde estava e se erguia alguns centímetros no ar. O mesmo não acontecia com Morringan devido ao seu peso.

  — Sim, doutor Morringan, estou bem ciente disso — respondeu ela. — Gostaria de deixar claro ao senhor que me sinto honrada por fazer parte desta missão.

  Morringan olhou para Marianne um tanto surpreso e, naquele momento, admirou em segredo sua elegância. Os ombros possuíam largura proporcional à dos quadris, o busto era volumoso, porém sem exageros, e em seu rosto havia um toque aristocrático, acentuado pelo pescoço esguio e pelos traços suaves. O nariz levemente comprido possuía a ponta arrebitada, que, na maior parte do tempo, apontava para cima. Os lábios eram finos e quase sempre discretamente tingidos por um rosa pálido, que, por sua vez, lhe realçava os olhos azuis. "Marianne Scott é mesmo uma mulher interessante e inteligente", pensou. Por algumas vezes, ele perguntou-se e, naquele exato momento, estava se perguntando, por que ela nunca mais pensara em casar-se.

— Senhorita Scott, não imaginava que a senhorita se interessasse por esses assuntos. Durante anos, vivemos debaixo do mesmo teto, e parece que nos conhecemos pouco.

Marianne corou e desviou o olhar rapidamente.

— Ah! Eu procuro me colocar em meu lugar, doutor Morringan, e fazer meu trabalho da melhor forma possível — disse ela visivelmente perturbada com o comentário.

— Durante tantos anos, a senhorita acompanhou meus estudos e minha trajetória relacionada aos fenômenos sobrenaturais e nunca emitiu sua opinião a respeito. Por quê?

— Porque só me sinto no direito de fazê-lo, quando o senhor me questiona sobre algo relacionado ao seu trabalho — respondeu ela encarando-o.

— Pois gostaria que soubesse que, se existe alguém a quem respeito e considero neste mundo, essa pessoa é a senhorita.

Agora Morringan corara, e Marianne estava surpresa, pois em anos de relacionamento ele nunca dissera algo semelhante.

— Se a senhorita se interessa por esses assuntos, faço questão de que participe mais, exponha mais suas opiniões e suas ideias! Garanto-lhe que poderá contribuir muito conosco e tenho certeza de que Helen e William também ficarão felizes em saber que a senhorita fará parte do nosso pequeno grupo. Precisamos de cabeças pensantes, minha cara. Pessoas que possam se comprometer como pesquisadoras do tema, que sejam dedicadas à causa, não de meros curiosos e especuladores — arrematou ele.

O coche parou, e Morringan olhou para fora constatando que haviam chegado à estação. Ele e Marianne desceram com duas pequenas bolsas de couro, que eram a única bagagem que estavam levando. Ele pagou o cocheiro e dispensou-o.

À medida que o trem avançava em direção à região de Essex, a paisagem modificava-se, e era possível ver florestas e campos com plantações e criação de ovelhas e gado. O frio diminuíra bastante, e a primavera começou a dar seus primeiros sinais. Pequenas flores amarelas salpicavam o verde dos campos de pastagem, e o sol voltava timidamente a aparecer no céu ainda acinzentado.

— Veja, senhorita Scott, como o "progresso" não alcançou esta região — comentou ele sorrindo. — Penso em um dia, quando me aposentar, comprar uma propriedade aqui.

Marianne sorriu, pois, em seu íntimo, sabia que ele jamais se aposentaria. A medicina era a vida dele.

— O senhor se aposentar? Duvido que se adapte à vida no campo, ao ritmo tranquilo e lento dessas verdes pastagens...

— Pois a senhorita está muitíssimo enganada! — retrucou Morringan tranquilamente. — Eu seria muito feliz em um lugar assim e talvez ainda me dedicasse ao cultivo de algumas plantas medicinais... — Ele fez uma pausa enquanto observava a paisagem. — Se a senhorita quiser, poderá vir comigo — acrescentou procurando desviar o olhar.

Marianne, por sua vez, não conseguiu disfarçar o entusiasmo diante da proposta inusitada, e seus olhos brilharam de satisfação.

— Ora, meu caro doutor Morringan, depois de tantos anos servindo-o fielmente da forma que posso, o que eu ficaria fazendo em Londres no caso de o senhor se mudar? Certamente fico muito feliz por sua consideração para comigo. Conhecendo-lhe a nobreza de espírito, não poderia mesmo esperar algo diferente. — Ela fez uma pausa. — Quero que saiba que, se assim o fizer, estou disposta a me mudar com o senhor daqui a mais algum tempo... e continuar auxiliando-o no que puder.

Morringan sorriu satisfeito, e ela pôde perceber o quanto sua presença era importante para ele. Todos aqueles anos juntos, e tão pouco fora dito.

— O fato de me mudar para um lugar assim — continuou Morringan — não quer dizer necessariamente que eu deva parar de exercer a medicina, senhorita Scott. Hoje, existem verdadeiras comunidades, pequenas cidades que têm vida própria. Posso muito bem ter uma propriedade no campo e prestar atendimento aos moradores locais.

— Este ar é realmente inigualável... — comentou ela, enquanto respirava profundamente junto à janela.

— Então, está combinado! — exclamou Morringan entusiasmado. — Dentro de mais algum tempo, nós nos mudaremos para esta região. Até sugiro que comecemos a nos organizar para isso.

Marianne olhou para ele espantada.

— Posso conversar com Helen, e a senhorita poderia combinar com ela para se encontrarem pelo menos uma vez na semana para estudarem juntas as plantas medicinais, o que acha? Ela tem grande estima pela senhorita, e acredito que vice-versa. Helen entende bastante dessas coisas e poderá ensiná-la muito a respeito do assunto.

— Acho maravilhoso, doutor!

— E o que acha também de daqui para frente nos tratarmos como velhos amigos?

Marianne franziu as sobrancelhas.

— Eu pararia de chamá-la de senhorita Scott, me utilizando somente do seu nome, que, aliás, é um belo nome: Marianne, e você me chamaria de Carl ou Morringan, como achar melhor. Mais de vinte anos juntos, e ainda nos tratamos dessa maneira. Na minha opinião, chegou a hora de acabarmos com essas formalidades tolas!

— Está bem! Concordo com o senh... quero dizer, com você, Carl!

— Assim é melhor!

O trem fez sua primeira parada em um vilarejo, e os dois desceram. A estação resumia-se a uma pequena construção de madeira com somente um funcionário. Ao lado, uma minúscula praça composta por um carvalho gigantesco, dois canteiros malcuidados e dois bancos de madeira. Marianne sentou-se em um deles com a bagagem, enquanto Morringan foi pedir informações ao funcionário da estação.

— Acho que podemos ir caminhando — disse ele. — A estalagem fica somente a alguns poucos metros daqui.

— Está bem.

Morringan pegou as alças das duas bolsas de couro com uma das mãos e ofereceu o outro braço para Marianne. Mais adiante havia uma praça grande e, junto dela, havia uma igreja muito antiga. Do outro lado da rua ficava o que seria o centro comercial do vilarejo, um armazém, uma botica, uma casa de pães e mais uma casa comercial. Os moradores olhavam para eles com curiosidade, mas demonstravam ser amistosos e receptivos.

Não tardou muito para encontrarem o que seria o único hotel da localidade, uma grande casa de madeira, possivelmente pertencente a alguma propriedade rural que existia ali antigamente. Na placa sobre a porta de entrada estava pintado a pincel e em letras vermelhas: "Rose Hotel" ou "Hotel Rosa" ao pé da letra, porém, Rose também era o nome da proprietária.

Foram recebidos por uma jovem muito simpática filha da dona da estalagem.

— Boa tarde, minha jovem! — disse Morringan. — Gostaríamos de nos hospedar, por favor.

— Boa tarde! Temos um ótimo quarto para casal com vista para os campos, aos fundos — disse a jovem sorrindo.

— Oh! — exclamou Marianne. — São dois quartos de solteiro, por favor.

— Ah, sim! Me desculpem! Pensei que fossem casados — disse a jovem sem mostrar nenhum constrangimento. — Vou levá-los até lá em cima, e assim poderão escolher os quartos que melhor lhes convierem. O hotel está vazio hoje.

— Como é seu nome, minha jovem?
— Me chamo Sarah — respondeu ela sorrindo.
— Sou o doutor Morringan, e esta é a senhorita Marianne Scott. Como deixamos Londres às onze horas da manhã, ainda não comemos nada. Vocês servem refeições por aqui?
— Sim, doutor! Vou instalá-los em seus quartos, e depois lhes serviremos uma boa refeição.

Como Morringan presumira, o Hotel Rosa fora, em outras épocas, uma casa de fazenda, que mais tarde foi convertida em estalagem, quando o pequeno vilarejo começou a surgir e tomar forma de cidade. Sarah explicou que a fazenda pertencera aos seus avós paternos, mas que, antes de ela nascer, parte das terras foram negociadas pelos herdeiros. Após o falecimento do pai, sua mãe, Rose, tomou a decisão de montar uma pequena hospedaria, utilizando o único bem do qual dispunha para gerar alguma renda. Sarah era uma jovem descontraída e tagarela, e Marianne percebeu que poderia obter muitas informações dela, pois parecia bastante esperta e muito bem-informada sobre tudo o que ocorria na região. Havia oito quartos no hotel, e Morringan e Marianne escolheram os dormitórios com vista para os campos.

— Parece que vai chover! — exclamou Sarah, enquanto abria as cortinas da janela do quarto de Marianne.

Uma massa volumosa escura crescia no horizonte, deixando o verde das pastagens ainda mais intenso.

— Qual é sua idade, Sarah? — perguntou Marianne.
— Eu tenho dezoito anos.
— E existe escola por aqui?
— Sim, mas não para pessoas da minha idade. Já terminei meus estudos.
— E não pensa em continuar?

A moça pareceu ponderar bastante antes de responder.

— Eu teria de me mudar, senhorita Marianne, e não posso deixar minha mãe sozinha. Além disso, estou muito apaixonada por um rapaz, e logo mais ficaremos noivos — completou a jovem sorrindo.

— Que maravilha! Então, você é feliz aqui?
— Sim, posso dizer que sim! Agora, se me der licença, preciso descer e providenciar a refeição de vocês. Gostam de ensopado de carneiro?
— Claro. Não se preocupe. Somos muito simples e comemos o que tiverem disponível hoje — respondeu Marianne. — Após o almoço, se possível, eu gostaria de conversar com você.

— Com certeza, senhorita! À sua disposição!

Dizendo isso, a jovem saiu do quarto, e Marianne ficou a sós. Ela abriu a janela, deixando que o ar frio e puro entrasse no cômodo, e respirou profundamente. Sentia-se intimamente feliz e considerava que aquele estava sendo um dos melhores dias de sua vida. Ela e Carl estavam mais próximos do que nunca e estavam viajando sozinhos pelo campo como um verdadeiro casal.

Marianne lavou o rosto, refez a maquiagem e ajeitou os cabelos prendendo-os no alto da cabeça. Então, ouviu três batidas na porta.

— Vamos descer, minha cara? — perguntou Morringan.

— Sim. Deixe-me apenas pegar meu xale.

Sarah conduziu-os ao refeitório, uma das salas da antiga casa que fora convertida para tal. Havia um total de seis mesas, todas redondas, de madeira e já bastante antigas, assim como as cadeiras. Tudo estava muito limpo. Os vidros, o assoalho de tábuas devidamente polido e as toalhas bordadas. A cozinha ficava no cômodo ao lado do refeitório, e o aroma das ervas e dos temperos podia ser sentido a distância.

Morringan puxou uma cadeira para Marianne e, em seguida, sentou-se de frente para ela.

— Lugar agradável este! Poderíamos nos mudar logo, Carl? — perguntou sorrindo.

— Estimo permanecermos somente mais um ano em Londres, se tanto...

Marianne foi pega de surpresa pela afirmação.

— Acho que poderíamos nos demorar mais um dia por aqui, assim poderíamos dar uma olhada nas propriedades que estão à venda. O que você acha? — perguntou ele.

Ela não sabia o que dizer. Simplesmente perdera a fala.

— Seria ótimo! — finalmente respondeu. — Afinal, já estamos aqui, não é mesmo?

Uma mulher de grandes proporções e faces avermelhadas aproximou-se trazendo uma imensa bandeja redonda. Sobre ela havia uma travessa com muita carne de carneiro, molho e batatas. Ao chegar ao lado da mesa, sorriu ao se apresentar.

— Eu sou Rose, mãe da Sarah.

Morringan levantou-se e cumprimentou-a, e Marianne estendeu-lhe a mão.

— Espero que gostem do almoço. Sou eu mesma quem cozinho. Não gosto de deixar essa tarefa para as empregadas.

— Com certeza, estará do nosso gosto, senhora — disse Morringan.
— Senhora Rose, sabe de alguma propriedade que esteja à venda por aqui?

— Ah! — exclamou ela puxando uma cadeira e sentando-se próxima a Marianne, sem fazer a mínima cerimônia. — Há uma que fica a apenas três quilômetros da vila, ideal para um casal como vocês. É uma charmosa casa de campo, que pertence a um conde ou duque, algo desse tipo. Aparentemente, o dono precisa se desfazer. O preço está ótimo! — depois, baixando o tom de voz, acrescentou: — Dívida de jogo, pelo que ficamos sabendo. Será muito fácil a encontrarem. Não é uma fazenda, mas tem espaço para criar uns cavalos, alguns gansos ou plantar algumas batatas se vocês gostarem de coisas desse tipo.

Marianne pensava enquanto comia — e a comida estava realmente deliciosa — que a filha puxara à mãe. Naquele instante, Sarah juntou-se a eles.

— E então? Estão gostando?

— O vinho e o carneiro estão fantásticos! — disse Morringan empolgado.

— Está muito bom, Sarah! Rose, você cozinha muito bem!

— Obrigada! — disse a dona do hotel sem disfarçar o orgulho. — Sarah, este casal quer comprar uma propriedade por aqui.

— Tem aquela do tal conde...

— Sim, foi o que eu disse a eles! E o preço parece estar bem abaixo do que ela vale. O dono morava em Londres, mas, pelo que sabemos, agora a casa pertence ao banco. Se o senhor procurar, encontrará facilmente a propriedade. Converse com o gerente do banco de Londres e saberá o valor. Há um caseiro que vive lá. É um homem bem velho e esquisito, mas acho que pelo menos poderá mostrar a casa para vocês.

— Vocês já ouviram falar de um lugar próximo daqui chamado Colina Vermelha? — perguntou Marianne.

— Sim, é uma fazenda muito bonita. Criam-se ovelhas e cavalos por lá. Não é tão longe, mas terão de conseguir alguém que tenha uma carroça para levá-los até o local. Não será possível ir a pé. Também os aconselho a irem de manhã, pois daqui a pouco começará a chover, e, nesta época, ainda escurece cedo por aqui. Nenhum carroceiro da vila fica circulando por aí à noite — respondeu Rose.

— Por quê? — quis saber Morringan.

— Medo de assombração, doutor... Muita gente acredita nisso, e, para lhe dizer a verdade, eu também. O lugar é bem antigo e tem suas histórias. Meus avós já contavam coisas para nós, e os avós deles para eles — disse ela sorrindo.

— E a senhora conhece os moradores da Colina Vermelha?

— Sim! São gente muito boa, os Mallows. Mas é melhor irem pela manhã — depois, voltando-se para Sarah, disse: — Filha, vá até a casa do Bill e pergunte a ele se amanhã pela manhã poderia levar este casal até a fazenda Colina Vermelha.

— Sim, senhora. Vou já, pois logo vai começar a chover.

— Não queremos incomodar, Rose — disse Marianne.

— Não é incômodo algum, senhorita Marianne. A casa do Bill é perto daqui e fica na próxima esquina... É um prazer tê-los conosco. Agora, se me dão licença, tenho alguns afazeres na cozinha.

Rose afastou-se, e Morringan olhou para Marianne sorrindo.

— E eu que pensei que fôssemos ter um almoço tranquilo e silencioso apreciando a paisagem rural...

Ela sorriu.

— Pelo menos, temos algumas informações que nos interessam. Descobrimos que há uma propriedade à venda e confirmamos a existência da fazenda Colina Vermelha.

— Amanhã, iremos até lá e, no retorno para o hotel, faremos uma parada na casa do tal conde... — sugeriu ela. — Ainda é cedo, Carl. O que acha de darmos uma volta por aí?

— Não quer descansar da viagem? Eu preciso deitar um pouco. Depois desse almoço, vou precisar de pelo menos uma hora de descanso para fazer a digestão — disse ele alisando a própria barriga.

Marianne aproveitou o tempo em que Morringan descansava para fazer as anotações referentes à viagem. Enquanto isso, as primeiras gotas de chuva começaram a cair em abundância. Chovia tanto, e o ruído no telhado era tão forte que ela não ouviu quando Morringan bateu na porta. Ele, então, abriu-a devagar e enfiou a cabeça para dentro do quarto.

— Marianne!

— Oh, Carl! Entre! Não o ouvi bater devido ao barulho da chuva. Estou fazendo algumas anotações.

Ele entrou e sentou-se em uma cadeira próximo da janela.

— Diga-me uma coisa em relação a essa jovem, a médium Katie. Você e o doutor Russel acreditam que obterão progressos com ela?

Morringan permaneceu durante algum tempo olhando para Marianne sem dizer nada.

— Acredito que sim. Katie ainda é muito jovem e está começando a aprender a lidar com o próprio potencial. As manifestações físicas na casa dos Harrisons diminuíram significativamente desde que comecei a me comunicar com os espíritos. Eu e William acreditamos que ela também possua uma grande capacidade psíquica associada à mediunidade, pois, se não fosse a energia de Katie, as manifestações físicas não ocorreriam.

— Que tipo de manifestações são essas?

— A casa dos Harrisons era o que, popularmente, as pessoas denominam de casa mal-assombrada, mas a frequência com que ocorriam os fenômenos foi o que mais me chamou a atenção. Denominamos de fenômenos de efeitos físicos todo tipo de manifestação sobrenatural ou espiritual que afete o mundo da matéria. Alguns estudiosos do tema não concordam com o termo sobrenatural — explicou ele —, porém, ainda o utilizo para ilustrar situações como essa, já que escapam ainda à nossa total compreensão os pormenores que envolvem fenômenos como esses e os verdadeiros mecanismos que os põem em funcionamento.

"Respondendo mais objetivamente à sua pergunta, minha cara, se tratavam de pancadas que eram ouvidas por toda a casa e por todos aqueles que vivem nela. Passos, vozes, objetos que se quebravam ao serem arremessados no chão ou nas paredes sem que ninguém os tocasse, sem contar o próprio comportamento de Katie."

— Poderia me explicar melhor a parte que diz respeito ao comportamento da jovem?

— Katie se comporta de forma distinta da habitual quando está sob a influência de alguma entidade. Já a vi falar em outros idiomas, que para ela e para os pais eram desconhecidos. Já a ouvi falar com outros timbres de voz, completamente diferentes uns dos outros, e algumas dessas vozes são bastante assustadoras e impressionantes.

"Ela também é uma médium escrevente. Estamos, na verdade, desvendando a médium Katie, mas eu acredito que, com um pouco de instrução acerca do assunto e com um pouco de direcionamento, ela poderá nos surpreender ainda mais.

— Tenho muita vontade de conhecê-la — comentou Marianne. — Como pode, não é mesmo? Tão jovem ainda... imaginei que esse tipo de potencial só aflorasse em médiuns mais velhos e experientes.

Morringan sorriu e balançou a cabeça.

— Existem crianças com um alto potencial mediúnico, minha cara, mas, infelizmente, a grande maioria não tem a mesma sorte que Katie está tendo. Embora também existam casos em que alguns médiuns desenvolvem e aprimoram suas capacidades por meio de anos de estudo e prática levados a sério e com muita disciplina.

— Como podem saber se as manifestações não são causadas pelo próprio poder mental de Katie, sem o envolvimento de um espírito?

— Exatamente! Esse é um questionamento inteligente, minha cara Marianne! Durante todos esses meses em que tenho convivido com Katie, ela já me deu provas suficientes de que os espíritos a utilizam como um canal de comunicação com o mundo dos vivos, porém, William e eu acreditamos que a própria Katie também possua um grande potencial próprio e que deva aprender a canalizá-lo de alguma forma. Em certa ocasião, ela comentou superficialmente comigo que, quando sente emoções negativas, como raiva, por exemplo, algumas coisas acontecem. Percebo que ela evita falar sobre isso. Acredito que sinta certo constrangimento, então, prefiro deixá-la à vontade.

— Como assim?

— Ela citou uma situação em que se sentiu humilhada por outra jovem no colégio. Disse ter ficado com muita raiva, e, depois de alguns dias, a senhora Harrison ficou sabendo que a garota não estava mais frequentando as aulas, pois apresentava ataques de pânico violentos, acompanhados de alucinações. Alucinações das quais Katie fazia parte. Quando soube dessa história, Katie ficou muito preocupada e disse que acreditava que, de alguma forma, havia sido a responsável pela tortura mental da outra garota, o que a deixou confusa e se sentindo culpada.

Morringan deu de ombros e em seguida continuou:

— Não posso lhe dizer exatamente o que penso a respeito disso, Marianne. Na semana passada, eu e William iniciamos as reuniões ou sessões com a médium, justamente para observá-la tanto do ponto de vista da espiritualidade quanto da medicina.

— Eu — disse Marianne, levantando-se e caminhando pelo quarto — acho que é possível, Morringan! Acredito que algumas pessoas possuem uma força mental capaz de influenciar outras, movimentar objetos ou criar situações.

— Já li sobre alguns casos... — comentou ele, distraidamente. — Vou descer para beber alguma coisa. Certamente a senhora Rose deve ter um pouco mais de vinho ou de conhaque para nos servir... Daqui a mais um pouco já será hora do jantar.

Os dois caminharam juntos em direção ao refeitório que estava tão vazio quanto o restante do hotel. Rose e Sarah juntaram-se a eles, e a conversa tornou-se animada devido às histórias narradas por elas. Passava da meia-noite quando Morringan e Marianne retornaram para seus quartos. Tudo em volta mergulhou em silêncio, e a manhã seguinte não demorou a chegar.

Capítulo 16

— Levaremos cerca de uma hora e meia, doutor, talvez um pouco mais, para chegarmos até a fazenda Colina Vermelha — disse o condutor da carroça contratada por Morringan. — Teremos de ir devagar, pois, com a chuva de ontem, o caminho está repleto de buracos e poças de lama. A madame não gostará nem um pouco de apressarmos o passo — completou o rapaz olhando para Marianne.

— Está bem, meu jovem. Não temos tanta pressa assim, afinal, só iremos embora amanhã.

Apesar de ser uma carroça utilizada para carga, havia espaço de sobra para os três se sentarem confortavelmente em um único banco de madeira.

— Você conhece a propriedade Colina Vermelha? — perguntou Morringan.

— Eu nasci aqui, doutor. Neste lugar, todo mundo conhece todo mundo. É uma bela propriedade, mas, pelo que contam os mais velhos, já teve seus dias de glória. Hoje em dia, a família Mallow vive como pode, como acontece com a maioria dos criadores de ovelhas daqui da região.

— Por que o nome Colina Vermelha? Você saberia nos dizer? — perguntou Marianne.

— Dentro da propriedade, ao fundo, há uma grande colina, que fica tingida de tons avermelhados durante o outono por conta das folhas das faias. Dizem que é por isso, contudo, outros mais supersticiosos costumam contar que, quando os primeiros Mallows chegaram, houve uma disputa pelas terras que ocasionou um derramamento de sangue. Acredito, no entanto, que sejam apenas histórias. Os moradores daqui gostam dessas coisas, quando não se tem muito o que fazer no lugar onde se vive, as pessoas tentam se distrair como podem. Sei que todo lugar antigo tem suas histórias. Eu mesmo conheço muitas que são verdadeiras, mas, no caso da propriedade dos Mallows, tenho minhas dúvidas.

Marianne absorvia cada segundo da paisagem, pois o lugar era realmente muito bonito. Vez por outra, encontravam algum pastor com seu rebanho procurando uma nova pastagem. Viam também casas mais ao longe, distantes da estrada pela qual passavam. Em outro plano, mais ao fundo, a floresta erguia-se densa, território ainda intocado pelas mãos humanas. Em alguns pontos, o aroma das plantas silvestres mesclava-se ao odor do esterco dos animais, mas a mistura não era desagradável ao olfato.

Bill puxou as rédeas do cavalo, e a carroça parou de repente.

— Olhe à sua esquerda, doutor — disse ele apontando com o dedo indicador. — Ali está a propriedade do tal conde. Gostariam de parar para darem uma olhada? Pelo jeito, o velho Bob está em casa. Há fumaça saindo pela chaminé. Talvez quando estivermos voltando, não tenhamos a mesma sorte.

Morringan e Marianne trocaram rápidos olhares e decidiram que dariam uma olhada.

A propriedade não era grande se comparada às outras ao seu redor. Era uma casa de campo em um terreno com aproximadamente vinte mil metros quadrados, que fora desmembrada de uma fazenda vizinha. A casa não era antiga, deveria existir há, no máximo, trinta anos e fora construída pelo próprio conde. Na frente, presa ao muro por pregos enferrujados, uma placa parcialmente coberta pelo limo comunicava que a propriedade agora pertencia ao banco.

Um curto caminho de terra ligava o portão de madeira à varanda da casa. O jardim ao redor estava tomado pelo mato.

Bill bateu palmas e caminhou em direção aos fundos, onde havia uma construção menor. Não tardou até que aparecesse um velho magro e alto, usando botas de cano longo e chapéu com abas grandes.

— Bom dia, Bob! — disse Bill levantando a mão direita.

— Bom dia! — disse o velho aproximando-se lentamente.

— Esse casal tem interesse na compra da propriedade. Será que poderiam conhecer a casa?

— Vou buscar as chaves — resmungou o velho, afastando-se sem sequer dirigir um olhar para Morringan e Marianne.

— Não reparem. O velho Bob parece esquisito, mas não é mau sujeito — disse Bill sorrindo.

O velho retornou com seu andar desajeitado de ombros caídos e joelhos dobrados, olhando para o chão, enquanto falava baixinho consigo.

Passou pelo pequeno grupo em direção à porta da frente sem dizer uma palavra ou dirigir um olhar. Os outros três se entreolharam e o seguiram. Depois de colocar uma das chaves no buraco da fechadura e girá-la com certa dificuldade devido à falta de uso, a porta abriu-se com um gemido.

— Podem entrar. Vou abrir as janelas para que possam enxergar melhor. Há teias de aranhas e camundongos por todos os lados — avisou ele com naturalidade e, depois voltando-se para Bill, disse: — Você pode mostrar a casa para seus amigos, pois estou com comida no fogo, Bill.

Bob virou as costas e saiu a passos largos resmungando novamente coisas incompreensíveis.

Era uma casa mista, feita em sua maior parte de madeira nobre. Somente a cozinha fora erguida com pedras. A varanda era retangular e paralela à parede da frente em toda a sua extensão. Quatro floreiras suspensas exibiam os restos mortais do que, um dia, haviam sido pés de gerânio. O antigo proprietário deixara a mobília na esperança de amenizar em algumas libras sua dívida com o banco. Eram móveis caros e de bom gosto, e alguns certamente foram arrematados em leilões ou em antiquários, como Morringan e Marianne observaram.

Uma grande lareira ocupava quase inteiramente uma das paredes da sala. As louças e os objetos de decoração haviam sido retirados.

— O que achou, minha cara?

— É linda! — exclamou Marianne, enquanto caminhava pela sala de visitas.

No cômodo, havia um jogo com quatro poltronas de veludo na cor verde, uma cristaleira antiga feita de carvalho, um aparador com espelho e duas mesinhas para luminárias.

A sala de jantar era um pouco menor, separada da anterior por uma parede de pedras em arco. Havia uma mesa retangular com seis cadeiras de espaldar alto, revestido com veludo da mesma cor das poltronas da sala de visitas.

A cozinha era ampla, porém fria em relação ao restante da casa. O piso também era feito de pedra, e as janelas se abriam para o bosque que havia nos fundos. Nela havia uma mesa quadrada com apenas duas cadeiras, um fogão à lenha, suportes para pendurar panelas nas paredes e um guarda-louça em bom estado.

O interior da construção estava empoeirado, e havia manchas de umidade em alguns pontos, porém, nada que uma boa pintura e uma limpeza geral não dessem jeito.

— Vamos olhar lá em cima? — convidou Bill.

— Claro, claro... Tenha a bondade, Marianne — disse Morringan.

A escada de madeira estava coberta de uma camada de poeira, porém, os degraus estavam íntegros. No piso superior havia apenas cinco cômodos. Um dos quartos, o maior de todos, era uma suíte e nele havia uma cama de casal ainda com a tela mosqueteira montada, duas mesinhas de cabeceira, um espaçoso armário com inúmeras prateleiras, uma cômoda e uma poltrona do tipo namoradeira. Os outros três cômodos possivelmente eram utilizados como quartos para hóspedes, pois em um deles apenas havia uma cama de casal. Nos outros dois, as camas eram de solteiro. O quinto cômodo era um banheiro social.

— Acho que a casa tem um ótimo tamanho — comentou Morringan. — Não é grande demais nem pequena.

— Eu também acho — disse Marianne sorrindo.

— Que bom que gostaram, doutor! Esta casa era um verdadeiro mimo na época em que o conde ainda vinha para cá durante a primavera. Os jardins eram sempre mantidos em ordem e a casa também.

— O que aconteceu com o conde, Bill? Você sabe? — quis saber Morringan.

— Eu soube que ele era viciado em jogo e acho que isso até possa ser verdade, pois o conde sempre recebia muita gente aqui. Dizem que ele construiu esta casa para ter um lugar secreto para trazer suas amantes — comentou Bill sorrindo. — O velho soube viver a vida e, dizem, agora está sem dinheiro e doente. Mas com quase noventa anos, que diferença isso faz? Pelo menos ele usou o dinheiro que tinha enquanto pôde e da forma que quis — concluiu o rapaz dando de ombros.

Morringan pousou a mão no ombro do rapaz e cochichou-lhe ao ouvido.

— Se ele tivesse sido um pouco mais comedido e prudente, talvez estivesse gozando de um final de vida mais confortável e tranquilo. Dinheiro sempre pode acabar, meu jovem, por mais que uma pessoa tenha... — depois, voltando-se para Marianne, disse: — Bem, acho que já podemos continuar nosso trajeto, não é mesmo? Acredito que nosso simpático caseiro Bob não saiba o valor do imóvel...

— Não sei, doutor, mas posso perguntar para ele se o senhor quiser.

Morringan pareceu ponderar um pouco antes de responder.

— Acho que não será necessário, Bill. Procurarei o banco quando voltar para Londres. Sabe me dizer se Bob trabalhava aqui na época do conde?

— É... foi o conde quem o trouxe para cá.

— E você acha que ele se interessaria em continuar sendo caseiro? Se nós oferecêssemos para ele um bom salário, você acha que aceitaria ficar para cuidar da propriedade, caso realmente venhamos a fechar negócio?

— Acho que sim, doutor. Ele é uma boa pessoa. É esquisito, calado, mas é trabalhador.

Os três saíram, e Bill fechou a porta.

Bob estava rastelando a área em volta da casa onde morava, quando viu o pequeno grupo se aproximar.

— E então? — perguntou ele sem parar o que estava fazendo e sem olhar para nenhum dos três. — O que acharam da casa?

— Parece que eles gostaram bastante, Bob — respondeu Bill entregando as chaves para o caseiro. — Você sabe quanto vale?

Bob balançou a cabeça negativamente.

— Você ficaria trabalhando aqui, Bob? — perguntou Bill novamente.

Bob parou o que estava fazendo, largou o rastelo no chão e aproximou-se um pouco mais com seus passos desengonçados. Cuspiu um pedaço de capim que tinha no canto da boca e, pela primeira vez, olhou diretamente para Morringan e Marianne.

— O trabalho me interessa, sim.

— Caso venhamos a comprar a propriedade, poderemos negociar um salário com o senhor — disse Morringan.

— Ter um teto sobre minha cabeça e um pouco de comida já é o suficiente.

Morringan estendeu a mão na direção do caseiro, e o outro a apertou.

— Meu nome é Carl, e me chamam de doutor Morringan. Esta é a senhorita Marianne Scott.

— Madame... — resmungou o caseiro olhando para ela, enquanto inclinava levemente a cabeça. — O senhor é médico, é?

— Sim.

— E pretende morar aqui ou vir de vez em quando, como fazia o conde?

— Eu e a senhorita Scott pretendemos nos mudar para cá em, no máximo, um ano, caso consigamos fechar negócio com o banco. Mas, assim que concluirmos a negociação, virei até aqui pessoalmente para conversarmos sobre seus honorários.

Bob coçou a cabeça e permaneceu em silêncio durante alguns minutos.

— Para mim, está tudo bem, doutor. Será bom ter um médico morando por estas bandas. Eu mesmo tenho a maldita gota que me persegue... Vai ser bom... — acrescentou pegando novamente o rastelo e pondo-se a rastelar o chão.

— Adeus, Bob! — disse Bill.

— Até breve, senhor Bob! — disse Marianne acenando com a mão.

O velho acenou também e falou em voz alta sem tirar os olhos do chão.

— É só Bob...

— O velho Bob é esquisito, mas é de confiança, doutor — disse Bill, enquanto retomavam o trajeto. — Por que estão procurando a Colina Vermelha? São parentes dos Mallows?

— Não, não... apenas velhos conhecidos — respondeu Marianne rapidamente.

Mais de quarenta minutos se passaram até que avistaram uma colina com muitas árvores de troncos esguios, que se erguiam majestosos em direção ao céu, nos fundos de uma propriedade do lado direito da estrada.

— Aí está sua Colina Vermelha, doutor. Nesta época do ano, ela ainda é verde.

Bill desceu da carroça e abriu a porteira que marcava a entrada para a propriedade. Mais de um quilômetro adentro, era possível ver uma casa de madeira, que, à medida em que iam se aproximando, parecia aumentar de dimensão. Quando vista de longe, as árvores ao seu redor faziam-na parecer mais estreita do que realmente era.

O gado pastava sossegadamente à esquerda, enquanto, à direita, se via a terra parcialmente preparada para plantio, além de um grande celeiro pintado de vermelho e um razoável rebanho de ovelhas dentro de um curral.

— É, sem dúvida, uma bela propriedade — comentou Morringan.

Bill parou a carroça perto da casa e bateu palmas. Em seguida, uma mulher, aparentando seus trinta e poucos anos, apareceu acompanhada de um menino.

O garoto parecia ter entre oito e dez anos de idade, tinha pernas longas e desproporcionais, e muitas sardas cor de ferrugem espalhavam-se por seu nariz e por seus maxilares superiores. Os cabelos eram lisos e de um vermelho brilhante e vivo.

— Bom dia! O Phill está?

— Está lá atrás, lidando com os porcos e com um potro que nasceu na semana passada! Podem entrar! — convidou ela sorrindo. — Como vai, Bill?

— Eu estou bem, e vocês por aqui? Muito trabalho?

— Sempre tem... — respondeu ela olhando para Morringan e Marianne com curiosidade.

— Este é o doutor Morringan, e esta é a senhorita Marianne — apresentou Bill.

— Muito prazer, doutor. Sou Elizabeth Mallow, e este é o meu filho Phill — apresentou-se e, depois se voltando para Marianne, disse: — Muito prazer em conhecê-la, senhorita Marianne. Entrem, por favor. Estou lidando com o fogão. Vamos aguardar meu marido lá dentro.

— Olá, Phill! — cumprimentou Marianne sorrindo.

O garoto sorriu.

— Cumprimente as visitas, filho! — disse Elizabeth e voltou-se para os recém-chegados: — Nos desculpem. Não estamos muito acostumados a receber pessoas da cidade por aqui.

— Muito prazer! — disse o menino estendendo a mão primeiro para Marianne e, em seguida, para Morringan e para Bill.

— Phill, vá chamar seu pai e seu avô e lhes diga que temos visitas.

O garoto obedeceu e rapidamente desapareceu dentro da casa.

— Se você não se importar, poderíamos nos sentar aqui mesmo na varanda, Elizabeth? Está um dia bastante agradável — sugeriu Marianne.

— Como quiserem, fiquem à vontade. Vou preparar um chá.

— Minha jovem — disse Morringan —, se tiver um pouco de café ou vinho, eu prefiro.

Morringan era um caso raro de indivíduo nascido na Inglaterra que não gostava de chá.

— Trarei vinho para o senhor — disse a dona da casa.

Pouco tempo depois, Elizabeth voltou trazendo o vinho e o chá para servir aos visitantes.

Elizabeth era uma mulher bonita, porém, seu olhar era completamente desprovido de qualquer indício de inteligência. Aparentemente, havia nela a boa vontade de ser gentil com qualquer pessoa com quem precisasse se relacionar. Apesar de ainda ser uma mulher jovem, seu corpo dava mostras de uma tendência acentuada para perder a boa forma.

Elizabeth, contudo, não parecia preocupada com essas questões, pois somente pensava em gerar quantos filhos pudesse para, quando ela e o marido ficassem mais velhos, terem mão de obra para a fazenda e ajuda no serviço doméstico.

— Posso perguntar por que vieram procurar o Phill?

— Claro, Elizabeth. Viemos para a região em busca de uma propriedade para comprarmos. Além disso, um grande amigo de Londres que, quando soube que viríamos, pediu que procurássemos esta fazenda e perguntássemos pelo senhor Bernard Phillip Mallow. Parece que nosso amigo o conheceu no passado, pois ele e a família frequentavam bastante esta região — respondeu Marianne.

Morringan não pôde evitar olhar para ela com espanto, pois estava impressionado com seu raciocínio rápido.

— Bernard Phillip Mallow é o nome do meu marido, mas também é o nome do pai dele e do avô e, agora, também é o nome do nosso filho. Os avós do Phill já faleceram há alguns anos, assim como minha sogra. Meu sogro, no entanto, ainda está vivo. Ouve com dificuldade, enxerga mal, mas tem a cabeça muito boa e é forte como um touro.

Marianne sorriu.

— Isso é excelente! E ele vive aqui com vocês?

— Sim, está lá nos fundos com meu marido. O velho está forte ainda, sabe? O fato de ser quase surdo não o impede de fazer as coisas, mas a dificuldade de enxergar o atrapalha bastante... Tenho certeza de que se lembrará do seu amigo. Que idade ele tem?

Morringan manteve-se em silêncio, deixando que Marianne respondesse às perguntas.

— Ah, o senhor William já tem idade bastante avançada! Uns oitenta e poucos anos, com certeza...

— Meu sogro também. Ele completou oitenta e três no final do ano passado, em novembro.

Ouviram-se vozes, e, finalmente, Phill, o garoto, apareceu acompanhado pelo pai e pelo avô. Marianne percebeu que os três apresentavam incrível semelhança, embora Phillip "avô" fosse mais alto e mais robusto que o filho. Apesar da idade avançada, o senhor Mallow realmente aparentava estar em ótimas condições físicas. Os dois homens cumprimentaram os visitantes e juntaram-se a eles, enquanto o garoto desaparecia novamente, evitando o grupo dos adultos.

— Quer dizer que estão querendo comprar uma propriedade por aqui? — perguntou o velho.

— Sim, senhor Mallow. Marianne e eu pretendemos nos mudar para esta região daqui a mais ou menos um ano.

Morringan falava alto, já que o outro ouvia mal.

— É bom... Aqui é bom, e o ar do campo faz bem para a saúde, doutor. Mas o senhor falou de um amigo seu que conhece nossa família?

— O nome do meu amigo é William. Talvez o senhor nem se lembre dele... parece que o pai dele conheceu seu pai.

— Hum... William... o nome não me é estranho... Acho que conheci um William na minha infância, mas lhe confesso que não consigo me lembrar muito bem dele... E qual é o sobrenome dele?

— Russel... William Russel... — respondeu Marianne rapidamente e olhou discretamente para Morringan.

Phillip Mallow permaneceu em silêncio por algum tempo, vasculhando suas memórias até que, por fim, balançou cabeça negativamente.

— Realmente não me lembro de ter conhecido alguém com esse sobrenome... William me soa familiar, mas Russel... Bem, quando se é criança, nós nos importamos pouco com os sobrenomes das pessoas... — disse ele dando de ombros.

— Seu pai faleceu há muito tempo, senhor Mallow? — perguntou Morringan.

O velho Phillip tomou mais um gole de vinho antes de responder, e Phill "filho" sugeriu a Elizabeth que levasse Marianne para conhecer parte da fazenda. Ele também convidou Bill para acompanhá-las até o estábulo a fim de conhecerem a nova égua que comprara e o potro que nascera recentemente. Morringan e o senhor Mallow ficaram sozinhos.

— Quando eu era um jovem de apenas quinze anos, meu pai desapareceu e foi dado como morto, doutor. O corpo dele nunca foi encontrado. Meu pai era filho único, assim como eu e como Phill; isso parece uma sina da família. Infelizmente, nossas proles nunca foram numerosas. A maioria nasce e logo em seguida acaba morrendo... Tenho pena de Elizabeth, pois ela quer ter muitos filhos, mas temo que terá de se contentar com o que tem. Ainda mais que já está passando da idade de parir... — lamentou-se ele. — Então, como estava lhe dizendo, meu tio e alguns conhecidos da vizinhança procuraram meu pai, mas nunca o encontraram. Ele saiu a cavalo para uma viagem curta de dois dias e nunca mais retornou. Naquele tempo, as coisas eram assim... Não havia lei ou autoridades a quem pudéssemos recorrer em um lugar como este.

— É verdade. É lamentável... — disse Morringan.

— Eu me lembro muito bem do meu pai, pois, apesar de estar perdendo a visão, minha memória nunca falha. Era um homem forte, mais baixo que eu — puxei à família da minha mãe —, do tipo que não trazia desaforo para casa e que não admitia nenhum tipo de desonestidade. Até onde me lembro, não tinha inimigos, e as pessoas o respeitavam.

— O sobrenome Cunningham diz algo para o senhor?

— Sim! — disse ele enchendo mais uma vez o copo de Morringan e o dele. — A família Cunningham chegou nesta região há muito tempo, assim como os Mallows. Nossas terras fazem fronteira com as deles. Minha nora Elizabeth é Cunningham.

Morringan olhou para ele e, em seguida, procurou disfarçar a surpresa.

— Peter Cunningham seria o avô de sua nora?

— Sim, ele mesmo. O senhor Cunningham teve mais sorte que meu pai, pois viveu por muitos anos. Quando Phill e Elizabeth se casaram, ele os presenteou com um generoso pedaço de terra. Ele e meu pai eram muito amigos, então, quando ocorreu o desaparecimento, o senhor Cunningham foi um dos que nos ajudaram nas buscas... Mas por que perguntou de Peter Cunningham, doutor? Seu amigo se lembra dele também?

— Sim, sim... Ele citou os dois sobrenomes, mas nos disse para procurarmos a fazenda Colina Vermelha e os Mallows. Parece que o pai dele era mais íntimo da família de vocês do que da família Cunningham.

— Sei. É uma pena ele não ter vindo pessoalmente, assim, certamente me lembraria dele... — disse Phillip Mallow. — E quanto a vocês? Encontraram a propriedade que estavam procurando?

— Sim, encontramos uma que é perfeita para nós... Ela pertenceu a um tal conde, o senhor deve saber qual é...

O velho balançou a cabeça afirmativamente e retirou um charuto de dentro do bolso do colete.

— Fuma, doutor?

— Às vezes...

— Experimente um destes... É forte, mas tem um sabor agradável no final.

Morringan aceitou.

— A casa do conde está fechada há uns três anos, mas é uma ótima propriedade e bem próxima da vila. Será bom termos um médico por aqui... Certamente, serei seu paciente... — disse Mallow sorrindo.

— Terei prazer em atender ao senhor e à sua família.

— A maldição do reumatismo me persegue há trinta anos. Começou depois que fiz cinquenta anos. Acho que minha família tem isso no sangue, mas, tirando a visão e os ouvidos, parece que o resto vai bem...

Os dois ficaram em silêncio durante algum tempo olhando para a paisagem até que Mallow fez um comentário desconcertante, talvez incentivado pelo vinho ou pela oportunidade de o fazer a algum estranho que lhe inspirasse confiança.

— Sabe, doutor, durante muitos anos, mesmo depois de adulto e de constituir família, procurei meu pai. Muitas vezes, esperei vê-lo entrar pelo portão desta fazenda e nos contar uma história qualquer, mas, em outros momentos, uma desconfiança me passou pela cabeça: a de que ele foi morto por alguém que conhecíamos. Talvez por alguém muito próximo da nossa família — ele fez uma pausa e soltou outra longa baforada de fumaça. — Nunca comentei isso nem mesmo com minha mãe ou com minha esposa, muito menos com meu filho, mas, durante anos, fui atormentado pela desconfiança de que Peter Cunningham matou meu pai. Eles eram amigos e se visitavam frequentemente ou viajavam juntos para buscar animais ou suprimentos, mas, daquela vez, meu pai foi sozinho. Se ele e o velho Cunningham brigaram, nós nunca saberemos. Eu tive de assumir a fazenda junto com meu tio, o irmão de minha mãe, que morava conosco, no entanto, o velho Peter sempre estava por aqui e, nos momentos difíceis, nunca deixou que nos faltasse nada... Isso é algo que me perturba até hoje... Bem... jamais saberemos o que realmente aconteceu. Isto é um fato! — disse ele por fim. — Hoje, o sangue da nossa família se misturou com o sangue da família dele, o velho Peter já morreu, e tenho meu neto, que é bisneto dele.

Morringan bebeu mais um gole de vinho.

— Já estou velho demais, doutor. Neste caso, é melhor enterrar nossas dúvidas junto com os nossos mortos...

Elizabeth aproximava-se com Marianne pelo lado direito da casa. Vinham do pomar, enquanto Bill e Phill retornavam do estábulo.

— Vamos Morringan? — disse Marianne. — Já tomamos tempo demais desta simpática família.

— Fiquem para almoçar conosco, senhora Morringan! — convidou Elizabeth.

Marianne corou, e Morringan quase se engasgou com o vinho. O velho Mallow teve de dar diversos tapas em suas costas para que, aos poucos, ele recuperasse a respiração. Para não ter de explicar uma situação que certamente seria de difícil compreensão para a família Mallow, Marianne resolveu não corrigir Elizabeth.

— Muito obrigada, querida, mas ainda temos algumas coisas a fazer, e nosso amigo Bill também deve ter seus compromissos.

Todos se despediram e, por fim, tomaram novamente a estrada de retorno ao hotel.

No trajeto, conversaram sobre outros assuntos. Bill fez muitas perguntas sobre como era viver em uma cidade grande e contou diversas histórias sobre acontecimentos curiosos que ocorriam na região. Quanto a Morringan e Marianne, os dois deixaram para trocar impressões e informações sobre a família Mallow mais tarde, quando estivessem a sós.

Capítulo 17

Helen viu através da janela quando o coche atravessou os portões e tomou a estrada de terra que levava até a casa.

— Entrem! Sejam bem-vindas!

— Olá, Helen! — exclamou Ilzie cumprimentando-a.

— Como vai, senhora Russel? — perguntou Katie.

— Eu estou bem, querida, e você?

— Estou bem, obrigada! Isto é para a senhora. Foi minha mãe quem mandou. São alguns pãezinhos doces que ela e tia Rachel costumam fazer — disse Katie entregando um embrulho para Helen.

— Muito obrigada! Agradeça a Elgie e à sua tia pela gentileza. Venham, vamos para a sala. William saiu logo após o almoço e vai demorar a voltar.

Na sala de visitas havia um confortável jogo de poltronas. O cômodo era pequeno, porém, aconchegante, e as paredes pintadas de branco proporcionavam uma sensação de amplitude, fazendo-o parecer maior do que realmente era. Havia um aparador grande com um espelho, e alguns retratos estavam dispostos sobre o móvel e pelas paredes. Aquele cômodo da casa dos Russels abrigava o maior número de retratos. Em uma das fotos, o rosto de uma jovem, que aparentava ter mais ou menos a idade de Katie, chamou-lhe a atenção, pois ela era a mesma moça que Katie vira no pomar na ocasião da primeira reunião.

— E, então, Helen, como está o doutor Cloods?

— Edward está bem. Está se recuperando cada dia, já caminha com mais facilidade, e sua dieta praticamente voltou ao normal. É um jovem forte e saudável. Foi lamentável o que aconteceu, porém, poderia ter sido ainda pior. Edward está descansando um pouco, pois ainda se sente um pouco fraco em alguns momentos, mas ele nunca fica na cama por mais de uma hora durante o dia, e acredito que vocês não estejam com tanta pressa.

— É o único compromisso que temos hoje, não é, Katie?

— Sim. A senhora sabe se o doutor Morringan já retornou da viagem?

— Eles chegarão amanhã — respondeu Helen. — Eu e William estamos ansiosos para saber dos resultados.

— É mesmo... Eles foram averiguar as informações fornecidas por aquele espírito em nosso último encontro. Você também deve estar curiosa, não é mesmo, Katie? — perguntou Ilzie.

Katie estava distante olhando para as fotos. Ela levantou-se e deu alguns passos na direção do aparador.

— Quem é essa moça, senhora Russel?

Helen sorriu olhando para a foto.

— É Camille, nossa filha.

Ilzie e Katie olharam para ela sem disfarçarem a expressão de espanto. Não imaginavam que os Russels tivessem uma filha.

— Faleceu quando tinha dezessete anos. Um ano somente a mais que você...

— Lamento muito, Helen... — disse Ilzie olhando para o retrato. — Desculpe-me perguntar, mas o que aconteceu com sua filha?

— Não precisa se desculpar. Faz muito tempo, e nós já nos conformamos com a ausência de Camille. William crê que ela desenvolveu algum mal incurável devido a uma queda que sofreu na adolescência, aos quinze anos. Ela gostava de montar, e, naquele tempo, nós tínhamos uma casa de campo na qual costumávamos passar alguns dias durante o verão. Por insistência de Camille, William deu a ela uma égua como presente. O animal era dócil e treinado para montaria, mas, certa manhã, Camille saiu sozinha para cavalgar e demorou para retornar. William e o caseiro foram atrás dela e a encontraram caída junto a um córrego no bosque próximo da nossa propriedade. Ao que tudo indicava, ela havia batido a cabeça em uma pedra, pois estava desacordada. O animal fugiu e foi encontrado morto por picada de cobra alguns dias depois. Nós acreditamos que foi o que ocasionou o acidente. Certamente a égua se assustou com a cobra e empinou.

"Eles levaram Camille para casa, e ela acordou algumas horas depois, sentindo-se um pouco tonta e com a cabeça dolorida, mas William considerou suas queixas normais naquelas circunstâncias. Nós, então, a mantivemos em observação durante os dias que se seguiram. William ordenou a Camille que fizesse repouso durante as primeiras vinte e quatro horas, mas, no dia seguinte, ela já parecia ótima, recuperada. Nossa filha perguntou pela égua e lamentou a perda do animal. William lhe perguntou se conseguia se lembrar do que havia ocorrido, e Camille nos disse que, em determinado momento da cavalgada, nas proximidades do riacho, o animal assustou-se com alguma coisa, que certamente era a cobra, empinou e escoiceou com violência atirando-a no chão.

"Passado algum tempo, voltamos à nossa rotina, mas Camille passou a relatar intensas dores na cabeça, e seu nariz começou a apresentar sangramentos espontâneos, sem causa aparente. Cerca de um ano depois, as dores de cabeça e os sangramentos tornaram-se mais intensos, e a visão dela ficou afetada. Enfim, a vimos morrer aos poucos... William fez o que podia pela filha, mas não conseguiu impedir que se fosse... Ele nunca se recuperou da perda e não gosta que perguntem sobre Camille, pois ainda se sente culpado. Acredito que se sinta duplamente culpado pela morte da nossa filha, porque deu a ela a égua como presente e também por ser médico e não conseguir salvá-la."

— Eu a vi, senhora Russel.

Ilzie e Helen olharam surpresas para Katie.

— Eu vi esta moça no dia em que fizemos nossa reunião. Estávamos na cozinha lanchando, e eu a vi nos fundos de sua propriedade, junto das macieiras.

— Tem certeza de que era ela, querida? — perguntou Helen emocionada.

— Tenho. Estava usando um vestido azul-claro e acenou para mim.

— Azul-claro era a cor preferida de Camille, e ela gostava de passear pelo pomar. Era ali onde se sentava quando sentia necessidade de ficar só ou simplesmente quando queria ler algum livro...

Helen fez uma pausa, pois estava visivelmente tomada pela emoção.

— Eu acredito que William busque tão ardentemente encontrar uma prova para a existência da vida após a morte, porque não consegue aceitar a morte de Camille. Então, quer dizer que ela vem nos visitar?

— Acredito que esteja sempre por aqui, senhora Russel — disse Katie e depois, respirando profundamente, fechou os olhos. — Ela está sempre por aqui. Diz que não consegue se libertar completamente, mas que está bem. — Katie fez uma pausa. A jovem ouvia Camille falar e repassava as informações, servindo de ponte entre Helen e a filha. — Os pensamentos amargos e cheios de culpa do doutor Russel a mantêm presa e, de certa forma... a atrapalham um pouco. Ela diz que os ama muito e que está bem. Está repetindo uma palavra: "tempestade".

— Era o nome da égua de montaria de Camille: Tempestade — murmurou Helen. — Está dizendo isso para que tenhamos certeza de que é ela quem está aqui! Ela estava usando a cor azul naquela tarde em que você a viu e caminhava pelo pomar para nos dar pequenas provas. Incrível!

— Sim, essa é uma das formas que os desencarnados utilizam para provar aos seus entes queridos e amigos que vivem no plano material que são realmente quem dizem ser. Eles, então, nos apontam características, preferências, citam alguns nomes ou situações em que possamos identificá-los — explicou Ilzie.

— Minha querida — disse Helen para Katie —, você não pode imaginar o presente que me deu esta tarde. Você encheu o coração de uma mãe que estava vazio e triste com alegria e novo ânimo! Se me permitir, contarei a William o que aconteceu.

Katie fechou os olhos e ficou em silêncio durante alguns segundos.

— Sua filha está dizendo para não contar nada ao doutor Russel, por enquanto... Ela disse que ele ficará muito... é como se ficasse muito agitado, e isso atrapalhasse a comunicação com Camille... Pode fazer mal ao doutor Russel...

— Mas... não entendo... — balbuciou Helen. — Ele ficaria feliz em saber notícias da filha, afinal, tem buscado essa confirmação há anos...

— Senhora Russel, eu acredito que, às vezes, por uma razão ou outra, os espíritos não consigam se comunicar conosco no momento que nós desejamos — disse Katie. — Talvez, sua filha esteja tentando impedir que o pai se decepcione, caso ela não consiga conversar conosco na próxima reunião, por exemplo. Minha sugestão é que aguardemos. Tenho certeza de que, assim como Camille se comunicou hoje com a senhora, fará o mesmo com o doutor Russel, assim que tiver a oportunidade para tal.

— Helen, eu acho que — disse Ilzie —, ao gerarmos uma ansiedade muito grande, como no caso do doutor Russel em relação a Camille, acabamos atrapalhando a comunicação de alguma forma, e esse é o tipo de ansiedade que poderá beirar o estado febril, obsessivo, pois se trata da morte de um filho...

Camille, que ainda estava na sala acompanhada por seu mentor espiritual, buscava emanar para Helen vibrações de amor e paz para que a mãe conseguisse alcançar a compreensão necessária. Desde seu desencarne, visitava a casa dos pais, porém, a comunicação com William sempre fora mais difícil do que com Helen. A cada ocasião em que Camille tentava aproximar-se do campo vibracional de William, ele tinha uma reação negativa, de tristeza, revolta e autopunição.

Helen compreendeu o que Katie e Ilzie queriam dizer. Se comentasse com o marido a respeito da comunicação com o espírito de Camille, ele certamente ficaria obcecado em tentar falar com a filha. Após a morte da jovem, William não pensava em mais nada além de obter uma prova de que ela continuava viva em outro plano existencial. Dedicou-se de forma desenfreada às pesquisas relacionadas à mente humana e à sobrevivência do espírito após a morte, visitou e estudou médiuns verdadeiros e falsos durante anos e, com o auxílio de Morringan, tentou desenvolver teses sobre a imortalidade da consciência humana. Mas, por trás de seu interesse de homem da ciência, havia o desespero de um pai lutando contra a perda da filha. Era isso que o movia: o desespero, e foi isso que quase o fez lançar em descrédito sua carreira perante os olhos da sociedade da época e o motivo do rompimento da amizade com Morringan. Por muito tempo, a obsessão por Camille tornou William um homem egoísta, amargurado e cego, e, apesar de todo o seu conhecimento e de sua inteligência, o resultado dessa obsessão foi seu envolvimento com uma falsa médium, dotada de grande carisma e poder de persuasão. Em primeiro lugar, ela seduziu-o intelectualmente e, depois, fisicamente, a ponto de Russel quase perder seu casamento com Helen e a amizade de Morringan.

Edward bateu com delicadeza na porta.

— Ora, ora... se não é nosso jovem doutor já forte e saudável novamente! — exclamou Ilzie sorrindo.

— Venha, Edward! Venha sentar-se conosco. Eu estava aguardando mais um pouco para mandar chamá-lo — convidou Helen.

— Como vai, Edward? — perguntou Katie.

— Muito melhor agora, sabendo que essas três belas damas estavam aguardando por mim... — disse ele sorrindo.

Após os habituais cumprimentos, Edward sentou-se em uma poltrona junto a Helen. Depois de responder a muitas perguntas, em especial as feitas por Ilzie, acerca da saúde de Edward e sobre o atentado do qual fora vítima, ele convidou Katie para um passeio pelo jardim, já que a tarde estava bastante agradável, com um sol tímido e um frio temperado de início de primavera.

— Ilzie, é impressão minha ou há um interesse mútuo entre Edward e nossa jovem Katie? — perguntou Helen em um tom de voz mais baixo, pois o casal acabara de sair da sala.

Ilzie sorriu e mudou-se para a poltrona ao lado dela.

— Não é impressão. Nossa Katie está apaixonada, e acredito que ele também esteja nutrindo algum tipo de afeição por ela...

— Mas isso é ótimo! Edward é um bom rapaz e leva uma vida muito solitária. Com a ajuda de William, em breve encerrará seus estudos e se formará em medicina. Quanto a Katie, ela é uma menina muito especial e de boa família. Vamos torcer para que dê certo — concluiu Helen animada.

— Eu também torço pela felicidade de Katie, mas disse a ela para ter cautela com o coração. Edward é mais velho e mais experiente... — disse Ilzie. — Eu a estimo muito e não gostaria que ela sofresse.

— Por que diz isso, Ilzie? Não confia em Edward?

Ilzie ponderou durante algum tempo antes de responder.

— Aprendi a confiar e a observar, minha amiga. Confiar e observar.

***

Edward caminhava com o auxílio de uma bengala, mas apenas por segurança, pois, ao firmar a perna esquerda, ainda sentia um pouco de dor no abdômen, no local em que recebera as facadas.

— Fiquei feliz por ter vindo — disse ele. — Helen estava chorando ou foi impressão minha? Aconteceu alguma coisa?

— Sim, ela estava chorando. Você sabia que ela e o doutor William tinham uma filha?

Edward balançou a cabeça negativamente.

— Não, eles nunca tocaram nesse assunto comigo. É a moça que aparece nos retratos, parecida com Helen?

— Ela mesma — respondeu Katie. — A senhora Russel emocionou-se, porque Camille fez contato com ela pela primeira vez desde que morreu.

— Como assim? Através de você? Tudo isso aconteceu antes de eu aparecer na sala?

Katie sorriu.

— Sim, alguns minutos antes de você chegar, eu servi de canal para que Camille pudesse se comunicar com a mãe.

Ele olhava em direção aos fundos do terreno.

— Para mim, tudo isso ainda é muito estranho.

— Eu sei — disse ela olhando diretamente nos olhos dele. — Eu senti quando você estava correndo perigo.

Edward devolveu o olhar com as sobrancelhas levemente franzidas.

— Na noite do meu aniversário, depois que vocês foram embora — explicou ela —, senti uma agonia muito forte e perdi completamente minha paz de espírito. Você estava na minha mente o tempo todo, e eu sabia que estava correndo perigo de vida.

— Eu acredito em você! Embora, para mim, toda essa questão relacionada a espíritos, sobrenatural e médiuns seja bastante estranha, eu acredito em você.

Katie sorriu. Sentia-se feliz ao lado de Edward. Para a jovem, caminharem de braços dados por qualquer lugar que fosse era algo muito especial.

Mais ao fundo, antes do bosque que havia no final da propriedade, ficava o pomar com as macieiras. Uma tênue luminosidade acentuava ainda mais a palidez da pele de Katie em contraste com seus cabelos escuros, e Edward admirava a figura feminina de linhas delicadas que caminhava ao seu lado. A cada dia, aumentava mais a atração que ele sentia pela moça.

— Vamos nos sentar em um daqueles bancos — convidou ela.

Caminharam sem pressa até as proximidades do pomar e sentaram-se à sombra de uma das macieiras. Entre o verde das folhas surgiam pequenos pontos brancos à medida que a primavera se aproximava.

— E seus gatos? — perguntou Katie sorrindo.

— O senhor Bucky tem ido alimentá-los. Não gosto de dar trabalho às pessoas... mas acredito que, em breve, poderei voltar para casa — lamentou ele com sinceridade.

— Para você, seria bom que ficasse aqui por mais algum tempo.

— Por que diz isso?

— Porque sei que ainda corre perigo. Eu consigo sentir. Aqui, você está seguro, pelo menos por enquanto, mas tenho certeza de que o homem que o atacou naquela noite sabe onde fica sua casa.

Ele permaneceu algum tempo em silêncio olhando para o rosto de Katie, sem saber o que dizer.

— Não acredito. Acho que eram apenas assaltantes.

— Sabemos que não eram, Edward — tornou Katie tocando com suavidade na mão dele. — Não eram apenas assaltantes. Eles queriam matá-lo. É alguém do seu passado, um desafeto seu.

Edward olhou novamente para ela com as sobrancelhas franzidas.

— Você consegue ver o que acontecerá? Quero dizer... prever o futuro?

Ela sorriu.

— Não, não é assim que acontece. Eu sinto algumas coisas, mas nunca fiz nenhum tipo de previsão. Acredito que os espíritos me avisam sobre alguns acontecimentos... apenas isso.

A mão de Katie continuava pousada sobre a mão de Edward, e ele envolveu-a com delicadeza. Tudo nela o agradava: a pele, a voz, o cheiro, o jeito de falar e de se comportar.

— Você tem razão... é alguém do meu passado, contudo, é algo que não posso deixar que venha à tona. Você me compreende? Confia em mim? Terá de ser um segredo nosso.

— Sim, eu compreendo e confio em você. E você? Confia em mim o suficiente para me contar o que aconteceu?

— Confio em você, Katie, mas é algo que me envergonha. Por isso, pelo menos por ora, prefiro não falar sobre o assunto. Só lhe peço que não me veja como um mau-caráter. Essa é a única coisa que lhe peço. Você é muito importante para mim! — completou o rapaz, segurando com força as mãos de Katie entre as suas. — E também lhe peço que não comente com mais ninguém o que sabe.

O olhar de Edward era de súplica.

— Eu não vou julgá-lo — disse ela com sinceridade. — Se não se sente à vontade para me dizer o que aconteceu, saberei respeitar. E, quanto a comentar com alguém sobre que conversamos, fique tranquilo, pois não o farei. Você tem minha palavra. Só lhe peço que tenha cuidado.

Edward levou as mãos de Katie até os lábios e beijou-as com suavidade. Em seguida, aproximou-se ainda mais e beijou-lhe os lábios. Ela ficou surpresa com a atitude, porém, não pôde disfarçar a felicidade que estava sentindo e o quanto correspondia.

— Eu tenho pensado muito em você desde o dia em que a encontrei próximo da sua casa...

Katie assentiu com a cabeça.

— Desde então, não paro de pensar em você.

— Apesar de corresponder — disse Katie — e de me sentir feliz em sua presença como nunca me senti antes, confesso-lhe que tenho medo.

— Não precisa ter medo de mim.

— Não é de você... é do que sinto por você.

— Não precisa sentir medo, Katie. Já me envolvi com outras mulheres antes, mas nunca fui apaixonado por nenhuma delas. Com você é diferente... Na primeira oportunidade que tiver, desejo conversar com seus pais e pedir permissão para namorarmos.

Ela mal podia acreditar no que estava ouvindo. Ele continuou:

— Você acha que eles permitiriam? Digo... pelo fato de eu não ser um cidadão inglês e de ainda não ter completado meus estudos, acha que eles nos impediriam?

— Acredito que não. Minha tia Rachel sabe o que sinto por você, e Ilzie também. Meus pais são pessoas muito simples, Edward. Não acredito que tentariam nos impedir.

Ele sorriu e beijou-a novamente. Katie sentiu o coração disparar.

— Katie Harrison, você aceita ser minha namorada?

— Sim, eu aceito.

— Você gosta de gatos?

Ela sorriu.

— Gosto. E de cães e pássaros também.

— Sabe que não sou um homem rico, não sabe?

— Isso não me importa, Edward. Minha família também não tem muitas posses, o que significa que não receberá um valoroso dote caso venha a se casar comigo.

Cloods sorriu.

— Não me importo com isso também. Somos jovens e temos tempo para ganharmos dinheiro, embora eu desconfie que nossas chances de nos tornarmos ricos sejam pequenas.

Ambos sorriram.

— Gostaria de lhe perguntar algo — disse ele com expressão muito séria.

— Fique à vontade para me perguntar o que quiser.

— Você vê os espíritos ou fantasmas?

— Não da mesma forma como o estou vendo. Quando entro em transe, é como se conseguisse vê-los através da minha mente. São mais raras as ocasiões em que consigo vê-los de outra forma, isto é, como estamos vendo um ao outro agora. Consegue me entender?

Edward balançou a cabeça negativamente.

— É difícil explicar. É como se, em alguns momentos, eu enxergasse a outra realidade, aquela que nossos olhos humanos não conseguem ver, mas que está aí... — Ela fez um gesto amplo com os braços. — Aí, aqui, à nossa volta... Eles se comunicam comigo, dizem coisas, pedem coisas e, alguns deles, às vezes, não são amáveis ou educados...

— Para mim, tudo é muito novo. O doutor Russel vem conversando comigo a respeito desses fenômenos, mas confesso-lhe que nunca presenciei nada parecido. Agora que estou melhor, desejo participar dessas reuniões.

— Então, verá como acontece — disse ela com um suspiro.

— Parece que você está se sentindo um pouco contrariada...

— Houve um tempo em que me senti muito contrariada. Já foi pior do que é hoje em dia. O doutor Morringan me ajudou muito, e lhe confesso que gostaria que fosse diferente. Eu não gostaria de ter esses dons, Edward. Não tenho uma vida normal, perdi um ano no colégio, não tenho amigas da minha idade, sou constantemente procurada pelos espíritos de pessoas que morreram e que nem sequer conheci, tenho pesadelos que, no fundo, acredito serem contatos com o outro mundo. Às vezes, estou em casa fazendo qualquer coisa, lendo, bordando, ajudando minha irmã mais nova em suas tarefas de colégio, e alguém se aproxima e começa falar coisas dos mais variados tipos... Por exemplo, na manhã em que me salvou de morrer afogada, você acredita que fui eu que saí de casa de madrugada, no frio e que, por minha própria vontade, me atirei daquela ponte?

Ele permaneceu em silêncio durante algum tempo olhando para ela.

— Não. Hoje, eu sei que não. Devo lhe confessar que, naquela manhã, cheguei a imaginar que você havia pulado da ponte por alguma razão muito forte, desejando a morte. Hoje, contudo, tenho plena certeza de que você não faria uma coisa dessas — respondeu Edward.

Katie mantinha o olhar fixo em algum ponto do jardim.

— Fui influenciada por alguma coisa, que tentou me matar — comentou a moça com um suspiro. — Mas prefiro acreditar que o doutor Morringan e a madame Ilzie tenham razão e que, à medida que estudar mais sobre esses fenômenos, poderei me defender melhor.

— Pode ter certeza que farei o que puder para ajudá-la.

— Você já está me ajudando — disse ela. — Você me salvou naquela manhã, e agora o que sinto por você tem dado outro sentido à minha vida.

Edward procurou disfarçar seu desconforto ao ouvi-la pronunciar essas últimas palavras, pois sentiu uma grande responsabilidade. O que sentia por Katie era muito novo, forte, mas ele não ousava denominar tudo isso como amor. Era um indivíduo muito racional para isso. Não enxergava o amor do ponto de vista romântico ou espiritual. Simplesmente o via como uma reação química comum à espécie humana, natural entre indivíduos. Katie, uma mulher jovem e saudável, sentia forte atração por ele, homem também jovem e saudável, e vice-versa. Sabia que um dia deveria escolher uma esposa e sentia prazer na companhia dela, sentia-se atraído por ela. Caso tivessem as afinidades necessárias para uma vida em comum, ela poderia ser sua noiva, futura esposa e mãe de seus filhos. Certamente, Edward não acreditava em vida após a morte e pensava que talvez ela estivesse sofrendo de algum tipo de distúrbio hormonal feminino devido à idade, contudo, estava decidido a guardar para si suas opiniões acerca dos fenômenos espirituais e mediúnicos, pois não tinha o menor interesse de contrariar os Russels agora e até mesmo Katie, por quem começava a nutrir afeição.

— Fico feliz — disse ele procurando disfarçar o que lhe ia no íntimo. — Talvez devêssemos entrar, o que acha? Afinal, madame Ilzie teve a gentileza de acompanhá-la até aqui para me fazer uma visita, então, não é educado de nossa parte permanecermos o tempo todo aqui fora. Embora, devo acrescentar que sua companhia me basta — completou ele beijando-a demoradamente.

Helen e Ilzie ainda conversavam na sala de visitas.

— Formam um belo casal, não acha, Ilzie? — perguntou Helen ao vê-los chegar.

Edward ficou vermelho. Apesar de não se julgar um sujeito tímido, não estava acostumado a ouvir considerações ou comentários sobre sua vida íntima ou afetiva.

— Sim, eu acho — respondeu Ilzie.

— Sentem-se conosco! Conversávamos sobre a loja de Ilzie e a chegada do enteado dela.

Katie e Edward juntaram-se a elas e conversaram durante boa parte da tarde. Ilzie e Katie partiram logo após a hora do chá. No trajeto para casa, a jovem comentou com Ilzie que fora pedida em namoro por Edward e que ele pretendia conversar com seus pais assim que tivesse chance.

— Oh, isso é formidável, minha querida! Será bom para você ter um namorado, afinal, já está na idade. Além disso, tenho certeza de que Edward está verdadeiramente interessado em você e não em uma aventura apenas.

— Você realmente pensa assim? — perguntou Katie.

— Sim, querida, hoje pude notar o jeito como ele olha para você. Pode até não ter dito ainda, mas está apaixonado. Eu conheço muito bem o olhar de um homem apaixonado, e o nosso jovem médico não consegue disfarçar o que sente.

Katie sorriu satisfeita. Parecia que finalmente sua vida começava a ter um sentido. Poderia, enfim, alimentar esperanças de ser feliz.

Capítulo 18

Marianne e Morringan chegaram a Londres no fim da tarde. A viagem fora realmente muito proveitosa sob todos os aspectos.

— Sempre chuvoso... — comentou Morringan afastando a cortina e espiando através da janela da sala.

— Esperava que isso mudasse nos dois dias em que estivemos fora? — perguntou Marianne sorrindo. — Acho que deveríamos acender a lareira, Carl — sugeriu ela acomodando-se na poltrona.

Ele acatou a sugestão, e, dentro de pouco tempo, o fogo crepitava aquecendo o ambiente.

— Sabe, minha cara, fiquei muito satisfeito com o resultado da nossa ida até aquela região. Pudemos confirmar a veracidade das informações fornecidas pelo espírito de Phillip Mallow à senhorita Harrison e também alimentamos nossa alma com o ar campestre. Aquilo, minha cara — disse ele sem disfarçar o tom de empolgação —, é puro alimento para a alma!

Marianne sorriu observando-o.

— Também serviu para alimentar meu desejo de adquirir uma propriedade em um lugar como aquele. Desejo este que andava meio esquecido e que agora será realizado o mais breve possível! Espero que você não esteja arrependida da escolha que fez... — completou Morringan olhando para Marianne.

— Ora, Carl! Parece que, mesmo depois de tantos anos vivendo sob o mesmo teto, você não me conhece.

Ele esboçou um leve sorriso.

— É óbvio que mantenho minha palavra — disse Marianne.

— Não quero que você a mantenha somente por mantê-la e, sim, porque esse seja seu verdadeiro desejo — disse ele sorvendo lentamente mais um gole de conhaque.

— Pois pode ter certeza de que serei uma mulher muito feliz vivendo com você em um lugar como aquele.

Morringan sentiu as bochechas esquentarem.

— Fico muito satisfeito, muitíssimo satisfeito em saber que continuarei desfrutando de sua companhia. — Mudou rapidamente de assunto. — Amanhã, procurarei William para colocá-lo a par das novidades. Interessante como a vida é, não é mesmo, Marianne? A rivalidade entre dois homens terminou em casamento entre seus descendentes — comentou pensativo.

— É verdade, porém, parece que, para o falecido senhor Mallow, isso ainda não acabou...

— É verdade, caso contrário, não teria feito contato por meio de Katie. Parece que ele nutre certo desejo de vingança pelo antigo vizinho — disse Morringan. — Bem, deve ser algo realmente difícil. Se, após a morte, nossa consciência e memória se mantêm vivas, para aquele que é vítima de uma traição, como a que o senhor Mallow sofreu, deve ser difícil esquecer e não desejar que a justiça seja feita.

Marianne permaneceu durante algum tempo em silêncio olhando para as chamas que bruxuleavam dentro da lareira.

— Mas tomamos a decisão mais acertada, Carl. Tenho certeza disso. Não poderíamos falar o que sabemos para aquela família, pois não poderíamos provar nada. Além do mais, por mais que não acreditem em fenômenos mediúnicos, plantaríamos a semente da discórdia entre eles. Provavelmente, o casamento de Elizabeth e Phill seria arruinado por algo que ocorreu no passado e que não pode ser modificado, afinal, o próprio assassino, assim como a vítima, já está morto há muitos anos.

Marianne calou-se novamente por alguns instantes.

— É possível invocarmos o espírito do senhor Mallow por meio de Katie, Carl?

— Talvez, acho que sim. Em nossas reuniões, nunca tentamos chamar por uma determinada entidade espiritual. Os contatos sempre ocorreram de forma aleatória, de lá para cá, mas já vi isso acontecer em algumas sessões mediúnicas com certo sucesso. Por quê?

— Porque poderíamos conversar com o senhor Phillip, explicar para ele a situação e, quem sabe assim, o ajudaríamos a se libertar. Talvez ele nem saiba que aquele que cometeu o crime esteja hoje na mesma condição que ele, vivendo no mundo dos espíritos.

— É uma boa ideia, minha cara. Uma boa ideia... como a maioria das que costuma ter. Conversarei com William amanhã e também direi a ele que você participará das reuniões daqui para frente.

Morringan deu um longo bocejo e deixou a taça de conhaque vazia sobre a mesinha ao seu lado.

— Acho que vou me deitar — disse ele. — Estou um pouco cansado e amanhã pretendo acordar cedo.

— Eu estou sem sono ainda, mas não se prenda por mim. Vou me distrair com meus bordados para que o sono venha... Tenha uma boa-noite, Carl.

— Você também, Marianne. Tenha uma boa-noite.

Morringan já estava deixando a sala, quando Marianne chamou-o novamente.

— Carl...

— Sim, minha querida...

— Você confia no doutor Cloods?

Morringan pareceu libertar-se da agradável sonolência que o envolvia como se tivesse sofrido um solavanco.

— Cloods? Por que pergunta sobre Cloods? — questionou o médico, sentando-se novamente ao lado de Marianne.

— Porque não confio nele — respondeu ela.

— Mas que motivos temos para não confiarmos nele?

— E que motivos você e os Russels têm para confiar? Minha intuição me diz que ele esconde algo. Não sei lhe dizer o que é, mas tenho essa sensação. É lógico que não comentarei nada com o doutor Russel ou com Helen, pois é apenas uma impressão minha, mas lhe peço que o observe atentamente. Não digo isso por ele ser estrangeiro, no entanto, há algo naquele rapaz que me deixa desconfiada.

Morringan franziu as sobrancelhas e permaneceu em silêncio durante algum tempo, olhando para as próprias mãos. Ele mesmo não tinha nada contra Edward, muito pelo contrário. Considerava-o um jovem inteligente e educado, mas conhecia Marianne há muitos anos e, raríssimas vezes, a tinha ouvido falar daquela forma a respeito de alguém.

— Fique tranquila, Marianne. Passarei a observar um pouco melhor nosso jovem aspirante a médico — disse ele por fim, tocando de leve a mão dela. — Agora, se me der licença, minha querida, vou me recolher. Caso precise de algo, é só me chamar. Amanhã, irei até o banco ver a situação daquela propriedade que visitamos.

— Faça isso, Carl, faça isso. Tenha uma boa-noite!

***

Katie fazia algumas anotações em seu diário. Não era um diário convencional, desses que as jovens costumam manter e no qual registram os acontecimentos especiais da adolescência. O diário de Katie era praticamente um livro de registros, no qual ela anotava tudo aquilo que julgasse importante e que acontecera em seu mundo. As sensações que tinha, as perturbações que sofria, os pensamentos mais estranhos ou brilhantes que lhe passavam na mente, Katie anotava tudo com referências temporais, registrando datas e horários.

Naquela noite, suas anotações foram dedicadas ao seu encontro com Edward Cloods. A jovem registrou o cenário com pormenores, sem se esquecer de mencionar as cores e o aroma das flores de maçã, o beijo delicado, que fora seu primeiro beijo, o perfume de Edward, que lhe era tão especial e agradável, e a felicidade que sentia naquele momento único.

Diante dela, através da janela do quarto, era possível ver a neblina que envolvia as poucas árvores que restaram ao fundo da propriedade. Katie soltou os cabelos e sua longa trança desenrolou-se lentamente caindo em parte sobre a almofada da cadeira que estava ocupando. A pena deslizava sobre o papel com suavidade até que a mão de Katie simplesmente parou contra sua vontade. A jovem sentiu o coração acelerar e, a contragosto, entrou em transe. Sua consciência já não mais manipulava a pena que sua mão segurava, e as letras que surgiam já não eram as dela. A caligrafia bem desenhada fora substituída por outra de traços mais nervosos, trêmulos e tortos. Todo esse processo durou pouco menos de dez minutos, e, quando Katie recuperou a consciência novamente, sentia-se tonta e enjoada. A folha do caderno estava borrada com tinta e rabiscada em alguns pontos e em outros ela leu:

M M M Minha. Você é minha, Katie.

Eram as únicas palavras que faziam sentido entre os muitos rabiscos. Toda a felicidade que Katie estava sentindo se esvaiu, dando espaço para a tristeza. As lágrimas, então, começaram a escorrer lentamente por seu rosto, borrando as páginas nas quais já havia escrito outras tantas linhas. Nunca seria livre, nunca! O rosto de Edward surgiu diante dela. O sorriso, os olhos azuis, e, naquele momento, ela teve a sensação de que jamais conseguiria ser feliz ao lado dele. Toda a esperança que nascera em sua alma naquela tarde fora consumida por aqueles garranchos mal--escritos em seu caderno.

Andressa aproximou-se, adentrando o campo de energia da moça. A revolta que Katie alimentava em seu íntimo agora dificultava o trabalho da mentora espiritual, que fora em seu socorro. Mesmo assim, ela procurava enviar a Katie vibrações de amor e de paz, que não podiam romper naquele momento o invólucro cinzento com nuances avermelhadas que envolvia a médium, na região do tronco e da cabeça.

Andressa procurava trabalhar mais no corpo emocional, tentando modificar sutilmente a condição vibratória de Katie, que oscilava entre uma profunda sensação de tristeza e raiva. Revoltada e completamente fora de si, a jovem puxava os próprios cabelos com força e caminhava a passos largos pelo quarto, indo de parede a parede até que, por fim, se sentou diante do espelho e se pôs a olhar dentro dos próprios olhos. Aqueles últimos momentos levaram-na à exaustão. Katie parecia muito mais velha do que era, e seu olhar assemelhava-se ao daqueles que já haviam vivido muito e visto muitas coisas. Diante dela surgiram novamente o rosto de Edward, a cena do beijo naquela mesma tarde, o toque das mãos do rapaz, e ela começou a chorar, agora livre da sensação de revolta. Era um choro de desabafo. Andressa finalmente conseguira obter algum sucesso. Sentindo-se um pouco mais calma, Katie passou as mãos pelo rosto, respirou fundo, levantou-se de onde estava e retornou para a escrivaninha. O caderno estava lá no mesmo lugar e como o deixara. Alguns borrões manchavam a última página. Ela sentou-se novamente e segurou a pena levemente entre os dedos, posicionando-a contra a próxima página em branco. Fechou os olhos durante alguns minutos e perguntou em voz alta:

— Quem é você?

Nos minutos que se seguiram, nada aconteceu. Andressa procurava convencê-la a desistir daquela tentativa. Era em vão que procurava conversar com o ser espiritual de sua protegida. Seus conselhos chegavam até a mente racional de Katie apenas como um fraco sinal intuitivo para parar o que estava fazendo.

— Quem é você?

Um leve deslocamento de ar movimentou a cortina da única janela que havia no quarto e que permanecia fechada. Katie respirou fundo novamente e aguardou. Conhecia aquela presença e naquele momento teve certeza de que a reconhecia. Podia perceber pela vibração que a conhecia havia muito tempo. Um calafrio percorreu todo o corpo da jovem, que sentiu a temperatura diminuir à medida que a entidade se aproximava do seu campo vibracional. Apesar do pavor que a presença lhe inspirava, Katie manteve-se firme em seu objetivo, fechou os olhos e permitiu que ela se manifestasse, então, sua mão finalmente começou a se mover escrevendo a primeira palavra.

Amigo.

— O que você quer?

Demorou alguns minutos até que a pena começasse a se movimentar novamente.

Ajudar você. Proteger.

— Como é o seu nome?

A pena movimentou-se desenhando alguns sinais incompreensíveis e totalmente sem significado. Katie fez a mesma pergunta novamente.

— Como é seu nome?

Depois de alguns segundos, a pena correu velozmente sobre o papel, desenhando letras tortas e de tamanho desigual.

Não.

Katie sentiu seus ossos gelarem.

— Não pode me dizer seu nome?

Não. Sem nome.

— Está bem! Se você é meu amigo, deveria me dizer quem você é, não acha?

Você sabe.

— Gostaria que você me deixasse em paz.

A pena movimentou-se com força, chegando a abrir pequenas fendas no papel.

Nunca.

Katie largou a pena, deixando-a cair sobre o caderno. Em seguida, a jovem viu quando o objeto foi arremessado contra a parede. O vaso que estava sobre a escrivaninha também foi atirado no chão.

Apesar de estar acostumada com esse tipo de manifestação, Katie estava paralisada pelo medo. Não era uma simples entidade tentando se comunicar, pois ela sabia que ele, o "amigo", tinha razão. Sentia que o conhecia e sabia que não era apenas um espírito procurando ajuda ou fazendo qualquer tipo de brincadeira de mau gosto.

Com o barulho causado pela queda do vaso que se partira no chão, Elgie e Rachel foram atraídas para o quarto.

— Katie, está tudo bem? — perguntou Rachel abrindo a porta.

— Sim, tia. Eu esbarrei no vaso e acabei derrubando-o no chão. Pode entrar — disse ela fechando o caderno rapidamente.

Rachel entrou acompanhada por Elgie.

— Como está frio aqui dentro! — comentou Elgie, enquanto caminhava na direção da janela para fechá-la.

— Já está fechada, mamãe. É que permaneceu aberta até alguns minutos atrás — mentiu Katie.

— Não deveria ficar com a janela aberta neste frio. Pode acabar ficando doente, filha.

— Não se preocupe... — disse ela para a mãe com um leve sorriso. — Acho que vou me deitar. Estou um pouco cansada hoje. Você vai demorar a vir dormir, tia?

— Não, já terminei de ajudar sua mãe na cozinha, e seus irmãos já foram para a cama há bastante tempo.

— Bem, acho que também vou me recolher — disse Elgie. — Boa noite, Katie. Boa noite, Rachel. Durmam bem!

— Boa noite, mamãe!

— Boa noite, Elgie!

Quando ficou a sós com a tia, Katie desabafou e contou tudo o que ocorrera naquela tarde entre ela e Edward e também o que ocorrera momentos antes no quarto.

— Katie, você não deveria ter feito isso! — repreendeu Rachel em um tom de voz baixo para que Elgie e Harold não a ouvissem do quarto ao lado.

— Tia, eu estou ficando desesperada... Sinto que essa entidade está me perseguindo e que não desistirá... Preciso saber exatamente com quem estou lidando, pois ele não é um espírito qualquer que me procura tentando se comunicar.

Ela levantou-se da cama e foi até a escrivaninha, retornando em seguida com o caderno.

— Olhe! Veja o que ele escreveu.

Rapidamente, Rachel percorreu com os olhos as duas páginas abertas à sua frente e leu as poucas palavras compreensíveis que estavam escritas. Eram poucas, porém, envoltas em mistério e com certo tom de ameaça. Ela teve uma sensação de frio na parte superior do estômago.

— Katie, por que não procura Ilzie amanhã pela manhã e conversa com ela sobre o que aconteceu aqui? Acredito que ela possa ajudá-la mais do que eu. Você sabe muito bem que, se eu pudesse, a livraria de tudo isso para sempre.

Katie segurou com força a mão da tia.

— Eu sei, fique tranquila. Conversarei com ela. Acho que é uma boa ideia.

***

A neblina tornara-se tão espessa que pouco podia se ver das paredes e dos telhados das casas, e ninguém notou quando a porta dos fundos da casa de Edward Cloods foi arrombada com um pé de cabra. Encoberto pela névoa, Elliot deslizou para dentro da cozinha, encostou a porta atrás de si, acendeu um fósforo e, em seguida, a lamparina que trazia consigo. Um dos gatos de Edward passou rapidamente junto à parede e esgueirou-se para fora através da estreita abertura da porta.

Elliot andou pela sala e depois examinou os cômodos do piso superior. Um sorriso sutil entortava-lhe os lábios finos sob o bigode. Ele desceu novamente as escadas e observou o quanto tudo estava limpo e organizado.

— O bom doutorzinho é mesmo um exemplo de "dona de casa" — disse ele para si mesmo, enquanto se sentava na poltrona de frente para a lareira. Cruzou as pernas finas e acendeu um charuto. Atrás dele, uma imensa massa escura posicionava-se envolvendo todo o seu corpo. Elliot soltava longas baforadas, enquanto observava o ambiente ao seu redor. Alguns gatos dormiam espalhados pelo cômodo.

— Onde estará meu velho amigo? — murmurava para si mesmo. — Apenas há gatos ocupando esta casa aconchegante. Venha aqui, gatinho, venha...

Ele aproximou-se devagar de um felino com a pelagem malhada, que dormia junto à lareira vazia. O animal abriu os olhos e, apesar de não se mover no primeiro instante, ficou com os sentidos em estado de alerta, quando Elliot estendeu a mão em sua direção. O gato sentou-se, arrepiou-se e emitiu um longo som, como um miado grave. Quando Elliot tentou afagar o animal, o bichano reagiu e, com um movimento rápido, arranhou-lhe a mão para, em seguida, desaparecer dentro da cozinha.

— Ora, seu pequeno demônio! — disse ele esfregando com força o local onde fora ferido pelos arranhões.

Movido pela raiva e estimulado pela figura sombria que o envolvia, Elliot aproximou-se de outro felino, que dormia tranquilamente sobre o tapete.

— Querido amigo Cloods, já que estive aqui para visitá-lo e não o encontrei... vou lhe deixar um recado... — resmungou Elliot com um sorriso. — Venha aqui, gatinho, venha... Venha com o Elliot...

Capítulo 19

Andressa atravessou o longo corredor e sentou-se diante de uma imensa porta de madeira. De onde estava, a moça podia ver o bosque com carvalhos gigantescos e alguns jovens que perambulavam pelo jardim. Muitos conversavam em duplas, enquanto outros se reuniam em pequenos grupos, acompanhados por um instrutor ou tutor. Não fazia frio, mas um calor agradável ocasionado pela luminosidade solar que costumava ser sutil ali. A Colônia dos Carvalhos fora seu lar e sua escola no astral antes de assumir sua primeira missão como tutora espiritual de Katie Harrison no plano terreno.

A pesada porta abriu-se, e um ancião aproximou-se sorrindo. Ele abraçou Andressa afetuosamente e convidou-a para entrar. Ela mantinha a mesma aparência de sua última existência terrena: a de uma jovem camponesa.

— Minha caríssima Andressa! Estou muito feliz em recebê-la. Sente-se... — convidou ele sorrindo.

— Obrigada, Urian.

Ele sentou-se diante de Andressa e observou em silêncio o belo rosto da jovem. O vestido verde-azulado de tecido rústico era o mesmo que ela usava quando chegou à colônia havia muitos anos, porém, agora, estava com a aparência mais limpa e brilhante, emitindo a vibração turquesa, que representava seu raio de missão atual.

— Eva?

— Em missão nas zonas escuras — respondeu ele.

Urian usava uma túnica longa azul-clara, com discretos bordados nos punhos e na gola. Os pés do ancião estavam sempre descalços, assim como a barba branca sempre longa e sedosa. Os cabelos também eram longos, atingindo a altura dos ombros e igualmente alvos e abundantes, presos em uma única trança na parte de trás da cabeça.

— Muitos para preparar?

— Sempre. O trabalho nunca termina, mas é gratificante. Um dia, você ocupará este lugar — completou ele, sorrindo.

Andressa sorriu.

— Ainda vai demorar, meu amigo.

— Como está nossa jovem Katie?

Os olhos azuis de Urian observavam Andressa atentamente. Ela levantou-se de onde estava e se pôs a caminhar pela grande sala. Tudo era claro e bem iluminado, com grandes aberturas e pé direito muito alto. Os vitrais de forma circular acima das janelas sempre chamaram sua atenção. Ela gostava de observá-los quando estava do lado de fora, na área do jardim. As linhas interligadas, criando formas curvilíneas e os espaços preenchidos por diferentes cores, ajudavam-na a esvaziar e acalmar a mente.

— Na minha opinião, ela teve algum progresso... — disse finalmente a moça referindo-se a Katie.

— Sim. Ela teve.

— Mas tenho receios, Urian.

Ele esboçou um leve sorriso.

— Minha querida Andressa, você se dispôs a cumprir uma missão ao lado de Katie, e meu conselho é: faça sua parte e não se cobre por aquilo que não depende dos seus esforços.

— Eu sei, Urian. Eu sei que, como mentores, nós somos limitados pelas escolhas dos nossos protegidos, mas seria bem mais fácil lidar com a mente racional e com o temperamento de Katie, se nos livrássemos daquele obsessor — disse ela quase que em tom de súplica.

— Eu preciso de ajuda! Você sabe que Andrew está em treinamento e mal posso contar com ele por enquanto...

— Andressa, confie! Confie na sabedoria divina! Nem eu nem você podemos supor muitas vezes o que existe por trás de alguns acontecimentos e algumas situações. É um eterno aprendizado, minha cara. Um eterno aprendizado.

Ela permaneceu em silêncio durante algum tempo, observando a paisagem através da janela. As flores sempre cresciam em abundância nos canteiros próximos do prédio. Não havia inverno, nem frio, nem períodos de seca, o clima era agradável durante todo o tempo. As colônias daquela esfera não estavam condicionadas à roda dos ciclos sazonais como a Terra.

— Eu gostaria de pelo menos saber o que ele é... quem ele é... mas não consigo... Você sabe quem é ele, não é, Urian?

— Sim, eu sei, mas não tenho permissão para lhe revelar isso.

Andressa respirou fundo e fez um gesto de impaciência.

— Eu gostaria ao menos de saber com o que estou lidando, contra quem estou lutando.

Urian olhou para Andressa com expressão muito séria.

— Você não está lutando. Não é uma luta; é uma missão movida pelo amor e pelo objetivo de curar e auxiliar o próximo. Não o enxergue como seu adversário, porque cometerá um grande erro.

O tom de voz do ancião era sereno, porém, firme.

— Tenho receios de falhar novamente com Katie.

— Outro erro... Passado é passado, Andressa. Nós aprendemos com ele, mas devemos nos concentrar no presente, pois é nele que residem todas as nossas chances de mudança e evolução. Pare de pensar em seu passado! — ele fez uma pausa antes de prosseguir. — Não posso lhe revelar quem é a entidade, mas apenas lhe dizer que existe uma razão para você estar envolvida nessa situação.

Era uma pista. Andressa sabia que ele não diria mais nada.

— Por que não vai dar uma volta no bosque, passear entre os carvalhos dos quais tanto gosta? Tenho certeza de que isso lhe fará bem e que você retornará para a Terra revigorada — sugeriu. — Sabe que não estão sozinhos. Estamos sempre monitorando vocês... Confie, minha querida, confie. Não desperdice sua energia pensando no passado.

Andressa despediu-se de Urian e caminhou na direção do jardim. Passou entre os canteiros e finalmente alcançou o bosque de carvalhos que ela considerava um local especial, uma espécie de refúgio particular, o qual buscou muitas vezes durante o período de tempo em que viveu na colônia.

A jovem sentou-se no chão e encostou-se em uma árvore de tronco robusto e forte, com diâmetro colossal. As raízes retorcidas brotavam da terra e ramificavam-se em várias direções. Ela flexionou os joelhos e fechou os olhos por alguns instantes, fazendo uma prece de agradecimento pela acolhida. Relembrou algumas cenas vivenciadas na colônia, em momentos que se seguiram à sua chegada, como a primeira vez em que viu Urian e Eva. Lembrou-se também da aparência que tinha e de seu estado de ânimo. Estava esgotada, não tinha forças nem mesmo para chorar. Muito tempo se passara desde sua última encarnação, embora, no momento em que chegou ali, não tivesse se dado conta do fato. Passou por um longo período de recuperação e de tratamento até que pudesse começar a receber os ensinamentos e frequentar uma classe junto com outros aprendizes. Ela lembrou-se do quanto ficara admirada ao constatar que havia adultos, jovens, velhos e crianças estudando em uma mesma sala de aula.

Em silêncio, pediu forças e sabedoria a Deus para continuar com sua missão. Sabia desde o início que não seria fácil, mas aceitou fazê-lo. Pelo compromisso assumido com os instrutores da colônia e por Katie, teria de retornar e continuar.

***

Helen aguardava na antessala do consultório de Morringan. A porta se abriu, e um homem com idade avançada saiu, caminhando com certa dificuldade devido a problemas na coluna vertebral.

— Muito obrigado, doutor! Até o nosso próximo encontro — depois, se dirigindo a Helen, disse: — Boa tarde, madame! — disse ele com um aceno de cabeça e finalmente saiu.

— Ora, ora... Mas a que devo tão agradável visita?

Morringan aproximou-se de Helen e abraçou-a.

— Como vai, Carl?

— Eu estou muito bem, e você? Veio procurar o médico ou o amigo? — perguntou ele olhando dentro dos olhos dela.

Astuto, o médico percebera que algo preocupava a elegante dama.

— Venha, minha amiga. Sente-se aqui — disse ele carinhosamente, enquanto a conduzia pela mão para dentro do consultório e puxava uma cadeira para ela. — Vou pedir para a senhorita Scott nos servir um chá. Já volto...

Morringan retornou alguns minutos depois e sentou-se diante dela.

— Pronto. Estou aqui para ouvi-la.

O vestido marrom que Helen usava acentuava ainda mais a palidez de seu rosto. Ela geralmente usava pouquíssima maquiagem, e, naquele dia em especial, nenhuma cor diferente lhe tingia os lábios ou as maçãs do rosto. Morringan notou as olheiras e o cansaço nos cintilantes olhos azuis da amiga.

Marianne bateu na porta abrindo-a em seguida e entrou segurando uma bandeja.

Morringan levantou-se e apressou-se em ajudá-la. Observando o comportamento dos dois, Helen percebeu que algo parecia ter mudado entre eles.

— Obrigado, Marianne — depois, voltando-se para Helen, perguntou: — Com ou sem leite?

— Deixe que eu mesma me sirva, Carl! Não precisamos dessas cerimônias...

— Pronto... agora que já temos nossas xícaras com chá e café, você pode me contar o que está acontecendo.

— São algumas coisas... Vou começar por Camille.

Ele franziu as sobrancelhas e permaneceu em silêncio.

— Vou lhe explicar. Madame Ilzie e Katie foram até nossa casa para fazerem uma visita a Edward. Nós três o aguardávamos na sala de visitas até que ele despertasse de seu período de descanso rotineiro após o almoço, então, aconteceu algo maravilhoso, Carl! Camille fez contato comigo por meio de Katie.

Morringan arregalou os olhos.

— Que ótimo, minha cara! Um verdadeiro presente para você e para William! Após tantos anos, receberem uma comunicação de Camille... Até mesmo eu fico emocionado!

E realmente os olhos de Morringan encheram-se de lágrimas ao lembrar-se da figura da jovem e do sofrimento de Helen e de William na ocasião de sua morte. Havia conhecido Camille desde seu nascimento, e era tratado carinhosamente de tio pela jovem.

— Mas, diga-me, minha amiga, por que esse fato a preocupa?

Ela respirou profundamente antes de continuar.

— Na verdade, não me preocupo com isso. Agradeço todos os dias por Katie estar presente em nossas vidas e ter tornado possível um contato com nossa filha. Estou angustiada, Carl... William não sabe do ocorrido... Apenas eu, Ilzie, Katie, é claro, e Cloods sabemos.

— Mas por que não disse nada a ele?

— Foi um pedido da própria Camille, e é justamente isso o que tem me deixado angustiada. Sei que não passa um dia sem que William se lembre de nossa filha e não sinta o desejo de, pelo menos mais uma vez, ter um contato com ela. Sinto-me muito mal em não lhe dizer nada, mas preciso concordar com os argumentos de Katie, de Ilzie e da própria Camille. Se dissermos algo para William, ele criará expectativas e ficará novamente obcecado. Camille disse que isso, de alguma forma, a repele e atrapalha suas tentativas de aproximação, porque o desejo de William beira o desespero. Desculpe, Carl, mas eu precisava desabafar com alguém, e a única pessoa que me veio à mente foi você — disse ela tocando de leve na mão do médico.

— Helen, você sabe que pode contar comigo para o que precisar, pois sempre seremos amigos. Procure não se martirizar ou alimentar qualquer tipo de sentimento de culpa. Se foi um pedido de sua própria filha, aguarde e confie, pois acredito que, no momento certo, ela fará contato com o pai. Sinta-se feliz, minha querida. Sabe quantas pessoas gostariam de receber uma comunicação de alguém que amavam e que partiu deste mundo?

Morringan fez uma pausa, bebeu mais um gole de café e, em seguida, continuou:

— Mas eu percebo que não foi somente isso que a trouxe até aqui...

Helen mexia os dedos insistentemente e, vez por outra, esfregava-os uns nos outros, um discreto tique nervoso que a acompanhava desde a infância.

— Estou me sentindo... como posso dizer... insegura, talvez.

Morringan olhava para ela com o queixo apoiado em uma das mãos.

— Imaginei que tivesse superado toda aquela fase horrível que passei em meu casamento, mas, hoje, vejo que não me libertei, pois as lembranças do ocorrido ainda me afetam.

— Helen! — exclamou ele em uma repreensão carinhosa. — Não gosto quando começa a ter esse tipo de pensamento! Você terá de lutar contra isso. Tenho certeza de que William a ama muito. Aquele foi um momento de fraqueza pelo qual ele passou, e tenho plena convicção de que seu marido não tornará a repetir o erro que cometeu. Ele estava muito vulnerável com a morte da filha, e havia muitos conflitos entre vocês. — Morringan fez uma pausa antes de prosseguir: — Justamente motivados pela obsessão de Will de encontrar provas de que Camille estava viva... Helen, ele estava desequilibrado e cometeu um erro, você o perdoou, e vocês seguiram em frente. Sei que não deve ser fácil passar por uma traição, mas você precisa se esforçar para analisar o contexto todo e evitar concentrar-se somente no resultado e na falha dele. Sou amigo do seu marido, você sabe que nos conhecemos há muitos anos, e posso lhe assegurar que ele está longe de ser o tipo de homem que costuma se entregar a paixões arrebatadoras.

— Mas sinto em meu íntimo que algo vai acontecer....

— Por favor, me diga que em momento algum lhe passou pela cabeça que William possa estar cultivando qualquer tipo de sentimento pela senhorita Harrison...

— Claro que não, Carl! Oh, não... não foi a isso que eu quis me referir, pois esse tipo de pensamento nem sequer me passa pela cabeça. Acho que são apenas inseguranças de uma mulher que se olha no espelho e vê que está envelhecendo dia após dia — disse ela num suspiro.

— Minha amiga, o que está acontecendo com você? Helen Russel, você é uma das mulheres mais inteligentes que eu conheço! Não posso acreditar que esteja sendo perturbada por esse tipo de ideia. Todos nós estamos envelhecendo, minha cara! Envelhecer faz parte da vida! Todos nós estamos ficando velhos! Olhe bem para mim! — disse ele levantando-se da cadeira e ficando de pé diante dela. — Acredita realmente que, quando me olho no espelho, gosto do que vejo? Este abdômen volumoso, as rugas, a falta de cabelos no alto da cabeça...

Ela sorriu.

— Olhe bem para William. Ele parece o mesmo que era há alguns poucos anos? — Morringan bebeu mais um gole de café e, em seguida, continuou: — Procure relaxar, minha amiga. Desvie seu pensamento para outras coisas mais agradáveis e úteis. Concentre-se em suas pesquisas, por exemplo. Aliás, foi bom ter tocado nesse assunto, pois gostaria de lhe pedir um grande favor.

— Claro, Carl.

— Gostaria que, se fosse possível, você dispusesse de um pouco de seu tempo para instruir a senhorita Scott no cultivo e sobre a utilidade das ervas na cura.

Helen franziu as sobrancelhas e esboçou um leve sorriso.

— Certamente que sim. Será um prazer! Gosto muito de Marianne. Poderemos marcar nossos encontros às segundas-feiras no período da tarde, o que acha?

— Eu acho perfeito — respondeu Morringan.

— Carl...

— Sim, minha cara.

— Nos conhecemos há muitos anos, não é mesmo?

— Muitos...

— Sabe que o conheço quase tão bem quanto conheço William, não é?

— Sim...

— Hoje, ao chegar aqui, tive a impressão de que há algo diferente entre você e Marianne, eu estou certa?

As bochechas redondas de Morringan ficaram vermelhas.

— Ora, não precisa ter esse tipo de constrangimento comigo — repreendeu Helen com delicadeza. — Está mais do que na hora de você se acertar com alguém, e acho que Marianne é a pessoa certa! Aliás, penso nisso há muito tempo. Só não comentei nada com você, porque não quis ser invasiva. Ela está do seu lado há anos, e é óbvio que Marianne o ama... só não vê quem não quer...

— Eu... eu descobri que também nutro uma grande afeição pela senhorita Scott — confessou ele.

— Meu amigo, você parece uma criança! Eu acho maravilhoso que tenha finalmente descoberto esse sentimento, e minha sugestão é: não perca mais tempo e a peça em casamento.

Morringan levantou-se da cadeira com um salto e se pôs a caminhar de um lado para outro dentro do consultório.

— Você não acha que estamos muito velhos para isso? Casamento? Na nossa idade?

— E por quê não? Antes tarde do que nunca, meu caro! — disse Helen sorrindo. — Eu e William ficaremos muito felizes de sermos os padrinhos.

Morringan sentou-se novamente diante dela. Estava confuso e atrapalhado, procurando formular os pensamentos antes de falar.

— Tenho vontade de pedir a mão de Marianne, mas... e se ela não aceitar?

— Você tem dúvidas? Pois eu não tenho! Eu lhe garanto que a resposta dela será sim! Agora acho que vou indo, pois ainda tenho de entregar alguns papéis para William na Academia — disse ela levantando-se. — Carl, faça o que lhe disse. Convide-a para um jantar e peça a mão dela em casamento. Organizaremos uma cerimônia simples, somente para os mais íntimos, e pronto! Eu e William seremos os padrinhos, eu já disse! Agora tenho mesmo de ir. Diga a Marianne que a aguardo na próxima segunda, e obrigada mais uma vez por me ouvir.

Capítulo 20

A manhã estava chuvosa e fria, e, mesmo assim, o número de curiosos que se aglomerava em torno de Bucky e do inspetor de polícia passava de uma dúzia.

— Então, o senhor chegou aqui, e a porta estava arrombada?

— Sim, senhor — respondeu Bucky.

— O senhor me disse que o dono da casa está morando temporariamente na casa dos seus patrões. Pode me dizer por quê?

— Ele sofreu uma tentativa de assalto na semana passada, e, como vive sozinho, o senhor e a senhora Russel o convidaram para ficar na casa deles até que estivesse recuperado.

— Sabe me dizer se a tentativa de assalto ocorreu aqui, neste mesmo lugar?

— Não, não foi aqui. Soube que foi na região das docas, em uma madrugada em que o senhor Cloods retornava para casa a pé.

O inspetor abriu a porta dos fundos da casa, enquanto dois policiais revistavam os cômodos à procura de pistas. No meio da sala, pendurado por uma corda, estava o corpo de um dos gatos de Edward. Após constatar que a porta fora realmente arrombada, o cenário grotesco deixou Bucky bastante impressionado, o que o fez chamar a polícia imediatamente.

— Parece que nada foi roubado, senhor — disse um dos policiais se aproximando.

O inspetor não fez comentário algum e pôs-se a caminhar em silêncio pela sala. Sobre a lareira encontrou um toco de charuto.

— O senhor sabe me dizer se o dono da casa costuma fumar charutos? — perguntou ele para Bucky.

— Nunca o vi fumando na casa dos meus patrões, mas não tenho certeza.

O inspetor permaneceu durante mais algum tempo em silêncio e fez algumas anotações.

— Se o senhor quiser alimentar os gatos, pode ficar à vontade — finalmente ele disse para Bucky.

O inspetor saiu e fez algumas perguntas aos moradores locais, vizinhos de Edward que circulavam do lado de fora da casa. Nenhum deles disse ter visto coisa alguma, algo bem possível, pensou ele, já que a neblina funciona como uma cortina durante a noite, permitindo que pessoas perversas e mal-intencionadas possam se esconder.

O inspetor voltou para dentro da casa e encontrou Bucky partindo alguns pedaços de pão com as mãos, enquanto os gatos se aglomeravam à sua volta.

— Senhor Bucky, gostaria que avisasse seu patrão, o doutor Russel, que precisarei fazer uma visita à casa dele. Preciso conversar com o senhor Cloods. Diga a ele que irei no início desta tarde.

— Sim, senhor.

Concluída a tarefa com os gatos, Bucky deixou o local. O inspetor ainda permaneceu durante algum tempo dentro da casa, sentado na mesma poltrona ocupada algumas horas antes por Elliot. Sunders observava o corpo rígido do felino suspenso no ar e pensou que aquilo só poderia ser uma brincadeira de mau gosto de adolescentes delinquentes, mas, para ele, a forma cuidadosa como a porta fora arrombada descartava essa hipótese. Ninguém entraria na casa simplesmente para estrangular um gato e pendurá-lo no meio da sala, para depois sair sem roubar ou cometer atos de vandalismo. Aquilo lhe parecia mais um recado ou uma assinatura, do tipo "estive aqui". Talvez alguns de seus questionamentos fossem respondidos na visita que pretendia fazer naquela tarde para Edward Cloods.

***

Na cozinha da casa dos Russels, Bucky, reunido com Helen, Lucy e Edward, contava com pormenores o que ocorrera momentos antes.

— Meu Deus! — exclamou Helen e em seguida olhou para Edward. — Acho que você ainda está correndo perigo.

Edward estava pálido. Ao ouvir Bucky descrever o cenário tétrico montado na sala de sua casa, pensou imediatamente em Elliot.

— Não se preocupe, doutor. Amanhã, quando eu for até lá, enterrarei seu gato. Não o fiz hoje, porque o inspetor Sunders ainda estava em busca de pistas. Pobre animal...

Edward estava sem palavras, e Helen, percebendo o estado de espírito do rapaz, pediu a Lucy que providenciasse um copo com água e colocou nele algumas gotas de extrato de camomila.

— Beba. Você se sentirá melhor. No início da tarde, o inspetor virá conversar com você, e logo as coisas se resolverão.

Edward obedeceu e bebeu a água devagar, em pequenos goles. A imagem do rosto de Elliot não lhe saía da mente. Se pudesse retornar ao passado e apagar aquilo tudo... mas não perderia tempo pensando no que é impossível. Planejaria uma forma de livrar-se de Elliot, antes que a polícia pudesse alcançá-lo. Ao pensar no que o outro fizera a um dos seus gatos, Edward sentiu uma onda de ódio crescer dentro de si e procurou disfarçar para que Helen não percebesse o real teor de suas emoções.

— Edward — disse ela gentilmente —, acho que você tem um inimigo.

Edward olhou para Helen em silêncio. Gostava muito dela, mas jamais poderia contar-lhe a verdade.

— Acho que sim, senhora Russel.

— Você imagina quem tenha sido o responsável?

— Não, não consigo imaginar.

— Edward, queria que soubesse que eu e William gostamos muito de você e que faremos o que for possível para ajudá-lo. Se houver algo que queira nos contar, qualquer coisa, quero que saiba que pode fazê-lo. Seremos compreensivos com você.

Com essas últimas palavras, Helen deixou claro para Edward o que estava lhe passando pela cabeça, e agora, que estavam a sós na cozinha, ele sentiu um forte desejo de contar à amiga o que o aflige. Edward, no entanto, controlou-se, pois, se expusesse a verdade para os Russels, certamente perderia sua chance de retornar à carreira médica.

— Não sei realmente, senhora Russel. Vasculho minha memória em busca de alguém com quem eu tenha tido algum desentendimento na vizinhança, mas não consigo pensar em ninguém. Tenho um bom relacionamento com todos, ajudo aqueles a que posso e nunca tive problemas desse tipo anteriormente.

— Você acha que são os mesmos sujeitos da tentativa de assalto na região das docas?

— Não, acho que não... — respondeu ele procurando disfarçar. — Não faz sentido. Deve ser outra pessoa. Talvez alguém com quem eu tenha tido alguma discussão tola. A senhora compreende que eu convivo com pessoas de todos os níveis naquele lugar, e, em muitas situações, sou obrigado a adotar uma postura mais rígida para poder lidar com alguns. Talvez eu tenha criado algum tipo de desafeto assim.

Helen concordou, mas Edward pôde notar nos olhos dela que ainda não estava convencida. Ela associara os dois incidentes e sabia que ele escondia algo.

Sim, Helen sabia que Edward estava escondendo alguma coisa. Não comentaria com William sobre suas suspeitas, pois sua intuição lhe dizia para observar e aguardar, afinal, o rapaz precisava de ajuda naquele momento. Era o que faria. Ajudaria Edward no que fosse possível.

— Bom, vamos tentar esquecer essa situação desagradável por enquanto, meu caro. Vou pedir a Lucy que nos sirva o almoço. William ficará boa parte do dia fora, e, dentro de poucas horas, você terá uma entrevista com o inspetor de polícia e precisa descansar um pouco antes de ele chegar — disse Helen sorrindo.

— Toda essa situação me deixou sem fome, senhora Russel. Não se preocupe comigo.

— De jeito nenhum! Não pode passar o dia sem comer nada, pois você ainda está recuperando as forças e está sob os meus cuidados — retrucou ela com autoridade.

— Sim, senhora. Eu farei um esforço.

— Assim é que se fala! Pedirei a Lucy que sirva nossa refeição.

Edward ficou sozinho na cozinha durante algum tempo. Não tinha má índole, mas alguns fatos de seu passado poderiam, sem dúvida, macular sua imagem perante a sociedade no presente. Se algo assim ocorresse, teria de dizer adeus para seu sonho de tornar-se médico. Com certa amargura, recordou-se do dia em que recebeu a notícia do falecimento do pai, e, daquele momento em diante, sua vida mudou por completo. O dinheiro, que já era contado, tornou-se insuficiente até mesmo para sua própria alimentação. Quase não havia trabalho, e o pouco que conseguia amealhar não lhe permitia nem mesmo pagar o aluguel. Durante alguns dias, morou na rua, em construções abandonadas, e assim se tornou conhecido no meio da pior classe marginalizada que existia em Londres. Como possuía um bom condicionamento físico, resolveu meter-se com as lutas livres que ocorriam de forma clandestina nos porões dos prostíbulos e dos bares. As lutas geravam apostas, e, então, ele começou a ganhar algum dinheiro.

Edward hospedou-se em um quarto de pensão barato, decrépito e caindo aos pedaços, que cheirava mal e tinha goteiras por todos os lados, mas pelo menos havia um teto para se abrigar e uma cama velha onde podia se deitar. Conheciam-no somente por "Americano". Ele tivera a astúcia de esconder seu verdadeiro nome e, dentro de algum tempo, tornou-se famoso entre os marginais e frequentadores de tais apostas. Então, em uma determinada noite na qual vencera três adversários, ele recebeu o dinheiro que era seu por direito e estava deixando o local, quando foi abordado por um desconhecido. Era Elliot.

Os dois homens conversaram por pouco tempo naquele primeiro encontro, pois Edward estava cansado e bastante ferido. Seu último adversário não possuía muita agilidade, devido ao tamanho e ao peso, mas era praticamente um gigante. Ele lembrava-se com clareza de detalhes da primeira impressão que Elliot lhe causara. Franzino, de pele amarelada, olhos de serpente e voz suave, ele vestia-se com elegância e falava corretamente, o que era incomum entre os habitantes daquela área. O charuto, que estava sempre pendurado no canto direito da boca, custava caro. Ficaram de se encontrar no dia seguinte, na pensão onde Edward estava morando.

Meio-dia em ponto, conforme o combinado, Elliot bateu na porta do quarto de Edward. Ele vestia-se com apuro e tecidos finos, o corte do terno tinha caimento perfeito, e o homem cheirava a musgo amadeirado com tabaco. Elliot convidou Edward para almoçar. Naqueles tempos de dificuldades extremas e duras penas para ganhar algumas libras na base da troca de socos, cotoveladas e pontapés, o rapaz enxergou Elliot como uma tábua de salvação. Participava das lutas, mas odiava o que tinha de fazer. Passar boa parte das noites servindo de saco de pancadas para bêbados imundos, que nunca tomavam banho e cheiravam à bebida, a suor e à urina, era para ele um verdadeiro castigo.

Um coche aguardava-os do lado de fora, e os dois homens seguiram rumo a um bairro próximo. Pela janela do transporte, Edward pôde ver um dos estaleiros e algumas casas comerciais. Eles entraram por uma rua estreita e pararam diante de um pequeno restaurante. O local estava cheio, e Elliot entrou na frente e foi abrindo caminho entre a multidão de operários e trabalhadores do estaleiro e das docas, que se aglomeravam por ali. Seguiram por um corredor em direção aos fundos, que parecia nunca ter fim, e, ao chegarem ao final, subiram uma escada em formato de caracol até alcançarem um mezanino, onde havia apenas duas mesas.

Elliot chamou o garçom e fez o pedido. Estavam sozinhos no ambiente. Em pouco tempo, a mesa estava farta de carnes, pães, legumes e vinho. Para Edward, que comia mal havia algum tempo, aquilo se assemelhava a um pedaço do paraíso. Após recolherem a louça do almoço, Elliot finalmente abordou o motivo pelo qual Edward despertara sua atenção. Ele era perfeito para fazer parte de um roubo audacioso que vinha planejando havia meses, com muito dinheiro envolvido, além de joias e pedras preciosas. No primeiro momento, Edward pensou em rejeitar a oferta, mas pediu algum tempo para pensar. Elliot deu a ele algumas horas e disse que o encontraria novamente naquela mesma noite, no bar onde ocorreriam as apostas de luta.

Lucy entrou na cozinha, fazendo-o despertar de suas memórias.

— Senhor Cloods, a senhora Russel o aguarda na copa. O almoço será servido dentro de alguns instantes.

— Obrigado, Lucy.

Durante a refeição, Edward e Helen conversaram sobre assuntos variados e, após Lucy recolher a mesa, o rapaz foi para seus aposentos. Lá, deitou-se, mas procurou não dormir. Precisava estar com a mente o mais desperta possível para a entrevista que teria logo mais.

Demorou pouco mais de uma hora até ouvir batidas delicadas na porta do quarto e a voz de Lucy chamando por ele.

— Irei dentro de alguns instantes, Lucy. Obrigado!

Edward penteou os cabelos, ajeitou a gola da camisa e a gravata diante do espelho e olhou dentro dos próprios olhos. Em silêncio, jurou a si mesmo que não seria apanhado.

Na sala de visitas, Sunders o aguardava.

— Inspetor Sunders? Boa tarde, eu sou Edward Cloods.

— Como vai, senhor Cloods? — perguntou o inspetor aproximando-se e estendendo a mão para ele.

Após os devidos cumprimentos, os dois homens sentaram-se, e Sunders retirou de dentro do bolso do paletó seu bloco de notas e um lápis com a ponta afiada. Edward observou-o rapidamente. Era um sujeito de estatura mediana, mais baixo que ele, e possivelmente tinha um metro e setenta de altura. Deveria estar na casa dos quarenta anos de idade, era loiro, calvo, magro, e as unhas da mão direita eram amareladas devido ao excesso de fumo. Os olhos acinzentados pareciam demonstrar sua grande capacidade analítica, e ele usava barba e bigode. Os sapatos, apesar de caros, estavam bastante surrados e sujos de terra, o que demonstrava que ele era um homem da lei que não se poupava do trabalho de campo. O terno, apesar de bem talhado, já estava bastante surrado e amarrotado em alguns pontos, o que tornava evidente seu descaso com a aparência.

— Senhor Cloods, o que me traz aqui hoje foi o desagradável incidente ocorrido em sua residência nessa madrugada.

— Sim. Bucky me informou o que aconteceu.

— Lamentável o que fizeram com seu gato — comentou o inspetor, enquanto fazia algumas anotações. — Eu também aprecio animais, particularmente os felinos. Tenho dois que me fazem companhia.

Cloods sorriu sentindo-se um pouco mais à vontade. Era um bom sinal, pensou ele. Um sujeito que gosta de gatos não deve ser assim tão ruim...

— O senhor tem algum inimigo, alguém com quem tenha discutido recentemente?

— Não, senhor. Confesso que achei muito estranho o ocorrido.

— Soube que sofreu uma tentativa de assalto há alguns dias na região das docas...

— Sim, mas foi por imprudência minha. Estivemos em um jantar, eu, os Russels e o doutor Morringan, não sei se o senhor o conhece...

Sunders balançou a cabeça afirmativamente.

— À casa da família Harrison...

— Alfaiate Harrison?

— Ele mesmo, inspetor...

— Sim, eu sei onde fica. Sou cliente dele.

— Então, nós nos encontramos para jantar na casa do senhor Harrison e saímos de lá quando já passava da meia-noite. O senhor Russel insistiu para me levar até minha casa, mas preferi descer à região das docas e seguir a pé.

— É uma boa caminhada da região das docas até a sua casa, senhor Cloods... — comentou Sunders.

— Sim, mas estou acostumado a caminhar.

— Por aquela periferia, durante a madrugada?

— Eu sei... foi loucura da minha parte. Como estou acostumado a caminhar e nadar, não achei que pudesse haver perigo, pois caminho muito rápido.

— Por favor, prossiga.

— Durante um trecho do trajeto, não tive problemas, mas, próximo a um prédio que ficou em ruínas devido a um incêndio, fui abordado por dois sujeitos.

— Sei onde fica. O senhor conseguiria descrevê-los?

— É muito difícil, inspetor, pois a neblina estava forte. Além disso, não há iluminação naquela área. Eu posso lhe dizer que um deles era grande, muito grande, e que sua mão possuía a força de uma marreta, e que o outro deveria ter mais ou menos a sua altura, porém, era bem mais magro. Foi tudo muito rápido. Logo após a abordagem, dois vigilantes vinham descendo a rua, e eu gritei por socorro. Como os dois homens não conseguiram seu intento, me espancaram, esfaquearam e fugiram do local. Fui levado por um dos vigilantes para a casa do doutor Morringan, que me atendeu.

— Eles levaram alguma coisa?

— Nada, até mesmo porque eu não tinha nada para levarem. A vida tem sido difícil para mim no que diz respeito a finanças.

— Compreendo... — resmungou Sunders, enquanto fazia mais anotações. — O senhor acredita que o incidente em sua residência possa ter alguma relação com o que ocorreu ao senhor há alguns dias?

Sunders olhava para Edward com tranquilidade, mas analisava qualquer tipo de reação que ele esboçasse.

— Acho que não, inspetor. Não consigo relacionar uma coisa com a outra.

Sunders permaneceu algum tempo em silêncio e fez mais algumas anotações.

— E por que o senhor não procurou a polícia na ocasião do primeiro incidente?

— O senhor e a senhora Russel e também o doutor Morringan me sugeriram fazer isso, mas, como eu estava muito ferido, preferi esquecer o assunto, pois sei que coisas assim acontecem todos os dias naquele lugar. Seria uma perda de tempo para nós e para vocês.

— Pode ser... Mas o que me chamou muito a atenção, senhor Cloods, foi o fato de a porta da sua casa ter sido arrombada e, ao que tudo indica, por alguém que está acostumado a fazer isso. Além disso, não roubaram nada... Sua casa estava intacta! — ele fez uma pausa antes de prosseguir. — E o que fizeram ao gato me pareceu um recado para o senhor... Talvez tenha um inimigo feroz, senhor Cloods.

Edward sorriu procurando manter as aparências, mas seu coração batia violentamente.

— Não consigo imaginar quem seja, inspetor.

— O senhor não tem família aqui, então, acredito que não seja uma rixa desse tipo, que envolva mágoas mal resolvidas entre familiares. Já trabalhei em muitos casos estranhos, senhor Cloods. O ser humano é capaz de coisas que o senhor não pode imaginar quando tem vingança por objetivo.

— O que não posso imaginar é quem queira vingar-se de mim — retrucou Cloods com naturalidade.

Sunders permaneceu durante algum tempo em silêncio, deixou o bloco de notas e o lápis sobre a mesa e se pôs a caminhar pela sala. Parou diante do aparador com os porta-retratos e segurou entre as mãos uma foto de Helen e de William.

— O senhor soube de um crime que ocorreu em abril do ano passado? Um casal estrangeiro de classe alta foi assassinado.

— Acho que sim... — respondeu depois de algum tempo.

— Foi um crime hediondo, com requintes de crueldade, no qual o assassino fez questão de mostrar que estava se vingando. Conhece um homem que responde pelo apelido de Falcão?

Edward teve de fazer um grande esforço para não deixar transparecer seu pânico. Falcão era o apelido de Elliot.

— Não, nunca ouvi falar.

— Tudo me leva a crer que foi ele quem assassinou o casal.

Sunders sentou-se novamente de frente para Edward.

— O senhor deve estar se perguntando o que isso tem a ver com seu caso, não é mesmo? Vou lhe explicar: antes de o casal ser morto, o cão da família foi morto da mesma forma que seu gato. Esse tal de Falcão é muito esperto e não costuma deixar pistas, mas estou em seu encalço já há algum tempo. Além da evidência do gato enforcado, temos isso — disse ele retirando de dentro do bolso do colete um pedaço de charuto. — Parece que nosso amigo Falcão é do tipo fiel a marcas, e devo admitir que ele tem bom gosto e estilo. Este pedaço foi encontrado em sua casa, senhor Cloods. Claro que não posso afirmar nada, mas, pelo que andei sabendo, o senhor não é fumante, estou certo?

— Está.

— Minha sugestão é que permaneça aqui, na residência dos Russels por mais algum tempo, pois algo me diz que estará mais seguro. Se o senhor se lembrar de qualquer coisa que possa nos ser útil, é só me procurar. Estou à sua disposição.

Sunders levantou-se e estendeu a mão para Edward.

— Muito obrigado, inspetor Sunders. Vou acompanhá-lo até a porta.
— Ah — disse ele quando já ia saindo —, senhor Cloods!
— Sim, inspetor.
— Gostaria de conversar rapidamente com o doutor Russel.
Edward empalideceu.
— Ele saiu logo cedo e não tem hora para retornar. Outro dia, talvez.
— Sim, outro dia. E a senhora Russel está?
— Sim. Verei se ela pode atendê-lo.

Edward entrou novamente na casa, e Sunders ficou aguardando do lado de fora. Em seguida, Edward retornou acompanhado por Helen.

— Como vai, inspetor? — perguntou ela sorrindo. — O senhor me perdoe, mas estava mexendo em minhas plantas — desculpou-se, enquanto limpava as mãos no avental de jardinagem.

— Não quero incomodá-la, senhora. Se preferir, poderemos conversar lá fora, junto de suas plantas, pois, assim, não precisará parar o que estava fazendo por minha causa — sugeriu ele e, voltando-se para Edward, disse: — Acho que nós já terminamos, senhor Cloods. Vejo que está um pouco pálido. Deveria deitar-se um pouco.

Edward despediu-se e retornou aos seus aposentos. Da janela do quarto podia ver Helen e Sunders sentados em um banco de madeira que ficava próximo da estufa.

— Senhora Russel, há quanto tempo a senhora e seu marido conhecem o senhor Cloods?

— Há pouco tempo, porém, o conheci antes do meu marido e em uma situação bastante singular — disse ela.

Sunders franziu as sobrancelhas e começou a fazer as anotações. Edward certificou-se de que não seria visto por eles de onde estava.

— Prossiga, por favor.

Helen relatou em pormenores seu primeiro encontro com Edward, que ocorrera na manhã do incidente na ponte envolvendo Katie.

— Interessante... — comentou ele coçando a testa. — E o que ocorreu depois? Como o senhor Cloods veio parar em sua residência? Fiquei sabendo que ele foi vítima de uma tentativa de assalto e tudo mais, mas gostaria de saber dos detalhes que envolvem o relacionamento dele com a senhora e com seu marido. Peço que me perdoe, porém, é meu trabalho. Há alguns detalhes na invasão da residência do senhor Cloods que me chamaram bastante a atenção, e meu dever é procurar caminhar na frente dos marginais. Na verdade, quanto mais pistas eu tiver, mais condições terei de proteger o senhor Cloods e, agora, a senhora e seu marido.

Helen olhou para ele com expressão muito séria.

— O senhor acredita que ele esteja correndo algum risco?

— Não descarto a possibilidade.

— Então, o senhor não acredita que o que ocorreu essa madrugada na residência dele não tenha sido apenas uma brincadeira de mau gosto?

— Não, senhora. Tenho motivos para crer em algo muito mais preocupante, então, se a senhora puder relatar tudo o que envolva a relação de amizade entre a senhora e o seu marido e o nosso jovem aspirante a médico, levando em consideração os detalhes, fará um grande favor às autoridades e também ao seu amigo, o senhor Cloods.

Helen procurou lembrar-se de tudo o que pudesse ser considerado importante. O relato durou cerca de mais ou menos uma hora, levando-se em conta as perguntas que Sunders fazia.

— Inspetor, o senhor acredita no envolvimento desse jovem com marginais? — perguntou ela objetivamente.

— Não sei dizer, senhora. No momento, não devo acreditar em nada e guardar minhas suposições somente para mim. O senhor Cloods deverá permanecer aqui, em sua casa, pela segurança dele.

— Claro. Eu e meu marido não temos problema em relação a isso.

— Ótimo. Pedirei para colocarem dois vigilantes circulando por essa área no período noturno, afinal, segurança nunca é demais. Acredito que o senhor Cloods seja alvo de alguém bastante perigoso e não quero cometer falhas. Apenas não sei lhe dizer ainda qual é o motivo disso tudo — finalizou ele, levantando-se. — Muito obrigado, senhora Russel. Mande lembranças para seu marido, e, se precisarem de mim, sabem onde me encontrar.

Após a saída de Sunders, Edward permaneceu o restante da tarde em seu quarto. Precisava conversar com Helen, mas teria de fazer isso longe de William. Também não poderia procurá-la naquela mesma tarde, pois precisava pensar no que iria dizer a ela, no que faria com relação a Sunders e em como se livraria de Elliot.

Capítulo 21

Katie aguardava Ilzie na sala de visitas.

— Bom dia, querida! Desculpe meu atraso! — disse ela aparecendo no parapeito da escada.

— Bom dia! — respondeu Katie. — Está tudo bem, não quero atrapalhá-la. Posso voltar outra hora.

As duas cumprimentaram-se, e Ilzie sentou-se ao lado dela.

— De jeito nenhum! Pedi para August colocar algumas prateleiras a mais em meu armário e também no quarto de Armand, que chegará nos próximos dias, mas já está tudo resolvido. Venha, vamos para a biblioteca.

Katie sentou-se em um divã macio, forrado com veludo, e Ilzie ficou de frente para ela.

— Precisamos tomar nota de tudo, Katie. Mas, antes de começarmos, gostaria que me relatasse com pormenores o que aconteceu.

Katie relatou o último episódio ocorrido em seu quarto, na noite em que estava fazendo as anotações em seu diário. Por fim, a jovem entregou a Ilzie o caderno que levara consigo.

— Sim, certamente foi um contato, no qual obtivemos uma psicografia direta. Vejo aqui que o espírito recusou-se a se identificar.

— Sim... mas há algo curioso em relação a essa entidade. Eu sei que a conheço e que temos uma ligação. Não me pergunte como e o porquê, mas sei. É ele quem tem me aterrorizado durante a noite, e acredito que tenha sido o responsável por me fazer saltar da ponte e quase pôr fim à minha vida — desabafou Katie.

Andressa estava presente na sala, assim como outros dois espíritos, mentores de Ilzie.

— Quando morei na França, desenvolvi um trabalho muito interessante com outros colegas, pessoas muito íntegras e comprometidas com a causa. Nós obtivemos excelentes resultados com os trabalhos experimentais que vínhamos realizando. Tratamos de inúmeros casos interessantes de obsessão, e nosso método era conduzir o médium ou a pessoa que estava sofrendo o assédio a um estado de relaxamento propício para que pudéssemos conversar com o espírito obsessor. No caso da vítima não ser alguém com as capacidades mediúnicas já desenvolvidas, como você, por exemplo, o obsessor se utilizava de alguém do nosso grupo para comunicar-se. Observamos em alguns casos que alguns indivíduos puderam acessar espontaneamente lembranças de suas existências anteriores, o que foi simplesmente fantástico! De uma forma ou de outra, conseguimos ajudar aquelas pessoas a se libertarem do problema. Esclarecimentos podem trazer a cura, Katie, tanto para o encarnado quanto para o desencarnado.

Naquele momento, Ilzie recebia instruções de seus mentores. Esse era o papel que desempenhava. Tinha a capacidade de esclarecer, elucidar, educar, clarear e trazer à tona alguns aspectos relevantes.

— E o que temos que fazer? — perguntou Katie. — Preciso de respostas. Não posso continuar à mercê dessa entidade, sem nenhum tipo de defesa.

— Deixe apenas esclarecê-la de que todos nós possuímos defesas. Temos nossos amigos espirituais e, se por vezes eles não conseguem interferir, é porque, de alguma forma, não os estamos ajudando, mas dificultando o trabalho deles. Todas as vezes em que pensamos que estamos sozinhos e desamparados, dificultamos as coisas para eles. Você tem seus mentores, Katie. Não sou uma médium vidente, mas tenho certeza de que pelo menos algum deles está presente aqui, agora, nesta sala.

— Eu sei quem é. O nome dela é Andressa. Ela está sempre perto de mim.

— Nunca conduzi esse tipo de trabalho sozinha, mas acredito que não terei dificuldades — disse Ilzie, levantando-se e caminhando em direção à estante. — Quero que se deite aí mesmo, ajeite as almofadas como achar melhor e procure relaxar.

Ela fechou as cortinas, e o ambiente foi tomado por uma agradável penumbra. Em seguida, acendeu algumas velas que estavam dispostas em dois castiçais.

— Pouca luminosidade favorece o relaxamento. Farei uma breve oração e, enquanto isso, quero que feche os olhos e procure se desligar do seu ritmo cotidiano, dos seus afazeres, de tudo. Deixe que esses pensamentos e essas imagens passem por sua mente e desapareçam, e chegará o momento em que tudo ficará em silêncio.

Katie ouvia somente os ruídos externos. Alguns pássaros no jardim, vozes que certamente vinham da rua e, vez por outra, o farfalhar do vestido de Ilzie movendo-se discretamente pelo ambiente. Um leve aroma de sândalo desprendia-se das velas, e Katie, aos poucos, com o auxílio de Andressa e de Nicolau, um dos mentores de Ilzie, foi atingindo o estado de consciência propício ao trabalho que deveria ser realizado.

Ela ouvia uma voz feminina, que contava pausadamente em uma escala decimal crescente e que se tornava cada vez mais distante.

— Diga-me o que você vê.

— Estou em um buraco escuro e úmido. É muito frio aqui — disse Katie, encolhendo-se. — Estou escondida. Não quero que ele me encontre.

— Eu quero que tente descrever sua própria aparência.

— Sou muito magra e posso ver os ossos dos meus dedos das mãos e dos meus pés. Estou descalça, e meus pés estão sujos e doem. Estão muito machucados. Não consigo ver meu rosto, mas sinto fome e sede. Estou vestindo trapos e estou sozinha.

Ilzie percebeu que a respiração de Katie havia se alterado.

— Gostaria que tentasse relaxar. Relaxe seu corpo e estique novamente suas pernas e seus braços.

Katie obedeceu, descruzando primeiro os braços e em seguida estendendo as pernas. A imagem do buraco se desfez, e, em segundos, sua tela mental estava novamente vazia. Um forte deslocamento de ar foi sentido no ambiente, apagando a chama de algumas das velas. Katie sentou-se com o tronco ereto e os olhos ainda fechados.

— Não se meta! Eu a estou avisando!

A voz não era a de Katie.

— Quem é você? — perguntou Ilzie, procurando controlar o próprio medo.

— Eu sou aquele que acabará com todos vocês, se continuarem a se meter em meu caminho!

— Queremos ajudá-lo, mas preciso que me diga seu nome.

A entidade soltou uma gargalhada e virou-se para ela olhando-a nos olhos.

— Eu não preciso de sua ajuda! Katie é minha, e eu acabarei com todos vocês! Quem você pensa que é? Eu conheço seu passado!

Uma nova gargalhada ecoou pela biblioteca.

— Me diga seu nome — insistiu Ilzie.

Além de Andressa e de Nicolau, havia no local mais três espíritos auxiliares, que se aproximaram em caráter emergencial. Novamente, Andressa sentia-se muito enfraquecida pela entidade que se comunicava por meio de Katie.

— Eu não tenho nome. Saiam do caminho dela.

Dizendo essa última frase, a entidade afastou-se, e o corpo de Katie desabou com violência sobre o divã, fazendo a moça bater a cabeça em um dos apoios de bronze para os braços.

— Ai... — disse ela abrindo os olhos. — O que aconteceu? — perguntou, enquanto procurava sentar-se.

Ilzie abriu as cortinas e apagou as velas que ainda estavam acesas.

— Primeiro, quero que beba um copo de água. Beba devagar.

Katie obedeceu. A cabeça da jovem estava bastante dolorida, e ela sentia-se muito fraca e enjoada.

— Você conseguiu se lembrar de algo. Foi muito rápido. Descreveu apenas um cenário, sem muitos detalhes, mas já é alguma coisa. Isso é bastante comum, pois não são memórias fáceis de serem acessadas. Em seguida, a entidade da qual você falou fez contato conosco.

Katie arregalou os olhos.

— E o que ele disse?

— Nada que possa nos ajudar — respondeu Ilzie. — Recusou-se a me dizer um nome e proferiu algumas ameaças, que, acredito, devam se estender ao doutor Morringan e ao doutor Russel. Ele quer nos afastar de você. Algo bastante comum na conduta de um obsessor, pois fica mais fácil agirem quando isolam o alvo que, neste caso, é você.

Andressa permanecia junto delas com expressão preocupada.

— Katie — disse Ilzie com suavidade. — Mais do que nunca, você deve permanecer próxima de todos nós e não poderá ceder a sensações repentinas de melancolia e de solidão ou isolamento, que, na maioria das vezes, são ataques. Já percebemos que essa é uma das estratégias dessa entidade. Acredito que estejamos lidando com um espírito bastante inteligente e astuto. Não sei qual é o laço que existe entre vocês, mas me parece bastante forte. Por enquanto, não posso lhe dizer mais nada e penso que teremos que nos encontrar mais vezes para tratarmos desse assunto.

— Quando você quer que eu retorne? Amanhã, teremos nossa reunião na casa do doutor Russel.

— Sim, eu me lembro. Deixemos, então, para conversar sobre o assunto amanhã — sugeriu Ilzie. — Acho que, por enquanto, não devemos comentar nada com o restante do grupo.

Katie concordou, e depois se despediram, pois Ilzie iria entrevistar algumas moças que haviam se candidatado para uma vaga em sua nova loja.

Ao chegar em casa, Katie ouviu vozes de pessoas que conversavam animadamente na sala e encontrou Rachel, Elgie, Helen e Edward sentados na sala de visitas.

— Boa tarde! — cumprimentou ela. — Que surpresa agradável, senhora Russel! — disse, abraçando Helen.

— Olá, minha querida! Estávamos aguardando você.

Edward levantou-se, segurou a mão de Katie e tocou-a delicadamente com os lábios.

— Como vai, Katie?

— Muito bem, Edward. Vejo que você também está se recuperando rapidamente.

Ela juntou-se ao grupo e sentou-se ao lado da mãe.

— Minha querida, o motivo de nossa visita inesperada não é nada preocupante — disse Helen. — Edward comentou que viria visitá-la para conversar com seus pais sobre um pedido de namoro, o que me deixa muitíssimo feliz... e, pelo visto, sua mãe e sua tia compartilham do mesmo sentimento. Vim conversar com Elgie a respeito de algumas ervas e alguns chás que pretendo comprar para presentear algumas conhecidas minhas.

Katie estava surpresa. Após alguns segundos em silêncio, ela, com expressão muito séria, encarou Helen, suspirou profundamente e sorriu.

Um pedido formal de namoro feito pelo homem por quem estava apaixonada, aquilo realmente parecia um sonho. Ilzie tinha toda a razão. Os olhos azuis de Edward Cloods brilhavam mais do que o normal quando estava em sua presença. A jovem podia notar que ele sentia falta dela e a desejava cada dia mais.

Helen pediu a Elgie para ver as ervas que estavam estocadas em processo de secagem para posterior seleção e armazenamento. Quando foram para a cozinha, Rachel acompanhou-as. Era uma forma de deixar o casal a sós antes da chegada de Harold.

— Não esperava que viesse hoje — disse ela. — Nem sequer estou arrumada apropriadamente.

— Está linda! — retrucou ele. — Mesmo que estivesse trajando uma camisola velha, estaria linda. A beleza feminina pode ser realçada por rendas, joias e tecidos caros, porém, nunca ocultada pela falta destes. A verdadeira beleza não pode ser comprada, Katie.

— Estou um pouco nervosa — comentou ela, aproximando-se do ouvido dele.

— Por quê? Acredita que seu pai colocará algum empecilho ao nosso relacionamento?

Ela ponderou durante alguns segundos.

— Não... Racionalmente, não consigo imaginar nenhum. Acho que só estou nervosa porque nunca passei por isso antes.

Ele sorriu pela segunda vez desde que conhecera Katie. Ela realmente parecia ter dezesseis anos de idade. A primeira vez foi na ocasião em que a resgatara no rio, e ela estava desacordada. Costumava parecer, apesar da aparência delicada, muito mais madura do que a maioria das mulheres que cruzara o caminho dele.

Ele levantou-se e alimentou o fogo com um pouco mais de lenha, evitando que apagasse. Nesse momento, a porta que dava acesso à alfaiataria se abriu com um gemido, e Harold entrou resmungando alguma coisa sobre a maldita ferrugem.

— Como vai, senhor Cloods? — disse ele apertando a mão de Edward.

— Muito bem, senhor Harrison. E o senhor?

— Estou bem, com a vista um pouco cansada... — disse ele sentando-se em uma poltrona de frente para Katie. — Coisas da profissão! Meus olhos já não têm mais trinta anos de idade. Mas me diga qual é o motivo de sua ilustre visita!

— Eu gostaria de pedir ao senhor e à senhora Harrison permissão para namorar sua filha Katie — respondeu Edward calma e objetivamente.

Harold permaneceu alguns segundos encarando-o e, em seguida, olhou para a filha.

— Se esta for a vontade de Katie, não vejo nenhum impedimento, senhor Cloods. Gostaria apenas — disse ele olhando para a filha — de ter alguns minutos a sós com o senhor Cloods, querida.

— Claro, papai.

Katie retirou-se e juntou-se às outras mulheres que estavam na cozinha.

— E então? — quis saber Helen quando a viu entrar.

— Papai pediu para conversar a sós com Edward.

— Isso é perfeitamente natural, minha querida — disse Helen segurando na mão de Katie. — Sente-se aqui conosco e tranquilize seu coração. Qualquer pai zeloso faria o mesmo.

Estando a sós com Edward, Harold procurou sentar-se mais próximo dele e retirou do bolso do colete um charuto.

— O senhor fuma?

— Não, senhor.

— Importa-se? — perguntou antes de acender.

— De jeito nenhum. Fique à vontade.

Harold acendeu o charuto e, em silêncio, soltou uma longa baforada.

— Senhor Cloods, eu só posso acreditar que suas intenções para com minha filha sejam as melhores possíveis. — Ele fez uma pausa. — Mas é meu dever como pai abordar um assunto bastante delicado com o senhor, pois acharia desonesto de minha parte não fazê-lo neste momento.

O homem fez uma pausa e continuou:

— Acredito que já saiba do problema de Katie.

— O senhor se refere à questão da mediunidade?

— Sim. Para mim, tem sido um problema, e, se isso persistir, será um problema para o futuro marido dela. Sou franco em lhe dizer que percebo que as coisas andam mais tranquilas de uns tempos para cá, desde que o doutor Morringan passou a cuidar do caso, contudo, nem eu nem a mãe dela temos garantias de que não possa piorar novamente.

Edward não esperava que Harold fosse abordar o assunto.

— Eu acho Katie uma jovem perfeitamente normal, senhor Harrison. Tenho grande estima por sua filha e desejo que, em breve, tenha condições de lhe pedir a mão em casamento. Aguardo somente o término dos meus estudos para receber o título de médico. Dentro de um ano aproximadamente estarei oficialmente formado. Minha família não é rica, mas já fomos bastante abastados. Meu falecido pai, porém, sofria do odioso vício do jogo, e, com sua morte, a maior parte de nossos bens foi destinada a cobrir as dívidas que ele havia feito. Consegui adquirir uma casa própria com o pouco dinheiro que sobrou da minha herança, contudo, tive que parar os estudos e hoje ganho a vida como posso. Não dou as costas para trabalho e, com o auxílio do senhor e da senhora Russel, retornarei à universidade. No momento, tenho a garantia de um emprego como auxiliar do senhor Russel. Não ganho muito, mas é melhor do que era antes, quando estava vivendo de fazer bicos.

Harold observava Edward minuciosamente. Seus gestos, as expressões em seu rosto e sua postura. Na verdade, nada tinha contra o pretendente da filha; apenas o conhecia muito pouco. O fato de ele ser estrangeiro não o incomodava, pois sua família também viera de outro país, e, em sua opinião, não havia nada de errado em procurar a sorte em outro lugar. Mas, como pai, temia pela felicidade de Katie. Tinha consciência de que, se o problema da filha ficasse fora de controle, faria com que qualquer pretendente a marido, por mais determinado que fosse, desistisse de seu objetivo. Para Katie, que já era uma jovem problemática, conforme ele a enxergava, uma desilusão amorosa poderia agravar sua situação.

— Meu jovem, não me importa o fato de sua família não ser rica, afinal, a minha também nunca foi. Sou um alfaiate, assim como meu pai foi um dia e, antes dele, meu avô. Você me parece ser um jovem bastante inteligente e determinado a concluir seus estudos e a fazer uma carreira como médico, o que considero uma profissão muito digna. Não posso privar minha filha de ter um relacionamento e de um dia vir a se casar e constituir família, portanto, senhor Cloods, você tem minha permissão para namorá-la — disse Harold finalmente com um suspiro. — Agora, se me dá licença, vou pedir a Elgie que nos sirva algo para comer, pois estou faminto!

— Não se incomodem conosco, senhor Harrison. Eu e a senhora Russel aguardávamos apenas sua chegada, e acredito que o senhor Russel também nos aguarda para o jantar. Deixemos para outra ocasião.

— Não faltarão oportunidades, doutor — disse Harold esboçando um leve sorriso e apertando com força a mão do rapaz.

Após Helen e Edward se despedirem, Rachel serviu o jantar para as crianças e mandou-as para a cama. Depois, Katie, os pais e a tia sentaram-se à mesa.

Todos comiam em silêncio até que, finalmente, Harold decidiu tocar no assunto.

— Katie, minha filha, gostaria de ouvi-la agora, aqui, na presença de sua mãe e de sua tia, se está satisfeita com o compromisso que assumiu hoje com o senhor Edward Cloods.

De alguma forma, Katie sentia-se um pouco nervosa, pois, apesar de o pai não ser um homem de rompantes, aquele assunto a deixava com o coração acelerado. A jovem demorou mais que o costume para mastigar a porção de comida que tinha na boca, até que a engoliu e limpou lentamente os lábios com o guardanapo.

— Sim, papai. Estou muito feliz e pretendo casar-me com ele um dia.

Apesar da agitação que lhe ia no íntimo, a voz de Katie soou tranquila e clara.

— Muito bem. Como seu pai, tenho que zelar por sua felicidade, portanto, quero que se case com um homem por quem nutra afeição e, claro, que tenha bom caráter.

Elgie e Rachel entreolharam-se, mas mantiveram silêncio. Harold era um homem de poucas palavras, então, o assunto estava resolvido para ele. Terminou de jantar, acendeu um charuto, demorou-se um pouco mais à mesa conversando com Elgie e com Rachel sobre coisas relacionadas ao trabalho na alfaiataria, enquanto Katie retirava a louça da mesa. Ao terminar de fumar, pediu licença e foi para o quarto, deixando as três mulheres a sós.

— Pensei que meu coração fosse sair pela boca — disse Katie levando a mão direita até o peito.

— Eu também fiquei nervosa — confessou Elgie. — Mas sabia que seu pai não se oporia ao relacionamento. Apesar de ser um homem introvertido, nunca teve uma mentalidade tacanha. Você está na idade de ter um namorado, minha filha, e, se gosta do senhor Cloods, e ele de você, só podemos desejar que sejam felizes.

Cerca de uma hora se passou até que elas apagassem as luminárias e fossem para seus aposentos. Nas poltronas da sala, de frente para a lareira, Andrew e Andressa conversavam sobre o episódio ocorrido naquela tarde na casa de Ilzie e, depois, ali mesmo, naquela sala.

— Acho que isso quer dizer que as coisas estão finalmente se ajeitando, não é? — perguntou Andrew.

— O encontro entre eles ocorreria de qualquer forma — disse Andressa referindo-se a Edward e Katie —, mas temos de manter nossa atenção redobrada, Andrew! Não podemos nos descuidar por um segundo sequer, pois acredito que mesmo que Katie esteja progredindo aos poucos como médium, nós temos um inimigo bastante forte e sabemos que ele não desistirá facilmente. Usará as armas que tiver à disposição, e a única coisa que poderemos fazer é nos mantermos atentos aos ataques e ajudarmos Katie e Edward a se protegerem.

Capítulo 22

Passava um pouco das treze horas, quando o coche de Ilzie parou diante da Alfaiataria Harrison. O cocheiro desceu e, em alguns minutos, retornou acompanhado por Katie.

— Boa tarde, querida! — cumprimentou Ilzie sorridente.

— Boa tarde, Ilzie! Ajudei as crianças nas tarefas da escola e acabei me atrasando para me arrumar...

Ilzie olhou para Katie com um olhar insinuante e um sorriso de canto de boca. Ela notou que a jovem usara um pouco de maquiagem, pois as maçãs do rosto estavam mais rosadas, assim como os lábios, e que ela também usava um perfume à base de jasmins.

— Vejo que caprichou na maquiagem...

Katie sorriu e baixou o olhar.

— Ontem, recebemos visitas. Quando voltei para casa, a senhora Russel e Edward estavam me esperando.

Ilzie arregalou os olhos e curvou-se na direção de Katie, que estava sentada à sua frente.

— E então? O que eles queriam?

— Edward pediu ao meu pai permissão para namorarmos!

— Katie! Mas isso é maravilhoso! — exclamou Ilzie. Quando ficava excitada com algo, o sotaque francês tornava-se mais evidente. — Eu havia lhe dito que ele estava apaixonado! Estou muitíssimo feliz, minha querida!

E ela estava sendo sincera. Sentia-se feliz pelo rumo que os acontecimentos estavam tomando na vida de Katie.

— No próximo sábado, vou oferecer um jantar em minha casa e gostaria que todos estivessem presentes, seus pais, você e Edward, Rachel.

Convidarei também os Russel e o doutor Morringan... Vocês são meus amigos aqui em Londres! Darei esse jantar para apresentar meu enteado Armand, que chegará amanhã. Agora, nós temos mais um motivo para confraternizarmos... seu namoro com Edward.

Ilzie segurou na mão de Katie com carinho.

— Mas você parece um pouco tensa, minha querida...

— Aquilo que ocorreu ontem em sua casa me preocupa.

— Katie, tenha fé... e não se entregue ao medo. Nós resolveremos a questão daquela entidade que se manifestou ontem. Você é uma jovem incomum... É forte e inteligente. Farei o que estiver ao meu alcance para ajudá-la. Confie em mim!

Ilzie tinha o dom de tranquilizar o coração de Katie, que via na outra uma espécie de tutora. Apesar de amar muito sua tia Rachel, a admiração e a estima que tinha por Ilzie eram diferentes. Havia entre elas laços de afinidade espiritual, oriundos de poucos e marcantes encontros ocorridos em vidas anteriores, por isso a sintonia imediata revelou-se desde o primeiro encontro na mercearia. Um encontro que estava marcado para acontecer.

— Chegamos — disse Katie ao olhar pela janela do transporte e ver o portão da propriedade dos Russels.

Foram recebidas por Lucy, que se encarregou de guardar o chapéu interessante de Ilzie e, em seguida, de as conduzir à sala onde eram realizadas as reuniões.

Helen conversava animadamente com Morringan e com Marianne. Ilzie e Katie juntaram-se a eles, e, em seguida, foram feitas as devidas apresentações, já que nem Katie nem Ilzie conheciam Marianne Scott.

Como era observadora por natureza, Marianne não pôde deixar de notar o quanto a tal médium de quem tanto Morringan costumava falar era jovem e, em poucos minutos, chegou à conclusão de que era verdadeiro o que diziam a respeito dela ser uma jovem de energia singular e até certo ponto, por que não dizer, imbuída de magnetismo. Percebeu também que Katie parecia estar um pouco ansiosa, tensa, e que, em poucos minutos, este estado de ânimo pareceu agravar-se. Marianne, então, aproximou-se sutilmente da médium e, quase sem que ela se desse conta, sentou-se ao seu lado.

— Katie, não é? — perguntou Marianne suavemente.

Somente, então, Katie a notou.

— Sim... a senhorita é a secretária do doutor Morringan, não é? Sempre tive curiosidade de conhecê-la pessoalmente.

— É mesmo? Curioso... eu também tinha curiosidade de conhecê-la. Carl sempre fala de você.

Katie sorriu, procurando disfarçar a agitação que lhe ia no íntimo.

— Parece que você está um pouco preocupada, Katie.

— Desde que entrei na casa, tenho me sentido um pouco tensa. Não sei explicar o que é... Como a senhorita deve saber, essas coisas ocorrem comigo quase o tempo todo... — desabafou ela.

— Vou pegar um copo com água para você.

— Eu lhe agradeço, senhorita Scott.

Ilzie, Carl e Helen conversavam tão acaloradamente que não se deram conta da cena que se desenrolava do outro lado da mesa entre Marianne e Katie.

— Beba devagar, querida.

Katie obedeceu, sentindo realmente uma espécie de agitação interior, se é que podemos denominar dessa maneira a agonia que a jovem estava sentindo. Sua temperatura corporal variava rapidamente entre extremos de ondas de calor e frio.

— Onde estão o doutor Russel e Edward? — perguntou ela, enquanto bebia a água a pequenos goles.

— Saíram pela manhã, foram até a universidade, mas, segundo Helen, já devem estar retornando.

Em poucos instantes, Katie pôde ouvir as vozes de Edward e de Russel, que se aproximavam pelo corredor.

— Boa tarde a todos! — cumprimentou William entrando na sala.

— Boa tarde! — disse Edward, sentando-se em seguida ao lado de Katie e depois falando em um tom de voz bastante baixo para que somente ela pudesse ouvi-lo. — Estou muito feliz em vê-la.

Ela sorriu procurando disfarçar a agonia sem explicação que estava sentindo.

Após mais alguns minutos de diálogo entre os presentes, William pediu para que todos tomassem seus lugares, pois dariam início à reunião. Helen pegou as folhas para fazer as anotações, e Marianne sentou-se entre Morringan e William. Katie estava entre Edward e Morringan, e Ilzie sentara-se ao lado de Helen. Apenas algumas velas estavam acesas, e Morringan pediu a todos que fizessem silêncio e procurassem se concentrar, mantendo, dentro do possível, suas mentes desaceleradas. O ruído do pêndulo do relógio marcava um ritmo monótono, que era estimulante para o sono e o relaxamento. De repente, todos ouviram passos no corredor, que pararam diante da porta. Depois de alguns segundos de silêncio, a porta abriu-se lentamente. Marianne, Helen e Edward ficaram bastante impressionados com a cena, ainda mais quando a porta se fechou e os passos recomeçaram dentro da sala, parando novamente próximo da cadeira onde Katie estava sentada.

— Helen, dê a ela papel e o lápis — pediu Morringan.

Helen obedeceu.

Um odor característico das áreas pantanosas foi sentido por todos os presentes. Não era desagradável; apenas lembrava o cheiro da lama que existe nessas localidades, impregnadas de água salobra e dejetos de vegetação. A mão direita de Katie agitou-se, porém, apenas alguns rabiscos sem sentido foram desenhados até que, finalmente, o lápis rolou de um lado para o outro sobre a folha, oscilando da direita para esquerda por alguns segundos e, por fim, permanecendo imóvel. A voz de Katie se fez ouvir em um timbre grave, e suas palavras eram bem articuladas e corretamente utilizadas.

— Meu nome é John.

— Seja bem-vindo, senhor John — disse Morringan. — Somos gratos por seu contato. Há algum motivo especial para sua visita?

— Gostaria apenas de colaborar com o trabalho de vocês. Eu estou bem e não necessito de socorro espiritual, mas resolvi me pronunciar somente para prestar meu depoimento a respeito da importância desse tipo de trabalho.

— Pois não. Todos nós estamos ansiosos para ouvi-lo. Tenha a bondade de continuar.

Helen anotava o que podia, procurando não deixar escapar nenhum detalhe.

— Há muitos espíritos aguardando uma oportunidade de contato, e vocês devem seguir em frente com esse trabalho.

— Por que não quis escrever? — perguntou Morringan.

— Perdi o movimento do meu braço direito alguns anos antes de falecer e, após meu desencarne, que aconteceu há quatro anos, ainda sinto os reflexos do que sofri em vida. Minha família vive aqui, em Londres, e eu gostaria apenas de pedir que levem a eles a mensagem de que estou bem.

— Pode contar conosco, senhor. Mas precisamos saber a quem procurar.

— Minha mulher se chama Jane Stuart e ainda vive. Digam a ela que estou bem. Agora preciso ir, pois outros querem falar.

— Senhor Stuart, somente mais uma coisa... por que o aroma que lembra as regiões pantanosas?

— Quero que comentem com Jane sobre isso, e, então, compreenderão.

Foram as últimas palavras dele, e o contato encerrou-se.

Katie permaneceu com os olhos fechados, e alguns minutos se passaram até que pancadas na parede foram ouvidas. Morringan estabeleceu contato com a entidade, enquanto Katie pegou o lápis e começou a escrever rapidamente. Quando sua mão largou o lápis sobre a mesa, as pancadas recomeçaram, e Morringan compreendeu que deveria ler o que havia sido escrito.

— Senhor Mallow! — exclamou ele em voz alta.

Marianne olhou para Morringan com os olhos arregalados.

— Senhor Mallow, estivemos na Colina Vermelha. Conversei durante muito tempo com seu filho, conheci seu neto, a esposa dele e também seu bisneto. Gostaríamos de lhe dizer que muito tempo se passou desde seu desencarne. A mulher do seu neto é descendente da família Cunningham — arrematou Morringan.

Durante alguns segundos, um pesado silêncio dominou a sala até que a voz de Katie o quebrou.

— Assassino! — berrou Mallow, enquanto esmurrava a mesa.

Marianne, então, resolveu intervir.

— Senhor Mallow, o senhor Cunningham também já faleceu há alguns anos. Compreendemos sua revolta e indignação, mas hoje sua família e a família dele estão unidas pelo matrimônio do seu neto Phillip com a neta dele, Elizabeth. Vocês dois têm um bisneto em comum, o pequeno Phillip.

— Mas esse assassino ficará impune? Morreu velho e tranquilo após ter cometido a traição que cometeu? Minha família ficou desamparada quando ele tirou minha vida! Onde ele está? Por que não posso vê-lo, já que ambos estamos mortos? Onde está a justiça divina? Não existe? Ele, porventura, está no inferno?

— Sim, a justiça divina existe — respondeu Marianne com tranquilidade. — Mas existem recursos que fazem parte dela e que estão além da compreensão humana. Acredito que nenhum crime permanece impune, senhor Mallow. O senhor, até então, estava vivendo no passado, alheio à quantidade de anos que se passaram desde sua morte. Pelo que soubemos, o senhor Cunningham prestou assistência à sua família pelo resto dos seus dias e, antes de morrer, fez de seu neto proprietário de parte da terra que lhe pertencia — Marianne fez uma pausa. — Siga em frente, senhor Mallow. Não há mais nada que possa ser feito. Seu assassino está morto, sua esposa já faleceu há muitos anos também e até mesmo seu filho, que, na ocasião do seu desencarne era apenas um jovem adolescente, hoje está velho e, com certeza, próximo também de deixar o mundo em que vivemos.

— Seguir em frente como? Eu não sei o que fazer! Nem mesmo sabia que havia se passado tanto tempo...

Neste momento, Ilzie resolveu se pronunciar.

— O senhor obterá o auxílio de que necessita, senhor Mallow. Em breve, alguns amigos providenciarão para que o senhor seja levado até um local de repouso e de cura.

Mallow começou a chorar.

— Sim, vejo alguém que se aproxima e me chama pelo nome. Acho que preciso ir — disse ele com a voz entrecortada pelos soluços. — Adeus, meus amigos! Agradeço muito pelo que fizeram por mim. Se tiverem oportunidade de conversar com minha família novamente, digam ao meu filho que lamento muito tê-lo deixado quando ainda era apenas um garoto.

Dizendo isso, Katie parou de falar. Morringan aproximou-se de William e cochichou algo em seu ouvido, sugerindo que dessem por encerrada a reunião. William, contudo, discordou e pediu que prosseguissem por pelo menos mais meia hora. A contragosto, Morringan acatou a decisão.

O contato de Phillip Mallow causara certa agitação no grupo, e demorou alguns minutos até que a concentração exigida pelo trabalho fosse novamente restaurada.

Katie precisou de algum tempo até se ver livre das vibrações causadas por Phillip em seu campo de energia. Ele estava muito emocionado no primeiro estágio do contato, emitindo vibrações fortes de raiva e de revolta e, depois, de tristeza e de saudades do filho. Demorou algum tempo até que a médium pudesse se libertar dessas emoções.

Um agradável odor de lírios espalhou-se pelo ambiente e foi sentido por todos os que estavam na sala. Katie começou a escrever novamente. Escrevia rapidamente, sem olhar para o papel. Quando terminou, falou com voz pausada.

— Boa tarde a todos! Estou muito feliz de estar aqui nesta tarde. Gostaria que o pequeno texto que escrevi fosse lido em voz alta. Não devo ficar mais tempo. Muito obrigada!

Dizendo isso, o espírito encerrou a misteriosa comunicação, mas o odor de lírios permaneceu no ambiente por algum tempo. Morringan aproximou-se de William e pediu novamente que, desta vez, a reunião fosse encerrada, pois temia pelo estado físico da médium. William concordou, e as cortinas e janelas foram abertas, já que não fazia mais tanto frio, e havia alguns dias o clima se mantinha seco, sem chuvas.

Ao retornar para seu lugar à mesa, Helen percebeu que havia um lírio branco próximo do seu caderno de anotações, onde fazia os registros das reuniões. Seu espanto chamou a atenção dos demais.

— Meu Deus! — exclamou Ilzie. — Houve uma materialização! Isso é muito raro...

Edward não pronunciou uma palavra sequer durante todo o tempo; apenas observava os acontecimentos e levantava inúmeros questionamentos em sua mente, mas era um fato inegável que ele também sentira os diferentes odores e ouvira as pancadas na parede quando aconteceu o contato de Phillip Mallow. Além disso, ouvira também os passos no corredor e depois dentro da sala e agora vira a flor sobre a mesa... Havia realmente algo de muito extraordinário acontecendo ali, mas, para ele, certamente deveria haver uma explicação para cada um dos fatos observados.

Katie pediu a Morringan que entregasse a Helen a folha de papel com o último contato daquela tarde.

Helen sentiu o coração acelerar e, diante do olhar atento de todos, leu em voz alta:

Queridos mamãe e papai, estou emocionada demais para falar, então, achei melhor escrever. Escolhi o perfume de lírios como uma prova, pois sabem que este era o meu preferido.
Sempre que posso, venho vê-los.

Com amor,
Camille.

Ao terminar de ler, Helen olhou diretamente para William, e os outros se mantiveram em silêncio.

— Posso ver? — perguntou William sem demonstrar alteração alguma na voz ou na postura.

Helen entregou a carta a ele e, em seguida, tocou de leve com as pontas dos dedos as pétalas da flor que estavam sobre a mesa.

— Incrível... é real — disse ela para si mesma em um tom de voz muito baixo.

— Sim, presenciei algo parecido em apenas uma ocasião — disse Ilzie. — Uma médium em Paris conseguiu materializar rosas. Foi emocionante... Imagino que, para você, tenha sido ainda mais por se tratar de Camille...

— Não imagina o quanto, minha querida...

Helen secou as lágrimas que deslizavam suavemente por seu rosto, enquanto William permanecia sentado na mesma posição, segurando a folha de papel entre as mãos e olhando para a esposa. Depois de algum tempo, devolveu-a para ela.

— Tenha a bondade de guardar, Helen — disse ele.

Morringan olhava para o amigo, observando com atenção as expressões em seu rosto. Edward observava a cena atento e pôde perceber que a comunicação de Camille afetara intensamente William Russel.

— Carl, poderia ficar um pouco mais após o chá? Gostaria de conversar com você em particular.

— Claro, William. Eu e Marianne não temos nenhum compromisso para mais tarde.

— Katie, como está se sentindo? — perguntou William.

— Estou bem, doutor Russel. Somente me sinto um pouco cansada, mas, daqui a pouco, estarei melhor.

— Bom! Teria condições de responder a algumas perguntas?

— Sim.

— Hoje, nós tivemos três supostos contatos com o mundo espiritual aqui nesta sala — disse ele em voz suficientemente alta para que os outros o escutassem. — Todos ouviram os passos no corredor e aqui nesta sala? Os passos que antecederam o primeiro contato?

Todos responderam que sim, inclusive Edward.

— E quanto aos dois odores? Todos sentiram?

Todos responderam afirmativamente.

— Katie — continuou ele —, você se lembra de alguma coisa, eu digo, nos momentos em que as entidades a utilizaram como aparelho para se comunicarem conosco? Você tem sua mente desperta?

— Quando falam através de mim, é como se eu saísse de cena, doutor Russel. Quando escrevo, sinto como se minha mente adormecesse, mas sei que estou acordada.

— Compreendo...

— E quanto aos cheiros? Como ocorre essa liberação de odores? Você faz alguma ideia? — perguntou ele novamente.

— Não, senhor. Acredito que alguns espíritos utilizem esses artifícios para comprovarem sua identidade e a autenticidade do contato, como ocorreu aqui, nesta tarde. No entanto, já houve ocasiões em que simplesmente senti odores diferentes, somente pela aproximação da entidade, como se fizesse parte delas...

— Se me permite, doutor Russel — disse Ilzie levantando a mão —, Katie está certa. Há ocasiões em que os chamados odores espirituais são sentidos pela simples aproximação de um espírito. Esses odores poderão ser agradáveis ou não, tudo dependerá da vibração e do grau de desenvolvimento da entidade. Alguns utilizam esse recurso como uma prova para seu contato, como ocorreu aqui, hoje.

— A senhora disse que já foi espectadora de uma manifestação como a que ocorreu aqui, da materialização de um objeto palpável e concreto, pela interferência do mundo invisível, o mundo dos espíritos. O que possibilitou o aparecimento de uma flor sobre essa mesa? O poder da mente de algum dos presentes ou a interferência de um desencarnado, neste caso, supostamente minha filha Camille?

Ao ouvir as últimas palavras ditas por ele, Helen teve de controlar-se para não deixar a sala. A postura adotada pelo marido diante do que, para ela, era uma prova irrefutável da sobrevivência da filha após a morte a irritava.

— Na verdade, doutor Russel — continuou Ilzie —, esse tipo de fenômeno ainda é um mistério a ser desvendado. Por essa razão, acho maravilhoso que homens da ciência como o senhor, o doutor Morringan e o doutor Cloods estejam empenhados nisso. Do ponto de vista dos estudiosos do espiritismo e suas diferentes vertentes, essas materializações ocorrem porque o médium, no caso, Katie, possui capacidades para torná-las possíveis. O médium de efeitos físicos, como o próprio nome já diz, possibilita ao mundo espiritual manifestar-se no mundo da matéria de inúmeras formas. Nesta tarde, tivemos o som, através dos passos e das pancadas desferidas contra a parede; os odores; e, finalmente, a materialização de um objeto. Em todos os casos, acreditamos que a entidade necessita da energia produzida e doada pelo médium para realizar tais feitos.

— Sim, senhorita Ilzie, eu já conheço essa teoria, mas a senhorita há de concordar que, como cientista, eu sempre questionarei as coisas. A flor apareceu sobre a mesa, isto é um fato inegável e que foi testemunhado por todos, mas o que me move nesta busca são os mecanismos que tornam o fato possível. O que existe em Katie, e eu acredito que encontraremos a resposta na mente dela, e em outros médiuns muito capazes como ela, que possibilita a ocorrência desses fenômenos? Por que o doutor Morringan, por exemplo, ou a senhorita Scott, ou até mesmo nós, eu ou a senhorita, não possuímos essa mesma capacidade?

— Compreendo seu questionamento, doutor Russel, e acredito que, um dia, a ciência alcançará as respostas para todas essas indagações, mas, por ora, temos que nos contentar com os fatos.

A discussão finalmente se encerrou, deixando cada um dos presentes com suas dúvidas e seus questionamentos. Durante o chá, Ilzie lançou o convite para o jantar que se realizaria no sábado em sua residência, e todos confirmaram presença. Katie manteve-se o tempo todo ao lado de Edward, que demonstrou grande preocupação com o estado físico da jovem após a estranha reunião, cercando-a de atenções e cuidados.

Ao cair da noite, Ilzie e Katie deixaram a propriedade dos Russel, e fazia mais de uma hora que Morringan e William haviam se recolhido na biblioteca para o que viria a ser uma longa e exaustiva conversa.

Capítulo 23

William serviu duas doses de conhaque e sentou-se atrás da escrivaninha, enquanto Morringan o observava com atenção, pois sabia que o contato feito pelo espírito de Camille algumas horas antes causara grande perturbação no amigo. Em silêncio, William girava entre os dedos o copo de cristal com os olhos fixos em seu conteúdo ambarado. Seus pensamentos estavam em ebulição, assim como suas emoções.

— Carl, nos conhecemos há quantos anos?

— Mais de trinta, com certeza. Não me peça para vasculhar a memória em busca de datas, pois será inútil.

— Mais de trinta... Posso até arriscar que talvez você me conheça até mesmo melhor que Helen...

Morringan sorriu, mas manteve silêncio e aguardou que o outro continuasse.

— Você sabe que nunca duvidei da existência da vida após a morte, não é mesmo? Eu e você compartilhamos das mesmas ideias com relação a isso, contudo, você também sabe que eu, como um estudioso da mente humana, sempre busco provas da existência de um potencial de energia inerente a ela. Até que ponto, meu caro, os fenômenos aos quais assistimos nessa tarde foram produzidos pela mente da nossa jovem médium?

Morringan ia abrir a boca para dizer alguma coisa, quando William tornou a falar.

— Por que para mim, como estudioso e pesquisador dos fenômenos espirituais, é muito mais fácil crer nisso, quando os envolvidos são espíritos de pessoas das quais nunca ouvi falar?

Morringan olhou para o amigo sentado diante dele e naquele momento percebeu o quanto haviam envelhecido. Lembrou-se de Camille, cheia de vida, uma jovem saudável e bonita, e pensou na dor que sua perda prematura teria provocado em William e Helen. A verdade era que William nunca havia superado.

— Talvez porque, meu amigo, desde o falecimento de Camille, você venha perambulado em busca de respostas e de provas. Nessa longa busca, você deparou-se com fraudes que o decepcionaram muito e, quem sabe por essa razão, seja tão difícil para você crer na veracidade do contato que ocorreu essa tarde, aqui mesmo, dentro da sua casa.

William acendeu um charuto, e Morringan fez o mesmo.

— Confesso-lhe que observei que a caligrafia do texto escrito por Katie, o que teria sido feito por Camille, possui alguma semelhança com a de minha filha — ele fez uma pausa e questionou: — Mas me pergunto, Carl... não teria nossa jovem médium uma capacidade tão grande a ponto de captar coisas e acontecimentos do passado?

— Como assim, William? Não estou entendendo aonde quer chegar. Você acabou de me dizer que achou semelhança entre a caligrafia de sua filha e a utilizada por Katie ao escrever a mensagem nessa tarde. Por acaso, está sugerindo que Katie tenha poderes mentais grandes o suficiente para adivinhar como era a letra de Camille? Isso me soa meio absurdo! E a flor que se materializou sobre a mesa? E o contato com o espírito batedor, do senhor Mallow? Eu e Marianne viajamos e conhecemos a família dele, e todas as informações se encaixam. Por que razão Katie, mesmo que de uma forma inconsciente, teria manifestado um contato com o senhor Mallow?

— Então, você acredita que, naquele momento, tenha sido realmente Camille fazendo contato?

— Sim, William — disse Morringan olhando dentro dos olhos do outro. — Eu acredito que tenha sido Camille.

— Mas por que, durante todos esses anos, nunca consegui nenhum contato com ela? Conhecemos muitos médiuns, e você sabe tanto quanto eu que parte deles era verdadeiro, sendo assim, por que Camille nunca se manifestou? Por que não posso vê-la, Carl? Mais uma vez, pelo menos, tocá-la? Já me bastaria ver o rosto da minha filha...

Morringan respirou fundo olhando para o amigo. Compadecia-se de sua dor, mas não havia muito o que pudesse ser feito.

— William, eu acredito que os espíritos nem sempre possam fazer o que querem. Talvez seja algo parecido com o que você acabou de descrever. Gostaria de ver sua filha, tocá-la, mas não consegue. Talvez para ela, também não seja possível estabelecer contato sempre que queira. São mundos diferentes, por isso um é chamado de mundo material e o outro de espiritual. Se o contato entre vivos e mortos fosse fácil e simples, a morte não causaria tanta dor e sofrimento, as pessoas não teriam tanto medo de morrer, e tudo seria diferente. A meu ver, trata-se somente de uma mudança de estado, como ocorre com a água quando se evapora. Ela continua existindo, porém, em estado gasoso.

William sorveu mais um gole de conhaque e permaneceu em silêncio durante alguns minutos, imerso em seus próprios pensamentos.

— Carl, nós temos que nos atentar ao comportamento de Katie.

— Como assim?

— É nosso dever como profissionais observarmos também o comportamento dessa jovem fora das reuniões mediúnicas. Penso que precisamos fazer visitas periódicas à residência dos Harrison, a fim de conversarmos com os familiares, me refiro aos adultos, é claro, para que possamos saber como a jovem vem se comportando. O que me diz a respeito?

Morringan pensou durante alguns segundos e, então, concordou com William.

— Acho muito sensato. Prefere ser você a fazer as visitas?

— Podemos revezar... eu irei esta semana, e, na próxima, se não houver algum inconveniente, você poderia ir.

— Combinado! — disse Morringan.— Acredito que possamos contar com Edward para isso, já que ele frequentará a casa dos Harrison com maior assiduidade.

— É verdade. Pedirei a ele que fique atento ao comportamento dela. Devemos documentar tudo, Carl, como se Katie fosse nossa paciente, embora não a enxerguemos como uma jovem com problemas mentais. Gostaria que fizéssemos esse acompanhamento paralelamente às reuniões mediúnicas, pois, para mim, ainda existe a possibilidade de que essa faculdade misteriosa, a mediunidade, possa afetar a saúde mental e até mesmo, por que não dizer, a saúde física de alguns indivíduos.

— É... não posso dizer que discordo de você, até mesmo porque já estudamos casos de supostas enfermidades mentais, que eram, na verdade, ocasionadas por um potencial mediúnico acentuado e descontrolado.

William concordou balançando a cabeça afirmativamente. Realmente, quando os dois despertaram seus interesses no campo dos fenômenos mediúnicos e espirituais, realizaram um estudo junto a algumas instituições que abrigavam doentes psiquiátricos. Mas a pesquisa passou a despertar interesse do meio acadêmico, e as visitas de Morringan e Russel às tais instituições cessaram devido a fofocas e a comentários maldosos entre os profissionais da medicina.

O diálogo entre eles estendeu-se ainda por cerca de uma hora, e os dois decidiram que deveriam emitir um relatório semanal acerca do comportamento de Katie.

***

Apesar do vento frio que soprava e do céu parcialmente encoberto, algumas estrelas podiam ser observadas entre as nuvens, assim como uma fina lua minguante.

Com o rosto iluminado apenas pela luz das velas, Katie observava o céu noturno sentada em seu quarto, junto à mesa que lhe servia de escrivaninha. Quem a visse naquele cenário, vestindo a longa camisola branca e com os cabelos soltos, poderia confundi-la com uma figura fantástica, não no sentido de assustadora, mas, sim, pela delicadeza das formas e das tonalidades da pele. Sentia-se bem melhor em relação à sua mediunidade desde que começara a ser instruída por Morringan e agora por Ilzie. Enxergava esses dois como seus tutores no aprendizado da espiritualidade, mas o doutor Russel era visto por ela de forma completamente diferente. Sabia muito bem que esse último era um homem que buscava de forma febril provas da existência da vida após a morte e conhecia também o que o motivava para tal. Mas isso não a incomodava, afinal, ele a tratava com educação e respeito e tinha forte sentimento de simpatia e consideração para com Helen. Havia um motivo para a senhora Russel estar passando pela ponte naquela manhã fria em que ela se atirou nas águas, e Katie acreditava piamente que, um dia, William obteria a prova que tanto buscava da existência da vida após a morte por meio de sua filha Camille.

A jovem percebeu que, na reunião daquela tarde, apesar de haver ocorrido um raro fenômeno de materialização, o médico ainda era assolado por seus questionamentos e suas dúvidas. A flor materializada por ela e Camille não tinha sido prova suficiente para a mente brilhante de um pesquisador como ele. Pensou em Edward, pois mal tiveram tempo de ficar a sós após a reunião. Em momento algum, pareceu a Katie que ele apresentara mudanças em sua maneira de tratá-la, muito pelo contrário. O rapaz demonstrava preocupação com sua condição física após o término da reunião. Parecia, enfim, que as coisas estavam ficando melhores para ela. Katie fechou o diário e caminhou até a cama procurando não fazer barulho, e, embora as tábuas sob seus pés estalassem discretamente, Rachel continuava dormindo profundamente.

Katie apagou as velas e deitou-se. Assim que adormeceu, viu-se diante de uma imensa construção feita de pedras, como um suntuoso templo antigo que se erguia na direção do firmamento. Não havia sol, estrelas, e tampouco a lua compunha o quadro. Ela caminhou com segurança por um corredor vazio e estreito. As paredes úmidas pareciam cobertas por limo, o teto se perdia de vista, e somente algumas tochas iluminavam parcamente o ambiente. Fazia frio, e um odor desagradável, que lembrava algo ferruginoso, penetrava-lhe as narinas. O corredor parecia não ter fim, e Katie finalmente alcançou uma sala ampla, na qual havia apenas uma cadeira malfeita, também de pedra, com espaldar alto, que se assemelhava a um trono, na qual se sentou e aguardou. O odor desagradável intensificou-se, e Katie sentiu seu coração acelerar. Do outro corredor lateral, ela ouviu passos pesados que se aproximavam. Logo, uma figura masculina parou diante dela, e, apesar da aparência que ele tinha, Katie mostrava-se imperturbável em sua presença.

— Por que não veio antes? — questionou ele em tom autoritário.

— Não era da minha vontade.

O homem de pouco mais de dois metros de altura baixou a cabeça por alguns instantes e depois sorriu. Apesar dos dentes acinzentados e do olhar intimidador, seus traços eram harmônicos. A barba longa e negra, assim como os cabelos, aparentava estar malcuidada e suja.

— Eu a perdoo — disse ele em tom formal.

— Não preciso que me perdoe, afinal, você não possui mais nenhum tipo de autoridade sobre mim. Vim até aqui para lhe dizer isso.

Ele enfureceu-se e avançou na direção dela, segurando-a pelo braço e puxando-a para junto de si.

— Olhe dentro dos meus olhos... Você sabe muito bem quem eu sou! — disse ele entredentes. — E você sabe muito bem quem você é, portanto, não ouse desrespeitar o que acordamos. Temos um trato. Eu criei você, apenas eu cuido de você e posso acabar com sua vidinha medíocre quando eu bem entender.

Katie podia sentir o hálito fétido que saía da boca do homem, pois seus rostos estavam muito próximos. Uma onda de pânico invadiu-a, e ela sentiu seus mais corajosos intentos se esvaírem. Estava sozinha diante dele. Novamente, estava diante dele.

— Eu tenho poder sobre você, e sabe disso... mas jamais deixarei que alguém lhe faça mal, minha querida — depois de uma breve pausa, ele continuou: — Olhe para mim — disse com suavidade. — Você realmente acredita que gosto de viver aqui, neste lugar? Longe de você? Eu lhe ensinei tudo o que poderia ter ensinado a uma filha, e o que eu ganho em troca? — bradou ele. — Você novamente trai minha confiança em troca do seu sentimento por aquele patife!

Katie sentia o corpo tremer por inteiro.

— Por favor, deixe-me em paz... — balbuciou ela com a voz fraca e entrecortada pelos soluços.

Por um breve instante, pôde contemplar nos olhos dele um indício de compaixão e fragilidade.

Ele abraçou-a com força, e Katie continuou chorando.

— Minha querida, tudo o que fiz e faço é por amor a você. Preciso lhe mostrar mais uma vez.

O timbre da voz dele fez Katie parar de chorar e se acalmar. Ele deslizou os dedos ásperos pelos cabelos e pelo rosto da jovem, e um irresistível torpor tomou conta dos sentidos de Katie, que, aos poucos, pôde discernir com certa dificuldade o rosto de Rachel, que tentava em vão despertá-la. A jovem não conseguia resistir e manter os olhos abertos e no momento seguinte viu também o rosto de Elgie.

Logo Morringan chegou, constatou que ela apresentava um quadro agudo de hipertermia e entrevistou Rachel e Elgie, na tentativa de descobrir a origem da infecção. Em um canto do quarto, Andressa e Andrew observavam a cena.

— Tem certeza de que conseguiremos ajudá-la, Andressa?
— Sim... — respondeu ela muito séria.
— Se tem tanta certeza, por que está assim?
— Porque não consigo compreender.
— O que não consegue compreender? O motivo pelo qual Katie está assim?
— Não sabemos muito bem porque ela está assim. Não consigo compreender o efeito que essa entidade causa em mim! É como se houvesse uma muralha entre mim e ele. Só posso senti-lo por meio da vibração e

mais nada! Se você não tivesse ido buscar ajuda, não sei o que teria acontecido com ela... — disse Andressa olhando para Katie.

Andrew tocou de leve no ombro dela.

— Calma. Deve haver uma explicação para tudo isso. Não foi o que Urian lhe disse?

— Sim, foi... mas ele não me explicou nada! Sinto-me completamente impotente no que diz respeito a defender Katie desse obsessor — desabafou. — Andrew, você pode vê-lo?

O outro franziu as sobrancelhas.

— Não com clareza, pois ele está sempre envolto em uma massa densa e escura. Me parece ser uma figura imponente, pelo menos é o que vejo através da roupagem fluídica que ele utiliza.

— Como assim imponente?

— Grande. Como se fosse muito alto e forte, mais que a maioria... Pelo pouco que pude notar, trata-se de uma figura masculina e bastante assustadora — fez uma pausa e continuou a falar: — Mas que tipo de entidade ele é, Andressa?

— Um espírito, é claro! — respondeu ela com certa impaciência.

— Como eu e você?

— Sim, como todo mundo! Que tipo de ser você pensa que ele é?

— Não sei... só acho que tem muito poder para um simples espírito.

Andressa levantou-se e postou-se na frente de Andrew encarando-o.

— Ele não tem poder. Certamente desenvolveu algumas capacidades em existências anteriores e as utiliza de forma errada. Não existe poder maior que o de Deus, você sabe disso. Houve um tempo em que a humanidade subdividia as forças da natureza tratando-as por divindades, mas este tempo já se extinguiu. Estamos em outro período da história.

— Mas, por exemplo, ela... — argumentou Andrew apontando para Katie — possui uma capacidade maior que a de muitos outros médiuns.

— Isso é energia, Andrew, somada aos conhecimentos adquiridos por Katie em existências anteriores. Tudo na natureza é energia, tudo na criação é energia... Ela tem uma missão que lhe foi designada e aceitou fazê-lo, e tenha certeza de que o espírito dela lembra-se perfeitamente disso. Katie está em processo de evolução, assim como eu e você estamos aqui também por uma missão. Nós, por exemplo, desempenhamos o papel de mentores dela — Andressa fez uma pausa, sentou-se novamente ao lado dele e disse: — Quanto àquela entidade, sinto que existe algo que nos liga...

Andrew recuou um pouco para trás a fim de olhar melhor para ela.

— Você e o Hércules das sombras?

Andressa revirou os olhos fazendo um gesto de impaciência.

— Pare com esse tipo de brincadeira! — disse em tom de repreensão.

— É, me refiro a ele sim... Talvez por isso haja esse bloqueio. Mas por que Urian e Eva não me dizem nada a respeito?

— Talvez porque você não esteja preparada para tal.

— Pode ser... se temos uma ligação, por que não consigo acessar essas memórias?

— Talvez não esteja preparada para tal!

Andressa ficou em silêncio e imersa em seus próprios pensamentos.

— E ela? O que vamos fazer? — perguntou Andrew.

— Vamos trabalhar em seu campo vibracional e, dentro de alguns dias, ela estará bem novamente.

— Por que a febre, Andressa?

— O corpo sente tudo o que ocorre em nível espiritual. Somente o espírito de Katie estava naquela zona inferior, porém, a ida dela até aquele lugar e o efeito causado pela entidade sobre seu espírito tiveram consequências para o organismo. Ele a magnetizou, e esses fluidos permaneceram nas camadas dos invólucros energéticos que compõem o campo vibracional de Katie. O efeito ainda perdura por um tempo, e o corpo dela está reagindo. O resultado disso é a febre. Trabalharei em seu invólucro energético nos próximos dias, pois assim ficará limpo novamente. Dois amigos foram enviados para cá a fim de protegerem este território, mas preciso que se junte a eles e que me avise, caso percebam a aproximação de algum tipo de perigo. Muita atenção com as crianças, Andrew, pois elas costumam ser os alvos preferidos desse tipo de obsessor.

— Pode deixar — disse ele saindo do quarto.

Sozinha com Katie, Andressa aproximou-se e sentou-se na cama. Ela olhou para o rosto tranquilo da médium, que dormia profundamente. Tinha uma afeição muito grande por ela, afinal, não fora fácil para nenhuma das duas chegar aonde chegaram. Andressa colocou a mão sobre a testa da outra e fechou os olhos. Uma suave luz azul clara saía da palma de sua mão direita e, aos poucos, espalhava-se pelos corpos sutis de Katie. Ela permaneceu assim durante alguns minutos, depois abriu os olhos e recolheu a mão, interrompendo o fluxo de transfusão de energia. Sabia que não deveria exceder o tempo de aplicação, pois não seria salutar para o corpo físico. O tratamento demoraria alguns dias, e esse tempo deveria ser respeitado.

Levantou-se de onde estava e caminhou pelo quarto pensando nas palavras de Andrew: "Talvez não esteja preparada para tal". Mas por que não estaria preparada? O que teria acontecido para que esse bloqueio ao acesso de suas próprias memórias lhe fosse imposto? Era uma possibilidade existir uma ligação entre ela e aquela entidade. Levando-se em consideração o forte vínculo que a unia a Katie, era fácil deduzir que, se Katie e o obsessor tinham uma ligação, possivelmente ela mesma também a tivesse. Precisava retornar à colônia assim que fosse possível e procurar Eva, pois talvez ela a ajudasse a obter respostas.

A porta abriu-se com um chiado, e Edward entrou acompanhado por Helen e Elgie.

Sentou-se próximo da cabeceira da cama e colocou a mão sobre a testa de Katie.

— Ainda está com febre — disse ele. — Seria bom trocar essa camisola e os lençóis, senhora Harrison. Ela suou bastante.

— Vou chamar Rachel para que me ajude.

— Não será necessário — disse Helen tocando de leve no braço da outra. — Deixe Rachel com seus afazeres. Posso muito bem auxiliá-la nisso.

— Está bem... — concordou Elgie meio hesitante. — Vou buscar a roupa de cama.

Estando a sós com Helen, Edward sentiu-se mais à vontade para expor alguns questionamentos que vinham incomodando-o desde o momento em que soube do estado de saúde de Katie.

— Helen, você acha que tudo isso tem algo a ver com a reunião de ontem?

Ela olhou para ele com expressão de dúvida.

— Não posso lhe dizer que também não pensei nisso, mas a verdade é que não sabemos. Não posso afirmar nada. Talvez Morringan ou até mesmo Ilzie pudessem chegar a uma conclusão mais confiável do que nós dois juntos. Quem sabe seja realmente apenas uma infecção...

Edward concordou em silêncio e novamente fixou seu olhar no rosto de Katie. Apesar da febre e embora a jovem estivesse muito pálida e com olheiras acentuadas, sua expressão era de tranquilidade. Elgie entrou no aposento trazendo nos braços uma pilha de fronhas e lençóis limpos e dobrados.

— Pronto! Vou deixar alguns aqui no quarto para o caso de precisarmos trocar novamente mais tarde... — depois, voltando-se para Edward, disse: — Você poderia, por favor, nos dar licença?

— Ah, sim! Desculpe, senhora Harrison. Estava distraído — respondeu ele levantando-se e deixando o quarto rapidamente.

Elgie e Helen entreolharam-se e sorriram.

— Ele está apaixonado por Katie... — comentou Helen.

— Ela também está apaixonada por ele, Helen — comentou Elgie, enquanto colocava as roupas de cama sobre a mesinha de cabeceira.

Andressa observava a cena e, enquanto as duas mulheres executavam a pequena tarefa, pensava no encontro de Edward e Katie. O desfecho de tal história realmente a preocupava, mas era necessário crer na renovação e na evolução, pois muito tempo se passara até que eles tivessem tido a oportunidade de se encontrarem novamente.

Alguém bateu de leve na porta.

— Quem é? — perguntou Elgie, enquanto trocava o lençol.

Helen segurava Katie virada para o lado, enquanto a outra executava a manobra da troca.

— Sou eu, Ilzie...

— Entre. Chegou em boa hora...

Apesar de ser uma mulher tímida e adotar uma postura que beirava à austeridade, Elgie já conseguia se sentir à vontade tanto na presença de Helen quanto na de Ilzie. — Oh! Deixem-me ajudá-las... — disse Ilzie, apressando-se em aproximar-se do leito para ajudar Elgie a esticar o lençol e amarrá-lo por baixo do colchão.

— Não é algo muito fácil fazer isso, quando há alguém deitado na cama... — comentou ela. — O que aconteceu com Katie? Encontrei Rachel voltando da mercearia, e ela me contou sobre o ocorrido...

— Bem, vou tentar lhe dizer o que sei... e que também não é muito — disse Elgie sentando-se na cama de Rachel.

Helen sentou-se ao lado dela, e Ilzie puxou para perto a banqueta que ficava junto da penteadeira.

— Segundo Rachel, Katie se debateu muito durante a madrugada, balbuciou coisas incompreensíveis e teve dificuldades de despertar quando a tia chamou por ela. Pela manhã, abriu os olhos, mas disse estar esgotada e mal conseguiu sentar-se. Rachel a ajudou a se levantar e a fazer a higiene, pois Katie mal podia aguentar-se de pé, então, ela mesma pediu para chamar o doutor Morringan. Foi o que fizemos, pois notamos que ela estava com febre. O doutor Morringan veio o mais rápido que pôde e disse que parecia ser algum tipo de infecção. Ele administrou alguns medicamentos e pediu que a observássemos. Ele falou que talvez Katie tenha comido algo no jantar de ontem que não fez bem aos seus intestinos e nos pediu para mantermos uma dieta rígida por alguns dias. Amanhã, ele virá vê-la novamente.

Ilzie franziu as sobrancelhas e permaneceu em silêncio durante algum tempo, levantou-se e aproximou-se do leito devagar. Aparentemente, não havia nada de incomum, mas intuitivamente recebeu a mensagem de Andressa sobre o que ocasionara o estado de saúde da jovem. Não comentou nada com Elgie e Helen, mas sabia que deveria dar continuidade às sessões em sua casa. Já haviam conseguido um contato da primeira vez e, apesar de não terem obtido grandes informações acerca da identidade do obsessor, ela considerava que haviam tido uma pequena vitória.

— Se vocês precisarem de alguma coisa, Elgie, qualquer coisa, a qualquer hora, é só baterem em minha casa.

— Muito obrigada, Ilzie. O doutor Morringan espera que Katie melhore até amanhã.

— Ela vai melhorar. Katie é jovem, e o corpo dela é forte — disse Ilzie.

— O que acham de a deixarmos descansar um pouco? Vamos lá para baixo, pois Edward está aguardando — convidou Helen.

Encontraram Edward na sala conversando com Rachel. Helen e Ilzie juntaram-se a eles, enquanto Elgie foi para a cozinha preparar um lanche para servir às visitas.

Ilzie sentou-se ao lado de Helen, e ela cochichou baixinho próximo de seu ouvido.

— Ilzie, você acha que isso tenha alguma coisa a ver com a reunião que fizemos ontem?

Cloods e Rachel conversavam animadamente sobre diferentes tipos de doenças e os remédios caseiros mais eficazes para cada uma delas.

— Não, eu não acredito nisso! — respondeu Ilzie.

— Ah, que alívio! — disse Helen. — Já estava começando a me sentir culpada...

— Francamente, eu creio que não, pois os espíritos que fizeram contato ontem pareciam bem resolvidos quanto ao motivo de estarem lá. Mas acho que exista, sim, algo de espiritual nessa febre...

— Você crê nisso?

— Sim — respondeu Ilzie, aproximando-se um pouco mais.

Helen pôde sentir o perfume que se desprendia da pele do longo pescoço de Ilzie, uma mistura inebriante de madeiras e flores brancas.

— Este é um assunto que prefiro conversar em particular com você e talvez, quem sabe, também com Rachel — ela fez uma pausa como se estivesse pensando no que iria dizer antes de continuar. — Você acha que a secretária do doutor Morringan seja de confiança?

— Marianne? Sim! Eu a conheço há muitos anos. Por que pergunta?

— Porque precisamos desenvolver um trabalho exclusivamente com propósitos espirituais com Katie. Ouça: vamos aguardar Elgie chamar para o chá e depois vou convidar você para me acompanhar até minha casa, está bem?

Helen concordou com a cabeça, sem entender direito o que a outra tinha em mente.

Após o chá, Ilzie perguntou se os outros dariam licença a ela e a Helen, pois precisava mostrar-lhe algo em sua casa.

— Já voltamos! — disse sorrindo. — Estou fazendo um canteiro de ervas e ouvi dizer que Helen é especialista no assunto. Vou roubá-la apenas por meia hora, meu caro Edward.

— Fiquem à vontade, senhoras. Não irei a lugar nenhum...

Chegando à casa de Ilzie, foram direto para a biblioteca.

— Faz alguns dias que Katie veio me procurar — começou Ilzie. — Ela sabe que tem um obsessor poderoso e me pediu ajuda porque também sabe que os interesses do doutor William e do doutor Morringan são em parte científicos.

Helen encarava-a aguardando que continuasse.

— Tenho bastante experiência com casos espirituais desse tipo. Eu e Katie realizamos aqui mesmo, neste lugar, nossa primeira sessão e obtivemos sucesso. O obsessor se manifestou.

— E aí?

— Ele estava bastante relutante e demonstrando certa dose de agressividade e negou-se a revelar sua identidade, mas tenho certeza de que temos de fazer algo por Katie nesse sentido. Acredito que, se conseguirmos reunir mais pessoas com o mesmo intuito, conseguiremos obter sucesso. Pensei em você, em Rachel e na senhorita Scott. — Ilzie fez uma pausa e continuou a falar: — Você acha que ela aceitaria o convite e guardaria segredo do doutor Morringan?

Helen pensou por alguns segundos antes de responder.

— Vou conversar com Marianne, mas tenho quase certeza de que ela aceitará. Quanto a guardar segredo de Morringan... bem, mulheres costumam gostar de se envolver em coisas misteriosas... Desde o início da história da humanidade tem sido assim, e não acredito que isso mudará!

Ambas riram.

— Sempre tivemos nossos segredos, minha querida! — exclamou Ilzie sorrindo.

— Mas Morringan é diferente de William — disse Helen. — Talvez ele aceitasse participar também.

Ilze tamborilou os longos dedos sobre a mesa, e um volumoso rubi rodeado de pequenos diamantes cintilava em seu dedo anular.

— Não... querendo ou não, por mais que seja um homem acessível às coisas espirituais, ele é, antes de tudo, um homem da ciência. Justamente por não termos esse pensamento analítico do cientista, poderemos estar presentes de corpo e alma, concentradas no mesmo objetivo, que será fazer essa entidade se manifestar.

— Como faremos isso?

— Nossos mentores nos ajudarão, pois sempre estão presentes. Precisamos estar abertas à conexão com o mundo espiritual para que eles possam trabalhar. Para pessoas como seu marido, o doutor Morringan e Edward, isso se torna mais difícil — explicou Ilzie.

— Sim, você tem razão... E quando faremos isso?

— Assim que Katie melhorar. Acredito que no início da próxima semana, pois amanhã é sexta-feira, e no sábado farei o jantar aqui em casa.

— Devo avisar Marianne para se preparar para segunda?

— Ela virá ao jantar. Vamos aguardar até amanhã para ver como Katie vai estar, e, então, você tentará conversar com ela.

Ficaram mais algum tempo conversando e fazendo uma incursão pelos diversos cômodos daquela casa singular. Os aposentos de Ilzie causaram grande espanto em Helen, que, apesar de ser uma mulher elegante, era muito discreta em seus gostos e preferências.

A dona da casa não tentou disfarçar o riso ao notar a forma como Helen ficou olhando para seus lençóis vermelhos e seu guarda-roupas exuberante, repleto de rendas, cores fortes, lenços e xales de estampas variadas. Na parede atrás da cabeceira da cama havia um imenso retrato pintado a óleo da própria Ilzie deitada sobre um divã, com o corpo coberto apenas por tecidos semitransparentes.

— Gostou da pintura? — perguntou Ilzie com ar de ironia.

— Está realmente muito bem-feita... — balbuciou Helen. — Quem foi o artista?

— Um amigo parisiense. Foi presente do meu falecido marido.
— Ah...
Percorreram todos os cômodos do piso superior e inferior e, quando estavam saindo para a área do jardim, encontraram Armand, que acabara de chegar do centro da cidade.
— Boa tarde, senhoras! — cumprimentou ele bem-humorado.
— Boa tarde, Armand! Esta é Helen Russel, uma amiga.
— Muito prazer em conhecê-la, senhora Russel — disse ele.
— O prazer é todo meu — respondeu Helen sorrindo.
— Com licença. Vou entrar e procurar algo para comer, se não se importam. Estou faminto! — disse ele.
— Vá, fique à vontade — disse Ilzie.
As duas continuaram caminhando pelo jardim.
— Muito simpático o seu enteado — observou Helen. — Mas ele já deveria ser um rapaz quando você e o pai dele se casaram, não?
— Sim, Armand é apenas dois anos mais jovem que eu — respondeu Ilzie. — Havia uma enorme lacuna de tempo entre mim e meu marido.
— Compreendo... E Armand nunca se casou?
Helen percebeu que a pergunta pareceu perturbar um pouco a outra.
— Ele teve uma noiva em Paris, mas o relacionamento não deu certo. Ela era muito temperamental, e os dois brigavam constantemente. Armand acabou, então, desatando o compromisso — ao dizer isso, Ilzie procurou mudar de assunto rapidamente. — Venha, Helen. Quero que veja esses canteiros aqui. Pedi para August prepará-los para plantio.

Capítulo 24

A noite caiu fria e chuvosa, e Edward procurava reunir seus gatos na acomodação feita para eles, que ficava em uma construção pequena e rústica, erigida com pedras e sem forro, conhecida por Helen e pelos empregados como casa de guardar lenha.

Após o ocorrido na residência de Edward, Helen sugeriu ao rapaz que ele e Bucky fossem buscar os animais.

Contrariando as expectativas de William e até mesmo de Helen, que imaginavam que os felinos se recusariam a deixar o local no qual estavam acostumados a viver, os sete gatos não demonstraram nenhum interesse em permanecer lá. Assim que foram colocados dentro do coche, acomodaram-se e em nenhum momento durante o trajeto ficaram incomodados. O mais espantoso era o fato de terem seguido em silêncio até a residência dos Russels, que viria a se tornar seu novo lar.

Edward caminhava pela parte da frente do terreno, entre os ciprestes e os pés de amoreira brava, onde alguns de seus gatos gostavam de brincar e de caçar insetos. Vasculhava a área em pormenores, já que alguns possuíam a pelagem escura, em tons de cinza ou marrom, e havia até mesmo um deles que era inteiramente preto. Faltavam dois gatos. Edward usava um guarda-chuva preto de bom diâmetro, mas, mesmo assim, parte de seu sobretudo já estava molhado. Sem se dar conta de que agora estava bem próximo do portão e como sua atenção estava completamente concentrada nos arbustos e nos canteiros, demorou a perceber a presença de um indivíduo que perambulava do lado de fora, vez por outra olhando em sua direção.

O sujeito estava razoavelmente bem-vestido, com terno cinza, chapéu e sobretudo pretos, e também usava um guarda-chuva da mesma cor.

— Psiu!

O som alto e longo entre os dentes ecoou na rua vazia e conseguiu chamar a atenção de Edward, que se aproximou das grades do portão.

— Pois não?

O guarda-chuva evitava que ele se aproximasse muito das grades, e o mesmo ocorria com o estranho do lado de fora. Mas, mesmo com a parca iluminação, Edward pôde notar que não o conhecia.

— Boa noite.

— Boa noite — disse Edward e permaneceu encarando o sujeito.

— O senhor é parente do doutor Russel? — perguntou esboçando um leve sorriso.

Era um homem jovem de uns trinta e poucos anos talvez, estatura mediana, sem barba ou bigode. Os cabelos pareciam ser castanhos, e os olhos, claros. Edward não conseguiu definir se eram azuis ou verdes. Tinha um rosto simpático.

— Não, sou assistente dele.

— Muito prazer. Meu nome é Fields. Eduard Fields.

— Oh, outro Eduard... — brincou Edward um pouco mais à vontade. — Edward Cloods é o meu nome! Em que posso ajudá-lo? Procura atendimento médico?

— Não, não... Trabalho para um jornal e há alguns dias estou envolvido em uma pesquisa e em uma série de entrevistas com homens da ciência e também das letras. Personalidades conhecidas da sociedade londrina.

Edward continuou calado, aguardando que o outro continuasse a falar.

— Procuro uma oportunidade de entrevistar o doutor William Russel. Você acha que haveria essa possibilidade?

— Depende... do que se trata a matéria que pretende escrever? É sobre alguma área da medicina ou possui caráter pessoal?

Eduard Fields pigarreou duas vezes.

— Não. É sobre fenômenos sobrenaturais, contatos com os mortos, esses assuntos — disse de uma só vez.

Edward levantou as sobrancelhas.

— Bem, o que posso fazer pelo senhor é conversar com ele sobre o assunto. Hoje, contudo, será impossível, pois o doutor Russel está trancado em seu laboratório trabalhando.

— Compreendo, senhor Cloods. E quando pensa que poderemos conversar novamente?

— Pode me procurar amanhã no início da tarde, se não houver nenhum inconveniente para o senhor. Possivelmente já terei uma resposta para lhe dar.

— Muitíssimo obrigado, meu amigo. Nos falamos amanhã, então.

O sujeito afastou-se a passos largos e desapareceu na densa neblina que começava a se formar. "Vida após a morte...", pensou Edward, enquanto retornava à sua busca

— Duvido que consiga alguma coisa com William... — resmungou Edward baixinho, enquanto examinava entre os galhos de uma amoreira. — Aí está você! — exclamou.

Encoberto pelas folhas, o gato preto estava praticamente invisível.

— Venha, vamos para dentro. Acabou a caçada! — disse pegando o animal no colo e levando-o para junto dos outros.

— Conseguiu capturar todos eles?

Perguntou Helen ao vê-lo entrar pela porta da sala.

— Sim! O preto me deu um pouco mais de trabalho. Parecem se sentir no paraíso aqui.

— Gatos são animais maravilhosos. Camille amava os animais de qualquer espécie. Naquele tempo, tínhamos gatos, cães, cavalos e até coelhos... — comentou ela sorrindo, sem tirar os olhos do bordado que estava fazendo. — Ela ficaria feliz com a presença deles aqui... Ela deve estar feliz.

— Helen, acredita mesmo que isso seja possível? — perguntou Edward, sentando-se ao lado dela.

Helen olhou para Edward por sobre os óculos.

— Sim, eu acredito. Tenho certeza de que foi minha filha quem nos contatou por meio de Katie, e isso me trouxe um alento muito grande. E você, Edward? Acredita? Ou pensa que tudo isso possa ser coisa da mente humana?

Edward não esperava a pergunta feita de forma tão objetiva.

— Para mim, como médico, é difícil de crer, mas não posso fechar os olhos às evidências durante a tarde de ontem — respondeu ele. — Enquanto procurava os gatos, encontrei um sujeito chamado Fields, que estava do lado de fora do portão.

— E o que ele queria?

— Conversar com o doutor Russel. Disse que trabalha para um jornal e está entrevistando algumas personalidades famosas de Londres, do meio acadêmico, para saber o que pensam acerca de assuntos ligados à vida após a morte.

Helen deixou o bordado sobre os joelhos por alguns instantes e retirou os óculos.

— Acho bastante difícil que William concorde em dar algum tipo de entrevista para esse homem. Vou lhe contar algo — disse ela fazendo um gesto para que Edward se aproximasse ainda mais.

— Após a morte de Camille, William lançou-se em uma busca desenfreada por provas... que é o que todo o cientista procura: provas da existência da vida após a morte. Ele e Carl fizeram experimentos com diferentes médiuns e chegaram a levar suas ideias para alguns membros da Academia — Helen fez uma pausa e disse: — William envolveu-se com uma mulher que desempenhava o papel de médium e que chegou a alcançar alguma fama aqui, na cidade, há alguns anos. Envolveu-se a ponto de tornar-se completamente cego ao que ocorria diante de seus olhos, pois ela era uma fraude. Alguns cientistas, preocupados em provar que o famoso doutor Russel estava sofrendo de devaneios — e alguns chegaram a cogitar que ele estivesse louco —, expuseram tudo a público, inclusive desmascarando os truques de mágica que a tal mulher empregava em suas apresentações e nos quais parecia ser perita.

Edward olhava para Helen sem esconder a expressão de espanto. Ela continuou.

— Quase rompemos, cheguei a me mudar para a casa de uma das minhas irmãs, ao norte, até que um dia William caiu em si e acordou. Por causa dessa mesma mulher, ele e Carl também romperam a amizade, que foi reatada somente agora, ao conhecermos você e a família Harrison. Então, meu caro, eu acredito que William não aceitará o convite deste tal Fields para uma entrevista com uma abordagem dessas.

— Não vou esconder que estou pasmo com toda essa história, minha amiga, porém, lhe sou muito grato pela confiança — disse ele com sinceridade.

— Confio de verdade em você, meu caro — disse ela com um sorriso. — Diga-me uma coisa, Edward, o que pretende fazer com relação ao autor daquele desagradável atentado que você sofreu na região das docas e que tirou a vida de um de seus gatos?

Edward foi pego de surpresa novamente, e Helen olhou-o diretamente nos olhos, aguardando uma resposta.

— Ainda não sei — foi a única coisa que conseguiu dizer.

— Você o conhece?

Edward engoliu em seco. Não haveria mais como mentir para ela.

— Sim, dos tempos em que eu vivia no subúrbio e sobrevivia das apostas de luta.

— Apostas de luta? Aquelas lutas clandestinas horríveis que acontecem nos porões dos bares mais horripilantes de Londres?

A entonação dada por ela às últimas palavras fez ambos rirem.

— Sim, essas lutas. E, sim, os locais são sujos e horripilantes mesmo.

— Edward! Eu jamais imaginaria uma coisa dessas a seu respeito! Você é um exemplo da pura elegância e cavalheirismo masculinos!

— Muito obrigado! Mas é a mais pura verdade.

— E ele era um adversário seu nas lutas?

Naquele momento, Edward poderia ter aproveitado para mentir.

— Não, o nome dele é Elliot e atende pelo apelido de Falcão. Trabalhei para ele por algum tempo.

— Trabalhou como criminoso? — questionou ela baixando ainda mais o tom de voz.

— Não. Na verdade, ganhei muitas lutas para que Elliot embolsasse grandes somas de dinheiro e eu recebia uma pequena porcentagem do lucro total das apostas. Era uma vida um pouco mais digna, se é que posso denominar assim, do que aquela que eu estava levando antes de ele aparecer. Por fim, Elliot me convidou para participar de um assalto, e eu titubeei. Ele, contudo, argumentou dizendo que, se eu o fizesse, provavelmente nunca mais teria que voltar a fazer qualquer coisa daquele tipo. Eu, então, aceitei, Helen. Não houve mortes, embora eu saiba que Elliot carrega alguns assassinatos nas costas. Foi um assalto a uma joalheria. Ele soube por meio de seus informantes, pois tem vários espalhados por todos os lados, que o dono do estabelecimento receberia um razoável lote de pedras preciosas que estavam chegando da África e da Índia. Conseguimos entrar sem problema algum na joalheria e arrombar o cofre. Estávamos em três. O terceiro era o irmão mais novo do próprio Elliot. Recebi minha parte, que era muito pequena, mas não me livrei dele. Surgiu o convite para um novo assalto, e havia mais um sujeito conosco.

"Conseguimos o dinheiro e mais algumas joias, então, o dono da casa reagiu e feriu mortalmente o irmão de Elliot. Após abrir o cofre da mansão, o casal de estrangeiros foi assassinado por ele, e nós três fugimos, nos escondemos por mais de uma semana em um rancho para barcos. Fiquei lá com os outros dois por dias, pensando em uma forma de me livrar de tudo aquilo. Fiquei sabendo, então, que o estrangeiro morto durante o assalto era uma espécie de atravessador de joias, pedras preciosas e antiguidades e que já havia feito negócios com Elliot em outras ocasiões. Apesar de ser inteligente, Elliot não entende nada de fármacos, e, em uma determinada noite, fingi que estava bebendo e me divertindo, enquanto jogávamos cartas. Consegui dopar os outros dois e roubei uma pequena soma em dinheiro e mais um lote de pedras preciosas. Consegui escapar e me afastei o máximo que pude dos canais pantanosos. Quando me vi em segurança, deixei o barco em um lugar qualquer, procurei saber onde estava e dali me hospedei em uma estalagem. Saí de Londres por quase um ano. Quando retornei, procurei saber do paradeiro de Elliot e descobri que havia ido embora da Inglaterra, pois a polícia o estava procurando por roubo e assassinato.

Helen olhava muito séria para Edward.

— Sei o que está pensando... que tem um ladrão dormindo sob o mesmo teto que você e seu marido. Todo o resto que sabe a meu respeito é verdade, senhora. Sou realmente americano, aspirante a médico e comprei mesmo aquela casa com o dinheiro que recebi da herança de meu pai, contudo, não sei o que fazer em relação a Elliot. De qualquer maneira, se hoje a polícia colocar as mãos nele, estarei condenado também.

— Arrumaremos um bom advogado! — argumentou ela.

Edward estava perplexo, pois ela não o estava julgando, mas, sim, preocupada em defendê-lo.

— Mas, por ora — continuou Helen —, eu o aconselho a não comentar nada com o inspetor Sunders nem com Will. Vamos pensar no que fazer. Quer dizer, então, que Elliot quer se vingar de você?

— Sim, porque roubei dele as pedras e uma parte do dinheiro. Confesso que a quantia em dinheiro foi somente suficiente para me manter por algum tempo fora daqui, mas as gemas... Acredito que elas valham uma pequena fortuna...

— Valham? Você ainda as tem? — perguntou ela com os olhos arregalados.

— Tenho.

— E onde estão?

— Escondidas em um local seguro — ele fez uma pausa antes de continuar. — Helen, confio em você, pois, caso contrário, não estaria lhe contando tudo isso... Quero que saiba que não direi onde as escondi para sua própria segurança. Elliot é um sujeito ardiloso e cruel, e eu nunca me perdoaria se algo acontecesse a você ou a William, pois vocês dois têm sido verdadeiros pais para mim. As pedras são procuradas pela polícia, pois não são pedras comuns. Elas realmente constituem um pequeno tesouro e pertenciam a uma condessa russa. Jamais poderia negociá-las em segurança em qualquer ponto do território inglês, por isso, no momento certo, deverão ser levadas para fora da Inglaterra para serem negociadas.

— Katie sabe de tudo isso?

— Não, ela apenas sabe que, no meu passado, me envolvi de alguma forma com Elliot e que ele é um homem perigoso. Ela disse ter sentido o risco de morte, quando sofri a suposta tentativa de assalto nas docas.

Durante alguns minutos, Helen permaneceu pensando.

— Edward, temos de dar um jeito de a polícia não descobrir seu envolvimento com esse homem. Bem, se o pegarem, e ele envolver seu nome, será sua palavra contra a dele. Conseguiremos um bom advogado — disse ela com convicção. — Por enquanto, não devemos falar nada sobre isso com William. Se for preciso, no momento certo, lhe contaremos tudo.

— Agradeço muito, minha amiga... — disse ele segurando na mão de Helen. — Não sabe o quanto foi bom poder desabafar e lhe contar toda a verdade.

— Deveria tê-lo feito há mais tempo, meu caro. Agora, se me der licença, vou me recolher, pois minhas costas não são mais as mesmas de alguns anos atrás... — completou sorrindo, enquanto se levantava da poltrona com certa dificuldade. — Durma bem e saiba que poderá contar conosco sempre!

— Obrigado, Helen! Durma bem e, se precisar, é só chamar.

Edward ficou sozinho na sala por mais algum tempo pensando em Elliot. Precisava descobrir o paradeiro dele, e algo lhe dizia que ele ainda estava em Londres. Na manhã seguinte, procuraria o inspetor Sunders e tentaria obter alguma informação.

✳✳✳

Passava das nove horas da manhã, quando Marianne chegou à localidade denominada City, um bairro de classe alta. Ela pediu que o cocheiro aguardasse, pois não pretendia demorar. Bateu algumas vezes na porta e aguardou.

Pouco depois, uma jovem com uniforme de criada e forte sotaque das regiões do Norte a atendeu.

— Entre, por favor, senhora! Vou chamar minha patroa.

Dizendo isso, desapareceu em um longo e estreito corredor para, em seguida, regressar a passos rápidos.

— Pode vir por aqui, por gentileza — disse ela fazendo um gesto com a mão para que Marianne a seguisse.

— A senhora Stuart virá em um minuto. Aceita algo para beber?
— Não, muito obrigada — respondeu Marianne com um sorriso.

A jovem retirou-se deixando-a sozinha na sala de visitas. Era um cômodo pequeno com pé direito muito alto, desproporcional e com uma janela apenas. Havia vasos com flores sobre a mesinha de centro e sobre o balcão e também quadros pendurados nas paredes, mas, mesmo assim, Marianne definiria o lugar como estranho e que causava certa sensação de solidão e claustrofobia. Um leve odor de borralho desprendia-se das cinzas da lareira, mesclando-se ao cheiro de umidade. Ela ouviu passos que vinham de outro corredor, o que dava acesso ao interior da residência, aparentemente tão longo e estreito quanto o primeiro, e logo uma mulher aparentando ter seus setenta e poucos anos apareceu.

Ela vestia-se com elegância, porém, com discrição. O vestido cinza-escuro exibia alguns poucos detalhes de renda preta na saia e na gola alta, que lhe cobria praticamente todo o pescoço. Os cabelos brancos e ralos estavam presos no alto da cabeça, a pele era levemente amarelada, e os olhos eram azuis opacos. Apesar do desânimo que sua figura ostentava, sorriu ao cumprimentar Marianne, e seu sorriso inspirava franqueza e bondade.

— Senhora Stuart, sou Marianne Scott. Estou aqui para conversarmos sobre um assunto bastante delicado.

A mulher permaneceu olhando para ela em silêncio, aguardando que prosseguisse.

— Participo de um pequeno grupo de estudos, cujo foco são os assuntos relacionados à espiritualidade, mais especificamente sobre a vida após a morte.

Marianne fez uma pausa antes de prosseguir. Procurava escolher com cautela as palavras, pois não fazia a mínima ideia de qual era a opinião da senhora Stuart sobre o assunto.

— Estou aqui a pedido do seu marido — disse ela finalmente.

A expressão no rosto da viúva não sofreu a mínima alteração.

— Pode prosseguir, senhorita Scott. Não duvido desse tipo de coisa.

Marianne respirou aliviada.

— Na última reunião que fizemos, uma entidade se identificou como sendo o seu falecido marido John. Ele nos visitou somente com o objetivo de nos pedir que a procurássemos.

A empregada acabava de entrar na sala trazendo uma bandeja com chá, e Marianne aguardou que ela se retirasse novamente para prosseguir.

— Ele disse que sente sua falta, que está muito bem e para a senhora não se preocupar. Pediu que citasse algo que ocorreu durante a reunião e nos disse que para a senhora teria algum significado.

A mulher serviu-se de uma xícara de chá e franziu levemente as sobrancelhas.

— Bem, durante o contato feito por seu marido, todos os presentes sentiram um forte aroma característico da vegetação e do solo das regiões pantanosas. Aquele cheiro de lodo mesclado com água salobra...

A viúva Stuart sorriu.

— Tínhamos uma casa no campo, que ficava em uma área bastante isolada, e parte dela era cercada pelo pântano. Era o lugar preferido de John, mas confesso-lhe que eu não gostava muito de ir para lá... — disse sorrindo. — John e os meninos adoravam! Depois que ele adoeceu, eu e meu filho mais velho decidimos que o levaríamos para lá, pois talvez o local ajudasse em sua recuperação — ela fez uma pausa e disse: — Ou pelo menos ele poderia passar o tempo que lhe restava no lugar que mais amou. Ele amava a paisagem, as árvores e os animais que viviam ali. Vivemos nesse lugar por dois anos, mas John não recuperou os movimentos do lado direito do corpo. Ainda assim, pôde contemplar a natureza de que tanto gostava. Em uma tarde tranquila de primavera, faleceu sentado na varanda. Durante algum tempo, nosso filho mais novo acusou a mim e ao irmão de termos colaborado para que a morte do pai chegasse mais cedo, dizendo que o tínhamos levado para aquele fim de mundo, onde não existe uma viva alma por perto, quanto mais um médico... Na concepção dele, havia sido uma loucura da nossa parte sucumbir ao desejo do pai.

Ela deu de ombros e suspirou profundamente.

— Já estou velha, senhorita Scott, e não me arrependo nem um segundo por ter dado esse último prazer ao meu marido e acredito que, se tivéssemos optado por permanecermos aqui, nesta casa, ele não teria durado nem sequer dois meses a mais após haver adoecido. Tenho certeza de que aquele lugar prolongou a existência de John por mais dois anos e ainda pude contemplar certa felicidade no rosto de meu marido. Não adianta termos uma junta médica por perto, se estivermos entregues ao desgosto e à falta de vontade de viver. É assim que eu penso. Acredito que fiz o que estava certo. Quero que saiba que sua vinda até aqui me deixou muito satisfeita — completou ela sorrindo. — Saber que meu John está bem tranquiliza meu coração, e sei que logo estaremos juntos novamente.

Marianne sorriu, enquanto deixava a xícara vazia sobre a mesa.

— Foi um prazer conhecê-la, senhora Stuart, ainda mais por um motivo tão nobre: ter servido como mensageira para seu marido.

— O prazer foi todo meu, minha querida. Uma pergunta... essas reuniões das quais você participa são abertas ao público?

— Por enquanto, não. Ainda somos um grupo fechado.

A dona da casa acompanhou Marianne até a porta da frente e mais uma vez a agradeceu pelo recado, dizendo que, caso o marido fizesse contato novamente, ela ficaria muitíssimo feliz em receber uma nova mensagem.

***

Edward chegara cedo à sede da polícia e, sentado em um banco de madeira comprido e estreito, aguardava o inspetor Sunders. Passava das dez da manhã, quando um policial fez sinal para que ele o seguisse.

— Por aqui, senhor — disse o homem indicando com um gesto uma escada estreita e aparentemente sem fim.

Edward agradeceu, subiu os degraus rapidamente e, no meio do trajeto, teve de desviar-se de um outro policial corpulento e mal-encarado. O local era tão estreito que os ombros de ambos se encaixaram, o que fez o homem olhar para Edward de cara feia, como se o culpasse pela escada ter uma largura quase ridícula.

— Senhor Cloods! — disse Sunders sorridente. — Tenha a bondade de entrar. A que devo tão ilustre visita nesta manhã infernal, em que somente guardas imbecis, bêbados e esposas de ladrões baratos vêm me atormentar?

Edward sorriu e apertou-lhe a mão, sentando-se diante dele.

— Aceita um café? Mas vou logo lhe avisando que o café daqui é horrível.

Edward ia abrir a boca para recusar o café, quando o outro retirou de dentro de um armário de madeira uma garrafa de uísque de excelente qualidade, deixou-a sobre a mesa e, com dois passos largos, alcançou a porta do gabinete e girou a chave que estava no buraco da fechadura.

Olhou para Edward e deu uma piscadela, enquanto servia duas doses da bebida e colocava-as sobre a mesa.

— É o meu segredinho... Se eles souberem que mantenho este pequeno tesouro guardado aqui, serei assaltado dentro da repartição de polícia.

Edward sorriu e, embora não tivesse o hábito de consumir bebidas alcoólicas, não recusaria aquela gentileza.

— Mas diga-me senhor Cloods... o que o fez vir até aqui me procurar? Tem algo para mim? — questionou ele referindo-se a Elliot.

— Ainda não sei... — disse Edward, tentando ganhar tempo para procurar as palavras certas, pois Sunders era muito perspicaz. — O senhor sabe que minha residência fica em um local onde as classes sociais são bastante diversificadas, não é mesmo, inspetor?

— Sim.

— Estive lá na semana passada na companhia do cocheiro dos Russels para buscar meus gatos e minha mudança. Coloquei a casa para alugar.

— Fez bem... — comentou Sunders bebendo um gole de uísque.

— Na manhã em que estive lá, alguns moradores me procuraram para tentar especular sobre minha vida. São muito curiosos, sabe?

— Eu imagino...

— E uma mulher me disse que tem visto dois sujeitos estranhos rondando por ali... Não sei se é verdade ou puramente fantasia, pois gostam de inventar histórias.

— Sabe o nome da mulher? — perguntou Sunders, enquanto fazia anotações em sua caderneta de bolso.

— Não... tanta gente mora por lá, e francamente não sei quem ela é, embora acredite que já a tenha visto antes... — mentiu Edward. — Vim até aqui para saber se o senhor tem tido notícias ou pistas a respeito do paradeiro do Falcão.

— Estamos investigando, senhor Cloods... — disse o inspetor com um longo suspiro. — Mas o Falcão é como um fantasma! É visto e desaparece em seguida como em um passe de mágica. Tenho alguns homens disfarçados procurando por ele, contudo, nenhuma das informações que recebemos é consistente. Diga-me, senhor Cloods, mas diga-me a verdade... o senhor e Elliot se conhecem?

Edward engoliu em seco, desviou o olhar para o copo que segurava entre os dedos e em seguida bebeu um gole.

— Bem, esta é uma das razões pelas quais vim até aqui hoje. Preciso me confessar.

Sunders deu uma gargalhada.

— Talvez tenha vindo ao lugar errado, meu amigo! Quem sabe uma igreja lhe fosse mais conveniente.

— Depende do que queremos confessar, inspetor. Sabemos bem que uma repartição de polícia é uma espécie de confessionário. Muitos pecados são expostos nos depoimentos — rebateu ele com um sorriso de canto de boca. — Mas meu pecado não é tão grande. Somente não me senti seguro em expor alguns fatos ao senhor dentro da casa dos Russels.

— Prossiga.

— Na noite em que sofri a suposta tentativa de assalto, reconheci, sim, o rosto de Elliot. Já o outro, um verdadeiro gigante sem cérebro, eu realmente nunca vi antes. — Edward bebeu mais um gole de uísque antes de continuar. — Houve um período da minha vida em que as coisas ficaram muito difíceis para mim. Vim para Londres a fim de terminar meus estudos na área da medicina, porém, meu pai veio a falecer deixando para a família uma enorme dívida acumulada em jogos. Após a morte dele, durante algum tempo, fiquei sem ter onde morar, tive de parar com os estudos e comecei a me virar como podia em troca de comida e moradia. Acabei, então, me envolvendo com as lutas clandestinas nos bares do subúrbio.

Sunders levantou as sobrancelhas.

— O senhor é bom de briga, senhor Cloods? Quem diria...

Edward sorriu e continuou o relato.

— Comecei a ganhar dinheiro para sobreviver até que Elliot me encontrou e passei a lutar somente para ele, que ganhou grandes somas de dinheiro à minha custa, enquanto eu recebia apenas uma ínfima porcentagem dos lucros das apostas. Muito me incomodava viver naquele ambiente, ganhar a vida daquela forma e ainda por cima relacionar-me somente com marginais. Juntei algum dinheiro e me mudei de Londres por algum tempo, fui embora sem avisá-lo e tive medo que, ao ser contrariado, quisesse me matar. Eu sempre soube quem ele era: um sujeito violento e sem nenhum escrúpulo. Vivi por um ano na região da Cornualha, em uma pequena comunidade de pescadores, trabalhei junto com eles e continuei mantendo contato com minha família na América. Certo dia, recebi um telegrama da minha mãe me comunicando que eu receberia uma modesta soma em dinheiro, que era parte do que restara dos bens da família após a morte do meu pai e da quitação de suas dívidas. Voltei, então, para Londres e, com o dinheiro que recebi, comprei a casa que o senhor conheceu outro dia, onde eu vivia com meus gatos. Continuei me virando como podia, trabalhando com serviços gerais, dando aulas particulares e não voltei mais para os porões dos bares. Por mais ou menos dois anos, nunca mais tinha visto ou ouvido falar de Elliot.

Sunders permaneceu durante algum tempo calado, com os dedos entrelaçados repousando sobre o próprio abdômen. O olhar estava fixo em algum ponto sobre a mesa.

— Como o senhor foi parar na casa dos Russels? Pura sorte?

— Mais ou menos. Um golpe do destino, eu diria, se é que isso existe... — respondeu Edward dando de ombros.

Ele relatou para Sunders o episódio de seu primeiro encontro com Helen e de como também conhecera Katie, agora sua futura noiva.

— Meu Deus! — exclamou o outro. — Parece coisa de conto de fadas, senhor Cloods!

Apesar da profissão repleta de coisas desagradáveis, Sunders era um sujeito com ótimo senso de humor.

— Às vezes, até mesmo eu tenho essa sensação, mas temo também pela segurança dos Russels e de Katie. Na verdade, temo pela segurança de qualquer pessoa que tenha um envolvimento comigo, já que Elliot é muito vingativo. Por essa razão, vim até aqui para saber se ele está ou não em Londres.

Sunders retorceu os lábios e chacoalhou os ombros.

— Meus homens dizem que no submundo ninguém sabe por onde ele anda. Acreditamos que não esteja em Londres no momento, e andei sabendo que mantém negócios com russos e croatas. Pode estar dando um tempo fora daqui. Talvez esteja em algum vilarejo próximo, na área rural... A região das docas foi toda vasculhada. Garagens de barco, ranchos de pesca, mesmo aqueles nos pontos mais remotos, pântano adentro, tudo foi revirado, e nem sinal dele. Ninguém sabe de nada já faz algum tempo.

Edward balançou a cabeça.

— Mesmo que soubessem, não diriam, pois ele mantém o controle de quase todos os prostíbulos e bares. Todos o temem e devem para ele.

— Bem, senhor Cloods, a única coisa que podemos fazer é esperar e nos manter atentos. Temos informantes espalhados por todos os buracos de Londres. Manterei os vigilantes guardando a propriedade dos Russels e peço que o senhor também fique atento. Se souber de qualquer novidade, sabe onde me encontrar.

— Muito obrigado por sua compreensão e por seu tempo, inspetor Sunders. Ah, sim! E também pelo uísque! É de excelente qualidade!

Edward deixou a repartição de polícia, alugou um carro e tomou o rumo da casa dos Harrisons.

Capítulo 25

Diante do espelho, Katie aguardava Rachel terminar de trançar seus cabelos. O rosto muito pálido evidenciava as olheiras violáceas, consequência dos últimos dois dias. A febre desaparecera, e, aos poucos, o estado de ânimo da jovem também começou a melhorar. Conforme orientação do doutor Morringan, a dieta alimentar restrita deveria ser ainda mantida por no mínimo quinze dias.

— Pronto! — disse Rachel olhando para ela através do espelho. — Está bem melhor! Agora vamos tingir esses lábios e essas bochechas com um pouco de rosa.

Ela esboçou um leve sorriso e deixou que Rachel fizesse sua maquiagem.

— Está linda, como sempre!

— Tia, você acha que o que aconteceu comigo teve algo de espiritual ou foi realmente uma infecção, como disse o doutor Morringan?

Rachel puxou uma cadeira para perto da sobrinha e sentou-se.

— Não sei, minha querida, mas Ilzie acredita que sim. No fundo, preciso ser sincera com você, pois também acredito nisso. Na madrugada que antecedeu sua febre, você teve pesadelos.

— Consigo me lembrar de algumas coisas... mas não com muita clareza.

Sentada na cama, Andressa observava a cena. Trabalhara intensamente nos últimos dias somente nos corpos sutis de Katie, enquanto Andrew e outros amigos espirituais que vieram em auxílio ficaram encarregados de cuidar da segurança da casa e dos moradores.

— Desta vez, consigo me lembrar dele.

— De quem Katie?

— Do meu obsessor.

Rachel ficou em silêncio.

— É estranho, tia... Ao mesmo tempo em que ele me causa pavor e desperta o que há de pior em mim, sinto que tenho uma ligação com ele.

Rachel foi tomada por uma estranha sensação de frio na região do estômago.

— Como assim uma ligação, querida? A que tipo de ligação você está se referindo?

— Não sei explicar... mas é como se eu e ele nos conhecêssemos e tivéssemos uma certa intimidade. É como se eu sentisse por ele uma espécie de afeição ou um sentimento de compaixão. Não sei explicar, é confuso para mim... No sonho que tive, se é que aquilo foi simplesmente um sonho, eu fui até ele e sabia onde encontrá-lo, conhecia o caminho... E, apesar de o lugar ser sombrio e repleto de sombras e seres assustadores, eu não tive medo — Katie fez uma pausa e depois disse: — Talvez eu e ele tenhamos nos encontrado em outras vidas, tia, como Ilzie já falou.

— Pode ser, querida. Não entendo muito dessas coisas. Talvez fosse bom você ir até a casa dela para conversar.

Após dar três batidas leves na porta, Elgie girou a maçaneta e enfiou a cabeça para dentro.

— Vejo que está bem melhor, minha filha! Quando terminarem, desçam, pois Edward está lá embaixo a aguardando.

— Diga a ele que já vou, mamãe. Obrigada.

Após Elgie sair do quarto, Katie voltou-se novamente para Rachel.

— Depois que Edward for embora, irei até a casa de Ilzie.

— Faz bem, minha querida. Agora vamos, pois não convém deixar seu namorado esperando.

Edward aproximou-se da escada ao vê-la. A jovem estava linda aos olhos dele. O vestido marrom escuro com detalhes de veludo vermelho acentuava ainda mais sua palidez, conferindo-lhe uma aura de fragilidade e delicadeza que o agradava.

— Fico feliz em ver que está bem de saúde novamente — disse ele segurando-lhe as mãos.

— E eu fico feliz em vê-lo — disse Katie sorrindo. — Vamos até o jardim? O dia hoje está muito agradável.

— Claro! Vamos.

— Gostaria que ficasse para almoçar conosco.

— Se esse é seu desejo, ficarei, mas terei de partir logo no início da tarde, pois tenho algumas pesquisas para entregar ao doutor Russel.

Katie deu de ombros.

— Acho que isso faz parte do seu trabalho.

Caminhavam lado a lado em direção aos fundos do terreno, onde havia um único banco de madeira entre as árvores.

— Katie — disse Edward com suavidade segurando nas mãos dela —, quero que me diga: como está se sentindo, de verdade? Pode me dizer tudo, por favor. Não me esconda nada.

O olhar dele era de sincera preocupação.

— Eu estou me sentindo muito bem, doutor. Ainda estou um pouco cansada, mas bem.

— Você acha que o que aconteceu teve algo a ver com sua mediunidade?

Ela ponderou um pouco antes de responder. Andressa observava a cena próxima de um pinheiro.

— Não acredito que tenha tido algo a ver com a reunião na casa do doutor Russel, se é o que quer dizer. Acredito, sim, que esteja relacionado com um espírito obsessor.

— Obsessor?

— Sim, obsessor. É um espírito, uma entidade espiritual, que um dia já teve um corpo de carne e osso como nós e que vive no mundo espiritual.

— Alguém que já morreu... Mas o que o difere dos outros três espíritos que se manifestaram na casa dos Russels?

— O que o difere é o tipo de espírito que ele é e o que ele faz. Um espírito obsessor se liga a uma determinada pessoa por diferentes razões e com diferentes objetivos, mas geralmente o resultado dessa ligação é ruim para aquele que está encarnado.

— Este obsessor é um espírito mau? É isso o que você quer dizer?

— De certa forma, sim... Geralmente, a intenção é causar algum tipo de dano ou atrapalhar a vida daquele a quem persegue, mas acredito que cada caso seja um caso. Existem alguns que fazem isso por um motivo que foi gerado em outra existência.

— Outra vida? Você acredita mesmo que isso seja real?

— Acredito, Edward. Assim como acredito que esse obsessor me acompanha desde que nasci ou talvez até mesmo antes disso.

— Que loucura! — exclamou ele em um tom de voz muito baixo, como se falasse apenas consigo mesmo. — E o que você fará com relação a esse... espírito?

— Eu e madame Ilzie estamos trabalhando nisso. Estamos tentando descobrir de onde vem essa ligação. Estamos procurando fazê-lo falar.

— Mas isso não é perigoso?

— Mais perigoso ainda é fazer de conta que não estamos vendo o problema — respondeu ela. — E você? Tem tido notícias do homem que o atacou?

Edward foi pego de surpresa pela pergunta.

— O nome dele é Elliot; é conhecido como Falcão. Não, não tenho tido notícias dele. Antes de vir para cá, fui até o departamento de polícia conversar com o inspetor Sunders, pois temo pela segurança de qualquer um com quem me relaciono... você, sua família, Helen e William... qualquer um. Sunders acredita que ele talvez tenha deixado a cidade por algum tempo.

Katie permaneceu algum tempo em silêncio, e Andressa aproximou-se dela.

— Não, estão me dizendo que ele está próximo, escondido em algum lugar. — Ela fez uma pausa. — Você tem de evitar circular pelo bairro onde morava.

— Já retirei os gatos e minhas coisas de lá e me mudei definitivamente para a casa dos Russels.

— Isso é ótimo, pois tenho certeza de que ele tem buscado saber do seu paradeiro. — Katie fez uma nova pausa antes de prosseguir. Andressa sussurrava em seu ouvido algumas informações e mensagens para Edward. — Na minha opinião, Edward, acredito que ela deva valer alguma coisa para você. É que ninguém da sua antiga vizinhança deve ficar sabendo onde você está morando.

— Pelo que me lembro, não comentei com ninguém.

— Elliot tem vigiado sua casa.

— Está para alugar.

— Muito bom, mas realmente temo que você não consiga se esconder dele por muito mais tempo, pois esse homem é bastante astuto.

— Eu sei...

— Diga-me... por que esse homem o persegue? Por favor, preciso que confie em mim, pois assim poderei ser mais útil e ajudá-lo.

Ele permaneceu em silêncio durante algum tempo e, então, resolveu contar para ela toda a história do seu envolvimento com Elliot, incluindo o roubo das pedras preciosas, como contara para Helen.

— Agora, você já sabe. Não queria ter lhe contado, porque tenho medo de envolvê-la nessa história, Katie. É muito sério. Ninguém poderá saber que você sabe disso, pois, para a polícia, você poderá se tornar cúmplice de um roubo, e roubo é crime. Eu nunca me perdoaria se acontecesse algo com você.

Ela sorriu e tocou de leve no rosto dele.

— Ninguém ficará sabendo disso, meu amor. Eu lhe dou minha palavra. A única coisa que quero é que me prometa que irá tomar cuidado.

— Eu lhe prometo. Me cuidarei e assim também poderei cuidar de você, senhorita Harrison.

Katie sorriu, e Edward beijou-a.

— O que pretende fazer com seu obsessor? Você e Ilzie já têm um plano?

— Sim, nós temos. Só não quero que doutor Russel e doutor Morringan saibam o que estamos fazendo. Helen já sabe, e a senhorita Scott também nos ajudará.

Edward franziu as sobrancelhas e sorriu.

— Mas é uma espécie de sociedade secreta somente para mulheres?

— Mais ou menos. É que todos os homens envolvidos estão ligados à ciência.

— Está sendo preconceituosa, sabia?

— Não, senhor Cloods. Estou apenas tendo bom senso. As reuniões na casa do doutor Russel possuem um caráter espiritual, mas tenho plena consciência de que, quando participo delas, sou também um objeto de estudo.

— Um estudo de caso... — corrigiu ele.

— Isso mesmo. Pedi a ajuda de Ilzie, porque ela é muito confiável e experiente nesses assuntos relacionados ao mundo espiritual. Sua visão não é a de um homem da ciência e, sim, de uma espiritualista.

— Compreendo.

— Quero que se comprometa comigo de que não dirá uma palavra sequer a respeito desses encontros na casa de Ilzie para o doutor Russel ou para o doutor Morringan

— Tem minha palavra, desde que você também se comprometa a me deixar informado a respeito do que ocorre nesses encontros.

— Eu prometo. Estou pensando em retornar para a escola daqui a mais algum tempo.

— Isso é excelente! Você é uma mulher inteligente demais para ficar somente em casa.

— Eu estou feliz e um pouco apreensiva com essa perspectiva.
— Apreensiva? Mas por quê?
— Você sabe... todos na escola sabem o porquê de eu haver parado com os estudos. Algumas manifestações ocorreram lá e foram bastante impressionantes para aqueles que as assistiram. Tem gente que diz que sou louca e outros que dizem que sofro de algum tipo de possessão demoníaca.
— Mas isso é um absurdo!
— Pode até ser para pessoas cultas como você, os Russels, o doutor Morringan, mas, para a maioria das pessoas, não. Bem, mesmo assim, seguirei adiante com meus estudos, pois depois que o doutor Morringan começou a trabalhar comigo e com a minha mediunidade, episódios daquele tipo não têm mais ocorrido.
— Tem todo o meu apoio — disse ele. — Katie, se tudo der certo, pretendo marcar nosso noivado para agosto deste ano. O que você acha?
— Eu acho maravilhoso.
— É o tempo que levarei para finalmente encerrar meus estudos na universidade e me tornar um médico. Logo depois disso acontecer, gostaria de marcar a data do nosso casamento.

Katie sentiu o coração acelerar como resultado de um intenso estado de felicidade. Amava Edward e pretendia passar o resto dos seus dias ao lado dele.

— O que acha de nos mudarmos de Londres?

Katie olhou para Edward com expressão muito séria.

— Irei com você para onde quiser ir.
— Mas eu gostaria de saber se você seria feliz vivendo longe da sua família.
— Acho que sentirei falta deles, mas posso visitá-los, e eles também poderão nos visitar quando quiserem. O que tem em mente? Alguma cidadezinha do interior?
— Cornualha. Passei algum tempo lá, em um lugar muito agradável e tranquilo. Poderia montar um consultório, e você talvez pudesse dar aulas para crianças ou algo semelhante... o que acha?
— Acho maravilhoso. Sempre quis conhecer a Cornualha. Dizem que é um lugar misterioso, cheio de lendas, além de ser muito bonito.
— É um dos lugares mais encantadores que eu já vi — disse Edward. — As pedras preciosas das quais lhe falei podem ser nossa segurança financeira pelo resto de nossas vidas, Katie. Só tenho de descobrir um meio de comercializá-las, sem que as autoridades descubram qualquer tipo de

rastro. Por isso, o ideal é que fossem negociadas fora do país. Vou pensar em alguma coisa.

O restante da manhã passou muito depressa para o casal, e, após o almoço, Edward partiu em direção à residência dos Russels a fim de cumprir com sua agenda de trabalho. Katie, por sua vez, aguardou até o meio da tarde para sair à procura de Ilzie.

— Por aqui, senhorita — disse o mordomo.

Katie entrou e seguiu-o até a varanda dos fundos, onde Ilzie conversava com o enteado.

— Boa tarde! — cumprimentou Katie.

Ilzie levantou-se para recebê-la. Como sempre, estava elegantemente vestida. Usava um vestido preto e enormes esmeraldas presas às orelhas.

— Sente-se conosco, querida. Fico feliz que esteja melhor.

— Estava doente, Katie? — perguntou Armand.

— Tive febre devido a algo que comi e que não me fez bem, mas já passou.

— Que bom, pois Ilzie estava bastante preocupada com você.

— Sua madrasta é muito gentil.

— Bem... — disse Armand levantando-se —, vou até o centro da cidade ver como andam as coisas na sala que aluguei. Foi um prazer, Katie. Espero vê-la em nosso jantar amanhã à noite.

— Nós viremos sim. O prazer foi todo meu, Armand.

Estando a sós com Ilzie, Katie relatou com detalhes o que se lembrara do sonho que tivera.

— Hum... — fez Ilzie, apoiando o queixo proeminente em uma das mãos.— Acho que você teve um contato com ele. Esse lugar estranho que visitou deve existir no mundo espiritual.

— Quer dizer que não foi um lugar onde vivi em outros tempos?

Ilzie ponderou um pouco antes de responder.

— Pelo que me descreveu, acho que não. Mais me parece ser o local onde o obsessor vive. Existem diferentes localidades no reino espiritual, Katie. Lugares belíssimos que nós não conseguiríamos descrever e até mesmo imaginar, onde vivem seres de altíssima vibração, espíritos muito evoluídos. Há também locais intermediários, que servem de abrigo, escola ou até mesmo de hospitais para espíritos que acabaram de desencarnar, e outros que são sombrios, de baixíssima vibração, habitados por entidades funestas, que, por um motivo ou outro, se recusam a seguir adiante. Venha comigo. Vamos até a biblioteca, pois quero lhe mostrar algo!

Katie seguiu Ilzie pela cozinha e depois por um longo corredor e, durante o trajeto, não pôde deixar de pensar na estranha impressão que lhe causava o fato de que o cômodo daquela casa, que fora transformado em biblioteca, parecia não existir. À primeira vista para quem fizesse uma excursão rápida pelo local, essa parte da casa passava despercebida. Possivelmente, isso se dava pelo fato de que o corredor terminava em uma imensa porta com vitrais coloridos, que se abria para o jardim e nele não havia nenhuma outra porta lateral, além daquela que dava acesso à biblioteca.

Ilzie abriu as cortinas e as janelas, que eram grandes e permitiam a entrada de muita luz. Do lado de fora, era possível ver um velho espinheiro de tronco pálido e retorcido. Um delicado aroma de mirra exalava das cinzas da lareira, e Katie definia aquele ponto da casa como muito agradável. Ilzie começou a mexer em uma das pilhas de revistas que se amontoavam na primeira prateleira da estante, a mais próxima do chão, depois de alguns minutos puxou de lá uma pasta preta com espessura razoável.

— Preste atenção... — disse ela sentando-se ao lado de Katie no divã.

— Vou ignorar alguns trechos que tratam da ata da reunião e irei direto ao que é do nosso interesse para não tornar tudo muito maçante. O relato que lerei trata de uma das reuniões do grupo de estudos da doutrina espírita do qual fiz parte por muitos anos em Paris. É o caso de um adolescente de doze anos que chamaremos somente pelo primeiro nome: Filipe. Ele residia com a família na cidade de Lyon, e a mãe do jovem ouviu falar do nosso grupo por meio de uma amiga que vivia em Paris. Ela resolveu nos escrever relatando o problema que estava enfrentando com o filho, e um de nossos médiuns viajou para Lyon e hospedou-se por uma semana na casa da família que estava sofrendo com os fenômenos. Nos primeiros três dias, nada aconteceu, porém, do quarto dia em diante, tudo mudou. Quando nosso colega retornou a Paris, decidimos fazer uma sessão com o objetivo de invocarmos o obsessor. Ao todo, formávamos um grupo de sete pessoas, além da assistência. Eis o que aconteceu.

Ilzie ajeitou os óculos na ponta do nariz e deu início à leitura.

— Paris, dezenove de setembro de 1888. O espírito obsessor do jovem Filipe, residente na cidade de Lyon, foi invocado pelo grupo e convidado a se manifestar.

"A médium J., dirigente das reuniões, foi quem entrevistou o espírito, que fez contato através do médium P.

"J.: — Pode nos dizer seu nome?

"Resposta: — Pode me chamar de Vingador.

"J.: — Esse é um pseudônimo, não um nome próprio, mas, se você não se sente à vontade para nos dizer seu nome, que seja assim. Por que está junto do jovem Filipe?

"Resposta: — Isto não é da conta de vocês.

"J.: — Chamamos você aqui a pedido da família do rapaz, para que possamos ajudá-lo. Podemos ajudá-lo também.

"Espírito Obsessor: — Eu não preciso da ajuda de ninguém!

"J.: — Você poderia pelo menos nos dizer o porquê de sua atitude com relação ao jovem Filipe? Por que está junto dele?

"Resposta: — Estou junto dele desde muito antes de seu nascimento naquela família. Temos contas para acertar.

"J.: — Você e Filipe?

"Espírito Obsessor: — Não! Eu e a família dele. Filipe é meu parceiro e amigo, e nós temos um acordo.

"J.: — Que tipo de acordo?

"Espírito Obsessor: — Ele se comprometeu a me ajudar, e juntos temos um plano de vingança.

"J: — Mas acredito que isso não esteja funcionando e a única coisa que está conseguindo é pregar alguns sustos nos outros membros da família.

"Espírito Obsessor: — É o que você pensa, tola!

"J.: — Você e Filipe se conhecem de outras existências na Terra?

"Espírito Obsessor: — Mais ou menos.

"J.: — Sua resposta não faz sentido para mim.

"Espírito Obsessor: — Estivemos juntos em uma única existência e nos encontramos posteriormente no outro lado. Filipe foi meu discípulo por muito tempo. Você não conseguiria compreender...

"J. : — Tente, afinal, sabe muito bem que nós, encarnados, não estamos sozinhos nesta sala.

"Espírito Obsessor: — Sim, eu sei. Posso ver todos vocês. No meu reino, tenho muitos seguidores e discípulos. Filipe é um dos meus melhores e continua a me visitar constantemente.

"J.: — Como isso ocorre?

"Espírito Obsessor: — Durante o tempo em que dorme, o espírito dele sabe exatamente aonde ir, recebe as informações e retorna para o corpo físico. Vocês sabem muito bem que, apesar do corpo de Filipe estar em desenvolvimento ainda, isto nada tem a ver com o espírito.

"J.:— Percebo que, apesar de suas intenções não serem nobres, você não é um espírito ignorante, e acredito que saiba que o que está fazendo lhe será cobrado de alguma forma, não é mesmo?

"Espírito Obsessor: — Sim, eu sei.

"J.: — Pode nos dizer onde está localizado o tal reino ao qual você se refere?

"Espírito Obsessor: — Para que você possa se localizar, fica mais ou menos sobre Paris. Existem outras localidades também sobre este país, mas estão fora da minha autoridade.

"J.: — Como é esse lugar?

"Obsessor: — Em parte se assemelha a uma cidade, com habitações e muitos moradores, mas não é bonito, se é o que deseja saber. Todos os que vivem e circulam por lá possuem seus interesses e desafetos e não têm interesse em se desprenderem do mundo físico. É um lugar escuro, embora eu não saiba lhe dizer o porquê disso, já que, sendo tão próximo da Terra, deveríamos ter luminosidade solar.

"J.: — Talvez seja assim por causa de seus pensamentos e de suas intenções.

"Espírito Obsessor: — Pode ser. Posso ir ou precisa de algo mais?

"J.: — Somente mais algumas perguntas, por favor. Contra quem exatamente da família de Filipe você nutre seu desejo de vingança?

"Obsessor: — Todos, exceto Filipe, pois ele é meu colaborador e também sofreu no passado por conta dos atos daqueles com os quais possui vínculos de sangue agora.

"J.: — Quero que nos diga o que pretende fazer. Qual é exatamente seu plano?

"Obsessor: — Filipe possui a vitalidade necessária para a realização do meu trabalho. Preciso dele para me manifestar, você sabe muito bem disso! Não pretendo deixar o local ou abrir mão da minha vingança, então, não adianta me chamarem novamente, pois não conseguirão nada. Será perda de tempo. Esqueça! Não direi mais nada e já perdi muito tempo com vocês."

Ilzie parou de ler e retirou os óculos.

— O contato com essa entidade se encerra aqui. Alguns de nossos médiuns realizaram um acompanhamento junto da família de Filipe durante alguns meses, por quase um ano para ser mais exata. A intenção era fazer um trabalho de orientação com o próprio rapaz, que, apesar de se mostrar cortês e educado, não estava firmemente disposto a colaborar conosco e com os estudos e as sessões que tentávamos realizar. Uma das médiuns, a que mais se dedicou ao caso, escreveu aqui — disse ela folheando algumas páginas — que percebeu, no comportamento do rapaz, traços evidentes de dissimulação. Algumas sessões foram realizadas, e, tendo Filipe entrado em uma espécie de transe semelhante ao sonambulismo, seu próprio espírito se manifestou e deu demonstrações de estar irredutível quanto ao desejo de colocar em prática seu plano de vingança em parceria com o espírito obsessor. Claro que, quando estava desperto, a mente consciente dele era apenas a de um rapaz de doze anos bastante perplexo diante de tudo o que ocorria à sua volta. Passamos muito tempo sem ter notícias daquela família, mas depois soubemos que haviam se mudado de Lyon.

Ilzie fez uma pausa.

— Li esse trecho do caso Filipe de Lyon, Katie, porque me chamou a atenção a descrição que você fez do cenário do seu sonho. Às vezes, nós nos ligamos a determinadas entidades sem nem sequer imaginarmos os motivos. Não me pareceu ter sido uma lembrança de alguma de suas vidas anteriores; me pareceu um encontro entre você e a entidade no mundo espiritual.

— A mim também, mas devo lhe dizer que a impressão que tive, pelo que consigo me lembrar do sonho, é que o lugar não era estranho para mim. Eu o percorri como se o conhecesse e até posso dizer que me senti à vontade onde estava, por mais que não tivesse aparência agradável. O obsessor também é para mim um mistério pelas emoções que ele me desperta. Quando estou acordada e sinto a presença dele, sinto-me muito mal e costumo entrar em pânico, mas no sonho, apesar de temê-lo, percebo que nutro algum tipo de afeto por ele.

Ilzie franziu as sobrancelhas.

— Não é nada semelhante ao tipo de afeto que existe entre um homem e uma mulher. Não estou falando disso. Talvez seja mais parecido com o que sinto.... como vou dizer... com o que sinto por meu pai, por exemplo.

Ilzie deu de ombros.

— Pode ser, por quê não? Afinal de contas, quando estamos na carne, desconhecemos nossa história espiritual pregressa... Sabe o nome dele?

Katie ficou em silêncio durante algum tempo, esforçando-se para lembrar.

— Não consigo me lembrar... — disse ela finalmente. — É estranho. Não me lembro, mas é como se eu soubesse que sei...

— Não é tão estranho assim... Sua mente racional não se lembra, mas seu espírito, sim. O lugar se parecia com algum outro que já tenha visto antes?

— Definitivamente, não. As construções pareciam até mesmo primitivas. Havia muitas pedras, tudo era úmido e escuro, e não havia colorido na paisagem.

— É... não tenho dúvidas. Você certamente visitou um local que faz parte do mundo espiritual inferior.

— E o que faremos agora?

— Neste momento, absolutamente nada — respondeu Ilzie. — No início da próxima semana, nós nos reuniremos com Helen, Marianne e com sua tia Rachel e, então, o invocaremos. A assistência será necessária. Pretendo entrevistá-lo para obtermos informações, pois, somente assim, poderei ajudá-la e, quem sabe, ajudá-lo também.

— Compreendo.

— Katie, quero que fique atenta a tudo. Esse tipo de entidade, quando começa a perder o controle sobre aquele que o interessa, costuma utilizar todo tipo de artimanhas para conseguir o que deseja ou se vingar. Pelo pouco que pude perceber, de alguma forma, ele consegue influenciá-la e, em especial, influenciar suas emoções. Tenha cuidado. Seja crítica com relação aos seus pensamentos, procure manter o controle, desconfie de tudo aquilo que lhe passar pela cabeça e que não pareça normal ou comum, pois poderá ser sugestão dele com algum intuito. Não sabemos quais são suas verdadeiras intenções. Você me disse que está se preparando para voltar ao colégio, e acho excelente que termine seus estudos, mas tenha muita sensatez, pois ele atacará seus pontos fracos. Pensamentos movidos por raiva, ódio, desejo de vingança, ciúmes e até mesmo depressão devem ser analisados e, se for o caso, combatidos. Falo isso como sua amiga e porque sei o quão ardiloso esse tipo de espírito pode vir a se tornar. Às vezes, se utilizam de situações que nem lhe passam pela cabeça para incomodarem e lhe tirarem a paz de espírito, que é o que o mantém afastado de você. Isso vale para as relações familiares, de amizade e até mesmo para seu relacionamento com Edward.

Katie deu um longo suspiro.

— Eu sei... prometo que me manterei vigilante. Agora, vou para casa, pois prometi ajudar tia Rachel com a roupa e com o jantar. Hoje, minha mãe tem um compromisso na igreja.

Ilzie acompanhou-a até o portão e permaneceu durante algum tempo observando-a enquanto Katie se afastava. Precisava ajudá-la, pois, apesar da tranquilidade aparente que reinava na residência dos Harrisons nos últimos meses, sabia que a jovem amiga tinha um grave problema.

Capítulo 26

— William?

Helen girou a maçaneta da porta com delicadeza e entrou na biblioteca.

— Sim, querida?

— Eu gostaria de conversar com você.

William fechou o volumoso caderno de anotações, deixou-o de lado e voltou toda a atenção para a esposa. Apesar de estar usando os óculos, não conseguia enxergar o rosto de Helen com muita clareza, pois a miopia tornava-se cada vez mais acentuada com o passar dos anos. Ela permanecia em silêncio sentada diante dele sem iniciar o assunto.

— Pode falar, Helen. O assunto é assim tão grave?

William sabia que ela não era uma mulher de fazer rodeios.

Helen espirou profundamente, levantou-se da cadeira e sentou-se novamente. Por fim, começou a falar.

— Eu gostaria de conversar com você sobre um assunto que tem me incomodado nos últimos tempos, mas que tenho guardado a fim de não lhe ser inconveniente.

William permaneceu calado aguardando que ela continuasse.

— Na verdade são três assuntos.

William levantou as sobrancelhas e encarou-a com expressão de espanto.

— Continue. Não temos de ter receios um com o outro — disse ele.

— Vamos começar por Camille.

— O que tem nossa filha?

— Me incomodou muitíssimo o fato de você ter reagido como reagiu após o contato dela através de Katie, durante nossa última reunião. Você acredita ou se esforça para acreditar? — perguntou ela em um tom de voz firme e encarando-o.

Durante algum tempo, ele permaneceu olhando para o rosto da esposa. Camille parecia-se muito com a mãe. Na verdade, era uma réplica de Helen.

— Confesso-lhe que muitas vezes acredito, que para mim é uma verdade incontestável, contudo, em outras ocasiões, penso que a existência da vida após a morte me parece apenas uma fantasia criada por nós mesmos para suportarmos a dor causada pela perda daqueles que amamos.

Helen desviou o olhar para em seguida tornar a olhá-lo dentro dos olhos.

— Querida, antes de mais nada, sou um cientista e um pai que perdeu a única filha e até hoje não conseguiu superar essa perda. Estou sendo o mais verdadeiro possível com você.

— Mesmo tendo presenciado os fenômenos ocorridos durante nossas reuniões com Katie, você ainda não consegue acreditar?

— É difícil não crer que exista algo após testemunhar manifestações tão verdadeiras, como a que todos nós presenciamos por meio das capacidades dessa jovem. Sabemos que não existe a mínima chance de ocorrerem fraudes, pois estamos dentro da nossa própria casa. Além disso, confio plenamente em Morringan, que foi o responsável por nos apresentar Katie.

Helen levantou a mão direita abruptamente e interrompeu-o.

— Não, você está errado. Carl a apresentou a você, mas comigo e com Edward foi diferente. Nós cruzamos o caminho de Katie ou vice-versa, e eu acredito que deva existir uma razão para isso, William. Katie entrou em nossas vidas por uma razão. Ela é a ponte entre nós e Camille, o elo que você tanto sonhava encontrar. — Ela fez uma pausa antes de prosseguir: — Bem, vim lhe pedir que, se não consegue acreditar, encerre suas pesquisas com Katie, deixe tudo isso para trás e siga somente com sua carreira científica. Pare de brincar com o mundo invisível e com as pessoas.

— Por que está me pedindo isso?

— Porque não acho justo. Diferentemente de você, Carl acredita na existência da vida após a morte, e não acho justo dispormos do tempo dessa jovem para que você a utilize como objeto de estudo.

— Mas eu nunca escondi isso dela. Tenho certeza de que, se ela for questionada, lhe dirá que compreende muito bem os dois aspectos da questão. Nunca questionei suas crenças pessoais, Helen. Apesar de duvidar de algumas delas, sempre as respeitei. Sinceramente, não estou conseguindo entender aonde você quer chegar.

— Passei por uma situação muito dolorosa há alguns anos, William.

— Não posso acreditar que esteja insinuando que eu e a senhorita Harrison....

A voz de William ficouu levemente alterada, evidenciando um tom de indignação, e suas faces tornaram-se avermelhadas quase instantaneamente, o que era raríssimo de acontecer.

— É claro que não! — exclamou Helen. — Vou lhe explicar melhor. Há alguns dias, veio até aqui um jornalista querendo entrevistá-lo, aliás, este seria o segundo assunto sobre o qual gostaria de conversar com você. Bem, segundo Edward, esse homem, de alguma forma, ficou sabendo das reuniões que têm ocorrido aqui, em casa.

— Por que não me disse isso antes?

— Porque não quis incomodá-lo, mas, segundo Edward e Bucky, o homem tem sido insistente. Eu mesma já o dispensei algumas vezes. É educado, parece ser inteligente e não aparenta ser um profissional vulgar, daqueles que trabalham para algum tabloide sensacionalista, mas, francamente, não sei mais o que dizer a ele. Talvez seja melhor você mesmo resolver o assunto.

— Mas como esse homem ficou sabendo de Katie?

— Eu e Edward não conseguimos arrancar uma palavra sequer dele sobre o assunto.

— Isso é estranho... Quero que me faça um favor. Da próxima que o vir, e eu estiver em casa, me chame, pois gostaria de conversar com esse jornalista.

— Farei isso. Mas lhe peço que o dispense e não envolva Katie nisso.

— É lógico que serei sigiloso quanto à senhorita Harrison, Helen. Você me conhece muito bem.

— Ótimo.

— Mas por que devemos parar com as reuniões?

— Em primeiro lugar, porque Katie não é uma cobaia; ela é uma médium genuína e com um dom incomum. Em segundo lugar, porque, de alguma forma que nem sequer podemos imaginar, estamos chamando a atenção, e isso é péssimo! Daqui a mais algum tempo, vão acabar revolvendo nosso passado!

Durante algum tempo, William permaneceu em silêncio e imerso em seus próprios pensamentos, enquanto alisava os bigodes distraidamente. Por fim, levantou-se, abriu uma das janelas e acendeu o cachimbo. Em seguida, sentou-se novamente.

— Em que está pensando, Will? — perguntou ela com certo tom de irritação.

— No tal jornalista... — respondeu ele tranquilamente. — Não o dispense, Helen...

— O quê? Você perdeu o juízo?

— Não, fique tranquila, querida... Eu estou muito bem. Talvez Fields nos seja bastante útil.

— Confesso-lhe que não estou compreendendo — disse ela secamente. — Você tem noção do alvoroço e do estrago que uma matéria a seu respeito e com esse teor poderá causar perante a sociedade e o meio acadêmico? — em seguida, acrescentou com um sorriso irônico: — Sim, é claro que você sabe... como sou tola! Ainda perco meu tempo tentando abrir seus olhos e me preocupando com sua reputação e carreira...

William olhou para ela com expressão tranquila.

— Querida, estou velho demais para me preocupar com esses detalhes e com os mexeriqueiros das altas rodas... Tenho coisas mais importantes com que me ocupar. Os valores, Helen... os valores são esses que me movem, e eu não me refiro às moedas, porque essas nós temos o suficiente para vivermos o restante de nossas vidas no lugar que escolhermos e com conforto. Se Londres não nos quiser mais... pouco me importa... Poderemos nos mudar, e o mundo possui inúmeras possibilidades de escolha. Os valores aos quais me refiro, Helen, são aqueles que cultivei durante toda a minha vida como pesquisador e cientista, e se a ciência puder comprovar um dia a existência da vida após a morte e que somos algo mais que isso que estamos vendo — disse ele referindo-se ao próprio corpo —, gostaria de deixar minha contribuição para tal. Para mim, Katie não é apenas uma cobaia como você se referiu há pouco. Ela é muito mais... ela é uma esperança! Se existe alguém que me fez acreditar que existe algo mais e que podemos nos comunicar com aqueles que já morreram, esse alguém é Katie Harrison. Acredito nessa possibilidade, a da mediunidade; só quero descobrir como isso ocorre, Helen. Por que algumas pessoas, como Katie, possuem capacidade de estabelecer um contato com o mundo espiritual e a grande maioria não possui? O que acontece? Acredito em algo chamado capacidade psíquica, uma espécie de energia gerada pela nossa mente, e que, aparentemente, alguns indivíduos sejam mais dotados desse potencial que outros. A pergunta é: isso se dá pela genética, pela herança de cada um? Ou é uma característica do espírito mais desenvolvido por suas diversas vivências na Terra? Não posso negar que Katie é uma médium genuína e hoje investigo o mecanismo que faz isso acontecer... É fascinante! Porém, tenho quase certeza de que morrerei antes de chegar a qualquer conclusão.

Helen franziu as sobrancelhas e ficou observando o rosto do marido durante algum tempo. Procurava nele algum traço, alguma evidência que pudesse lhe dar pistas do que lhe ia no íntimo. Era certamente a pessoa que melhor conhecia o médico e o homem William Russel, mas, naquele exato momento, não sabia o que pensar. O que ele estaria planejando?

— Quanto ao jornalista, dependendo de seu caráter, ele poderá ser um bom aliado. Hoje, há um número cada vez maior de pessoas que acreditam na existência da vida após a morte e nos contatos entre encarnados e desencarnados. Se ele for um homem sério, não vejo por que não possa documentar tudo isso. Acho que todos devam saber que é real, que isso existe, de verdade! Você não ficou feliz em receber uma mensagem de nossa filha? Tenho um nome conhecido e uma reputação e posso muito bem usar isso para endossar a veracidade desses fatos. Não estou mais preocupado com o que aquelas múmias empoeiradas da Academia dirão ao meu respeito... Pelo menos estou vivo. Velho sim, mas vivo! Aliás, ambos estamos velhos, minha querida. Conversando com Carl a respeito de uma mudança para um lugar mais tranquilo, confesso que a ideia me agradou bastante. O que acha de, assim que pudermos, nos mudarmos para a região de Essex? Carl e Marianne planejam se mudar para lá até o início do próximo ano.

Agora Helen estava perplexa e boquiaberta, pois nunca imaginara o marido longe da rotina que tinha em Londres. Viviam debaixo do mesmo teto, e, mesmo assim, uma intensa mudança interior ocorrera nele, sem que ela se desse conta.

Por natureza, William era um homem que passava a maior parte de seu tempo em seu mundo particular, envolvido com seus afazeres. Helen, por sua vez, possuía um espírito mais expansivo, porém, com o passar dos anos, aprendeu a observar e a respeitar o comportamento e o espaço do marido. Sentia-se cansada, pois também sofrera muito com a morte de Camille, porém, mantivera-se firme. Precisava ser uma escora para William, que ficara muito mais abalado. Os anos se passaram, e uma grande crise conjugal desencadeou-se, estremecendo fortemente a relação dos dois. Contudo, ao ver o marido chorar e pedir perdão, Helen tomou a decisão de permanecer ao lado dele e de seguir em frente. Sabia que ele a amava e respeitava, mas seu perfil praticamente eremita a fazia sentir-se muito só.

— Helen, eu lhe fiz uma pergunta, querida.

— Ah! Sim, claro! Por quê, não? Eu adoraria viver no campo e tenho plena convicção de que me adaptarei à falta de algumas facilidades que a cidade grande nos proporciona. Até mesmo para nossa saúde e nosso conforto será melhor. Mas e você, Will? Será que realmente conseguirá se adaptar? E Edward, Katie, Bucky e Lucy?

— Bem, Edward é um jovem médico com grande potencial e que está iniciando uma carreira. Quanto à jovem Katie, ela provavelmente se tornará a senhora Cloods, e ambos seguirão com suas vidas e poderão nos visitar com seus filhos quando quiserem. Será ótimo, pois assim poderemos saber qual é a sensação de sermos avós.

Helen sorriu, e ele continuou.

— Quanto a Bucky e Lucy, eles poderão vir conosco se quiserem, afinal de contas, nos serviram com fidelidade a vida toda, e não seria justo abandoná-los agora, depois de tantos anos. Além do mais, os filhos deles já estão crescidos e têm suas vidas para cuidarem — resumiu ele. — Quanto a mim, estou bem resolvido no que diz respeito a aproveitar o tempo que me resta. E qual seria o último assunto do qual gostaria de falar?

— Não sei... não consigo me lembrar. Provavelmente, não era nada de importante. Bem, vou pedir a Lucy que sirva o jantar, está bem?

Helen já ia saindo, quando William a chamou novamente.

— Querida, quero que saiba que você é muito importante para mim e que não sou ninguém sem você, Helen.

Ela aproximou-se do marido e abraçou-o com carinho. Depois, afagou suavemente seus cabelos e saiu da biblioteca. Camille observava a expressão cansada no rosto do pai, e William sentiu um agradável perfume de lírios no ar. Imediatamente, a imagem do rosto da filha lhe veio à mente de forma muito clara, então, ele fechou os olhos e perguntou mentalmente:

"Camille, você está aqui?"

Ela aproximou-se do pai, deslizou as mãos por seu rosto, e William conseguiu sentir o toque suave.

— Querida, é você, filha... — disse ele, agora em voz alta.

O perfume intensificou-se, e Camille sorriu.

— Gostaria que soubesse que a amo mais do nunca... e gostaria de lhe pedir perdão.

Ele pronunciou essa última frase com grande tristeza. Camille, que estava de pé ao seu lado, estendeu a mão e tocou-lhe o peito. Imediatamente, William teve uma sensação de grande conforto e paz. Apesar de estar com os olhos abertos, podia ver a imagem da filha nitidamente em sua tela mental, sorrindo com tranquilidade. Naquele momento, William Russel finalmente liberou para si mesmo o perdão. Estava livre de todo o peso que carregara em seu coração durante anos. Todo o sentimento de culpa pela morte da filha desapareceu, e uma certeza inexplicável de que ela vivia em uma outra realidade tomou conta dele.

William ouviu alguém bater na porta e rapidamente secou as lágrimas que caíam em abundância sem que conseguisse contê-las.

— Diga para Helen que já estou indo, Lucy. Obrigado.

Capítulo 27

Ilzie virou-se para o lado e pousou a mão sobre o peito de Armand, que dormia profundamente. Abriu os olhos e contemplou o rosto dele. Uma parca luminosidade entrava pela janela lateral, e de onde estava ela podia ver a lua crescente. Era uma madrugada silenciosa e clara. Com o corpo envolto por um lençol de seda, Ilzie levantou-se com cuidado para não acordá-lo. Seus cabelos estavam soltos e eram crespos e longos. Ela deu alguns passos na direção de uma das cômodas e encheu uma taça com água. Permaneceu durante alguns minutos de frente para a janela observando a lua brilhante, que inundava seu jardim de claridade. Sentia-se feliz. Ter Armand junto dela era a única coisa da qual realmente precisava. Dinheiro não a preocupava, pois tinha de sobra. Não podia queixar-se da vida, afinal, ela lhe fora muito generosa.

O sentimento de culpa que a atormentara durante anos desaparecia aos poucos. Ela e o enteado apaixonaram-se desde o primeiro momento em que se conheceram, e havia entre eles grande afinidade e amor. Armand tentou relacionar-se com outras mulheres, relutou em aceitar o que sentia pela madrasta, mas tudo fora em vão. Ilzie tentou com todas as suas forças lutar contra o que sentia por ele, mas também não conseguira. Em vida, o pai de Armand nunca ficara sabendo do relacionamento que existia entre eles, pois ambos sempre procuraram manter o máximo de discrição e sigilo.

Quando se casou, Ilzie era muito jovem. Mais de vinte anos mais jovem que o marido. Ela e Armand, no entanto, tinham quase a mesma idade. O pai de Armand era uma pessoa maravilhosa, que proporcionara a Ilzie uma vida de conforto e sempre a tratara com atenção e respeito, embora tivesse plena consciência de que ela não o amava. Era um homem inteligente e, quando escolheu tirá-la da casa dos pais para casar-se, sabia que essa possibilidade não existia. Ela, por sua vez, proporcionou a ele amizade, companheirismo, cumplicidade, carinho e atenção e enxergava nele o pai que não havia tido. Era apenas uma adolescente, quando a mãe praticamente a vendeu. Esse capítulo de sua história era realmente sombrio e a desagradava. Não era uma mulher bonita, tampouco fora uma jovem bonita, contudo, sempre fora elegante, e inteligência e carisma nunca lhe faltaram.

Apesar de ter tido uma vida difícil durante a infância e parte da adolescência, Ilzie nunca perdeu a alegria e a fé. Ao ser entregue pela mãe ao pai de Armand por uma razoável soma de dinheiro, perdoou-a com sinceridade, apesar da tristeza, pois tinha certeza de que ela o fazia por desespero, para sustentar seus outros irmãos menores. Ilzie era a filha mais velha e aceitou a responsabilidade de sacrificar-se para ajudar a família. O pai adoecera gravemente, desenvolvera um problema neurológico grave, que a medicina da época não pôde diagnosticar, o que o deixou debilitado a ponto de passar o restante de seus anos de vida em uma cama. Herman, o pai de Armand, era um empresário bem-sucedido com diferentes ramos de negócios espalhados por diversos países da Europa e conhecia o pai de Ilzie. Ele apaixonou-se por ela e pediu sua mão em casamento. Apesar do desespero que sentiu, Ilzie não nutria por ele nenhum tipo de repulsa, pois o conhecia e o julgava um homem bom. Assim que se casaram em uma cerimônia muito simples, mudaram-se para Paris. O real motivo da mudança foi evitar especulações e comentários da alta roda, na qual Herman era muito conhecido. Ele não queria que a esposa ou seu filho passasse por nenhum tipo de constrangimento.

Casar-se com um homem mais de vinte anos mais velho e ainda se mudar para um país estranho, cujo idioma desconhecia por completo, a apavorou, e ela caiu em prantos. Herman foi compreensivo e tranquilizou-a. Ao chegarem à França, contratou professoras para a esposa, que assimilou rapidamente tudo o que lhe era ensinado, e, em pouco tempo, Ilzie transformou-se em uma mulher culta, elegante e de gosto refinado. Tudo isso ela devia a Herman. Quando adoeceu, ele chamou-a e disse baixinho em seu ouvido: "Querida, sou grato por todos os momentos felizes que me proporcionou. Agora, você está livre... seja feliz, Ilzie!". Naquele momento, ela chegou a imaginar que o marido soubesse do romance secreto entre ela e Armand, mas, mesmo assim, após a morte dele, ainda se sentia uma traidora. Envergonhava-se de mostrar para o mundo o quanto amava o enteado, embora ele insistisse que não deviam nada a ninguém e que deveriam assumir o relacionamento sem receios.

Alguns meses após o falecimento de Herman, Ilzie e Armand passaram a dividir o mesmo quarto, mas não assumiram a relação publicamente. A mudança para a Inglaterra acontecera com o intuito de iniciarem uma nova vida, deixando a roda de amigos e conhecidos para trás. A intenção de Armand era assumir de uma vez por todas o relacionamento com Ilzie, afinal, fazia mais de três anos que Herman se fora, e não havia mais necessidade de se esconderem de ninguém. O jantar daquela noite seria para isso: deixar claro para os amigos mais próximos que iriam noivar e se casar em breve. Ilzie estava nervosa e ansiosa e mal conseguira dormir. Pensava em qual seria a reação de Katie ou de Helen, talvez de Elgie e Harold, ou dos Russels... Sentia-se uma tola em pensar daquela maneira, afinal de contas, Armand tinha razão. Não deviam nada para ninguém, contudo, não conseguia evitar pensar assim.

Ainda olhava pela janela e podia ver claramente os contornos dos troncos das árvores e os canteiros recém-construídos com as mudas de peônias que cresciam lentamente, quando percebeu um homem alto e elegante, que caminhava tranquilamente pelo quintal. O terno que ele usava era cinza claro, a cor preferida de Herman, e o homem usava um chapéu com abas curtas de cor escura. Estava de costas para ela e, antes de desaparecer nos fundos do terreno, virou para trás em sua direção e acenou. Era Herman! Ilzie sentiu o coração acelerar e deixou cair a taça que segurava entre os dedos, fazendo Armand acordar com o ruído.

— Ilzie? O que faz aí? Está tudo bem? — perguntou Armand sentando-se na cama.

— Sim... — balbuciou ela. — Quero dizer... você não vai acreditar no que vi.

— Talvez eu acredite. Por que não tenta me contar?

— Vi seu pai caminhando entre as árvores.

Armand sorriu.

— Você não deveria estar tão espantada com isso.

— Não? — perguntou ela, aproximando-se e sentando-se na cama ao lado dele.

— Não. Você acredita na vida após a morte e que os espíritos se comunicam com os vivos. Se isso for realmente verdade, é natural que meu pai venha nos visitar de vez em quando, não acha? Se fôssemos eu ou você no lugar dele, provavelmente faríamos o mesmo.

— E você acha que ele já sabe o que existe entre nós?

— Acho que sim. E, se bem conheço meu pai, ele compreende nossa situação. Já parou para pensar que talvez ele soubesse quando ainda estava vivo?

Durante algum tempo, Ilzie permaneceu em silêncio olhando para o rosto de Armand.

— Sim, você sabe que durante muito tempo fui assombrada por essa possibilidade.

— Talvez ele soubesse. Estava velho e sabia que não teria tantos anos mais de vida, já que vinha recebendo alguns avisos do coração de que as coisas não andavam muito bem e, quem sabe, tivesse preferido se poupar e poupar a nós dois de uma situação muito desagradável. Você parecia filha dele, Ilzie, e meu pai sabia disso. Ele era um homem inteligente e com certeza tinha consciência de que você poderia se apaixonar por alguém, como de fato aconteceu. Se nós nunca encaramos a situação e expusemos tudo a ele foi porque você não aceitou. Eu, por mim, o teria feito. Hoje, contudo, me lembro de algumas cenas do nosso passado e tenho a sensação de que ele sabia.

— Por que diz isso? De quais momentos está falando?

— Vários. Eu e você não nos separávamos para quase nada. Ele mesmo nos incentivava a sairmos juntos, comparecermos a jantares, peças de teatro, enfim, compromissos que ele não tinha mais paciência para tolerar. Você mesma me disse que meu pai parou de procurá-la depois de algum tempo de convivência e que evitava deitar-se com você. Por que acha que ele agia assim? Ele era um homem que sabia se colocar em seu lugar. Talvez não tenha abordado o assunto conosco por não saber o que dizer ou como agir. Separar-se de você, já com a idade tão avançada? Ele tinha um nome a zelar e devia ter imaginado o escândalo. Mesmo em Paris, que é uma cidade considerada moderna, o que um relacionamento como o nosso causaria vindo a público?

Ela permaneceu calada durante algum tempo e imersa em suas próprias lembranças. Talvez Armand tivesse toda a razão.

— Quando ele se apaixonou e se casou com você, sabia que era um amor impossível, que você jamais se apaixonaria por ele. A única coisa que ele desejava era libertá-la da vida que levava. Quem sabe sua amizade e companhia não bastassem para ele?

Ilzie olhou para Armand e sorriu. Ele abraçou-a e puxou-a para a cama novamente.

— Vamos tentar dormir mais um pouco, porque ainda é muito cedo... Hoje, teremos muitas coisas para fazer — completou ele beijando-a nos lábios.

Ilzie virou-se para o lado, abraçando-se a ele, e depois de algum tempo adormeceu.

***

No escuro, diante da mesa que lhe servia como escrivaninha, Katie escrevia em transe.

A luz do luar, que entrava pela janela, mal iluminava sua mão direita, que se movia de forma enérgica e rápida.

Ao amanhecer, Rachel encontrou-a debruçada sobre a mesa em sono profundo.

— Katie! Katie! Acorde!

Aos poucos, a jovem abriu os olhos e reconheceu o ambiente à sua volta.

— Por que estou sentada aqui, a estas horas, tia?

— Não sei, querida. Me parece que esteve escrevendo enquanto dormia.

De camisola e descalça, ela escancarou os olhos o máximo que pôde, em um gesto típico de quem quer espantar o sono. Rachel havia acendido algumas velas, já que, apesar de ser por volta das cinco horas da manhã, ainda estava escuro.

Já mais desperta, Katie aproximou o candelabro do caderno e leu o que havia escrito.

Me chamo Andressa e sou sua amiga há muito tempo.

Você me conhece, Katie. Sou uma de suas mentoras.

Você tem uma grande e bela missão: a de servir de canal para os espíritos se comunicarem.

Não tenha medo. Procure continuar fazendo seu trabalho e saiba que estaremos sempre por perto. Muitos irão procurá-la. Receba--os com amor, pois essa é sua grande missão.

Muitas comunicações acontecerão assim, por meio da escrita. Você ajudará muitas pessoas, proporcionando paz aos encarnados e desencarnados.

Venho lhe dizer que você e Edward passarão por um momento difícil, mas tenha fé, pois não estarão sozinhos. Eu e os outros estaremos próximos.

Edward corre perigo. Estamos cuidando disso. Você e ele têm uma missão juntos.

Com amor,
Andressa.

— Acho que me lembro desse nome — disse Rachel.

— Sim, tia, pouco depois que o doutor Morringan começou a vir aqui em casa, este espírito se apresentou, falando por meio de mim. Sinto que ela é realmente minha amiga — Katie fez uma pausa e disse: — Mas diz aqui que eu e Edward passaremos por uma situação difícil. O que será que vai acontecer?

— Tenha calma, querida. Lembre-se de que, na mensagem, ela pede que tenha fé e confie, pois eles estarão ajudando vocês.

— Ela disse que outros virão... parece que nunca irei me livrar disso... — comentou Katie referindo-se à mediunidade.

— Katie, é uma missão nobre, e tenho certeza de que há um motivo para que a tenha. Acredito que, se você fizer a sua parte, tudo correrá bem. Agora, procure não pensar mais nisso, pois temos muitas coisas para fazer. Lembre-se de que nos comprometemos com Ilzie de ajudá-la, e devemos ir cedo para a casa dela. Sugiro-lhe apenas que converse com Edward sobre o que Andressa disse na mensagem.

— Vou conversar com ele hoje à noite.

— Você tem ideia do que se trata?

— Mais ou menos. Acredito que tenha alguma coisa a ver com aquele homem que não gosta dele.

— Compreendo... — murmurou Rachel. — Mas vamos pensar em outras coisas, pois Andressa disse que cuidará disso também. Vamos confiar em sua mentora, querida. Vamos confiar.

As horas passaram rapidamente, e até mesmo um sol tímido apareceu entre as nuvens para facilitar os preparativos do jantar que deveria ser servido no jardim.

Duas grandes tendas foram montadas, e tochas foram presas a pedaços de troncos com cerca de um metro e meio de altura cada, iluminando o caminho de acesso da casa até as mesas. Velas acomodadas em suportes de metal haviam sido dispostas entre os recipientes com comida, e lamparinas a querosene haviam sido penduradas nas armações de ferro das tendas. Havia vasos com flores coloridas, comida e bebida à vontade. Na hora marcada, os convidados começaram a chegar. Os primeiros foram os Harrisons. Eles traziam consigo as crianças, pois Katie e Rachel já estavam no local desde o início da tarde.

— Ficou lindo, Ilzie! — exclamou Elgie chegando ao jardim.

— Muito obrigada, querida. Este é Armand. Armand, estes são o senhor e a senhora Harrison, Harold e Elgie, os pais de Katie.

— Muito prazer — disse Elgie.

— O prazer é todo meu, senhora.

— Muito prazer, meu jovem — disse Harold cumprimentando-o.

— O prazer é todo meu. E quem são essas crianças bonitas?

— São os irmãos de Katie — respondeu Ilzie. — Cindy, Telma e o pequeno Tim.

Armand agachou-se e estendeu a mão para Tim, que a apertou com força.

— Ora, ora... é um pequeno homem! Muito prazer, Tim!

— O prazer é meu — respondeu o menino.

— Gostaria de comer um doce?

— Armand... querido, se você der doces para as crianças antes do jantar, elas não se alimentarão direito! — disse Ilzie em tom de repreensão. — Leve-os até o pomar. Está tudo iluminado, e é seguro. Poderão brincar lá até os outros convidados chegarem.

Ilzie ficou olhando-o afastar-se com as crianças, enquanto Harold e Elgie permaneciam de pé diante dela.

— Oh! Me desculpem! Acabei me distraindo, venham... Não se preocupem! Armand adora crianças. Vou lhes mostrar a casa antes que os outros cheguem. Katie e Rachel estão lá em cima terminando de se arrumar.

Após mostrar aos Harrisons todo o piso inferior, Ilzie estava levando-os para conhecerem a parte de cima da casa, quando Katie e Rachel apareceram.

— Nossa! Você está linda, filha! — exclamou Elgie sem disfarçar o orgulho de mãe. — Até você está bonita, Rachel! Madame Ilzie deve ter algum poder mágico como o das fadas!

— Credo, mulher! Isso foi um elogio? — perguntou Harold, olhando a esposa de forma repreensiva.

— Claro que foi um elogio, Harold! — respondeu ela corando rapidamente. — Só quis dizer que Rachel está bonita, como nunca a vi antes. — Após alguns segundos em silêncio diante do olhar dos outros quatro, que a observavam atentamente, acrescentou: — Rachel, querida, é um elogio, sim. Você está muito bonita!

Ilzie e Katie não conseguiram conter o riso.

Katie usava um vestido verde-claro com detalhes de renda preta, desenhado e confeccionado por Ilzie. Os brincos, que imitavam diamantes, eram delicados e conferiam-lhe elegância. Rachel estava realmente muito bonita. Geralmente, ela vestia-se com discrição e nunca usava joias ou maquiagem. Os cabelos, lisos e loiros, estavam bem penteados em um coque volumoso, enfeitado por um grampo de prata com pérolas. A pele muito clara adquirira um pouco de cor nas maçãs do rosto, que eram levemente saltadas, e nas pálpebras, e, pela primeira vez, os lábios foram realçados com um discreto tom de rosa-escuro. O vestido bordô de gola alta deixou-a mais esguia, e até os olhos verdes, que normalmente passavam despercebidos, ganharam destaque. Normalmente escondida atrás de saias e aventais de cores escuras e frias, Rachel sofrera uma notável transformação, como se fosse uma Cinderela de meia-idade.

— Adoro fazer isso! — exclamou Ilzie. — Somente para ver o resultado depois... Vejam como uma mulher bonita e atraente pode ter seus pontos fortes realçados ou não pela forma como se veste. Rachel é um exemplo disso. Quem a vê no dia a dia, cumprindo seus afazeres e vestindo seu avental cinza, dificilmente poderá imaginar a bela mulher que ela é...

— Desse jeito, vai acabar arrumando um marido... — comentou Harold.

Rachel corou instantaneamente, e seus olhos pareciam disparar fagulhas.

— Não estou interessada, Harold! Existem outros motivos para uma mulher se valorizar, além de arranjar um noivo, você sabia?

Ele riu.

— Me desculpe, cunhada. Só estava brincando. Mas Elgie e Ilzie têm razão. Você está muito bonita e elegante.

— Obrigada. Ilzie me ofereceu um emprego de meio período em seu ateliê. Vou ajudá-la na confecção de suas criações. O que acha, Elgie?

— Eu acho ótimo! É claro que você deve aceitar!

— Fico preocupada com você e com as crianças... com as coisas que devem ser feitas em casa... Mas pensei em algo... com o que irei ganhar aqui, mais o soldo que recebo todo o mês, poderei ajudá-la a pagar alguém para lavar e passar a roupa e cuidar da limpeza da casa. O que acha?

— Acho que você está se preocupando à toa e que deveria pensar em aproveitar a noite para distrair-se, conversar, beber e comer.

— Obrigada — disse Rachel, olhando para a irmã mais velha com um misto de respeito e gratidão. — Eu e Katie vamos descer para ver como andam as coisas na cozinha.

— Já estamos descendo, meninas — disse Ilzie.

Edward e os Russels acabavam de chegar.

— Você está linda! — disse Edward, ao ver Katie aproximar-se. — Rachel! Você está muito bonita também!

— Muito galanteador, senhor Cloods... Obrigada! Doutor Russel, boa noite! Helen, está muito elegante como sempre.

Encerrados os devidos cumprimentos, todos foram para o jardim, e em seguida Ilzie e os Harrisons juntaram-se a eles. Pouco depois, Morringan e Marianne chegaram.

Quando todos estavam finalmente reunidos, Ilzie pediu que fizessem alguns minutos de silêncio, pois gostaria de dizer algumas palavras.

— Para mim, é um prazer tê-los em minha casa, pois, hoje, cada um de vocês faz parte do meu pequeno círculo íntimo de amizade. Em primeiro lugar, organizei este jantar como uma forma de agradecer por terem me acolhido em suas vidas, cada um, à sua maneira. — Ilzie ficou em silêncio durante alguns minutos.

Katie, Marianne, Helen e Armand perceberam o quanto ela estava nervosa. Apesar de sorrir, o lábio inferior de Ilzie apresentava um discreto tremor, e sua oratória sempre clara e fluente estava repleta de pausas.

Armand levantou-se e pediu a palavra.

— Gostaria de, em primeiro lugar, agradecer a presença de todos. Ainda não tivemos tempo de nos conhecer muito bem, mas estou muito feliz em estar aqui e em tê-los nesta casa, hoje à noite. É uma data muito especial para mim e para Ilzie.

Armand era alto e esguio, sua voz era firme, porém, de timbre agradável aos ouvidos, transmitindo confiabilidade a quem estivesse à sua volta, uma excelente característica para um advogado.

— Como todos sabem, sou o filho do falecido marido de Ilzie. Convivemos como madrasta e enteado por muitos anos, mas, a partir desta data, nos tornaremos noivos.

Com exceção de Katie, os demais rostos reunidos em volta da mesa não conseguiram disfarçar a expressão de perplexidade.

— Posso ver que ficaram espantados com essa revelação, e eu os compreendo muitíssimo bem. Mas, como acredito estar diante de pessoas inteligentes e amigas, gostaria de acrescentar algumas palavras a mais ao meu discurso. Meu pai casou-se com Ilzie quando ela tinha pouco mais que a idade de Katie, não muito mais... Sou apenas dois anos mais novo que ela, e temos praticamente a mesma idade. Sempre respeitamos meu pai quando ele ainda vivia, mas agora, que faz pouco mais de três anos que ele se foi, decidimos finalmente nos casar. Esta é a noite do nosso noivado — dizendo isso, ele retirou de dentro do bolso do paletó uma pequena caixa preta de veludo, e dentro dela havia um anel com uma safira cintilante. — Pertenceu à minha mãe e agora pertence a você, Ilzie. Tenho a honra de pedir sua mão em casamento.

Ilzie, trêmula, estendeu a mão direita para Armand, que, diante do olhar perplexo de todos, colocou o anel de noivado em seu dedo anular.

— Nosso casamento acontecerá daqui a trinta dias na capela de Santa Margarida. Será uma cerimônia simples, com pouquíssimas pessoas, e vocês são nossos convidados.

Morringan levantou a taça.

— Um brinde aos noivos!

Edward, William e em seguida todos os outros o imitaram. As mulheres levantaram-se de seus lugares e, em fila, abraçaram a noiva. Nos primeiros momentos após receberem a notícia, todos, com exceção de Katie, ficaram de certa forma chocados, mas cada um à sua maneira compreendeu a situação, abstendo-se de julgarem o caráter de Armand ou de Ilzie. Um fato era verdadeiro e irrefutável: ela era uma mulher livre havia mais de três anos.

Quando os ânimos se acalmaram e todos retornaram aos seus lugares para começarem a comer, Morringan pediu que aguardassem.

— Aproveitando a ocasião, gostaria de informar a todos que eu e Marianne também iremos nos casar. Será uma cerimônia muito simples e será realizada em nossa casa. Ficaremos felizes com a presença de todos vocês.

— Carl! Isso é maravilhoso! — exclamou Helen. — E quando será?

— No segundo sábado do próximo mês.

— Quando iria nos contar? — perguntou William.

— Mandamos fazer alguns convites, e estávamos aguardando ficarem prontos — respondeu Marianne.

— Bem, só posso dizer que essa notícia me deixou muitíssimo satisfeito, senhorita Scott! Já passou da hora do meu amigo Carl se casar, e tenho muita satisfação em saber que a senhorita é a escolhida.

O jantar correu de forma agradável e até mesmo os Harrisons pareciam se sentir cada vez mais à vontade. Ao terminarem, Rachel foi para casa mais cedo, levando com ela Cindy, Telma e Tim. Edward e Katie aproveitaram para ficarem um pouco a sós e sentaram-se em um dos bancos do jardim, que estava razoavelmente afastado do grupo.

— Katie, se tudo der certo, anunciaremos nosso noivado em breve.

Ela permaneceu em silêncio sem encará-lo durante algum tempo.

— O que foi? Sente-se triste? Fiz alguma coisa que a desagradou?

— Não, somente me preocupo com você. Tenho a sensação de que em breve teremos problemas.

— Que tipo de problemas?

— Com aquele homem, o tal Elliot.

— Andou tendo algum pressentimento ou sonho estranho?

— Recebi uma mensagem de um espírito amigo e que me acompanha há bastante tempo. Ela disse na mensagem que você corre perigo. — Após uma breve pausa, Katie continuou: — Já lhe disse antes que sinto a presença dele. Esse homem continua procurando por você e está vivendo aqui, em Londres. Se for esperto como você diz que ele é, logo descobrirá seu paradeiro.

— Mas o inspetor Sunders me garantiu que a casa dos Russels está sendo vigiada. Eu mesmo tenho visto os policiais circulando por lá todas as noites.

Ele ficou em silêncio durante algum tempo. Katie tinha razão. Talvez Elliot até mesmo já soubesse onde ele estava morando e só estivesse aguardando uma oportunidade ou planejando uma forma de abordagem.

— Ouça... não quero que se incomode com isso. Resolverei tudo, e nos livraremos desse fantasma. Prometo a você — disse ele abraçando-a. — Aguardemos somente mais alguns meses para que eu possa concluir meus estudos e, assim, possamos nos casar e sair da cidade.

Katie olhou para Edward com expressão muito séria.

— Nós não temos tanto tempo assim. Quero que me prometa que não irá atrás desse homem em hipótese alguma!

— Prometo. — E a abraçou novamente.

***

Às margens de um dos muitos braços do Tâmisa, uma canaleta de rio estreita, uma casa de madeira apoiada em sapatas de pedra era a única habitação em um raio de quilômetros. A parca luminosidade de algumas velas e a fumaça que saía da chaminé denunciavam a presença humana no local.

— Você tem de segui-lo!

— Eu tentei, chefe, mas fiquei com receio de ser reconhecido pela polícia. Ele não saía mais de dentro do departamento.

O grandalhão que participara do atentado contra a vida de Edward preparava o jantar, enquanto Elliot mexia num armário velho.

— Amanhã, você deve ir até a vizinhança da casa dele para investigar. Um daqueles vizinhos deve saber de algo... — disse Elliot, enquanto colocava as louças sobre a mesa. — Vamos encontrá-lo, pegar o que me pertence e dar o fora desta cidade. Não aguento mais viver neste lugar horrível junto com os sapos e as cobras! — arrematou ele, fazendo um gesto amplo com uma das mãos.

— Não se esqueça dos mosquitos... O que foi mesmo que o tal doutor roubou de você, chefe?

— Não é da sua conta! Vai receber sua parte quando fizer aquilo que combinamos.

O grandalhão baixou a cabeça e enfiou na boca um gigantesco pedaço de carne de porco.

— Vou pegá-lo e trazê-lo para cá. Depois de nos dizer onde escondeu suas coisas, vou matá-lo e jogá-lo no rio... — disse ele com a boca cheia de comida e com os lábios besuntados de gordura.

Elliot revirou os olhos e fez uma careta de repulsa.

— Sim, sim, já lhe disse mil vezes o que fazer... Agora, me faça um favor! Pare de falar com comida dentro da boca, sim? Você me enoja!

O outro baixou novamente a cabeça com expressão de constrangimento.

— Ele não tem família por aqui, chefe?

— Já lhe disse para não falar, quando estiver com a boca cheia!

— Desculpe...

— Não, a família dele mora na América. Talvez esteja na casa de algum amigo... — respondeu Elliot. — Mal vejo a hora de colocar minhas mãos nele! Quem sabe nosso doutorzinho não tenha alguém que lhe seja muito especial, como, por exemplo, uma namorada? Veja o que consegue descobrir, Muralha.

— Pode deixar. Amanhã, teremos novidades.

Capítulo 28

A segunda-feira não tardou a chegar, e, no horário marcado, Helen e Marianne batiam a porta da casa de Ilzie. Katie e Rachel já estavam lá fazia mais de meia hora.

— Ah, finalmente chegaram! — exclamou ela ao vê-las. — Cheguei a imaginar que haviam desistido.

— De forma alguma! — exclamou Helen. — Marianne precisou passar em alguns lugares antes de virmos para cá. Katie já está aí?

— Sim, sim. Ela e Rachel estão na varanda dos fundos. Venham! Pedirei para servirem um chá, e em seguida daremos início à nossa reunião.

Ilzie mandara colocar cadeiras a mais na biblioteca, onde já havia uma mesa redonda de madeira, com apenas duas cadeiras.

— Sentem-se. Vamos dar início à nossa reunião — disse ela fechando as cortinas e acendendo as velas em seguida.

A luminosidade no ambiente ficara agradável, permitindo que os rostos e até mesmo as cores das roupas pudessem ser distinguidos com facilidade. Helen e Marianne olhavam tudo com curiosidade. Muitas estatuetas estavam espalhadas pela estante e sobre as mesinhas de canto. Uma delas, que parecia ter vindo da China, um leão esculpido em jade, prendeu a atenção de Marianne devido à sua riqueza de detalhes.

— Gostaria de explicar a vocês, principalmente a você, Marianne, e a você, Rachel, pois tive a oportunidade de conversar com Helen, os reais motivos para que estas reuniões sejam realizadas aqui em casa, sem a presença do doutor Cloods, do doutor Morringan e do doutor Russel. Katie me procurou para pedir ajuda com um espírito obsessor, que a acompanha já há alguns anos, e tenho motivos para crer que ele o faz desde a época anterior ao nascimento dela. Foi esse espírito o responsável por fazê-la saltar da ponte naquela manhã, então, se não dermos atenção ao problema, talvez nos arrependamos depois. Trata-se de uma situação que considero gravíssima. Katie me disse que se sente mais à vontade para tratar do problema longe da presença dos três médicos, justamente pelo fato de a visão deles em relação ao mundo espiritual ser bastante afetada pela ciência. Precisamos estar com a mente aberta para conseguirmos observar os fenômenos e os acontecimentos que ocorrem nesta sala sob o ponto de vista espiritual, e todas nós sabemos que o raciocínio lógico e racional em demasia nos prejudica a intuição. Gostaria também de alertá-las com relação à entidade com a qual estaremos lidando que é bastante relutante e posso até mesmo dizer, perigosa. Ainda não conhecemos o real motivo de ter se ligado à Katie, se por vingança ou outras razões. O objetivo é invocá-lo para que possamos obter essas informações.

Após uma breve prece inicial, Ilzie pediu a todas que fechassem os olhos e procurassem se concentrar, manter o espírito elevado e a mente livre de todo e qualquer pensamento de caráter negativo. Mais de vinte minutos se passaram sem que nada diferente ocorresse até que um deslocamento de ar se moveu pelo ambiente, fazendo as pesadas cortinas se mexerem. Todas puderam senti-lo, e mais tarde, ao fim da reunião, as cinco mulheres relataram a sensação de opressão seguida de medo, que experimentaram.

— Há alguém aí? — perguntou Ilzie.

— O que vocês querem de mim?

Os lábios de Katie moveram-se, e a voz que saiu de sua boca de modo algum se assemelhava à dela. Marianne apertou a mão de Helen com mais força, enquanto Rachel procurava controlar a respiração e os batimentos cardíacos que saíam do controle.

— Queremos que nos diga seu nome — respondeu Ilzie com voz firme.

Uma gargalhada ecoou pela biblioteca, e em seguida alguns livros foram arremessados da estante no chão.

— Peço ao grupo para nos mantermos firmes em nosso objetivo.

Katie continuava a gargalhar, e em seguida sons semelhantes a urros emitidos por alguns felinos começaram a sair por sua boca.

— Não quero ficar aqui! Soltem-me! — berrava a entidade.

— Quero que você fique calmo para que possamos conversar.

Houve um período de silêncio.

— O que querem? — perguntou ele novamente com voz ofegante.

— Qual é seu nome?

— Sou um amigo dela — respondeu, referindo-se a Katie.

— Quero que me diga seu nome — Ilzie tornou a insistir.

— Pode me chamar de Théo.

— Ótimo! Théo, por que persegue Katie?

Ele deu uma gargalhada.

— Tola! Você nunca entenderá.

— Por que você não tenta me explicar?

— Porque todas vocês são tolas e não conhecem nada sobre a vida e o reino das sombras. Sendo assim, por que compreenderiam o que eu lhes diria? De que adianta eu lhes falar de coisas que são estranhas para vocês? De coisas que nem sequer podem imaginar que existam?

— Foi você quem fez Katie se atirar da ponte?

— Não.

— Então, quem foi?

— Outro do qual a livrei.

— Está mentindo — disse Ilzie.

A entidade virou-se para ela e encarou-a com expressão de ódio.

— Estou dizendo a verdade! Você é a mentirosa aqui... eu a conheço! Você é a prostituta que se vendeu para o velho e que agora se casará com o filho dele! — completou com uma gargalhada.

A última frase dita pelo obsessor quase fez Ilzie perder o autocontrole, mas ela estava preparada para aquele tipo de situação e sabia que provocações e ofensas poderiam fazer parte do jogo.

— Por que, então — tornou ela com tranquilidade —, continua junto de Katie?

— Eu a conheço há muito mais tempo que você, portanto, não se intrometa nisso! Pergunte a ela por que ela continua junto de mim.

Ilzie respirou fundo.

— Théo, só queremos saber algumas coisas sobre a ligação que existe entre você e Katie.

— Faça suas perguntas.

— Quando vivo, você pertenceu à família dela?

— Não à família com a qual ela vive hoje.

— Faz muito tempo que vocês conviveram na Terra?

— Muito tempo. Estou me utilizando da medida de tempo terrena. Alguns séculos já se passaram desde então.

— Por que não seguiu adiante com sua evolução?

— Para voltar para a Terra? Para viver em um corpo cheio de limitações como vocês? Para quê? Estou muito bem em meu próprio reino.

— Onde fica seu reino?

— Você não entenderia.

— Tente me explicar.

— Não podemos falar de tempo e espaço como vocês os conhecem. Vamos dizer que o lugar que chamo de "meu reino" está situado sobre o que hoje vocês chamam de País de Gales.

— E como é esse lugar?

— Frio e escuro. Não existe luminosidade ou luz solar.

— Por que diz que ele é seu?

— Porque é! Sou eu quem determina as leis naquele lugar. Eu o criei há muito tempo.

— E quem mais vive lá além de você?

— Muitos que, assim como eu, possuem pendências para acertar e não desejam se afastar da Terra.

— E qual é o trabalho de vocês?

Houve um período de silêncio, e Katie permaneceu na mesma posição com os olhos fechados. O restante do grupo começou a inquietar-se até que o espírito que atendia pelo nome de Théo tornou a falar.

— Arrecadamos almas para nosso exército e punimos aqueles que não cumprem seus acordos conosco.

— E que tipo de acordos costumam fazer?

— Você está querendo saber demais.

— Então, me responda, Théo... por que está junto de Katie por todo esse tempo?

— Porque sempre estivemos juntos, e não é agora que irei me separar dela. — Ele fez uma pausa e continuou: — Qualquer um que se coloque no caminho dela pode se considerar meu inimigo.

— Ela irá se casar — disse Ilzie.

— Não, ela não irá se casar! Jamais permitirei que se case com aquele déspota, traidor! Ele já nos separou uma vez e não tornará a fazê-lo!

— Théo, você acredita na justiça divina?

— Não. Eu acredito na justiça que eu mesmo possa fazer. Nunca fui amparado por nenhum deus, porque não há deus algum, nem entre os antigos, nem na nova religião, a do Cristo. Não existe deus algum, mulher! Quando digo que vocês são tolos, eu estou me referindo a isso! Vocês creem em coisas que não existem. Agora chega! Devo partir, pois perdi tempo demais aqui. Lembrem-se! Saiam do meu caminho e do caminho dela. É um aviso.

— Só mais uma coisa... por que não segue com os amigos que o trouxeram até aqui para um lugar melhor, onde possa ser curado de suas feridas do passado, Théo?

— Eu não estou doente! — vociferou ele.

— Quanto tempo está sozinho naquele lugar horrível?

— Cale-se, mulher tola! Nunca estou só! Tenho aqueles que me servem!

— Você parece ser um espírito que adquiriu sabedoria, mas que, devido à mágoa, decepção e talvez até mesmo à traição, utiliza seu conhecimento para o mal. Sabe que tudo o que fazemos tem consequências, não sabe?

— Adeus!

Dizendo isso, o corpo de Katie estremeceu soltando-se sobre a cadeira. Helen e Marianne estavam próximas da jovem e correram para ampará-la, impedindo que caísse no chão. Com certa dificuldade, Ilzie e Rachel, que eram as mais fortes do grupo, arrastaram-na até o divã e deitaram-na.

— Meu Deus! — exclamou Marianne. — Pobrezinha... e, agora, o que faremos? Ela está demorando para voltar a si.

— Fiquem calmas — pediu Ilzie.

Ela foi até a escrivaninha e de dentro de uma das gavetas retirou um frasco de vidro. Em seguida, passou-o diversas vezes seguidas sob as narinas de Katie. Dois mentores permaneciam no local, prestando assistência à médium. O tempo desacordada era necessário para que seu corpo pudesse recobrar as forças, esgotadas rapidamente durante o contato travado com Théo. As vibrações emitidas pelo obsessor eram de intensa negatividade e com alta concentração de miasmas, esgotando, assim, a energia vital de Katie rapidamente. Após alguns minutos de trabalho intensivo dos mentores espirituais, a médium finalmente abriu os olhos e tentou sentar-se, mas os braços ainda não correspondiam ao seu comando.

— E, então, o que aconteceu? — perguntou ela com a voz fraca.

— Ele veio?

— Sim, querida, ele veio — respondeu Ilzie, passando a mão pelos cabelos de Katie.

— E o que conseguimos descobrir?

— Primeiro, quero que recupere suas forças, descanse um pouco, e depois conversamos, está bem?

Katie concordou e fechou novamente os olhos, mas desta vez estava com a mente desperta. Aos poucos, suas forças retornaram, e, finalmente, ela pôde sentar-se. O corpo da jovem estava todo dolorido, e ela sentia-se como se tivesse levado uma surra.

Marianne e Helen olhavam para ela com expressão preocupada, pois nunca haviam visto aquele tipo de manifestação. Como já presenciara até mesmo cenas piores, Rachel manteve-se tranquila durante todo o tempo em que a sobrinha se recuperava.

— Pronto, acho que já podemos conversar com ela — disse sentando-se no divã e procurando alongar a coluna e os braços.

Ilzie sentou-se ao seu lado e segurou de leve uma de suas mãos.

— Katie, hoje, nós conseguimos obter maior sucesso do que da última vez. Ele nos deu um nome, que poderá ser invocado em nossas próximas reuniões. Isso também facilitará o trabalho dos mentores espirituais de localizá-lo e trazê-lo até aqui mais vezes. Apesar de haver sido grosseiro em alguns momentos, pudemos coletar algumas informações úteis para nós. O nome que esse espírito utiliza é Théo.

— Esse é o nome! — exclamou Katie. — O nome que diversas vezes tentei dizer e que, apesar de estar na ponta da minha língua, não saía!

— Théo mencionou o lugar que você visitou em sonho como sendo o reino dele. A descrição que ele nos deu é semelhante à que você fez. Aparentemente, fica sobre algum ponto do País de Gales. Tenho o palpite de que talvez tenha sido o local da última encarnação do obsessor. Não ficou muito claro para nós qual o vínculo que existiu entre vocês no passado. Ele só nos disse que vocês estão juntos desde sempre e deixou claro que não quer abrir mão de você. Talvez ele tente se comunicar, talvez não... Após esse tipo de sessão, o obsessor relutante às vezes recua para dar a impressão de que parou e desistiu de seus intentos. É preciso que fique atenta, inclusive aos sonhos que tiver, pois poderão ocorrer encontros espirituais, e todas as pistas nos são importantes. Se quisermos reverter a situação, precisamos descobrir que tipo de vínculo existe ou existiu entre você e ele.

— Com licença, Ilzie — disse Marianne levantando a mão. — Acho importante mencionar que ele nos deu a impressão de que também conhece Edward e que não gosta nem um pouco do doutor Cloods.

— É verdade — concordou Ilzie. — Muito bem lembrado, Marianne. Acho que vou anotar o que aconteceu aqui à tarde. Será bom termos um histórico deste caso. Farei isso agora, enquanto ainda estão aqui, pois, assim, poderão me ajudar a lembrar dos detalhes.

Assim foi feito. Após pedir à empregada que servisse chá e café dentro da biblioteca, Ilzie começou a fazer as anotações com o auxílio de Marianne, Rachel e Helen. Ao ser questionada, Katie afirmou não se lembrar de nada do que ocorrera a partir do momento da aproximação de Théo.

A noite começava a cair quando se despediram, e um novo encontro foi marcado para o início da semana seguinte.

Capítulo 29

Andressa abriu os olhos e aos poucos reconheceu o ambiente à sua volta. Era um dos aposentos de repouso da Colônia dos Carvalhos. Tentou sentar-se na cama, mas a cabeça doía muito, e ela não se lembrava de como chegara ali. Uma jovem de estatura alta e corpo esguio abriu a porta, entrou e sorriu para ela.

— Como está se sentindo, Andressa?

Sua aparência não era familiar, e a jovem tinha os cabelos e os olhos claros.

— Minha cabeça dói um pouco... Sabe como cheguei até aqui?

— Um grupo de busca a trouxe. Eva os enviou — respondeu a jovem tranquilamente.

Usava um vestido azul-turquesa, o que significava que estava sendo preparada para atuar na cura tanto de desencarnados quanto de encarnados.

— Como é seu nome?

— Pode me chamar de Lila.

— Está bem, Lila. Será que eu poderia conversar com Eva ou com Urian?

— Descanse mais um pouco, pois ainda não está totalmente recuperada. Assim que se reestabelecer, estará liberada para procurá-los — Lila respondeu com delicadeza.

A jovem já ia se afastando, quando Andressa a chamou novamente.

— Você sabe me dizer o que aconteceu comigo?

— Eu sei o que houve com você, mas tenho ordens de Eva para não responder a esse tipo de perguntas. Ela mesma conversará com você. Fique tranquila. Logo, logo saberá o que aconteceu.

Sozinha no aposento, Andressa deitou-se de novo e, involuntariamente, levou a mão até a testa. A região frontal e a superior da cabeça doíam muito. E Katie? Estaria tudo bem com ela? Certamente, Eva e Urian a haviam substituído até que melhorasse e pudesse retornar, pois Andrew ainda não estava preparado para assumir a missão sozinho.

Andressa bebeu um líquido semelhante à água, que estava em uma jarra sobre a mesinha de cabeceira. Seu sabor era levemente adocicado, e o aroma lembrava o das flores da macieira. Em seguida, ela foi acometida de uma irresistível sonolência, e uma estranha sensação de tranquilidade invadiu-a, fazendo-a adormecer novamente.

Quando despertou, Andressa viu Eva sentada ao seu lado.

— Como se sente? — perguntou sorrindo.

— Bem... me sinto bem.

Andressa sentou-se devagar na cama e olhou para fora. A agradável luminosidade típica do lugar conferia tonalidades douradas às folhagens e aos troncos das árvores.

— Eva, o que estou fazendo aqui? — Andressa perguntou ainda um pouco sonolenta.

— Nós a trouxemos para cá. Aos poucos, você se lembrará. Preciso que descanse por mais algum tempo antes de conversarmos a respeito do que aconteceu.

— Foi tão grave assim? E Katie? Ela está bem?

— Está tudo bem com ela. Não se preocupe. Andrew está lá, e um dos nossos foi substituí-la. Está tudo sob controle. Agora descanse. Mais tarde, virei vê-la, e, então, você poderá deixar a ala de recuperação. Depois disso, conversaremos sobre o que aconteceu.

Apesar de seus esforços, Andressa sentiu as pálpebras fecharem e acabou adormecendo novamente.

✳✳✳

William preparava-se para sair, quando Helen entrou no quarto.

— Will?

— Sim, querida — respondeu ele, enquanto ajeitava o laço da gravata.

— Aquele jornalista está aí. Você ainda deseja falar com ele?

— Claro. Diga que já estou indo.

Fields aguardava William na sala de visitas. Curioso, ele observava tudo ao seu redor e sua atenção foi atraída pelos retratos onde o rosto de Camille podia ser visto ao lado dos pais. Ao entrar no cômodo, Helen flagrou-o segurando um deles.

— Senhor Fields, meu marido virá atendê-lo em breve. Aceita algo para beber, enquanto o aguarda?

Visivelmente constrangido por ter sido surpreendido com um dos porta-retratos na mão, Fields colocou o objeto novamente sobre o aparador e retornou ao lugar onde estivera sentado.

— Muito obrigado, senhora Russel, mas eu estou bem.

William entrou na sala e mediu o outro de alto a baixo.

— Muito prazer, doutor Russel. Estou muito grato por ter me concedido uma fração do seu tão precioso tempo — disse o jornalista estendendo a mão para cumprimentá-lo.

— O prazer é todo meu, senhor Fields. Sente-se, por favor. Minha esposa disse que o senhor tem interesse em escrever uma matéria que, de certa forma, me envolve. Do que se trata?

Fields pareceu engasgar e teve dificuldades para escolher as palavras certas para abordar o assunto.

— Trata-se do seu envolvimento com os assuntos relacionados a crenças espirituais. Isto é... sobre suas pesquisas relacionadas à existência de vida após a morte — disse ele em um só fôlego.

William permaneceu em silêncio durante algum tempo, observando o rosto do outro. Era um homem jovem, com cerca de trinta anos, não muito mais, de porte franzino, mãos delicadas e jeito irrequieto. Os olhos azuis muito vivos denunciavam autêntica curiosidade e senso de observação.

— E como ficou sabendo disso, senhor Fields? Do meu suposto interesse por esses assuntos?

— É que também me interesso por esse tipo de pesquisa. Tudo começou como uma busca pessoal. Comecei a ir atrás de informações sobre a vida de médiuns que se tornaram famosos, de outros que se converteram em verdadeiras fraudes, de celebridades que se tornaram adeptas e divulgadoras dessa nova vertente religiosa, então, passei a estudar o assunto com mais afinco. Em uma de minhas pesquisas, acabei me deparando com seu nome, que já me era conhecido devido ao seu vínculo com a medicina e demais áreas da ciência — ele fez uma pausa e disse: — A verdade, doutor Russel, é que o assunto me interessa não somente como mera curiosidade, mas porque acredito em tudo isso... na existência da vida após a morte e também na possibilidade de contato entre os vivos e os mortos.

— Interessante... — disse William. — O senhor não me parece mais um entre tantos jornalistas interessados em escrever um texto sensacionalista a respeito de um homem da ciência que acredita em fantasmas...

— De forma alguma, doutor! Meu trabalho é sério! Para mim, todo jornalista deveria ser um investigador de fatos.

— No meio a que estamos nos referindo, meu jovem, os fatos podem ser um tanto quanto impressionantes, digamos... sobrenaturais, embora eu não goste muito de empregar essa expressão para designar os chamados fenômenos de ordem espiritual. Mas ainda é assim que eles se apresentam para a maioria, como sobrenaturais, algo que não é natural, embora, eu defenda a hipótese de que façam parte da nossa natureza.

"Infelizmente, senhor Fields, teremos que deixar nossa conversa ou entrevista, não sei como prefere chamar, para outro dia, pois tenho um compromisso e não gosto de chegar atrasado — concluiu ele retirando o relógio de dentro do bolso do colete.

— E quando poderemos nos ver novamente? — perguntou Fields levantando-se.

— Amanhã, terei algum tempo livre no período da tarde, após o almoço. Se o senhor puder vir, será perfeito. Agora, se me der licença, tenho mesmo que ir.

***

Fazia uma agradável tarde de outono, e Katie observava através da janela do quarto os pinheiros que mudavam de cor e a única árvore frutífera do quintal, uma macieira muito baixa e truculenta, que já existia ali desde muito antes de ela nascer. Aos poucos, as diminutas flores brancas de aroma adocicado começavam a pontilhar os galhos. A jovem pensava em como as coisas haviam mudado em sua vida em apenas alguns meses. Os fenômenos espirituais de caráter físico, que a assombravam e assombravam sua família quase diariamente, haviam praticamente cessado. À medida que Katie adquiria consciência e entendimento acerca de sua capacidade mediúnica, tudo à sua volta se modificava. Talvez fosse realmente um dom e não uma maldição, como ela mesma chegara a pensar. Quem sabe ainda pudesse obter resultados positivos de tudo aquilo? Não lhe passava pela cabeça nada relacionado a dinheiro, mas, quem sabe, pudesse utilizar aquela capacidade de forma benéfica? Sua intuição era altamente desenvolvida e costumava ser uma ferramenta muito útil. Precisaria treinar mais o discernimento, pois, assim, poderia identificar a origem das mensagens que recebia, se eram de fonte confiável ou não. Apesar da pouca idade, Katie acreditava que alcançar esse entendimento não parecia ser uma tarefa difícil. Ela queria avançar, aprender mais, chegar a outro nível de compreensão. Na verdade, não poderia se dizer que ela era uma jovem de grandes ambições e interesses materiais. Suas metas eram diferentes das da maioria. Katie pensou nos médiuns do passado e no fato de que muitos deles pagaram um preço alto por serem diferentes.

A jovem olhou com mais atenção para as árvores no fundo do terreno e rapidamente viu um vulto feminino. Ela, então, fixou o olhar e a viu novamente junto da macieira. Era uma mulher de meia-idade, de cabelos grisalhos, soltos ao vento, e que olhava diretamente em sua direção. Não sentiu medo, pois Eva irradiava vibrações de paz e tranquilidade em uma frequência que era captada por ela com grande facilidade. Mesmo com os olhos abertos, Katie podia ver o rosto de Eva com nitidez em sua tela mental, assim como podia ouvir sua mensagem com clareza: "Sou Eva. Vim por você. Não tenha medo, Katie. Desenvolva sua fé. A cada prova, um novo aprendizado. E, por mais duro que seja, você jamais estará sozinha. Estaremos sempre junto de você. Não tenha medo. Aceite sua missão com o coração aberto, e tudo ficará bem".

A comunicação encerrou-se, e a imagem junto da macieira desapareceu. Katie ainda permaneceu durante algum tempo sentada olhando para o mesmo lugar. Era a primeira comunicação desse tipo que recebia. Possivelmente, Eva fosse um espírito bastante evoluído, mais provas, uma missão... Ela entendia que a missão se relacionava com sua mediunidade, que era um canal, e que talvez aquilo que muitos chamavam de dom devesse ser usado para prestar auxílio aos outros, desencarnados e encarnados.

Ela estava disposta a isso, mas até que ponto sua vida privada seria afetada? Temia perder o amor de Edward, pois ele não era médium, tampouco se interessava pelas teorias espiritualistas. Ele a aceitava da forma como era, porém, viver uma vida juntos debaixo do mesmo teto implicava participar ainda mais de sua realidade como médium. Não deveria ter medo. Esse fora o ponto forte da mensagem de Eva.

Katie levantou-se de onde estava e saiu do quarto. Fazia uma agradável tarde de outono, e a jovem não iria desperdiçá-la. Chamou por Telma, e juntas foram até a casa de pães comprar alguns bolos e guloseimas para o chá da tarde.

As pessoas na rua já não a olhavam como se estivessem olhando para uma aberração. Sim, Eva tinha razão. Não deveria ter medo.

***

Em um quarto minúsculo com péssimas condições de higiene, Jonathan, conhecido por Muralha, o comparsa de Elliot, conversava com uma mulher, enquanto dividiam um ensopado de galinha e uma jarra de cerveja.

— Foi só isso que você descobriu? — perguntou ele, enquanto remexia a panela em busca de um pedaço qualquer de carne.

— Foi. E não foi pouco... — respondeu ela em tom grosseiro. — Se você quiser, posso ir até lá novamente amanhã para ver se descubro mais alguma coisa.

— Veja se descobre onde fica a casa do tal médico e o nome dele, é claro.

— Vou precisar de mais algum dinheiro — disse ela com voz melosa.

— Só quando terminar o serviço, boneca — respondeu ele com a boca cheia de comida. — Amanhã, voltarei aqui, e, se você tiver novidades, ganhará um extra.

Muralha levantou-se e jogou sobre a mesa algumas moedas. Em seguida, bebeu de um só gole toda a cerveja que havia dentro da caneca.

— Amanhã, eu volto.

Saiu batendo a porta do quarto, e seus passos pesados sobre o assoalho de madeira pareciam que iriam colocar abaixo o velho sobrado. Muralha despediu-se do dono da espelunca e em poucos minutos alcançou a margem do rio. Uma embarcação a motor aguardava-o, e Elliot estava sentado dentro dela, enquanto fumava um charuto e lia o jornal.

— E então?

— Ela descobriu uma pista, chefe.

Elliot desviou os olhos do jornal e olhou ansioso para o comparsa.

— Ela disse que uma mulher da vizinhança comentou que o tal doutorzinho está morando com um amigo rico, que aparentemente também é médico.

Os lábios finos de Elliot contorceram-se em um discreto sorriso, o que fez somente o lado direito de seu bigode se levantar.

— Amigo rico, é? Nosso doutorzinho é mesmo muito esperto. Deve estar preparando algum tipo de golpe para cima do tal ricaço... Precisamos descobrir quem é esse homem, Muralha. Temos informantes em quase todos os pontos desta cidade. Quero que volte até a pensão amanhã e veja se obtém mais alguma informação com aquela mulher.

— Sim, chefe. Ela me aguardará no mesmo horário.

— Agora, vamos embora, pois não convém que eu seja visto.

***

Helen fazia algumas anotações a respeito do plantio de algumas espécies de ervas em um canteiro novo. Anotava datas e horários, além das lunações, para poder acompanhar melhor o crescimento das plantas e a época certa para a colheita.

— Senhora Russel, a senhorita Scott acaba de chegar — disse Lucy.

— Peça a ela que venha até aqui, Lucy. Obrigada.

Helen estava de pé dentro da estufa, segurando um volumoso caderno entre as mãos, enquanto fazia as anotações. A construção era de madeira, com aberturas grandes, que, durante os períodos de inverno rigorosos, eram mantidas fechadas quase em tempo integral. Havia três fileiras independentes de prateleiras, que acompanhavam o comprimento total da área, à direita e à esquerda, e uma central que se assemelhava a um longo e estreito balcão. Três dos gatos de Edward estavam dormindo por ali naquele momento, mas isso não incomodava Helen, pois os felinos mantinham o ambiente livre dos inoportunos camundongos e de insetos em geral.

Várias caixas de madeira confeccionadas por Bucky estavam cheias com terra adubada, e algumas aguardavam para acomodar as novas mudas. Outras, por sua vez, já abrigavam diminutos brotos verdes de diferentes espécies. Na lateral delas Helen escrevera com tinta e pincel os nomes das plantas que ali seriam acomodadas.

— Desculpe-me pelo atraso, Helen! — disse Marianne, enquanto a abraçava. — Carl estava cheio de manias e exigências hoje. Acho que anda meio cansado da rotina do consultório e dos pacientes. Não vejo a hora de nos mudarmos para um lugar mais tranquilo! — desabafou ela sentando-se em uma das duas únicas cadeiras.

Helen puxou a outra para perto dela.

— Vou lhe contar uma coisa, mas é segredo. William também quer se mudar...

Marianne arregalou os olhos e, depois de alguns segundos, sorriu.

— Isso é ótimo! Não quer ficar longe de Carl...

As duas mulheres riram.

— Eu estou empolgadíssima com a ideia! — disse Helen. — Está mesmo na hora de eles pararem, de se afastarem da Academia e da universidade, enfim, das pesquisas, e dispensarem um pouco de tempo para si mesmos... Confesso-lhe que me preocupam um pouco os primeiros tempos dessa transição.

— Eu acredito que para Carl não será difícil... Mas você não disse que a ideia partiu do próprio doutor Russel?

— Sim, inclusive fiquei muito surpresa quando ele me consultou acerca do assunto. Mas Will está tão habituado à sua rotina de pesquisas e aulas que não sei se ele se acostumará em um mundo completamente diferente deste no qual vive.

— Carl fala em mudar-se para a região de Essex, para aquele vilarejo que conhecemos quando fomos até lá checar as informações sobre a propriedade Colina Vermelha. Você se lembra do caso, não é?

Helen assentiu com um movimento de cabeça.

— Encontramos uma propriedade maravilhosa à venda e estamos quase fechando negócio com o banco. Fiquei me perguntando se uma cidadezinha um pouquinho maior, com áreas de terra ao redor e igualmente tranquila, não seria mais conveniente para nós. Na verdade, acho que todos ficamos apreensivos diante de uma mudança, afinal, já não somos mais jovens. Um ponto positivo que vejo é que essa região para a qual pretendemos nos mudar não é tão distante daqui.

— William comentou algo a respeito disso. Primeiro, ele disse que pretendia levar Bucky e Lucy conosco. Depois, pensou em deixá-los aqui mesmo, nesta casa, para que possamos retornar quando quisermos ou se faça necessário. Ainda há o Edward! William pensou na possibilidade de deixá-lo residindo aqui também, mesmo porque, em breve, ele e Katie deverão se casar e precisarão de um lar.

— Mas ele não tem uma casa?

— Tem, mas está alugada agora. Após o incidente do qual foi vítima, a polícia o orientou a não retornar para lá... Você soube o que fizeram com um dos gatos dele, não soube?

Marianne franziu as sobrancelhas e permaneceu em silêncio aguardando que Helen prosseguisse.

— Foi encontrado por Bucky pendurado por uma corda no meio da sala de visitas da casa.

Em um gesto quase involuntário, Marianne abriu a boca e levou a mão direita até os lábios.

— Bucky chamou a polícia, e o inspetor que está cuidando do caso sugeriu a Edward que permanecesse aqui. Até mesmo nossa casa tem sido vigiada por alguns policiais disfarçados durante o período da noite.

— Me pareceu um aviso... o gato enforcado... E logo após Edward quase ter sido morto a facadas... Helen, você não tem medo?

— De quê exatamente?

— De estar abrigando um bandido dentro de sua casa. Já pensou nisso? Talvez Edward tenha assassinado o pai ou a irmã de alguém, não sei... ele praticamente apareceu do nada na vida de vocês!

— Estou preocupada, sim, mas não com a possibilidade de Edward ser um marginal. Estou preocupada com o que pode acontecer com ele ou até mesmo com Katie. Edward me contou tudo, Marianne. Confio plenamente nele, mas, por ser confidencial, não posso lhe dizer do que se trata. Apesar disso, eu lhe asseguro que ele é um bom rapaz. Will também não sabe de tudo o que ocorreu, mas talvez, dependendo das circunstâncias, chegue o momento em que eu tenha de dizer a verdade a ele, pois é provável que esse rapaz venha a precisar de ajuda.

Marianne permaneceu em silêncio durante algum tempo, pensando em todas as coisas que Helen dissera.

— Podem contar comigo... e acho que com Carl também para o que for necessário... Na verdade, não tenho a mínima ideia de em que possamos ser úteis, mas, se pudermos ajudar de alguma forma...

— Não direi que não, minha amiga. No momento, nada pode ser feito. A polícia está investigando o paradeiro do sujeito que tentou matar Edward. É um assassino de sangue-frio, que já tem outras mortes nas costas.

— Meu Deus, Helen! Você e William devem ficar atentos.

— Sim, eu sei disso. Conversei com Bucky e com Lucy sobre o assunto, e eles também ficarão atentos.

Marianne ia abrir a boca para perguntar como Edward se envolvera com um sujeito daqueles, mas resolveu calar-se.

— Bem, você já sabe. Caso precisem de minha ajuda ou da ajuda de Carl, é só nos dizerem. Agora, antes de falarmos sobre as plantas, preciso lhe perguntar algo.

— Pode falar.

— Vocês querem ir embora de Londres, nós também iremos... e como ficará a questão de Katie?

— Acho que a vida se encarregará disso... Ela continuará sendo médium. Como conviverá e o que fará com essa capacidade serão escolhas dela.

Eu e William conversamos rapidamente sobre isso. Chegará o momento em que as pesquisas dele e de Carl terão de chegar ao fim. Eles não poderão continuar para sempre, e Katie terá de encontrar sua própria forma de lidar com o dom que recebeu. Hoje, um jornalista esteve aqui em casa.

— Jornalista? Queria saber sobre as reuniões com Katie?

— Ele não mencionou o nome de Katie, mas o fato é que apareceu aqui interessado no envolvimento de William com os fenômenos mediúnicos.

— Não sei se é uma boa ideia, Helen... — disse Marianne.

— Também não acho que seja, mas Will insiste em conversar com o tal jornalista. O que me intriga é como esse homem apareceu justamente agora. Não lhe parece muita coincidência? Não comentamos com ninguém a respeito de Katie e das reuniões, justamente para não termos problemas com o pessoal do meio acadêmico e com curiosos.

Marianne franziu as sobrancelhas.

— Lembrei-me de algo... uma das pacientes de Carl comentou alguma coisa comigo.

— Como assim?

— É uma mulher muito elegante, da alta roda, e conhece vocês. Senhora Jensen! Lembra-se dela?

— Acho que sim... uma mulher de porte grande e olhos claros, não é?

— Isso mesmo. Ela me perguntou se eu sabia algo sobre uma nova médium de nome Katie... É lógico que, na hora, me lembrei imediatamente das nossas reuniões, mas disfarcei e disse a ela que nunca tinha ouvido falar a respeito. Achei a pergunta muito estranha.

— E é estranha! Duvido muito que alguém da família Harrison tenha comentado algo sobre esse assunto com alguém. A grande pergunta é: como esses comentários estão surgindo? Eu e Will não costumamos frequentar ambientes sociais, nem você e Carl, para nos inteirarmos dos comentários que estão circulando por aí. Por que esse repórter veio parar aqui, depois de tanto tempo em que William esteve afastado desse tipo de pesquisa? Ele certamente deve ter ouvido algo e seguiu a pista.

— Fique tranquila... — disse Marianne tocando de leve no braço de Helen. — Vou tentar descobrir o que anda circulando entre os ouvidos e as línguas das madames da alta roda e, assim que tiver novidades, contarei para você. Agora, vamos às plantas, pois tenho de chegar em casa antes da hora do jantar.

Capítulo 30

Andressa caminhou por uma passarela longa, que ligava os dois maiores pavilhões da Colônia, e entrou por uma porta com pé direito alto emoldurada por madeira esculpida, na qual se podia ver folhas e flores entalhadas de forma minuciosa. Um grupo de jovens estudava na biblioteca, e outros grupos maiores ocupavam as diferentes salas de aprendizado. O piso, apesar de assemelhar-se ao granito, mantinha uma temperatura agradável, e ela podia caminhar confortavelmente sobre ele com os pés descalços.

Andressa parou diante de uma espessa porta de madeira, que estava fechada. Nela destacavam-se requintados entalhes com formas femininas e conchas. Era a sala de Eva.

— Entre.

Andressa empurrou a porta e entrou. Depois, atravessou a antessala que estava vazia e encontrou Eva pesquisando em alguns livros.

— Estava aguardando-a — disse Eva sorrindo. — Fico feliz em vê-la recuperada. Sente-se, por favor.

— Obrigada.

Andressa sentia-se inquieta.

— Sei que está ansiosa para saber de tudo o que aconteceu e o porquê de a termos trazido para cá. — Ela fez uma pausa e continuou: — Visitei Katie e lhe asseguro de que está tudo bem. Pudemos estabelecer uma comunicação em nível psíquico, e ela se saiu muito bem; está evoluindo rápido — fez mais uma pausa, deu alguns passos na direção de Andressa, que a observava em silêncio, e disse: — Chegou o momento de você acessar algumas memórias que, para seu próprio bem, foram bloqueadas por nós no passado.

— Mas e Katie? Andrew ainda não está preparado para assumir a situação.

— Nem você está. Andrew está sendo assessorado por Octávio, e eu estou realizando visitas regulares à casa de Katie, portanto, não terá com o que se preocupar.

Visivelmente contrariada, Andressa olhou para Eva.

— Você está querendo me dizer que eu falhei?

— Não. Eu estou lhe dizendo que, caso não aceite o fato de que necessita de um período de preparo para se submeter ao procedimento do despertar de memórias, poderá realmente falhar.

Eva costumava ser mais objetiva e rigorosa com seus pupilos do que Urian. Os dois haviam fundado a Colônia dos Carvalhos em uma época já bem distante, em que o Reino Unido passava por violentas disputas territoriais e lutava contra as epidemias e as pestes. A colônia era quase uma réplica reduzida da Inglaterra, com suas paisagens bucólicas, com campos de pastagens para animais e florestas, como fora no tempo dos celtas e dos bretões.

— E, então, o que me diz? Está preparada para começarmos?

— Se você acredita que estou, então, quem sou eu para duvidar?

Eva sorriu.

— Ótimo! Quero que se sente aqui.

Eva indicou para ela uma poltrona muito confortável, e Andressa obedeceu.

— Você não tem sequer uma vaga noção do que se trata essas lembranças?

— Sei que aconteceram em uma época muito distante e que Katie está envolvida nisso, contudo, não consigo me lembrar dele, do obsessor, e qual o vínculo que nós temos nem o que aconteceu conosco.

— Está bem.

Eva pediu que Andressa olhasse dentro dos seus olhos, e, aos poucos, ela viu surgir em sua mente a imagem de um homem muito alto com os cabelos escuros compridos e presos em um rabo de cavalo. A barba era longa e bem-cuidada, sua estatura era grande, e ele facilmente atingia os dois metros de altura. Estava montado sobre um cavalo negro.

Andressa respirou profundamente. A sensação que aquela imagem provocava nela era de pavor e repulsa.

— Théo... — sussurrou ela.

Eva permaneceu olhando para ela. Agora Andressa conseguia se lembrar de tudo. Trechos de vidas anteriores em que ela e Théo estiveram juntos vinham à tona com muita clareza. Tinham uma história longa e difícil, repleta de relacionamentos turbulentos e dolorosos. Eva conduziu-a ao tempo em que esteve no astral inferior sob o domínio dele, após sua última existência juntos.

Ela pôde rever o momento em que foi resgatada pelo grupo de Eva e de Urian e as condições em que chegara à colônia.

— Mas por que, mesmo depois de tanto tempo, ele ainda consegue me afetar?

— Quando a resgatamos, você — explicou Eva — estava em uma situação deplorável, vivendo no astral inferior e obedecendo aos delírios e às ordens de Théo. Denominamos fascinação o que ele exerce sobre você e sobre Katie. Possui um efeito semelhante ao da hipnose e ocorre em nível espiritual, valendo-se também do domínio sobre o corpo emocional. Primeiramente, nós a resgatamos e, posteriormente, resgatamos Katie. Ela e Théo continuaram tendo um forte vínculo, pois há detalhes na história particular deles que diferem da sua história com ele — Eva fez uma pausa e disse: — Foram anos de domínio exercidos sobre vocês, mas digamos que as feridas de Katie cicatrizaram com mais facilidade e que as experiências vivenciadas por ela junto dele, enquanto viveram na Terra, foram menos desagradáveis. Você e ele possuem uma ligação muito mais antiga, que remonta à Grécia. Eu e Urian decidimos que manteríamos essas lembranças adormecidas até o momento mais propício para, então, despertá-las. Temíamos por você, por seu bem-estar, e digamos que "apagá-lo" momentaneamente de sua memória foi a solução emergencial mais apropriada que encontramos. Caso você o buscasse com seu pensamento, seria muito fácil para ele tê-la novamente sob seu domínio.

"Andressa, Théo foi um grande médium, assim como você e como a jovem Katie é agora no presente, e a ambição dele pelo poder o cegou e ainda o cega. No passado, todos vocês fizeram mau uso da capacidade mediúnica, mas a providência divina, que possui uma sabedoria acima da nossa compreensão, sempre encontra a forma mais correta para resgatar e curar. Hoje, Katie é uma médium com grande potencial e com uma bela missão a cumprir, você assumiu o papel de sua principal mentora, e Théo finalmente terá a oportunidade de se libertar da prisão que ele mesmo criou e de tornar útil todo o conhecimento que adquiriu em suas muitas existências."

Eva fez uma pausa e prosseguiu.

— Você, a mãe que abandonou o filho por duas vezes, tornou-se uma mentora espiritual, e Katie, um espírito com inteligência e capacidades acima da média, finalmente venceu a própria arrogância e se prontificou a colocar em prática suas capacidades em uma missão cuja base é o amor pelo próximo. Ela a perdoou, libertou-se da ambição doentia e hoje aguarda sua ajuda para que, juntas, consigam auxiliar Théo. Sob meu ponto de vista, entre vocês três, Katie é a que está mais liberta das experiências negativas do passado. Ela também o perdoou , mas sua mente consciente não consegue compreender o sentimento fraterno que Théo, um obsessor, provoca hoje nela e prende-se a ele por compaixão. Katie não quer abandoná-lo. Na última existência de vocês, assim como em duas outras, ele foi o pai de Katie. Existe uma grande afinidade entre eles, um vínculo muito forte, e você sabe disso. Ela sente medo dele, mas não consegue sentir repulsa, pois, no fundo, o ama.

— Mas ele tentou matá-la, privá-la da vida. Da última vez em que ela e ele se encontraram, Katie adoeceu — argumentou Andressa.

— Théo está como um desvairado, um louco, fora de si... Katie adoeceu pelo simples contato espiritual que teve com ele, uma questão vibracional, o que não significa que ele tivesse o objetivo de machucá-la — disse Eva tranquilamente. — Ele não odeia Katie, nunca a odiou. Théo quer tê-la junto a ele, pois é o único vínculo de afeto que seu espírito doente consegue reconhecer. Não devemos julgá-lo.

— Ele sabe que está morto? A fascinação não ocorre somente entre desencarnado e encarnado?

— Sim, ele sabe que está morto. Não podemos nos esquecer de que estamos lidando com um espírito muito inteligente e antigo. Não, a fascinação pode também ocorrer entre desencarnados, nos chamados mundos inferiores, pois espíritos evoluídos moralmente, apesar de conhecerem o mecanismo de funcionamento, nunca adotam essa prática.

— Ele reconhece Edward, não é mesmo?

— Sim, ele o reconhece, porém, o vê como era quando eles se conheceram e ainda deseja vingar-se. Quanto a Katie, seus desejos em relação a ela oscilam entre a manipulação psíquica e espiritual e o amor de um pai obcecado. Ele está em total desequilíbrio, porém, começa a se lembrar de coisas do passado, o que não conseguia antes. Isso é resultado do nosso trabalho feito daqui mesmo, a distância.

— Mas como faremos isso? Quero dizer.... existe um plano de resgate, uma estratégia, qualquer coisa assim a ser seguida?

Eva sorriu.

— Claro que sim. Sabe o quanto eu e Urian somos organizados. Você participará disso. Quero que passe algum tempo aqui conosco para se preparar para tal.

— Mas e Katie? E as investidas de Théo contra a vida de Edward?

— Ela e Edward ficarão bem, não se preocupe. Octávio e Andrew estão acompanhando todos os acontecimentos. Não permitiremos brechas através das quais ele possa agir.

— Bem... se é o que deve ser feito, podem contar comigo.

— Ótimo!

Capítulo 31

Katie e Edward caminhavam de braços dados em um parque no centro da cidade. Haviam se encontrado a fim de almoçarem juntos. Sentaram-se em um dos bancos próximos do lago, onde alguns cisnes deslizavam tranquilamente e com elegância na superfície. Outros casais faziam piqueniques, enquanto crianças de todas as idades brincavam por ali.

— Está cansada? — perguntou Edward, olhando muito sério para o rosto de Katie, que parecia mais pálido que o habitual.

— Não... eu estou bem.

Katie procurava manter o olhar fixo na linha do horizonte. Estava se sentindo levemente tonta e enjoada, mas não queria dizer nada a ele para não estragar o encontro.

— Como estão as coisas na universidade? — perguntou, procurando mudar de assunto.

— Tudo em perfeita ordem! Daqui a três meses, me tornarei oficialmente um médico! — completou sorrindo.

— Estou muito orgulhosa de você.

— Katie, acho que deveríamos nos tornar noivos o mais rápido possível — disse ele em um tom de voz baixo, porém, grave, que despertou a atenção dela.

— Sinto-me a mulher mais feliz do mundo por isso, mas você me parece preocupado.

Edward segurou as mãos de Katie entre as suas e olhou-a nos olhos.

— Assim que concluir meus estudos, devemos nos casar e deixar a cidade.

Katie recolheu as mãos e afastou-se.

— O que está acontecendo?

Edward engoliu em seco antes de responder.

— Lembra-se do homem que tentou me matar? Ele continua por aqui e está tentando me encontrar. Elliot é muito esperto, e a polícia não está conseguindo pôr as mãos nele. Temo até mesmo que três meses seja muito tempo... Talvez eu tenha que conversar com o doutor Russel e me casar com você. Acho melhor deixarmos a cidade juntos e depois de algum tempo retornarmos para que eu possa terminar meus estudos. O que acha?

— Edward, eu estou ficando assustada! Você o viu novamente?

— Não, eu vi gente que trabalha para ele, mas os despistei. Tenho quase certeza de que não sabem onde estou morando, contudo, não sei por quanto tempo conseguirei mantê-los distantes — ele fez uma pausa e tornou a falar com voz terna. — Ouça... com uma carta de recomendação de William, posso conseguir emprego como professor assistente em alguma escola em outro lugar.

— Por que está com tanto medo? A polícia não está trabalhando no caso?

— Porque Elliot é um mau-caráter muito esperto, um assassino de sangue frio, e eu temo principalmente por sua vida muito mais do que pela minha.

— Nós estamos sendo observados — disse ela em um tom de voz quase inaudível. — Temos de sair daqui.

— Como sabe disso?

— Estão me dizendo neste exato momento que devemos ir.

Katie estava se referindo aos espíritos, e, embora Edward não absorvesse essas crenças na mesma proporção, ele vira coisas impressionantes demais para não seguir os conselhos da namorada.

— Calma... — disse ele olhando dentro dos olhos dela. — Não podem notar que já sabemos. Procure sorrir para mim e disfarçar.

Katie obedeceu.

— Agora, vamos nos levantar e caminhar normalmente na direção da saída leste do parque. Conheço um caminho que nos levará rapidamente para Picadilly. Venha comigo... — disse ele levantando-se e oferecendo o braço para Katie. — Ainda não os vi. Caminhe tranquilamente e sem pressa, pois quero ganhar tempo para identificá-los.

Contornaram o lago seguindo para o leste conforme haviam combinado e pararam de repente. Edward, então, abaixou-se e fingiu que ajeitava algo nas próprias botas. Neste momento, pôde ver dois rapazes que caminhavam na mesma direção mantendo uma boa distância dele e de Katie.

— Já os vi — disse sorrindo junto ao ouvido de Katie e em seguida beijou-lhe o rosto. — Está tudo bem. Não farão nada. Estão apenas coletando informações para Elliot. Temos de despistá-los.

Edward e Katie alcançaram a saída do parque e entraram em uma rua estreita e movimentada com diversos tipos de comércio, casas de pães, açougues, peixarias, casa de penhores e sapatarias. Aproveitaram o fluxo de pessoas que subiam e desciam, aglomerando-se e acotovelando-se em alguns pontos, e misturaram-se a eles. Ambos trajavam roupas escuras e comuns. Katie usava um vestido marrom, e Edward, um paletó cinza, o que era bastante conveniente. Por fim, o rapaz puxou-a para dentro de uma loja de quinquilharias, abarrotada de prateleiras e coisas penduradas por todos os lados. A proprietária, uma oriental franzina e vestida a caráter, aproximou-se de Katie sorridente.

— Bom dia, senhora! — disse Edward. — Poderia, por favor, mostrar para minha noiva alguns quimonos de seda?

A mulher sorriu para ele e, delicadamente, tomou Katie pela mão, levando-a para trás de um biombo, que espantosamente escondia um mundo de coisas diversas amontoadas em prateleiras que pareciam não ter fim.

— Este! — dizia a mulher sorrindo.

O quimono era realmente fabuloso. Vermelho com estampas orientais de flores de lótus.

— É mesmo uma beleza, senhora, mas acho que não ficarei com ele. Não gosto da cor. A senhora teria algum que fosse preto? — disse Katie procurando ganhar tempo.

Enquanto isso, Edward, entre cabides, vasos coloridos e estátuas de porcelana, procurava espiar através do vidro da minúscula vitrine. Os dois informantes de Elliot estavam no meio da rua olhando para todas as direções e, depois de alguns minutos, finalmente seguiram em frente. Edward foi até a porta e viu quando os dois despareceram, descendo uma praça próxima dali.

— Pronto, querida? Já escolheu?

Encantada, Katie examinava um quimono preto.

— Esse é perfeito! — disse ele. — Pode embrulhar, senhora. Vou levar.

A mulher sorriu franzindo em várias pregas as laterais do rosto magro e, antes que Katie pudesse protestar, retirou de suas mãos a peça e embrulhou-a para, em seguida, colocá-la em uma caixa.

— Pegue. É seu — disse ele entregando o embrulho para Katie e, voltando-se para a mulher, agradeceu: — Muito obrigado!

A oriental juntou as mãos na frente do peito e curvou levemente a cabeça, em sinal de agradecimento. Edward, então, puxou Katie pela mão, e os dois deixaram a loja às pressas.

— Você não deveria ter gastado seu dinheiro.

— Tenho certeza de que ficará lindo em você! — disse ele, enquanto a puxava pela mão e passava entre as pessoas.

Seu olhar estava atento a todos os rostos próximos ou mais distantes.

— Você conseguiu ver bem os dois sujeitos? — perguntou próximo ao ouvido de Katie.

Ela balançou a cabeça em uma resposta afirmativa, enquanto tentava acompanhá-lo no meio da aglomeração de pessoas que iam e vinham cruzando a Piccadilly Circus.

— Podemos ir mais devagar, por favor?

— Me desculpe, mas temos de ser rápidos. Pretendo alcançar a loja de Ilzie e deixá-la em segurança o mais breve possível.

— Como assim? Não almoçaremos juntos?

— Temo que hoje não. Assim que deixá-la na companhia de Ilzie, irei atrás do Sunders. Tentarei fazer um acordo com ele.

Katie estaqueou no meio da rua. Seu penteado já não estava tão bonito quanto estivera pela manhã, e suas faces haviam adquirido uma tonalidade avermelhada.

— Do que está falando?

Edward parou a uma certa distância para encará-la, mas logo a puxou novamente pelo braço, e os dois continuaram caminhando no mesmo ritmo.

— Não temos tempo para conversar agora. Venha!

A loja de Ilzie ficava em uma rua, cuja maioria dos imóveis estava alugada para uso comercial. Eram prédios e sobrados, alguns até bastante grandes, que abrigavam todo tipo de comércio e escritórios de atividades profissionais variadas. Era uma área frequentada por classes sociais mais abastadas, onde as lojas costumavam ser caras. Lá era possível encontrar desde roupas até acessórios, joias e sapatos, além de móveis e objetos de decoração. Novos escritórios de advogados, importadores, contadores e financistas também surgiam a cada dia.

Katie olhava para tudo com muita curiosidade, pois aquele era um pedaço de Londres que ela não conhecia. Os dois pararam diante de um charmoso sobrado cinza-claro, com as aberturas pintadas de branco, que ficava entre uma loja de sapatos e uma joalheria. Edward girou a maçaneta, entrou e encontrou Ilzie orientando a balconista recém-contratada. Ao vê-los entrar, ela primeiramente sorriu e, em seguida, fez um discreto gesto com as mãos, questionando se havia acontecido algo de errado.

— Já converso com vocês.

— Quero que conte para Ilzie tudo o que aconteceu e fique atenta no caso de vir os dois sujeitos circulando por aqui, está bem?

— Tudo bem.

— Já volto. Almoce com Ilzie, e depois encontro você aqui na loja — disse ele beijando-a rapidamente nos lábios e saindo.

— Onde Edward está indo com tanta pressa? — perguntou Ilzie aproximando-se.

— Eu explico, mas tem de ser em particular.

— Claro! Venha comigo. Vamos até o meu escritório.

O escritório era o único cômodo existente no piso superior da loja e ocupava todo o andar. Era amplo, bem ventilado e tinha decoração agradável, com apelo feminino evidente. Vasos com flores enfeitavam o ambiente, e as paredes, com exceção daquela onde ficava a lareira, eram revestidas com papel de estampa floral. Ilzie gastara um bom dinheiro na reforma do lugar, pois desejava que o ambiente de trabalho se tornasse uma extensão de sua própria casa. Ao perceber que Katie olhava ansiosa pela janela que dava para a avenida em frente, parou de falar e aproximou-se da jovem em silêncio.

— O que aconteceu, querida? Venha. Sente-se aqui — disse Ilzie, conduzindo-a pela mão até uma das poltronas. — Vou lhe servir um pouco de licor. Tome. Beba um pouco. É de amora. Vai lhe fazer se sentir melhor.

Katie bebeu um gole e deixou o cálice sobre a mesinha de centro.

— Agora me diga o que está acontecendo. Por que você e Edward não estão almoçando juntos?

— Nós estávamos passeando pelo parque e depois iríamos para o restaurante. Comecei a me sentir mal e a ter um forte pressentimento de que estávamos correndo perigo. Comentei com Edward que achava que estávamos sendo observados. — Ela fez uma pausa e bebeu um pouco de licor. — E realmente estávamos...

— Por quem?

— Você se lembra daquela vez em que Edward foi esfaqueado?

— Sim, me lembro. Foi uma situação lamentável.

— Aquilo não foi uma tentativa de assalto e, sim, de assassinato.

Ilzie olhou para Katie com expressão muito séria e aproximou-se um pouco mais.

— Isso é muito grave! Por que alguém estaria tentando matar seu namorado? Vingança?

— Sim, é uma longa história. É uma espécie de vingança, sim.

Katie explicou para Ilzie qual era o envolvimento de Edward com Elliot e quem ele era.

— Meu Deus! Mas isso é muito mais grave do que eu imaginava! E para onde Edward foi?

— Ele foi procurar o inspetor Sunders, que está cuidando do caso.

— Mas esse homem, o tal Sunders, sabe sobre as pedras preciosas?

— Não.

— Katie, isso poderá criar problemas para Edward com a polícia! — concluiu Ilzie arregalando os olhos. — Você sabe de onde vieram essas pedras, Katie?

— Foi um assalto a uma mansão, que havia sido alugada para um casal de estrangeiros. Elliot matou o homem, mas, segundo Edward, ele também trabalhava com coisas ilícitas, como uma espécie de intermediador. Depois disso, Edward roubou as pedras do tal Falcão e fugiu. Como Elliot estava sendo procurado pela polícia pelo roubo e pelo assassinato do magnata estrangeiro, precisou desaparecer de Londres por mais de ano, mas agora está de volta e não se esqueceu do que aconteceu no passado.

— Entendo... — disse Ilzie retirando os óculos. — Temos de pensar em algo... em uma forma de vocês se livrarem do problema, quero dizer, desse assassino... E se a polícia puser as mãos nele? Ele só não contará a verdade se estiver morto, e Edward responderá pelo crime, como cúmplice do assalto e também do assassinato.

— Nós já pensamos em tudo isso — disse Katie um pouco mais refeita. — Edward quer casar-se o mais rápido possível, pois assim poderemos deixar a cidade.

— Mas e as pedras, Katie? Elas valem um bom dinheiro. Vocês precisam dar um jeito de negociá-las, de se livrarem delas! São uma faca de dois gumes, pois tanto podem significar uma vida confortável para vocês dois, como também são provas contra Edward.

— Sim, Edward diz que é muito arriscado negociá-las em qualquer parte do país. Teríamos de negociá-las fora da Inglaterra.

— E, mesmo assim, pode ser arriscado... Tem de ser a pessoa certa.

Katie levantou-se de um salto de onde estava e correu até a janela. Ilzie a seguiu.

— São eles! — exclamou baixinho encostando-se junto da parede.
— Eles quem?
Ilzie estava olhando através da janela, e muitas pessoas circulavam pela avenida.
— Veja se ainda há dois sujeitos usando bonés. Um está vestindo um paletó cinza surrado, e o outro, um pouco mais alto, é loiro e está vestido com um casaco xadrez.
— Ainda estão ali. Parecem não saber que direção tomar — informou Ilzie. — Agora, o mais baixo está dizendo algo no ouvido do outro — Ilzie fez uma pausa de alguns segundos e disse: — Separaram-se, um está subindo a avenida, e o outro, descendo.
Katie respirou aliviada.
— Algum sinal de Edward?
— Não, nenhum. Ainda deve estar conversando com o inspetor. Acho que você já pode relaxar. Venha. Vamos nos sentar ali novamente, pois precisamos conversar sobre outro assunto.
Elas tornaram a sentar-se no mesmo lugar, onde havia um jogo com quatro poltronas forradas com veludo bege. A mesinha de centro, feita de mogno, exibia vários croquis de vestidos feitos por Ilzie.
— Katie, eu tenho sentido, pois é a forma como meus mentores se comunicam comigo, que devemos acelerar nosso trabalho com você. Refiro-me ao espírito chamado Théo. Tenho recebido mensagens persistentes sobre isso. Depois do que você me contou hoje, tudo começa a fazer sentido... Talvez a razão de precisarmos adiantar as coisas esteja justamente ligada a esse problema com Edward. E como farão com relação ao casamento e aos estudos dele?
— Ainda não sei. Havíamos começado a conversar sobre isso, quando os dois sujeitos apareceram. Edward acha que em três meses conseguirá concluir os estudos na universidade, mas acredita que não tenhamos todo esse tempo e que, se ficarmos aqui, isso poderá se tornar muito perigoso para nós.
— E eu concordo com ele. Temos de pensar em algo. Prometo que pensarei em algo sobre isso também, está bem?
Katie concordou com um movimento de cabeça.
— Agora, vamos tratar do outro assunto que também nos interessa e que do que nunca temos urgência em resolver. O que você e Edward combinaram? Que se encontrariam aqui?
— Sim, após o almoço. Ele disse que não devo aguardá-lo para almoçar.

— Está bem. Já estamos mesmo próximos do meio-dia. Fecharei a loja, e nós almoçaremos aqui perto em um restaurante que eu adoro. Tenho certeza de que você também gostará de lá! — exclamou Ilzie sorrindo.
— Ora! Vamos! Anime-se! Pelo menos assim, poderemos ficar mais algum tempo juntas...

As duas mulheres cruzaram a avenida e desceram uma rua estreita, onde havia um restaurante muito antigo e tradicional.

— Vou pedir um prato de culinária francesa que eles servem aqui. É espetacular! O molho com ervas é delicioso.

O garçom, um homem de fisionomia agradável e de cabelos grisalhos, aproximou-se e anotou o pedido.

— Não vai demorar. Hoje não está muito cheio — disse Ilzie. — Katie, mandei mensagens para Marianne e para Helen pedindo para nos reunirmos amanhã no início da tarde. Helen já me respondeu e disse que estará lá. Acredito que Marianne também não faltará. Quero que converse com Rachel e veja se ela poderá estar presente, está bem?

— Conversarei com ela hoje mesmo.

— Perfeito! É que estou com o pressentimento de que não temos muito tempo à nossa disposição.

— Eu também acho. Estou um pouco nervosa, porque não sei como meus pais irão reagir a esse casamento feito às pressas. Não sei o que direi a eles, pois não poderei lhes contar toda a verdade. Meu pai jamais compreenderia e mudaria totalmente o conceito que tem do caráter de Edward.

— Eu tive uma ideia! O que acha de dizer para Harold e Elgie que Edward conseguiu formar-se mais cedo do que imaginava e que, por indicação do doutor Russel, encontrou um trabalho em outra cidade?

— Qual cidade?

— Não sei! Converse com ele. Qualquer cidade para onde vocês queiram se mudar. Acho bom que ele converse com o doutor Russel sobre o assunto o mais rápido possível.

Katie pensou por alguns segundos.

— Parece uma boa ideia. Vou analisar com calma e conversar com Edward sobre isso.

***

Sunders acendeu o charuto e, em seguida, tragou-o lentamente. Seus olhos estavam fixos em algum ponto sobre a mesa de trabalho.

— Senhor Cloods, não acha seu plano um pouco arriscado demais?

Edward ajeitou-se sobre a cadeira e tossiu algumas vezes. Estava bastante tenso, mas procurava disfarçar.

— Para lhe dizer a verdade, acho, mas que outra alternativa nós temos? Elliot parece estar se saindo muito bem, não desmerecendo seu esforço e o dos seus homens, inspetor. Eu sei que ele conta com a ajuda de toda sorte de gente que possamos imaginar. São ladrões, mendigos, prostitutas, contrabandistas, assassinos... ele é muito bem relacionado e é muito respeitado nesse meio e até mesmo por alguns indivíduos da alta roda.

Sunders permaneceu em silêncio durante algum tempo, ponderando a respeito do plano apresentado por Edward.

— Ele desconfiará... — disse o inspetor coçando o próprio queixo. — Não dará certo, senhor Cloods. O Falcão é esperto demais para se deixar apanhar dessa maneira. Um dos meus homens disse que nossos informantes viram um sujeito grandalhão semelhante a um ogro, conhecido por Muralha, que trabalha para Elliot, saindo de uma pensão. Ele havia ido procurar uma das prostitutas que moram lá, a Gigi. Em troca de uma garrafa de vinho e algumas moedas, a mulher deu com a língua nos dentes e nos disse que está prestando um serviço para o Falcão. Ela está sendo paga, assim como outros, para descobrir o seu — enfatizou ele apontando para Edward — paradeiro.

— E o que ela descobriu até agora?

— Que o senhor está morando com um amigo, que é rico e famoso, mas ela não tem a mínima ideia de onde o Falcão esteja escondido. O problema, senhor Cloods, é que disponho de poucos homens de confiança, que sejam inteligentes o suficiente para se disfarçarem e se infiltrarem no meio dos marginais sem serem descobertos. Temos gente do meio deles que trabalha para nós, mas que, em troca de algumas moedas, também presta serviços para o outro time.

— Compreendo... o problema é que sou conhecido por muitos naquela região. Posso dar uma volta por lá durante o dia e ver se encontro alguns velhos conhecidos.

— O senhor tem uma arma?

Edward olhou para Sunders com ar de espanto.

— Não! Não uso armas.

— Mas sabe atirar?

— Sim, eu sei. Meu pai sempre teve armas em casa.

Sunders deu alguns passos na direção do armário, onde escondia suas garrafas de uísque, e de dentro dele retirou um revólver de tamanho pequeno e algumas balas.

— Fique com ele e, por favor, não fale para ninguém que o conseguiu comigo, está certo?

— Pode confiar em mim, inspetor.

— Desejo boa sorte ao senhor em sua investigação, mas me prometa que não irá àquela região à noite e que não sairá por aí caçando o Falcão, pois seria uma presa fácil dentro do próprio território dele. Acredito que logo teremos novidades a respeito do esconderijo do nosso pássaro e, desta vez, tentaremos capturá-lo e trancá-lo de uma vez por todas em uma gaiola.

Capítulo 32

— Entre, por favor, senhor Fields. William logo virá atendê-lo.

Helen pendurou o chapéu e o casaco do jornalista e conduziu-o à sala de visitas.

— Quem é essa jovem nas fotografias, senhora Russel?

— É nossa filha Camille. Ela faleceu aos dezoito anos de idade.

— Lamento muito e lhe peço imensas desculpas — disse ele visivelmente constrangido.

— Não precisa se desculpar, senhor Fields. Aceita algo para beber? Um conhaque, uma taça de licor, talvez?

— Um conhaque, por favor.

Helen retirou de dentro da cristaleira a bebida e serviu uma dose para ele.

— Senhor Fields, o que realmente o levou a procurar meu marido para entrevistá-lo sobre esse assunto?

O jornalista foi pego de surpresa pela pergunta.

— Serei bastante franco com a senhora. Eu me interesso pelos temas ligados à existência do mundo espiritual e, pesquisando em jornais mais antigos, da década passada, encontrei o nome do doutor Russel em alguns textos associados ao estudo da mediunidade.

— Entendo, mas o que o levou a procurá-lo justamente agora, depois de tanto tempo?

— Alguns rumores que estão circulando entre pessoas da alta sociedade.

— Que rumores são esses? O senhor poderia me dizer?

Fields engoliu mais um gole de conhaque e respirou fundo antes de encarar Helen novamente.

— Algumas pessoas que se interessam por esses assuntos andam comentando que o doutor Russel descobriu uma nova médium, de capacidade extraordinária, e que retomou as pesquisas nessa área.

Helen engoliu em seco. O que Fields acabava de lhe dizer vinha ao encontro do que Marianne lhe dissera anteriormente. Como a informação a respeito das reuniões com Katie havia vazado?

— O senhor tem ideia de onde surgiram esses comentários, através de quem...

Ele balançou a cabeça negativamente.

— Isso é praticamente impossível de se descobrir. No meu trabalho, nós seguimos pistas e ficamos atentos aos rumores o tempo todo, e se eles aumentam é porque, provavelmente, existe alguma veracidade a ser averiguada. Dificilmente, tomamos conhecimento da origem desses comentários, mas o que posso lhe garantir, senhora Russel, é que tem um bocado de gente interessada em saber quem é a misteriosa médium que fez o doutor Russel retomar suas pesquisas, arriscando novamente a reputação dentro do meio acadêmico. Infelizmente, a maior parte dessas pessoas são apenas curiosos em busca de algo para tornar sua vida entediante mais interessante, mas vim até aqui porque estou interessado em escrever uma matéria séria sobre o assunto.

Helen sorriu encarando Fields.

— Posso quase lhe garantir, senhor Fields, que meu marido já não está mais se importando tanto com a reputação dele perante os acadêmicos, caso contrário, não teria concordado em recebê-lo em nossa casa. Quanto à médium, no que depender de mim, ela continuará sendo um mistério para a maioria. Só posso lhe dizer que sou absolutamente contra a exposição da identidade dela ao público. Desde já, deixo aqui minha opinião a respeito do assunto.

Nesse momento, William entrou na sala, cumprimentou Fields e, em seguida, sentou-se ao lado de Helen.

— Bem, não pude deixar de ouvir a última parte da conversa de vocês. Por acaso estavam falando sobre uma médium? É quem eu estou pensando? — perguntou ele olhando para a esposa.

— Temo que sim, senhor Russel. Estava explicando à senhora Russel que corre à boca pequena comentários nas altas rodas de que o senhor encontrou uma médium muito talentosa e que, por conta disso, retomou suas pesquisas na área da espiritualidade.

— Tem ouvido falar de algum nome, senhor Fields?

— Sim. Alguns dizem que o nome dela é Katie ou Kathy, ou algo parecido.

William permaneceu em silêncio durante algum tempo.

— É verdade. Existe uma médium.

— William! — exclamou Helen visivelmente alterada.

Ele pressionou levemente o braço da esposa em um gesto silencioso e discreto, pedindo que se acalmasse.

— Senhor Fields, se eu abri as portas da minha casa para o senhor entrar é porque acredito que seja um profissional sério e também porque tenho interesse em que escreva sobre o assunto. Gostaria de lhe deixar claros alguns pontos a respeito da médium sobre a qual estamos falando. O nome dela não será mais segredo para o senhor, mas deverá me dar sua palavra de que manterá sigilo absoluto.

— O senhor tem minha palavra.

— A médium em questão se chama Katie Harrison e é uma jovem de apenas dezesseis anos, futura noiva do doutor Cloods, meu assistente.

— Conheci o simpático doutor Cloods outro dia — comentou Fields.

— Katie é uma médium de talento genuíno, e nem ela nem a família têm interesse em que o assunto se torne público.

— Eu compreendo. O senhor pode confiar em mim. Meu objetivo é somente registrar toda a história.

— Este é meu interesse também, senhor Fields, então, temos um acordo no que diz respeito ao sigilo sobre a identidade da senhorita Harrison? — perguntou William estendendo a mão na direção do jornalista, que a apertou com força.

— Ótimo. O senhor pode começar seu trabalho hoje, se quiser.

— Seria excelente! Vim preparado para isso! — exclamou ele empolgado mostrando o lápis e o caderno de anotações.

— Helen, se quiser nos dar licença, eu e o senhor Fields temos muito o que conversar. Começarei levando-o até meu laboratório e depois até nossa sala de reuniões. — E, voltando-se para Fields, perguntou: — Fica conosco para o jantar?

— Se não for incômodo...

— De modo algum, senhor Fields — disse Helen. — Fiquem à vontade. Vou cuidar dos meus afazeres.

***

Dentro do escritório de Ilzie, Katie aguardava ansiosa pelo retorno de Edward. Deu preferência a ficar na parte superior da loja, pois assim poderia observar da janela o movimento na avenida. Era provável que os informantes de Elliot tivessem desistido, mas ela ainda se sentia um pouco apreensiva. Andrew a observava de pé junto ao parapeito da janela.

Naquela manhã, no parque, fora ele quem a alertara sobre a presença dos dois sujeitos e chamara a atenção dela para a presença deles em frente à loja, quando a jovem estava na janela do escritório de Ilzie. Agora que Andressa estava na colônia, acompanhava Katie por todos os lugares, em tempo integral.

Katie sentou-se em uma das poltronas e serviu-se de um copo com água. Ilzie estava na loja treinando a nova funcionária.

"Vá até a janela", disse Andrew.

Katie deixou o copo sobre a mesinha de centro, correu para a janela e viu os dois sujeitos encostados na parede de um prédio do outro lado da avenida. "Será que sabem que estou aqui dentro? Não, provavelmente não. Preciso falar com Ilzie", pensou e desceu os degraus o mais rápido que pôde. Katie viu que a amiga estava atendendo uma cliente. A mulher de peito estufado e chapéu verde escandaloso simplesmente parecia não conseguir decidir-se entre o veludo preto com brocados ou a renda importada da Ucrânia, que a dona da loja lhe mostrava.

Katie fez um sinal discreto da escada.

— Com licença, senhora Carson. Vou ver o que minha sobrinha quer. Fique à vontade.

— Os dois rapazes que nos seguiram pela manhã estão aí fora, do outro lado da rua — sussurrou junto ao ouvido de Ilzie.

Ilzie puxou Katie pela mão, e as duas entraram novamente no escritório.

— Está vendo? São aqueles dois ali.

— Sim, estou vendo. Mas não parecem estar olhando para cá...

— Acho que estão ali por acaso e não desconfiam de que eu ou Edward esteja aqui. Talvez por ser uma avenida movimentada estejam aguardando para o caso de passarmos por ela. E se Edward estiver retornando? É bem provável que o vejam chegar. E agora?

— Tive uma ideia! Vou deixar minha funcionária atendendo à senhora Carson, já que ela sempre demora para escolher o que quer, e eu sairei daqui. Tentarei encontrar Edward.

— Então, vá! Vá logo, pois sinto que ele pode chegar a qualquer momento.

Ilzie saiu às pressas, seguindo as orientações de Andrew, que intuía as duas sobre o que deveriam fazer para resolver aquela situação. Ela caminhou cerca de cem metros e encontrou Edward, que retornava para a loja sem desconfiar de nada.

— E Katie? Eles a viram hoje pela manhã. Provavelmente irão reconhecê-la.

— Não, se ela estiver com outra roupa — disse Ilzie. — Agora vá e aguarde por ela em frente à loja de penhores da qual lhe falei. Daqui a mais ou menos meia hora, ela se encontrará com você. Peguem um coche e vão direto para casa.

A loja de penhores à qual Ilzie se referira ficava a apenas duas quadras dali e era um ponto bastante tradicional e conhecido. Edward aguardou por quase meia hora até que avistou a silhueta de uma mulher elegantemente vestida, que se destacava de longe entre os transeuntes. O vestido bege contrastava com os trajes em sua maioria cinzentos e escuros à sua volta.

— Está ainda mais linda do que quando a deixei! — disse ele sorrindo ao vê-la se aproximar. — E os dois sujeitos? Será que desconfiaram de alguma coisa?

— Acredito que não me reconheceram — disse ela sorrindo. — Eu estava ficando muito preocupada com você, pois eles não saíam mais da frente da loja. Você comeu alguma coisa?

— Sim, almocei com o Sunders. E você? Almoçou?

— Ilzie me levou a um restaurante muito simpático, e a comida estava ótima. O que você disse ao inspetor?

— Eu me ofereci para servir de isca para a captura de Elliot.

— Você enlouqueceu? — perguntou Katie em um tom de voz tão alto que chamou a atenção de algumas pessoas que circulavam por perto.

— Fique tranquila, ele não aceitou. Disse que era muito arriscado e que provavelmente Elliot não cairia nessa... e ele tem toda a razão.

— Pelo menos o inspetor parece ser mais sensato que você.

Edward riu ao ver a expressão zangada no rosto de Katie.

— Sinto-me lisonjeado com sua preocupação, mas estou mesmo preocupado com sua segurança. Vamos chamar um carro. Vou deixá-la em casa.

Edward avistou um cabriolé que estava parado do outro lado da rua e fez sinal para o condutor. Os dois entraram, acomodaram-se no interior do transporte e seguiram em segurança para a casa de Katie.

***

Sentado diante de William, Fields tomava nota de tudo o que ele dizia. Do lado de fora, a noite já começava a cair, e a hora do jantar se aproximava.

— Acho que deveríamos encerrar por hoje, senhor Fields. Minha sugestão é que compareça à nossa reunião esta semana e anote tudo o que puder observar, assim, poderá conhecer pessoalmente a senhorita Katie. Acredito que ela se tornará parte importante da sua narrativa.

— Sim, sim! Será muitíssimo interessante conhecê-la, mas será que ela não irá se opor se souber que sou um jornalista?

— Não se eu conversar com ela e lhe explicar que o senhor se comprometeu a não revelar sua identidade. Acredito que a senhorita Harrison confia o suficiente em mim e em minha esposa para não se opor à sua presença.

— Se é assim, estarei aqui no horário marcado pelo senhor. Já estou ansioso para nosso novo encontro, doutor Russel — disse Fields animado.

Lucy deu três batidas leves na porta.

— Doutor Russel, o jantar está servido.

— Obrigado, Lucy.

Logo em seguida, Edward chegou em casa e juntou-se ao pequeno grupo, que estava reunido à mesa.

— Então, Fields, você deve estar muito satisfeito, pois terá uma história e tanto para escrever.

— Estou sim, Edward.

— Eu convidei o senhor Fields para assistir às nossas reuniões, Edward — disse William.

Edward olhou para ele com expressão muito séria, pois não lhe agradava a ideia de expor Katie a um jornalista, por mais que Fields parecesse ser confiável. Helen olhou para Edward e em seguida para o marido, que continuava mastigando tranquilamente.

— Meu caro Edward, você já está conosco tempo suficiente para me conhecer. Me conhece melhor que muitos colegas de trabalho, que convivem comigo há décadas na universidade, e sabe que eu jamais colocaria a reputação da família Harrison em risco. Eu e o senhor Fields temos um acordo de cavalheiros, então... tranquilize-se quanto à segurança e à privacidade de Katie. — Ele fez uma pausa e bebeu um gole de vinho. — Há alguns dias, eu e minha querida Helen estávamos na biblioteca conversando a respeito das nossas vidas e do nosso futuro e, dentro de mais algum tempo, pretendemos deixar Londres, viajarmos juntos e fixarmos residência em um lugar mais tranquilo.

Edward e Fields haviam parado de comer para prestar atenção ao que ele dizia.

— Eu e minha mulher estamos envelhecendo rapidamente, meus amigos. Passei a vida inteira me dedicando às pesquisas na área das ciências e da medicina e, nos últimos anos, também tenho me dedicado a estudar o mundo da "não matéria"... Gostaria de passar os últimos anos de minha vida simplesmente vivendo... O estudo dos fenômenos espirituais, que tem sido meu foco na última década, é um assunto muito amplo e complexo e ainda levará décadas, talvez séculos, até a ciência conseguir desvendá-lo, explicá-lo ou admiti-lo como parte da natureza e não como algo sobrenatural. Certamente, morrerei sem conseguir provar nada nesse campo tão desconhecido ainda para nós, homens. Gostaria, sim, de deixar registradas minha contribuição e minha opinião, que são resultado de todo o meu esforço como pesquisador, médico e cientista, e nada melhor do que um jornalista para me auxiliar nesta tarefa — concluiu ele.

Edward estava muitíssimo surpreso, pois jamais imaginara que William pensava em deixar não só a cidade, mas também toda a sua brilhante carreira para trás.

— Eu estou surpreso, doutor Russel. Para mim, que o admiro e o estimo verdadeiramente, assim como a Helen, quase chego a lamentar sua escolha. Mas admito que seria apenas por puro egoísmo da minha parte, já que essa mudança me privará da companhia de vocês, que hoje considero mais do que meus amigos; eu os considero minha família neste continente. Só posso, então, desejar que tudo ocorra conforme o senhor espera e planeja e que vocês possam ser muito felizes no lugar que escolherem para viver.

— Muito obrigado, meu caro. Está evidente que você e sua futura esposa poderão nos visitar sempre que desejarem. Eu e Helen somos dois velhos solitários e os consideramos parte da nossa pequena família também. Em um momento mais oportuno, gostaria de conversar com você sobre os pormenores que envolvem o planejamento desta mudança.

— Quando o senhor quiser.

— Com licença — disse Helen —, gostaria de aproveitar a presença do senhor Fields e também de Edward para abordar um assunto delicado e que, na minha opinião, requer urgência de ser discutido.

Todos os olhares se voltaram para ela.

— Hoje, o senhor Fields me disse que muitas pessoas já estão sabendo das nossas reuniões com Katie. Não sabemos como a informação saiu do nosso meio, mas há alguns dias Marianne comentou comigo que uma das pacientes de Carl também teceu comentários semelhantes.

— Como eu havia dito à senhora Russel — disse Fields —, é praticamente impossível detectar a verdadeira fonte dos rumores. Só posso afirmar que eles existem.

— Mas isso é muito preocupante! — exclamou Edward. — Corremos o risco de, inclusive, já terem conhecimento da verdadeira identidade de Katie.

— Esse é meu receio, Edward — tornou o jornalista. — A única coisa que posso me comprometer a fazer neste caso é atuar como um espião, já que frequento vários ambientes sociais como teatros, cafés e restaurantes. Não me custa nada ficar com os ouvidos atentos e deixá-los a par de qualquer novidade nesse sentido.

— Ficaríamos muito gratos, senhor Fields — disse William.

O jantar durou cerca de uma hora e meia, e, aos poucos, Helen começou a simpatizar com o jornalista. Quando Fields deixou a residência dos Russels, já passava das onze horas da noite. Dois vigilantes noturnos o cumprimentaram, e, na esquina seguinte, junto ao muro de uma opulenta mansão, um homem alto e magro cruzou com ele e também o cumprimentou. Ele usava boné e vestimentas bastante modestas. O jornalista ainda olhou para trás e o viu desaparecer após seguir pelo caminho da esquerda. Apesar dos trajes bastante comuns, havia algo de familiar em sua fisionomia e estatura, que lhe chamou a atenção. Possivelmente, as duas coisas associadas ao jeito de andar. Pela qualidade das vestes, poderia ser um operário das fábricas, o que não faria sentido, pois pessoas que pertenciam a esta casta social não estariam transitando àquela hora da noite em um bairro como aquele. Talvez fosse o jardineiro de alguma das mansões do bairro, mas o sexto sentido aguçado de Fields lhe dizia que nenhuma das alternativas anteriores estava correta.

***

Enquanto Katie fazia dobras e recortes em retalhos de cetim de cor rosa champanhe, Rachel manuseava a agulha com habilidade, rapidez e delicadeza, dando acabamento às mangas de um vestido. Começara a trabalhar para Ilzie fazia algumas semanas e passava parte do dia trabalhando no ateliê. Rachel levava algumas peças para terminar em casa durante a noite, quando lhe sobravam algumas horas livres após auxiliar

Elgie nos afazeres domésticos. Katie costumava ajudá-la, já que possuía boas habilidades com a agulha e a linha. Naquela noite, a jovem estava especialmente calada, fato que causou estranhamento na tia.

— Aiii! — exclamou ela levando o dedo indicador da mão direita involuntariamente até a boca.

Rachel levantou os olhos na direção de Katie, enquanto ela, distraidamente, apertava a ponta do dedo fazendo uma pequena gota escarlate surgir para, em seguida, enfiá-lo na boca novamente.

— O que você tem, querida? — perguntou, voltando a dar pequenos pontos em zigue-zague com a agulha.

— Nada, tia. Só me distraí.

— Katie, há alguma coisa estranha acontecendo. Você está assim desde que retornou do encontro com Edward. O que aconteceu?

Katie largou sobre a cama o cesto com os retalhos, a agulha e a linha e deu um longo suspiro.

— Hoje, enquanto eu e Edward passeávamos pelo parque, fomos seguidos.

Rachel franziu as sobrancelhas.

— Por aquele homem que tentou matá-lo?

— Não por ele exatamente, mas por pessoas que trabalham para ele. Tia, Edward quer adiantar nosso casamento para podermos sair de Londres o mais rápido possível.

Rachel permaneceu em silêncio durante algum tempo antes dizer qualquer coisa.

— Katie, você não acha que há alguma coisa errada entre esse marginal e seu futuro noivo?

— Ele me contou a história toda. Edward confia em mim e eu nele.

— Então, ele admite que realmente existe algo entre ele e o tal marginal?

— Houve sim, no passado. Edward passou por um momento difícil após chegar aqui, na Inglaterra. Devido a dificuldades financeiras, envolveu-se com Falcão. É assim que Elliot é conhecido pela polícia. Mas Edward nunca matou ninguém, tia. Ele me garantiu, e eu acredito nele. Ele me contou que participava de lutas ilegais em troca de dinheiro para sobreviver e que trabalhava para o Falcão.

— Compreendo. Só não sei se seu pai e sua mãe serão tão compreensivos quanto eu estou sendo. Ilzie sabe de tudo isso?

— Sim, eu passei boa parte do dia com ela na loja, me escondendo dos dois sujeitos, enquanto Edward foi procurar o inspetor de polícia.

— E o que a polícia diz a respeito? Não conseguem prender esse homem?

— Estão tentando, mas, segundo o inspetor, existem muitos lugares aqui em Londres e nos arredores nos quais ele pode se esconder por muito tempo sem ser encontrado. Edward teme por minha segurança e pela segurança dos Russels.

Katie omitiu a parte da história que dizia respeito ao lote de pedras preciosas.

— Bem, só posso lhe dizer que, se é isso o que deseja, pode contar comigo para o que precisarem. Mas, na minha opinião, vocês dois terão de arranjar um bom motivo para apressarem as coisas, pois, se disserem a verdade para seu pai, ele não permitirá o casamento. Disso eu tenho certeza, Katie — concluiu Rachel.

— Eu também acho, tia. Ilzie deu uma ideia que eu e Edward consideramos interessante — disse Katie sentando-se o mais perto possível de Rachel e baixando ainda mais o tom de voz. — A senhora Russel também já conhece a história toda, apoia Edward e comprometeu-se a conversar com o doutor Russel sobre a situação. Ilzie sugeriu que disséssemos para o papai e para a mamãe que o doutor Russel conseguiu uma colocação para Edward em uma escola qualquer como professor ou como médico assistente de algum colega dele e que por essa razão teríamos de apressar o casamento.

— Pode ser convincente mesmo... — comentou Rachel pensativa. — Vocês terão de pensar bem nos detalhes, pois seu pai não é tolo, Katie. E vocês já têm alguma ideia da cidade para onde irão?

— Edward sugeriu a região costeira do País de Gales. Ele morou lá durante algum tempo e gostou. Diz que existem muitas cidades pequenas nas quais poderíamos viver tranquilos e nas quais ele poderia conseguir trabalho com algum médico. Mas, por enquanto, são apenas especulações. Ele conversará com o doutor Russel, pois pretende apressar a conclusão dos estudos e conseguir um emprego. Na verdade, ainda não temos a mínima ideia de para onde iremos!

— Mas não faltam alguns meses para ele receber o título de médico?

— Ele acredita que o doutor Russel poderá ajudá-lo nisso. Edward está a frente de muitos alunos que frequentam a universidade e, com o conhecimento que adquiriu, poderá submeter-se a algumas provas e avaliações para receber o diploma. Ele disse que existem casos assim e que, com a influência do doutor Russel, poderá se candidatar a essas avaliações.

— Isso facilitaria muito as coisas. E você? O que pensa a respeito disso tudo?

— Eu desejo ficar ao lado dele aqui ou em qualquer outro lugar. Não tenho medo, tia Rachel. Sentirei falta de vocês, mas Edward disse que poderei visitá-los quando eu desejar, e vocês também poderão nos visitar quando quiserem — ela fez uma pausa e disse: — Mas, mesmo assim, continuo com um pressentimento ruim...

— Quanto ao casamento?

— Não, quanto à demora até que possamos nos casar e deixar a cidade. Sinto que algo pode acontecer até lá... Tenho recebido alertas dos meus mentores espirituais e sinto que Elliot tem vantagens sobre a polícia. Acho que ele está muito perto de descobrir o paradeiro de Edward, e isso me apavora.

— Confie, querida, confie. Agora vamos nos deitar, pois já está muito tarde. Amanhã, continuamos.

Capítulo 33

O nevoeiro espesso encobria parte do terreno e das águas do rio, e, sob a luz de algumas velas, Elliot e Muralha jogavam cartas. Sobre a mesa, em contraste com o ambiente decrépito, ironicamente repousava uma garrafa de vinho alemão e duas taças de cristal cheias com a bebida.

— Quer dizer que o nosso doutorzinho arranjou uma namorada, Muralha?

— Isso mesmo, chefe. E está morando com outro doutor, que é rico e é até famoso.

— Você tem de descobrir o nome desse amigo rico, Muralha.

— Já estou trabalhando nisso, chefe.

Muralha conversava com Elliot sem tirar os olhos das cartas que segurava entre os dedos.

— Chefe, o que o senhor pretende fazer quando descobrirmos o endereço?

Elliot deu de ombros.

— Ainda não sei... talvez aproveitemos a oportunidade para lucrarmos algum dinheiro, já que o amigo de Cloods é endinheirado. Tudo dependerá do que descobrirmos. Quem sabe daí possamos conjugar um sequestro com a captura do nosso alvo...?

Uma sombra imensa acercou-se de Elliot, envolvendo-lhe a cabeça e o tronco, Muralha piscou os olhos e chacoalhou a cabeça várias vezes.

— O que foi? — perguntou Elliot com impaciência.

— Nada, chefe. Acho que esse vinho de rico que o senhor me deu está mexendo com minha cabeça.

— Alguém conhece a tal dama que estava com ele no parque? Alguém conseguiu descobrir de quem se trata?

Muralha ainda mantinha os olhos fixos em algum ponto acima da cabeça do outro.

— Você ouviu o que eu disse, imbecil?

— Desculpe, chefe, mas continuo vendo uma coisa muito estranha atrás de você...

Elliot riu.

— Esqueça isso, seu miolo mole, e responda logo à pergunta que eu lhe fiz.

— A moça? Não, eles não sabem quem ela é. Só disseram que parece ser mais jovem do que Cloods e que era muito bonita. Perderam os dois de vista naquela rua cheia de lojas e mercados da qual lhe falei.

Elliot largou o jogo sobre a mesa com as faces das cartas viradas para baixo e começou a alisar ininterruptamente os bigodes.

— Se o amigo do Cloods é um ricaço e é médico, poderíamos começar a procurar em alguns bairros específicos onde esse tipo de gente costuma morar. Quero que você coloque alguns homens nossos na região de West End e da Holland Park. Se o Cloods estiver por lá, não demorará muito tempo para o descobrirmos. — Elliot ficou algum tempo em silêncio e pegou novamente o jogo que deixara sobre a mesa. — E veja se conseguem descobrir quem é a tal namorada dele. Sempre é bom termos um trunfo a mais na manga. Não estamos lidando com um idiota qualquer como você, Muralha. O americano é muito esperto, talvez até tanto quanto eu — finalizou ele, encerrando o assunto e voltando a concentrar-se no jogo.

A figura sombria deslizou para fora e, em instantes, chegou às proximidades da casa dos Harrisons. Théo perambulou ao redor do perímetro da habitação sem conseguir entrar, enquanto Andrew e Octávio permaneciam atentos a qualquer sinal de alerta. Contrariado, retornou ao local onde fez morada no astral inferior, o qual denominava "seu reino". Encontrando-se só em sua sala do trono, fria e escura, pensou em Katie. Seus planos de usar Elliot e seus comparsas para eliminar Edward estavam fugindo ao seu controle, e isso o irritava seriamente. Imaginar que Katie talvez pudesse correr algum tipo de perigo ou imaginar que qualquer um pudesse colocar as mãos nela faziam-no vibrar de puro ódio e revolta. Théo concentrou-se tentando chamá-la e fez isso durante muito tempo, sem obter resultados. De alguma forma que ele desconhecia, perdera também o contato com o espírito de Katie e finalmente concluiu que suas mensagens não estavam chegando ao destino. Certamente, aqueles outros estavam o impedindo de se comunicar com a própria filha. Sentindo-se contrariado e impotente, enfureceu-se e teve verdadeiras explosões de raiva. Seus gritos ferozes ecoaram pelo labirinto de corredores úmidos, fazendo aqueles que por ali transitavam se encolherem de medo ou recuarem às pressas.

A energia gerada por suas emoções era tão forte que, apesar de Andrew e Octávio serem meticulosos na proteção da médium e de sua família, o espírito de Katie, cujo corpo repousava em sono profundo, podia sentir as vibrações do outro emitidas a distância. Os rogos e o sofrimento de Théo causavam-lhe uma sensação de intensa angústia, fazendo-a dividir-se entre o desejo de ir até ele para prestar-lhe socorro ou esforçar-se para se manter alheia aos seus apelos. Percebendo o que se passava, Eva surgiu diante da jovem, tomou-a pela mão e levou-a consigo à Colônia dos Carvalhos.

— Tome. Beba isso, minha jovem — disse entregando a Katie uma taça com um líquido transparente e levemente amarelado, com sabor adocicado.

— Obrigada. Eu me lembro deste lugar — disse Katie antes de sorver todo o conteúdo da taça. — Por que me trouxe para cá?

— Para evitar que você fosse ao encontro de Théo.

Katie olhou-a sem dizer nada. Estavam na sala de Eva, e os olhos da jovem percorriam tudo em volta com grande curiosidade e espanto, pois tinha consciência de que se encontrava no plano espiritual. Katie levantou-se de onde estava e começou a caminhar pelo ambiente. Sobre a mesa havia um vaso com flores de cores muito vivas, que ela identificou como peônias. Tocou as pétalas com as pontas dos dedos e percebeu que eram tangíveis.

Eva sorriu.

— Achou que seus dedos as transpassariam?

— Confesso que sim...

— São de um tipo de matéria semelhante a que vocês conhecem por perispírito. Cada mundo possui uma vibração compatível ao material do qual é composto. Na Terra, no mundo dos encarnados, tudo também é matéria, mas em um estado diferente. As partículas de energia vibram em uma frequência diferente. Na verdade, não foi por essa razão que eu a trouxe aqui — disse Eva encarando-a. — Em primeiro lugar, eu a trouxe comigo para evitar que respondesse ao apelo de Théo e, em segundo lugar, porque preciso instruí-la a respeito de algumas coisas. Uma delas é sobre a missão pela qual você optou antes de encarnar: seu trabalho como médium. Algumas orientações também precisam ser feitas acerca de acontecimentos que estão prestes a ocorrer e que dizem respeito a você e, principalmente, a Edward.

Katie olhou para Eva espantada, pois não imaginava que Edward fizesse parte dos planos dos espíritos superiores, e chegou à conclusão que realmente estavam juntos por alguma razão importante.

— Nós, eu, Urian, que é o dirigente desta colônia, e mais alguns do nosso grupo estamos trabalhando para evitarmos consequências drásticas do que será inevitável. — Ela fez uma pausa e sentou-se ao lado de Katie. — Vou explicar melhor... você sabe que temos o livre-arbítrio, não é mesmo?

Katie balançou a cabeça afirmativamente.

— Ótimo! Então, deve compreender que fazemos escolhas o tempo todo. Nossas escolhas envolvem tanto acontecimentos de menor importância como acontecimentos que poderão ter consequências mais graves, que venham a alterar por completo nosso futuro. Em um passado próximo da sua existência atual, seu futuro noivo optou primeiramente por envolver-se com um homem de caráter ruim e, em seguida, por roubar.

Katie ia se manifestar em defesa de Edward, mas Eva levantou a mão pedindo para que ela se calasse, pois ainda não havia concluído.

— Sei que você iria me dizer que ele possui alguns atenuantes e concordo com você, mas o que está feito está feito e não pode ser modificado. Katie, tudo o que fazemos implica uma consequência boa ou ruim. No caso de Edward, é uma consequência ruim, pois nada de bom vem quando nos envolvemos com alguém com o caráter de Elliot. — Eva fez uma pausa antes de prosseguir. — Estamos fazendo o possível, e nossa equipe está trabalhando muito para evitar que ele encontre vocês. A ideia de se casarem o mais breve possível e se mudarem foi inspirada por mim. Entenda, Katie, que, por mais que nós, desencarnados, tenhamos atingido um nível considerável de conhecimento e evolução, temos nossas limitações no que diz respeito a atuar no mundo material e interferir nos acontecimentos e nas escolhas que vocês fazem. Para tudo existe uma lei e uma ordem maior, e isso permeia toda a Criação, que, por sua vez, não se limita só ao que você pode ver e tocar. Então, na maioria das vezes, conseguimos promover um encontro que é necessário entre dois seres ou adiá-lo até o momento mais oportuno, livrar alguém do perigo, mas fazemos tudo isso de forma limitada, pois, devido ao corpo físico, aos pensamentos e às emoções, nossa comunicação com vocês é limitada. Trabalhamos inspirando, intuindo e orientando, mas, na maioria das vezes, isso chega até a mente consciente dos encarnados de forma muito sutil.

"Existe, sim, um motivo para você e Edward terem se encontrado e desejarem se casar, pois tudo isso está de acordo com o planejamento.

Agora, contudo, temos de resolver da melhor forma possível a situação criada com Elliot, que não estava nos planos. A melhor maneira que eu e Urian encontramos foi essa: vocês se casarem e se mudarem para um lugar mais seguro. Quero que preste bastante atenção ao que lhe direi agora — Eva olhou dentro dos olhos de Katie e disse: — Quero que isso fique gravado em sua memória e que sua mente consciente se lembre quando seu corpo despertar. Não me faça perguntas; apenas me ouça e preste muita atenção. Acate a ajuda de Ilzie. No momento certo, você saberá do que estou falando. Durante os seis primeiros meses após a mudança, guardem segredo do lugar onde estiverem, pois isso é muito, muito importante. Você entendeu?

— Sim.

— Mais uma coisa... mantenha-se afastada de Théo até que ele seja chamado para sua próxima sessão de desobsessão. Sei que você se preocupa com ele e conheço todos os motivos para tal, mas, na situação em que ele se encontra, você não tem como fazer nada sozinha. Qualquer aproximação entre vocês colocaria em risco sua missão como médium e até mesmo o progresso de Théo. Ele precisa de ajuda, e nós já estamos trabalhando nisso. Logo, logo ele será resgatado. Tranquilize seu coração — concluiu Eva sorrindo.

Katie levantou-se e caminhou até a grande janela de madeira maciça que se abria para o jardim e o bosque, muitas pessoas transitavam pelos arredores, ela percebeu também algumas construções menores, semelhantes a casas de camponeses, e a presença de animais, o que despertou sua curiosidade.

— Aqui vocês também têm animais?

Eva sorriu.

— Como já lhe disse, você passou algum tempo conosco antes de encarnar na sua atual existência, mas, devido ao seu vínculo com o corpo material, essas memórias ficaram, digamos, guardadas. Sim, temos um grupo que trata do resgate de animais quando eles desencarnam, mas com esses seres o processo da reencarnação se dá de forma diferente da que acontece com os humanos. Venha, tenho de levá-la de volta.

— Mas já? Não podemos ficar mais um pouco? Gostaria de dar uma volta lá fora. É tudo muito bonito.

— Aqui, a noção de tempo é diferente. Ao contrário do que você pensa, já se passaram horas desde que chegamos, e seu corpo deve despertar logo — explicou Eva. — Vamos.

***

As cores do céu começavam a se modificar, migrando da escuridão intensa da noite para tons mais claros de azul com a chegada do alvorecer. Edward estava de pé desde antes das cinco horas da manhã e, já barbeado e bem-vestido, concentrava-se em seus livros e em suas anotações. Dali a poucas horas, ele e William partiriam rumo à universidade, e suas avaliações teriam início.

Na noite anterior, ele, William e Helen reuniram-se para debater a necessidade de adiantarem a finalização dos estudos de Edward devido à situação com Elliot. William ouviu a tudo imerso em um silêncio analítico, enquanto bebia sua habitual dose de conhaque. Dele, assim como de Rachel, foi omitida a parte da história que dizia respeito ao envolvimento de Edward no roubo das pedras preciosas. Após ouvir todo o relato sobre como Edward conhecera e se envolvera com Elliot e os motivos pelos quais o rapaz sofria agora uma perseguição da qual a polícia parecia não conseguir protegê-lo ou livrá-lo, William levou ainda mais algum tempo em silêncio com seus próprios pensamentos. Os segundos pareciam horas para Edward e Helen, que aguardavam que ele se manifestasse. Quando ele finalmente abriu a boca foi para pedir à esposa mais uma dose de conhaque e calar-se novamente em um debate silencioso consigo mesmo.

— Edward, eu lhe tenho grande estima. Para mim, você é como um filho, um sobrinho ou algo semelhante e por isso farei tudo que estiver ao meu alcance para ajudá-lo. Amanhã, nós partiremos cedo. Esteja pronto às seis para o desjejum, pois quero chegar cedo à universidade. Tenho certeza de que meus colegas concordarão comigo no que diz respeito ao seu conhecimento e à sua capacidade de exercer a medicina. Acredito que não irão se opor em aplicar-lhe as provas teóricas e práticas, que serão necessárias para que você obtenha finalmente seu título. Vá preparado para começar amanhã. Quanto ao período em que precisará atuar junto a outro médico já experiente, poderemos conciliá-lo à sua necessidade de afastar-se de Londres. Amanhã mesmo, escreverei uma carta para um velho amigo que mora no Norte e que, com certeza, terá satisfação de lhe servir de tutor pelos próximos seis meses — ele fez uma pausa e perguntou: — E a jovem Katie?

— Eu e ela já conversamos, doutor Russel, e pensamos em nos casar o mais breve possível. Terá de ser uma cerimônia simples, e preciso ainda conversar com o senhor e a com a senhora Harrison.

— Se precisar que eu esteja presente, me disponho a ir junto com você, pois é possível que isso facilite as coisas. Eu mesmo posso explicar ao senhor Harrison que, atendendo ao apelo de um velho amigo que mora no Norte, resolvi indicar você como médico assistente de minha confiança — olhando para Edward, concluiu com um sorriso de canto de boca.

— Nem sei como lhe agradecer, doutor Russel.

— Não é necessário, meu jovem. Você já tem uma noção do lugar para onde pretende ir com sua futura esposa, depois de cumprir o prazo como médico assistente?

— Cogitamos alguma cidade do País de Gales, mas fico em dúvida, pois também penso que seria melhor algum lugar mais próximo de Londres por conta da família de Katie.

— Bem, o que posso lhe dizer é que, primeiramente, devemos pensar em resolver sua situação na universidade e na questão do seu casamento. O senhor dispõe de finanças suficientes para tal, senhor Cloods?

— Tenho algumas economias...

— Eu e Helen ofereceremos os trajes do noivo e da noiva e um jantar aqui em nossa casa. O que acha?

— Eu me sinto muito grato, pois vocês já fizeram muito por mim. Quanto ao jantar, teremos de ver o que o senhor e a senhora Harrison pensarão a respeito, já que o costume é os pais da noiva promoverem essa parte do casamento.

— Converse com eles. Se fizerem questão, poderemos fazer dois jantares: um de noivado e outro de núpcias! — sugeriu Helen animada.

— Edward — disse William —, acho que vocês deverão manter segredo quase absoluto a respeito do lugar para onde irão. Serei franco em lhe dizer que tinha planos para sua carreira aqui mesmo em Londres. Talvez, após o período em que você estiver atuando como médico assistente fora daqui, não haja mais perigo, e, quem sabe até lá, a polícia não consiga finalmente capturar o tal bandido?

— Pode ser — disse Edward. — Há mais de oito anos tentam prendê-lo e nada... mas quem sabe... Vamos torcer para que sim.

E, então, nesta manhã clara e agradável, que era um prenúncio da proximidade da primavera, Edward finalmente começou a preparar-se para começar suas provas na universidade.

Pensava no que William dissera na noite anterior sobre a prisão de Elliot. O melhor mesmo seria a morte, pois, somente assim, ele, Edward, ficaria verdadeiramente livre. Caso Elliot não fosse morto pela polícia, seria melhor que ficasse em liberdade, pois, assim, não poderia dar com a língua nos dentes sobre o roubo das pedras preciosas. Edward pensava que realmente se metera em uma situação delicada e perigosa e que o melhor a fazer era vir a Londres somente de vez em quando para visitar os amigos e a família de Katie, pois, no fundo, duvidava que a polícia conseguisse colocar as mãos em Elliot. Ironicamente, isso mantinha seu segredo em segurança, mas colocava sua vida em risco.

Edward tirou o relógio de dentro do bolso do colete e viu que faltavam apenas quinze minutos para as seis. Levantou-se, vestiu o paletó, derramou algumas gotas de colônia de vetiver na palma da mão e, em seguida, esfregou uma na outra para depois esfregá-las no rosto e no pescoço. Ajeitou os cabelos e o laço da gravata diante do espelho e amontoou algumas pastas com anotações de estudo junto com seu caderno. Colocou a caneta dentro do bolso interno do paletó e saiu do quarto em direção à copa, onde deveria ser servida a refeição matinal.

Helen e Wiliam já o aguardavam. Lucy ia e voltava da cozinha, trazendo pratos com queijo, bacon, ovos e torradas.

— Bom dia!

— Bom dia, Edward! — disse Helen.

— Bom dia, meu jovem! Como se sente? Animado para as avaliações?

— Acho que posso dizer que sim, doutor Russel. Talvez eu esteja um pouco ansioso.

— Isso é perfeitamente normal. Agora, alimente-se, pois teremos um dia longo pela frente.

***

Katie acordou muito cedo e, com exceção de Harold, que já estava na alfaiataria, o restante da família ainda dormia. Lembrou-se do encontro com Eva e pensou inicialmente que se tratasse de um sonho muito realista, mas sabia que na verdade tivera um contato espiritual. Não conseguia recordar-se com clareza de tudo o que haviam conversado, mas recordava-se das últimas frases ditas pela mentora sobre aceitar a ajuda de Ilzie. Katie questionou-se se ela se referira às sessões de desobsessão, mas sentia que não era sobre isso que Eva falara. Também se lembrava bem do alerta que recebera sobre manter em segredo o nome do lugar para onde ela e Edward se mudariam.

Katie saiu da cama em silêncio para não acordar Rachel e espiou o lado de fora através da cortina. Pouco a pouco, clareava, e já era possível enxergar as árvores, os arbustos e o muro nos fundos do terreno. Com a aproximação da primavera, os dias começavam a se tornar mais longos, e a expectativa de casar-se naquela época do ano a agradava. A jovem fixou melhor o olhar em uma silhueta feminina próxima à macieira, que ficava escondida entre os troncos dos pinheiros. O ponto onde estava ficava quase no extremo do terreno, e, sendo a macieira uma árvore de porte muito menor que o das outras, as sombras projetadas pelos pinheiros, àquela hora da manhã, quando ainda não havia clareado totalmente, dificultavam a visibilidade daquela área em especial.

Katie apurou o passo, deslizando pela casa com a leveza de um felino. A jovem desceu os degraus, passou pela sala e pela cozinha e alcançou a porta dos fundos. A camisola branca da moça destacava-se entre os tons de verde e marrom da paisagem. Um pouco hesitante e sentindo o ar fresco atravessar o tecido fino da roupa, fazendo os pelos do seu corpo se eriçarem, Katie caminhou afundando os chinelos de pano nas gramíneas, que cresciam em abundância por ali.

Geladas gotas de orvalho molhavam os pés e os cabelos de Katie à medida que ela avançava caminhando sob os pinheiros. Tocou o tronco da macieira com as pontas dos dedos e lançou um olhar à sua volta. Não havia mais ninguém lá. Quando se preparava para fazer o caminho de volta, Katie avistou, alguns metros à sua frente, a mesma mulher que vira da janela do quarto. No primeiro instante, assustou-se, não pela aparição lhe causar medo, mas, sim, devido a uma reação involuntária e até mesmo natural à presença da outra.

A mulher tinha os cabelos escuros como os de Katie e a pele clara. Seu rosto possuía traços fortes e marcantes e seus olhos eram claros. Tinha estatura mediana e constituição forte, e seus cabelos estavam curiosamente entrelaçados em numerosas tranças, que haviam sido enfeitadas com delicadas fitas coloridas e arrematadas na parte de trás da cabeça, presas por um só laço. O vestido da mulher era marrom e simples, e a gola alta escondia parcialmente seu pescoço. Ela sorriu, e Katie fez o mesmo, dando dois passos em sua direção. Aos poucos, a imagem foi sumindo, se desfazendo no ar, permanecendo, por fim, apenas parte do tronco e a cabeça, e foi como se ela lhe dissesse sem mover os lábios: " Eu sou Carmela", para, então, desaparecer por completo.

Durante algum tempo, Katie permaneceu do lado de fora da casa observando as cores que se modificavam rapidamente. Em instante algum, Carmela lhe infringira medo, ao contrário. A jovem sentiu alguma afinidade com ela.

Ao chegar à cozinha, Katie encontrou a mãe e a tia servindo o café da manhã para as crianças.

— Bom dia, mamãe! Bom dia, tia Rachel! Bom dia, crianças! — disse ela bem-humorada.

Todos a olharam admirados, pois retornava do quintal àquela hora e ainda trajando camisola. Os chinelos estavam bastante molhados e sujos de terra.

— Katie! O que estava fazendo lá fora, minha filha? — perguntou Elgie com uma expressão que era um misto de surpresa e receio.

— Nada de mais, mamãe. Acordei muito cedo e senti vontade de caminhar ao ar livre. O amanhecer estava muito bonito, e, nesta época do ano, até mesmo os pássaros começam a cantar. Bem, vou subir para me trocar e desço em seguida para o café.

— Está bem, mas não demore, pois já vamos servir — disse Elgie. Em seguida, olhou para Rachel e falou baixinho para que as crianças não escutassem. — Será que está tudo bem mesmo? Percebeu algo de estranho no comportamento dela?

— Na verdade, não — respondeu Rachel dando de ombros. — Talvez só tenha acontecido o que ela nos disse. Graças a Deus nossas noites têm sido tranquilas.

— É... talvez eu esteja exagerando. Acho que fiquei muito impressionada com todas as coisas que já aconteceram nesta casa.

Katie retornou em seguida e sentou-se à mesa junto com os irmãos. Como sempre acontecia, as crianças terminaram o desjejum, e Telma levou os outros dois para cima, a fim de ajudá-los a se vestir, arrumar as camas e fazer as tarefas do colégio. Katie ficou a sós com a mãe e com a tia.

— Mamãe, você e a tia Rachel conheceram alguém que se chamava Carmela?

Elgie empalideceu bruscamente e largou sobre a mesa a xícara com café que estava levando até os lábios.

— O que foi? Eu disse alguma coisa errada? Até parece que viram um fantasma!

— Por que me perguntou isso, minha filha?

— Curiosidade somente — respondeu Katie com tranquilidade, enquanto cortava uma fatia de queijo.

Segundos se passaram sem que Katie obtivesse resposta.

— Está bem. Carmela é nossa tia. Sua tia-avó.

— Rachel! — repreendeu Elgie.

— Não vejo por que Katie não possa saber desse fato. Temos de parar de tratar esse assunto como se ele fosse um segredo escandaloso ou vergonhoso. Aliás, na minha opinião, é vergonhoso, sim, para nossa família — depois, virando-se para a sobrinha, questionou: — Por que fez essa pergunta, Katie? Sonhou com a tia Carmela?

— Na verdade, não. Já faz algum tempo que tenho visto uma mulher misteriosa caminhando pelo quintal. Hoje, como acordei muito cedo, a vi novamente da janela do nosso quarto e resolvi descer. Antes de desaparecer, ela me disse que se chamava Carmela — Katie fez uma pausa, mordeu um pedaço de pão e perguntou: — Mas por que a mamãe não queria falar sobre esse assunto?

— Quer responder, Elgie?

— Tanto faz... — disse visivelmente irritada. — Tia Carmela era irmã da sua avó. Naqueles tempos, pessoas que sofriam de doenças mentais ou deformidades físicas eram tratadas com muito preconceito pela própria família. Foi o que aconteceu com a pobre tia Carmela.

— Mas ela não me pareceu ter defeitos físicos.

— Ela não tinha mesmo! — respondeu Rachel com certo tom de indignação. — Tia Carmela possuía um dom como o seu. Hoje, eu e sua mãe sabemos disso, mas naquele tempo éramos apenas duas crianças. A mediunidade dela começou a aflorar na adolescência, assim como aconteceu com você, e nossa tia passou a ser vista pela própria família como uma doente mental. À medida que as coisas pioravam, nosso avô, que era um homem extremamente conservador, religioso e, posso até mesmo dizer, arrogante...

— Rachel!

— Era um homem arrogante, sim, e você sabe muito bem disso! Ele desprezou a filha e exigiu que sua avó a mantivesse trancada em um quarto, se não quisesse que ele mesmo desse um jeito na situação.

— Dar um jeito na situação? Como assim? Matá-la? — perguntou Katie com os olhos arregalados.

— Não sei se ele chegaria a esse ponto. Acho que seria mais fácil jogá-la em um asilo qualquer ou largá-la em algum convento, pagando uma boa soma de dinheiro, pois, naquela época, nossa família tinha dinheiro. Acho que perderam tudo por seu bisavô ser como era, um verdadeiro crápula, arrogante e preconceituoso. Eu nunca gostei dele, pois ele não gostava das netas e tampouco das filhas. Valorizava apenas os varões. Infelizmente, esse é o lado sombrio da nossa família. São raras as famílias que não o têm. Francamente, até hoje não conheci nenhuma que não o tivesse.

— É uma pena... — disse Katie. — Gosto dela, mesmo sem tê-la conhecido. Como ela morreu?

— De tristeza certamente, pois passou boa parte da vida sozinha e presa em um quarto. Por fim, nos últimos anos, nem mesmo nós, que gostávamos tanto dela, podíamos visitá-la. Tia Carmela faleceu quando estava prestes a completar trinta e dois anos. Até o funeral aquele cão velho fez questão de esconder. Ela foi enterrada somente na presença do padre, da mãe e dos irmãos no cemitério que ficava nos fundos de uma capela próxima da casa deles. Não gosto nem mesmo de me lembrar dessas coisas, pois faz meu sangue ferver! — arrematou Rachel com as bochechas vermelhas de raiva.

— Pois lhes asseguro que tia Carmela está muito bem e me pareceu feliz. Me chamou a atenção o penteado que ela estava usando. Estava com muitas trancinhas fininhas, enfeitadas com fitas coloridas e presas todas juntas para trás em um único laço... — comentou Katie.

Elgie levou a mão direita até a boca em uma expressão de espanto.

— Era ela mesma... — disse. — Tia Carmela sempre gostou de usar os cabelos dessa forma e gostava de trançar os nossos também, não era, Rachel?

— Sim. Nós gostávamos muito dela, pois, como era a mais nova da sua geração, ajudou a cuidar das crianças. Ela nos contava histórias, fazia doces para nós... era uma ótima pessoa. Fico feliz em saber que está livre e que ainda se lembra de nós e vem nos visitar. Se o túmulo dela não ficasse tão longe, eu iria até lá levar algumas flores.

— Tia, isso não é um problema. Sempre que a vejo, ela está junto da macieira. Basta pensar nela e colocar as flores ali mesmo, no jardim. Tenho certeza de que tia Carmela as receberá da mesma forma.

— É uma boa ideia, Katie! Acho que farei um canteiro ali e plantarei algumas flores. Mas por que será que ela apareceu para você? Será que é algum tipo de aviso?

— Acho que não — respondeu Katie. — Acredito que só se mostrou para que eu lhes dissesse que ela está bem. Talvez venha até aqui para nos ajudar de alguma forma, proteger a família... pode ser isso.

— O aniversário dela está próximo, Rachel. Lembra que era logo no início da primavera?

— É mesmo! Ela era muito animada! Gostava de participar de festivais e de dança! Você se lembra, Elgie?

Elgie sorriu.

— Lembro sim. Ela foi uma jovem muito bonita e chegou a ser rainha da primavera algumas vezes. — Elgie ficou algum tempo em silêncio e imersa em suas próprias memórias. — Bem, vamos deixar as lembranças de lado e cuidar do que precisa ser feito.

— Mamãe...

— Sim, filha?

— Você poderia se sentar mais alguns minutos para conversarmos sobre algo importante?

— Claro, Katie. Aconteceu alguma coisa?

— Sim. Preciso que a senhora me ouça até o final para depois me dizer o que pensa.

Katie expôs para a mãe os planos que ela e Edward estavam traçando e apresentou também os motivos que os levaram a apressar as coisas daquela maneira.

— Bem, eu lhes dou minha bênção... mas seu noivo tem a obrigação de conversar com seu pai. Quando ele pretende fazer isso?

— No próximo sábado. Hoje, iniciaram as provas dele na universidade.

— Confesso que não esperava vê-la deixar esta casa tão cedo, pois ainda é muito jovem, mas me casei com seu pai quando tinha apenas um ano a mais que você.

— Mamãe, existe um detalhe nesta história toda que preciso lhe contar.

— Fale de uma vez por todas, Katie. Ainda tem mais alguma coisa?

— Tudo isso que lhe contei a respeito de Elliot e do envolvimento de Edward com ele no passado não deverá ser dito ao papai.

Elgie ficou olhando para a filha com expressão muito séria.

— Edward é um bom homem, mamãe, e, se tudo isso for dito ao papai, ele certamente não concordará com o casamento. E... se isso acontecer... eu fugirei de casa com meu noivo e nunca mais darei notícias!

Diante da postura adotada pela filha, Elgie sentou-se novamente. Conhecia-lhe o temperamento o suficiente para saber que ela colocaria em prática o que acabara de afirmar.

— E o que pretende dizer a Harold, então?

— Que um amigo do doutor Russel, que reside em outra cidade, necessita com urgência de um médico assistente e que Edward não poderá perder essa oportunidade de ouro em sua carreira. Como ele não quer ficar longe de mim, resolvemos nos casar antes do planejado. Simples, não?

— E esse amigo do doutor Russel, que irá empregar seu noivo, existe mesmo?

— Sim, afinal de contas precisamos sobreviver no lugar para onde iremos.

— Bem, se é assim... guardarei segredo a respeito do restante da história e faço votos de que vocês sejam muito felizes. Mas ouça bem, minha filha... que ele jamais a impeça de vir nos visitar ou de nos receber em sua casa.

— Edward é um homem bom; jamais faria isso, mãe — disse Katie beijando-a no rosto e envolvendo o pescoço de Elgie em um abraço. — Obrigada, mamãe! Não se preocupe comigo, pois ficarei bem. Agora vou arrumar algumas coisas lá no quarto, já que à tarde temos nosso compromisso com Ilzie, não é mesmo, tia?

— Sim, sim... vá, querida. Vá que eu ajudo sua mãe com o almoço.

Katie já ia saindo, quando Elgie a chamou novamente.

— Sim, mamãe?

— Temos que dar um jeito de completar seu enxoval... Estava guardando algumas coisas para você, mas é muito pouco!

Katie sorriu.

— Não se preocupe com isso. Seremos somente eu e Edward. Não precisaremos de tantas coisas assim. Além do mais, será menor volume para carregarmos na mudança.

Ela virou as costas e foi para o quarto. Elgie ficou observando a filha subir os degraus da escada até desaparecer no corredor que dava acesso aos quartos.

— O que foi? Sua filha cresceu, é só isso. Faz parte da vida dos pais... — disse Rachel passando o braço em volta dos ombros da irmã.

— É verdade... mas como o tempo passa rápido... Daqui a pouco, será a Telma quem nos deixará... Parece que, no final, sobraremos somente nós três: eu, você e Harold. Três velhos rabugentos e brigões sozinhos dentro desta casa enorme!

Ambas riram.

— O que me deixa mais tranquila é que Harold estará em menor número! — disse Rachel. — E tem uma tendência a se tornar surdo, sendo assim, teremos vantagens sobre ele...

Capítulo 34

Dez minutos antes do horário combinado, Marianne e Helen chegaram à casa de Ilzie.

— E, então, como estão os preparativos para o casamento? — perguntou Helen, referindo-se às núpcias de Ilzie e Armand.

— Estamos elaborando os convites, não é mesmo, querido?

— Sim. Apesar de Ilzie insistir em uma cerimônia simples, sou um homem detalhista e a data significa para mim — disse ele lançando para ela um olhar de cumplicidade.

Apesar da pequena diferença de idade que existia entre Ilzie e Armand, ela, devido ao pescoço longo e ao nariz aquilino, aparentava ser bem mais velha do que o noivo. A constituição física elegante e nada exagerada de Armand e seu rosto com traços joviais eram características que o faziam parecer mais jovem do que realmente era. Apesar disso, ele apenas tinha olhos para ela e enciumava-se com facilidade, em especial nas ocasiões em que homens mais velhos se acercavam de Ilzie, cobrindo-a de gentilezas e até mesmo arriscando galanteios. Nessas situações, ela costumava divertir-se com os ciúmes do noivo e redobrava sua atenção para com ele.

Haviam conversado a respeito da situação de Katie e Edward, e, após ponderar sobre a questão das pedras preciosas, Armand teve uma ideia que poderia solucionar o problema da negociação do lote ilegal de gemas. Ilzie tinha se comprometido a marcar um encontro com Edward e Katie, durante o qual debateriam o assunto.

Katie e Rachel chegaram alguns minutos atrasadas, cumprimentaram a todos e desculparam-se pelo atraso. Após trocarem algumas palavras, Armand despediu-se do grupo de mulheres, pois tinha compromissos no fórum.

— Bem, acho que devemos ir para a biblioteca para darmos início à nossa sessão — disse Ilzie. Depois, voltando-se para Helen, sugeriu: — Se você puder tomar nota das ocorrências, acredito que será muito interessante.

Já na biblioteca, sentadas em volta da mesa e à luz das velas, Ilzie conduziu uma oração e pediu a todas que se concentrassem no objetivo de estarem juntas naquela tarde.

Os mentores espirituais também estavam presentes, e o silêncio era praticamente absoluto dentro do cômodo, sendo rompido apenas pelo tic-tac do relógio e os ruídos externos.

Demorou cerca de vinte minutos para Katie atingir as condições necessárias ao transe mediúnico. Sons de casco de cavalo do lado de fora da janela chamaram a atenção do grupo, exceto de Katie, que continuava de olhos fechados. Pouco depois, o grupo ouviu passos pesados no assoalho de madeira como da última vez. Eles pararam junto a Katie.

— Diga-nos seu nome, por favor — a voz de Ilzie era alta e clara.

— Théo.

— Estamos felizes por ter vindo, Théo.

Silêncio. Somente a respiração de Katie modificara-se, assemelhando-se aos movimentos respiratórios de alguém muito cansado após um esforço físico fatigante.

— O que querem de mim?

— Nós gostaríamos de ajudá-lo.

— Ajudar?! — falou com desprezo e amargura. — Por que pensa que poderá me ajudar?

— Não estou falando somente de nós, mas também daqueles que são espíritos como você e que estão aqui.

— Hummm... Eu vim por minha filha. Façam o que quiserem comigo, mas não a desamparem.

— Quem é sua filha?

— Mas que pergunta estúpida me faz, mulher! Finge que não a conhece? — vociferou ele com impaciência.

— Vejo que o senhor está sofrendo muito — tornou Ilzie com tranquilidade.

Théo deu um murro na mesa. Marianne e Rachel sobressaltaram-se, e Ilzie fez um gesto para que tornassem a se sentar.

— Maldição! Há séculos venho sofrendo e não me importo nem um pouco com isso, mas me importa que minha filha não sofra.

— Está falando de Katie? Não foi você quem a incentivou a saltar da ponte naquela manhã?

— Porque queria tê-la perto de mim novamente, mas não quero machucá-la. Não é minha intenção fazê-la sofrer. Sim, me refiro aquela a quem vocês chamam de Katie. Para mim, ela sempre será minha amada Diane.

— Não vamos desamparar sua filha, Théo. Você tem nossa palavra. Todas nós temos grande estima por ela.

— Eu sei e somente por essa razão estou aqui. Não tinha intenção de causar-lhe sofrimento, mas me corrói vê-la sendo novamente iludida por aquele traidor.

— Refere-se ao noivo de Katie, Edward?

— Edmund é o nome do desgraçado. Se eu pudesse, o faria em pedaços com minhas próprias mãos!— vociferou ele.

Inspirada por um de seus mentores, Ilzie continuou.

— Théo, quero que preste atenção ao que vou lhe dizer. Percebo que é um espírito inteligente, porém, durante todos esses séculos, você tem insistido em viver preso a um passado que já não existe, e isso o deixou confuso e alquebrado, preso em um emaranhado criado por si mesmo, no qual suas memórias se misturam de forma fantasiosa, como em um mosaico. Gostaríamos que compartilhasse conosco suas lembranças, se assim o desejar, pois acreditamos que isso lhe fará bem.

Houve algum tempo de silêncio até que ele se manifestasse novamente.

— Fui um líder muito respeitado em meu tempo. As tribos me respeitavam, pois eu era um estrategista nato e pertencia à nobreza.

— Viveu aqui mesmo, na Inglaterra?

— Mais especificamente na região que hoje é conhecida como País de Gales. O sangue dos povos antigos que habitaram as planícies da Bretanha corriam em minhas veias. Minha mãe descendia dos celtas e me ensinou muitas coisas sobre os mistérios antigos e os segredos sobre a vida após a morte. Meu pai descendia dos romanos e era um homem ligado às artes da guerra. Cresci nessa mistura poderosa desses dois mundos e me tornei um líder ainda na minha juventude. Casei-me com a mulher que escolhi, a respeitei e tratei como uma verdadeira rainha e com ela tive uma filha, Diane. Certa vez, saí com meu exército para conquistar novos territórios, e, quando retornei, Andressa havia nos deixado. Casei-me novamente anos depois, mas jamais a esqueci. O amor transformou-se em ódio e sede de vingança.

A cada dia que passava, Diane tornava-se mais bela e inteligente. Ela possuía a beleza da mãe, porém, muito da minha personalidade sobressaía-se nela: a ambição, o pensamento hábil e a visão ampla a respeito dos fatos e das pessoas. Logo na adolescência, mostrou-se capaz de liderar e era dotada de dons que, na época, considerávamos sobrenaturais e fantásticos.

— Refere-se ao que hoje denominamos mediunidade? — perguntou Ilzie.

— Sim, está correto. Tanto eu quanto Andressa detínhamos o conhecimento dos mistérios, e, no momento oportuno, tratei de passá-lo para nossa filha. Tive outros filhos, mas nenhum deles se assemelhava a Diane, que sempre foi e sempre será a mais estimada. Os anos se passaram, e ela tornou-se uma mulher. Muitos a admiravam, e eu percebi que logo chegaria o momento em que ela me deixaria para seguir o próprio caminho. Nenhum dos pretendentes a agradava até que ela conheceu um homem chamado Edmund, que a enfeitiçou.

— Como assim?

— Ela me traiu! Ele a fez voltar-se contra mim, e, juntos, planejaram meu fim!

— Théo, muito tempo se passou desde que tudo isso aconteceu. Diane e Edmund, assim como você e Andressa, cometeram erros. Todos nós cometemos erros, mas sua filha Diane hoje é Katie, e Edmund hoje é Edward. Eles não são mais os mesmos que eram naqueles tempos. Ela tem uma missão muito especial, e ele, Edward, se comprometeu a compartilhar essa jornada com ela. O tempo passou, Théo, e você deve seguir em frente. O que um dia foi seu reino hoje não é mais, e os que agora nele habitam são pessoas livres, que vivem de uma forma completamente diferente. Tudo muda no universo, e você sabe disso. Sabe que não adianta insistir em continuar dessa forma. É chegada a hora de seguir em frente.

Dois espíritos se posicionaram ao lado de Théo, emitindo-lhe vibrações de conforto e de paz para sua consciência cansada e perturbada. Ele deu um longo suspiro e finalmente se entregou a um sentimento que mesclava tristeza, sensação de derrota e exaustão.

— Théo, precisamos que nos diga em que podemos ajudá-lo em relação a Katie.

— Minha filha está correndo risco de morte. Há um homem que está perseguindo Edmund e que está próximo de descobrir quem ela é. Admito que, em parte, trabalhei para ajudar aquele homem a encontrar o noivo de minha filha, mas agora percebo o erro que cometi, pois coloquei a segurança dela em risco.

— Nós sabemos do que está falando e lhe asseguro que já estamos tratando desse problema, que em breve será resolvido. Katie ficará em segurança. Agora quero que me ouça novamente — disse Ilzie ainda sob a orientação do seu mentor. — A melhor forma de ajudar sua filha é deixá-la agora para cuidar de si mesmo. Esses amigos, que você pode ver à sua volta, estão aqui para levá-lo a um lugar onde receberá a ajuda de que necessita.

— Não posso deixá-la. Jurei que jamais a abandonaria... — disse ele em um tom de súplica, que beirava o desespero. — Jamais farei como a mãe dela, que a abandonou quando era somente uma criança...

— Théo, nada mais é como era naqueles tempos. Não estou dizendo que nunca mais poderá vê-la novamente. Possivelmente, vocês se encontrarão em uma existência futura. Você sabe que o espírito retorna muitas vezes e que, conforme seu merecimento, poderá encontrar-se com aqueles a quem ama e com os quais possui fortes vínculos de afinidade. Siga com esses amigos espirituais que estão aqui. Você nada poderá fazer por Katie na situação em que está agora. Faça o que estamos lhe pedindo, e, dentro de mais algum tempo, tudo mudará novamente. Quem sabe até mesmo possa visitá-la e colaborar com a missão que ela tem pela frente — Ilzie fez uma pausa. — Quanto a Andressa, ela errou, porém, teve atenuantes para o erro que cometeu. No tempo certo, você poderá encontrá-la novamente.

— Não quero vê-la — disse ele com a voz cansada. — Agora, vou embora conforme vocês me pediram. Não quero causar mal algum à minha filha, mas lembrem-se de que se comprometeram a protegê-la e a ajudá-la.

— Vá, meu caro. Siga em frente com sua caminhada. Tenho certeza de que logo tudo será diferente.

Com um movimento brusco, o corpo de Katie tombou inerte sobre a mesa. Rachel e Marianne correram em sua direção, enquanto Ilzie foi abrir as cortinas.

— Ela ficará bem — afirmou Ilzie. — Ajudem-me a levá-la para o divã.

Helen ainda fazia algumas anotações e empenhava-se em escrever rapidamente para não esquecer nenhum detalhe ou informação importante.

Katie permaneceu desacordada durante cerca de trinta minutos, porém, sua respiração e seu pulso estavam normais.

— Ela só precisa descansar. Isso é resultado do contato com o espírito de Théo. As vibrações dele estavam muito agressivas e pesadas. Alguns dos nossos amigos espirituais já estão cuidando dela. Vamos deixá-la um pouco. Katie logo despertará — explicou Ilzie.

Sentadas novamente em torno da mesa, as quatro mulheres conversavam sobre o que ocorrera minutos antes.

— Para mim, essas coisas são impressionantes. Não tenho a menor dúvida da existência do mundo espiritual — comentou Marianne, visivelmente empolgada.

— Hoje pela manhã, ocorreu um fato muito interessante lá em casa — disse Rachel.

— Envolvendo os espíritos?

— Sim. Enquanto eu e Elgie terminávamos de preparar o café da manhã, Katie apareceu na porta dos fundos vestida somente com a camisola de dormir.

As outras três aguardavam atentas que ela continuasse.

— No começo, eu e minha irmã achamos que havia algo de errado, mas logo percebemos que o comportamento de Katie estava normal. Ela disse que havia ido até os fundos do terreno para assistir ao amanhecer, porém, depois nos confidenciou que tinha visto a silhueta de uma mulher entre as árvores e que desceu a fim de verificar mais de perto. O espírito se identificou. Era uma tia nossa, minha e de Elgie, tia-avó de Katie, que faleceu há muitos anos. Chamava-se Carmela — ela fez uma pausa antes de prosseguir. — Mas o mais interessante é que tia Carmela era uma médium como Katie, que sofreu muito com isso até a data de sua morte. Nosso avô não a aceitava como era e a tratou como uma doente mental. Eu e Elgie gostávamos muito dela e ficamos felizes em saber que agora ela está bem. E o mais interessante disso tudo é que Katie nunca tinha ouvido falar de tia Carmela.

— Infelizmente, muitos médiuns do passado e até mesmo hoje em dia são tratados dessa maneira: com desprezo ou preconceito — observou Ilzie. — Fico satisfeita em saber que Katie terá um destino diferente. O que aconteceu nesta sala hoje tem um grande valor para mim, pois é como se eu estivesse cumprido minha missão. Não sei explicar de forma racional, mas é como me sinto com relação a casos como o de Théo e Katie.

— Você possui algum tipo de mediunidade, Ilzie? — perguntou Marianne.

— Acredito que seja exatamente essa a qual acabei de me referir: a de servir de orientadora para encarnados e desencarnados que estejam passando por problemas. Sei que não estou sozinha quando participo desse tipo de trabalho. Já fui útil em vários casos como esse.

Naquele momento, Katie finalmente despertou, sentou-se com certa dificuldade e pediu um copo com água. Helen apressou-se em atender seu desejo.

— Como se sente, minha querida?

— Estou bem, senhora Russel.

— Bom, é muito bom ouvir isso — disse Helen deslizando a mão pelos cabelos de Katie.

— O que aconteceu? Conseguimos trazê-lo e convencê-lo a receber ajuda? — perguntou ela.

— Sim — respondeu Ilzie sorrindo. — Finalmente, Théo seguiu para um lugar onde receberá tratamento adequado.

— Ele disse alguma coisa a respeito da ligação que temos um com o outro?

— Sim, vocês foram pai e filha na última existência dele.

Katie baixou a cabeça e permaneceu em silêncio durante alguns minutos. Embora sua mente consciente não pudesse se lembrar com clareza desses fatos, seu espírito conseguia lembrar-se dos erros cometidos no passado, e uma sensação semelhante ao remorso e ao arrependimento remexia-se dentro dela.

— Mas para onde ele foi?

— Para um local seguro onde receberá auxílio.

— Tem certeza de que ele ficará bem?

— Tenho. Mas você também terá de se esforçar para ajudá-lo.

— O que quer dizer com isso?

— Quero dizer que, quando dois seres são muito ligados um ao outro, conseguem se sentir mesmo a distância e que pensamentos saturados com saudades tristezas ou preocupações poderão afetá-lo onde ele estiver. Quando pensar em Théo, quero que se esforce para enviar-lhe vibrações de amor, paz e esperança, pois, caso contrário, você o atrapalhará — explicou Ilzie.

Katie abraçou-a e agradeceu por tudo o que a amiga fizera por ela e por Théo.

Durante o restante da tarde, os assuntos foram os três casamentos que deveriam ocorrer em breve, e Ilzie sugeriu que Katie e Edward se casassem junto com ela e Armand, pois, assim, poderiam utilizar os mesmos convites, considerando que os convidados seriam praticamente os mesmos.

Ficou decidido que o jantar de casamento seria oferecido na casa de Ilzie, e, caso Harold insistisse, poderia arcar com parte das despesas. O clima era de animação com os preparativos, embora a presença de Elliot pairasse ainda como uma sombra sobre as vidas de Edward e de Katie.

Capítulo 35

Fields estava terminando de escrever um artigo para o jornal no qual trabalhava e pensou que precisava ainda engolir alguma coisa antes de seguir para a residência dos Russels. Estava ansioso, pois, por natureza, era um sujeito curioso e finalmente chegara o dia em que iria conhecer a misteriosa médium. Terminou de escrever as últimas palavras, vestiu-se e desceu em direção à cozinha, na intenção de procurar alguma sobra de comida da noite anterior. Sobre a mesa coberta por um pano de estampa xadrez, a empregada deixara uma travessa com o ensopado de ganso e outra com lentilhas. Fields serviu-se e engoliu tudo com muita pressa, mal conseguindo mastigar. Não gostava de chegar atrasado aos seus compromissos e considerava aquele de grande importância.

Certamente, teria de conseguir um transporte para chegar a tempo e logo viu um cabriolé parado em frente à barbearia. Disse o endereço ao condutor, e em seguida já estavam a caminho do destino. Não podiam ir muito rápido, pois o tráfego de transeuntes e de outros transportes da época podia ser considerado intenso àquelas horas. Ele morava próximo do centro, em uma área realmente muito movimentada. Em um determinado momento, em que o transporte praticamente teve de parar, Fields olhou pela janela e viu o mesmo homem com quem cruzara na última noite em que estivera na casa dos Russels. Era ele, sim. Estava vestido de forma diferente, agora como um cavalheiro da alta sociedade, mas era ele... Tinha certeza de que o conhecia! Mas o que aquele sujeito fazia transitando por ali àquelas horas e ainda por cima vestido daquela maneira?

Joseph Davis era uma figura muitíssimo conhecida dos tabloides. O milionário excêntrico e misterioso, que supostamente acumulara fortuna na América e retornara para Londres, na verdade, era um agiota, e muitos dos ricaços que gostavam de ostentar e manter as aparências a qualquer custo deviam dinheiro para ele. Para Fields estava claro que Davis deveria ter um grande motivo para estar perambulando naquela noite em que se encontraram vestido daquele jeito. Tudo aquilo era muito estranho, mas seu sexto sentido de jornalista lhe dizia que tinha algo a ver com a família Russel.

Agora o transporte já podia seguir com folga, e, em vinte minutos, Fields chegou ao seu destino.

— Pode ir, obrigado. Daqui eu seguirei a pé — disse Fields entregando algumas moedas ao condutor e dispensando-o a alguns metros da residência dos Russels.

Não queria correr o risco de expô-los ou quem quer fosse a qualquer tipo de especulação por parte de curiosos. De longe, viu quando duas damas desceram de um coche e entrarem pela porta da frente. Uma delas era bastante alta, e a outra tinha o porte mais delicado. Eram Ilzie e Katie. Marianne e Morringan foram os primeiros a chegar e conversavam animadamente com Edward, William e Helen na sala de visitas.

Ao juntar-se a eles, Fields foi devidamente apresentado a todos pelo próprio William. Katie e Ilzie já haviam tomado conhecimento da presença do jornalista por meio de Edward e também de Helen durante o encontro na tarde anterior.

— Creio que poderemos dar início à nossa reunião — determinou William, lançando um olhar rápido para todo o grupo. — Queiram me acompanhar, então.

Todos o seguiram. Uma cadeira fora acrescentada para Fields e posicionada ao lado de Helen e propositadamente próximo a Katie, para que o jornalista pudesse observar detalhadamente todos os acontecimentos, eliminando, assim, qualquer suspeita de fraude por parte da médium.

— Antes de darmos início às nossas atividades, gostaria de dizer algumas palavras.

Fez-se silêncio absoluto entre os presentes, e todos os olhares se voltaram para William, que se mantinha de pé junto à ponta da mesa.

— Acredito que se este não for o nosso último encontro, talvez seja o nosso penúltimo. Com exceção do senhor Fields, todos aqui presentes sabem que nossa estimada senhorita Harrison está para se tornar noiva do senhor Cloods. Ocorre que, durante esta semana, ele terminará de prestar os exames necessários perante a banca examinadora da universidade e obterá seu tão merecido título de médico.

"Na semana passada, recebi um telegrama de um grande amigo que reside ao norte de Londres e que necessita com máxima urgência de um médico assistente. Imediatamente, pensei em Edward, já que eu e minha esposa Helen temos o projeto de nos mudar da cidade o mais breve possível.

"Para Edward, será uma experiência enriquecedora, já que os ideais e a forma de pensar do meu colega de profissão que reside ao norte se assemelham em muito com os dele. Enxerguei nisso uma grande oportunidade para esse jovem a quem Helen e eu muito consideramos e estimamos e ao qual admiro verdadeiramente as capacidades como homem da ciência.

"Devido a esse fato, Edward e Katie resolveram adiantar a data de seu noivado e o casamento para o mais breve possível para que ele possa, então, assumir seu novo posto como médico assistente.

"Gostaria de agradecer especialmente a você, Katie, por haver tão gentil e prontamente concordado em participar destas reuniões, que para mim e acredito que para todos os outros presentes aqui nesta sala têm sido de grande importância. Desejo com toda a sinceridade que você e Edward sejam muito felizes, e meu conselho é que você continue a desenvolver de alguma forma seu potencial como médium. Tenho a certeza de que, sendo a jovem inteligente, capaz e de bom caráter que é, encontrará sempre o melhor meio de fazê-lo.

"Quanto ao senhor Fields, gostaria de deixar claro a todos que meu objetivo em convidá-lo a participar deste grupo é permitir que ele escreva a respeito do meu ponto de vista como pesquisador dos fenômenos mediúnicos e da existência da vida após a morte justamente com o intuito de deixar registradas a minha opinião e a existência de uma autêntica médium de efeitos físicos.

"Desde já, esclareço que o nome da senhorita Harrison será mantido em sigilo, assim como eu e o senhor Fields podemos lhes assegurar que os nomes dos demais participantes deste encontro também o serão. Nossa intenção é somente apresentar os fatos para que nossa contribuição seja somada à de todos aqueles que defendem a teoria de que a vida não se encerra no momento em que nosso organismo decreta falência de alguma forma. Defendemos a ideia e a crença de que somos algo mais. Confesso que, no início da minha busca por provas, era movido pela grande perda que, como pai, sofri há alguns anos com a morte da minha filha Camille, que nos deixou com apenas dezoito anos de idade.

"Hoje, contudo, finalmente convencido de que ela continua viva em outro plano existencial e conformado com a ideia de que, como cientista, nada conseguirei provar a esse respeito devido ao período da história no qual nos encontramos e das possibilidades que tenho em mãos, meu grande objetivo antes de me mudar para outro lugar com minha esposa é apenas deixar claro para todos e para as futuras gerações que eu, William Russel, médico, cientista e pesquisador, acredito, sim, e mais do que nunca, na imortalidade do espírito e na possibilidade de contato entre os chamados vivos e os denominados mortos.

"Ressalto, contudo, que todas essas denominações são questionáveis, mas isso ainda não vem ao caso. Mesmo após o encerramento das nossas reuniões com a senhorita Harrison, eu e o senhor Fields ainda nos encontraremos algumas vezes para que ele tenha a oportunidade de conhecer e registrar de forma abrangente meus pontos de vista com relação ao assunto."

Morringan levantou a mão e pediu licença para se pronunciar.

— Faço das palavras de William as minhas com relação aos votos dirigidos ao senhor Cloods e à nossa estimada Katie, assim como reitero seu comentário sobre a autenticidade da mediunidade dessa moça. Gostaria somente de acrescentar aqui que estou à disposição do senhor Fields para que realize comigo quantas entrevistas ele julgar interessantes. Como médico e adepto da crença de que existe vida após a morte, pois, assim como William, estudo os fenômenos mediúnicos já há alguns anos, na verdade, há mais de uma década, também sou oficialmente o médico da senhorita Harrison e a acompanhei desde que as manifestações espirituais iniciaram na vida dela.

"Gostaria de lhe sugerir que a senhorita Ilzie também fosse entrevistada, senhor Fields, se ela concordar, é claro, pois creio que tem grandes contribuições a acrescentar ao seu material."

— Ficarei honrada em participar — disse Ilzie. — Estou à sua disposição, senhor Fields.

— Somente mais uma coisa — disse William tomando novamente a palavra. — Lembro ao senhor Fields que, apesar de ele não ter tido a possibilidade de participar das reuniões anteriores, temos tudo registrado e poderemos disponibilizar esse material para sua apreciação.

— Estou realmente bastante surpreso — disse Fields — com a receptividade de todos deste grupo e agradeço muitíssimo a confiança que estão depositando em mim. Eu lhes dou minha palavra de que não irei decepcioná-los.

— Senhor Fields — disse Katie levantando a mão —, ainda permanecerei na cidade durante mais algum tempo. Se o senhor quiser, prontifico-me a ser também entrevistada. Somente não tenho interesse na divulgação do meu nome.

— Agradeço muito, senhorita Harrison. Quanto ao seu nome, fique sossegada. Por meio de minha pena ou de minha boca ele jamais será divulgado. Quanto às entrevistas, são de meu interesse certamente.

— Poderemos agendar a entrevista para o mesmo dia em que faremos a minha — sugeriu Ilzie —, pois acho que será mais adequado nos encontrarmos em minha casa. Os pais de Katie poderão não compreender muito bem nossos motivos para o registro deste material e talvez se oponham. Desculpe, Katie, mas achei necessário falar agora para que não tenhamos problemas.

— Acho que você tem toda a razão — concordou Katie. — Poderá ser feito conforme dito por Ilzie, senhor Fields. Comprometo-me em ir até a casa dela e não terei dificuldades de fazê-lo, pois somos vizinhas.

— Bem, agora que já esclarecemos a presença do senhor Fields no grupo, sugiro que demos início à nossa reunião. Helen, senhor Fields, preparem-se para fazer suas anotações.

Candelabros com seis velas foram posicionados junto de Helen e Fields para ajudá-los a escrever com o mínimo de luminosidade.

A sala foi deixada na penumbra como sempre era feito, e, em pouco tempo, o silêncio era quase que total, sendo quebrado somente pelo pêndulo do carrilhão, que oscilava ininterruptamente da direita para a esquerda e vice-versa.

Durante os quinze minutos que se passaram, o grupo manteve-se em silêncio, e a maioria com os olhos fechados, exceto Fields e Helen, que estavam atentos a tudo ao redor.

Todos ouviram pancadas leves desferidas contra o tampo da mesa e, após um intervalo de dez segundos, estas se repetiram com mais força. De onde estava, Fields podia ver que as mãos da médium repousavam inertes sobre seu colo.

— Tem alguém aqui? — perguntou Morringan.

Duas pancadas fortes e seguidas uma da outra foram ouvidas.

— Gostaria de se comunicar conosco?

Novamente duas pancadas sobre a mesa. Era como se fossem desferidas no meio do tampo.

— Consegue escrever? Para sim, duas batidas; para não, três batidas.

Logo em seguida, duas batidas foram ouvidas, e as mãos de Katie foram para cima da mesa. O lápis começou a se mover rapidamente, e, dentro de alguns minutos, a jovem largou-o novamente sobre a folha de papel.

Fez-se silêncio, as batidas haviam cessado, e, durante os dez minutos seguintes, nenhuma manifestação ocorreu, então, um forte cheiro de queimado foi sentido por todos os presentes. Alguns, como Marianne e Edward, ficaram inquietos e já se preparavam para sair de seus lugares, quando Katie começou a tossir muito.

— Alguém me ajude, por favor!

A voz era quase infantil e saía com dificuldade, entrecortada por uma tosse persistente.

— Como é seu nome? — perguntou Morringan.

— Lisa! Por favor, me ajudem a sair daqui!

— Onde você está, Lisa?

— Aqui, senhor! Minha casa está pegando fogo! Não vê as chamas? Está muito quente!

Fields olhava com curiosidade e pensava: "Ou Katie é uma excelente atriz ou alguma coisa extraordinária está mesmo acontecendo".

— Lisa — disse Ilzie —, quero que preste atenção ao que vou lhe dizer. Não há incêndio algum aqui. Ele já ocorreu. Você já está livre do seu corpo.

— Mas eu me sinto queimar, sinto a fumaça me sufocando...

— Vê a pessoa que está ao seu lado agora?

Alguns segundos de silêncio.

— Sim, é um homem, mas não entendo. Eu estava em minha casa, e ela pegou fogo! Quem são vocês?

— Somos amigos e queremos ajudá-la.

— Esse homem está dizendo que eu morri! Mas, se eu morri, como posso estar aqui?

— Apenas seu corpo morreu. Você ainda vive, e seu espírito é imortal — respondeu Ilzie com tranquilidade.

— Meu Deus! Mas isso é muito difícil de acreditar! E agora? E meus pais?

— Talvez tenha acontecido com eles o mesmo que aconteceu com você.

— Acho que sim. Era madrugada, e todos nós estávamos dormindo. Mas como vou encontrá-los?

— Que idade você tem?

— Quatorze anos, e meu irmão tem dez. Não pude salvá-lo!

Lisa começou a chorar convulsivamente.

— Lisa, assim como você, seu irmão está vivo, mas de outra maneira. Em que ano você está?

— Estamos no ano de 1822.

— Muito tempo já se passou. Agora, você precisa ir com esse homem que a trouxe até aqui.

— Vou me encontrar com meus pais e com meu irmão?

— Talvez, mas você precisa ir. Não sentirá mais o fogo e a fumaça queimando seu corpo. Se você for com ele, receberá ajuda.

— Está bem, eu irei.

Dizendo isso, a comunicação foi encerrada, e o cheiro de queimado desapareceu do ambiente como que por encanto. Assim como Helen, Fields anotava tudo. O jornalista já participara de muitas reuniões como aquela e, na opinião dele, até aquele momento, ainda não ocorrera nada de tão incrível quanto ele esperava.

Alguns minutos se passaram até que o silêncio foi novamente quebrado por passos femininos, que saíram da porta na direção da mesa e pararam exatamente atrás de Katie. Eram femininos, pois o ruído caracterizava sapatos com saltos mais finos e delicados. Um aroma forte de rosas invadiu todo o ambiente, e um rosto de mulher surgiu envolto em uma massa esbranquiçada acima da cabeça da médium, que se mantinha o tempo todo imóvel. Boquiabertos, todos os presentes puderam contemplá-la. A imagem não era nítida, mas era incontestável quanto ao fato de ser um rosto de mulher com os cabelos volumosos e presos parcialmente. Parecia estar sorrindo e, depois de alguns minutos, desapareceu como fumaça que se dissipa no ar.

O aroma intenso de rosas permaneceu no local por bastante tempo ainda. Logo depois de a imagem desaparecer, Katie pegou o lápis e escreveu durante algum tempo. De repente, largou-o, e, como não houve mais nenhum tipo de manifestação, a reunião foi dada como encerrada. Marianne abriu as cortinas e as janelas, e finalmente o aroma de rosas desapareceu por completo. Como sempre ocorria, Katie mostrava-se bastante fraca.

Morringan leu em voz alta as duas comunicações feitas por meio da psicografia.

Estou aqui somente para agradecer pela ajuda que me dispensaram.

Minha esposa, agora também desencarnada, está vivendo no mesmo local que eu, e nós estamos muito bem.

Voltei a sentir novamente meu braço e minha perna direita, o que quer dizer que estou melhorando.

Do amigo,
John Stuart.

— Oh, o senhor Stuart! — exclamou Marianne. — Então quer dizer que a esposa dele também faleceu. Estive com ela há pouquíssimo tempo. Vocês se lembram disso?
— Bem, pelo menos estão juntos novamente — disse Helen sorrindo.
— Ouçam, por favor, a segunda comunicação dessa tarde — disse Morringan.
Todos fizeram silêncio novamente.

Agradeço muito por estar aqui.
Vim porque preciso dizer a uma pessoa que está entre vocês que o amo muito e que estou bem.
Estou sempre por perto e nunca o deixei. O perfume das rosas é o meu preferido, e você sabe que é verdade.

Daquela que sempre irá te amar,
Sylvia.

— Isso faz sentido para alguém? — perguntou Morringan.
Fields levantou a mão.
— Senhor Fields?
— Faz sentido para mim, doutor Morringan — disse ele. — Já presenciei inúmeras reuniões desse tipo e confesso-lhes que, quando a iniciamos nessa tarde, não havia visto nada de extraordinário... Também devo esclarecer que não vi nada que pudesse colocar a reputação da senhorita Harrison em dúvida. As batidas no tampo da mesa, a manifestação dos aromas e a psicografia são fenômenos que já presenciei em outras ocasiões, mas, quando vi o rosto da mulher acima da cabeça da senhorita Harrison, imaginei que talvez meus olhos estivessem vendo aquilo que eu gostaria de ver — confessou ele. — Mas... estava enganado. Era realmente minha querida Sylvia. Nós fomos noivos e nos amávamos muito, porém, um pouco antes de nos casarmos, ela foi acometida por um mal incurável nos intestinos e faleceu. Eu sofri muito, vendi a casa que havíamos comprado e até hoje vivo sozinho em outro endereço. Isso ocorreu há oito anos. As rosas eram as flores preferidas dela, assim como o seu perfume,

por isso o utilizou durante a manifestação. Embora tivesse esperanças de receber um contato dela a cada reunião mediúnica da qual participei, isso nunca havia acontecido, o que me deixou muito frustrado.

"Muito obrigado, senhorita Harrison. Nessa tarde, recebi da senhorita um presente de valor inestimável — concluiu ele olhando para Katie.

— Não tem o que me agradecer, senhor Fields — depois, dirigindo-se a Helen, pediu: — Senhora Russel, poderia conseguir um copo com água, por favor?

— Oh, me desculpe, querida! Hoje, acabei me esquecendo de pedir a Lucy para deixar nossa bandeja com água e copos aqui na sala... Que distração a minha!

Helen saiu e em seguida retornou acompanhada por Lucy. Traziam água, chá e café para os visitantes.

Permaneceram ainda na sala de reuniões durante algumas horas conversando sobre assuntos variados, e, como era de se esperar, o grupo dividiu-se em dois. Um formado pelos homens, e o outro, pelas mulheres.

Antes do cair da noite, Ilzie e Katie despediram-se, assim como Morringan e Marianne, enquanto Fields deixou a casa dos Russels somente após o jantar.

Edward acompanhou-o até o portão. O jornalista recusara a oferta de Helen e William de pedir a Bucky que o levasse até sua casa. Alegando que caminhadas o ajudavam a organizar as próprias ideias, Fields agradeceu a oferta, mas a recusou.

— Edward, gostaria de comentar algo com você, mas que achei apropriado que fosse em particular — disse Fields quando já estavam distantes alguns metros da casa.

— Pode falar.

— Da última vez em que estive aqui, saí bastante tarde, como você deve se lembrar, e encontrei um sujeito que me chamou a atenção.

Edward parou de andar, e Fields fez o mesmo.

— Durante alguns dias, fiquei tentando me lembrar quem era ele e de onde o conhecia, sem chegar a nenhuma conclusão.

— Como ele era?

— Alto como você, um pouco mais magro, de pele e cabelos claros com uma tendência para os avermelhados, sem, contudo, ser considerado ruivo. O que me chamou a atenção, além da fisionomia dele, foram suas roupas... eram roupas simples, da classe operária. Depois de vê-lo dobrar a esquina da esquerda, até imaginei que pudesse ser um jardineiro ou um serviçal de alguma das casas aqui do bairro. Mas hoje, ao vir para cá, tive de chamar um cabriolé, pois, se viesse caminhando, chegaria atrasado para a reunião, então, eu o vi próximo de uma barbearia bastante tradicional e o reconheci. O nome dele é Davis. Talvez você já tenha ouvido falar dele: Joseph Davis, um dos milionários em ascensão do momento. Deve ser um pouco mais velho que eu e você e, dizem as más línguas, fez fortuna através de meios não muito honestos, se é que me entende.

Se não tivesse escuro, Fields poderia notar que Edward empalidecera ao ouvir o sobrenome Davis, o amigo agiota de Elliot. Mas por que Davis estaria prestando favores ao Falcão, se geralmente ocorria o contrário?

— Mas e então? — perguntou Edward.

— Achei por bem comentar com você para que fique atento. Talvez Davis não tenha interesse algum nos Russels... talvez esteja perambulando pela área, porque não é difícil encontrar algum morador daqui que esteja devendo até mesmo a alma para ele, mas confesso que achei muito estranho o fato de Davis estar àquela hora da noite, sozinho, sem nenhum de seus guarda-costas, fantasiado de classe operária. Não consigo imaginar que ele esteja simplesmente passeando por aqui, mas talvez seja somente coisa da minha imaginação fértil de jornalista metido a investigador — concluiu sorrindo. — Mas, modéstia à parte, tenho uma excelente intuição, e, se eu fosse você, meu amigo, ficaria atento, pois não sabemos até que ponto um sujeito como Davis está envolvido com roubos e com ladrões.

A esta altura, eles já haviam alcançado o portão, e Fields despediu-se desaparecendo rapidamente na neblina, que, a uma velocidade anormal, avançava sobre o chão e encobria quase todo o quarteirão. Edward travou o cadeado e começou a fazer o caminho de volta, sem pressa, e pensando nas palavras do jornalista. Talvez Elliot estivesse mais próximo de descobrir seu paradeiro do que ele imaginava.

Um dos gatos enroscou-se em sua perna, e ele pegou-o no colo. Era um felino gordo e de pelagem amarela, que atendia pelo nome de Marujo. Quando Edward o encontrou, vivia em um barco de pesca abandonado. Talvez as gemas fossem o motivo para Davis também estar interessado nele. Talvez aquelas pedras valessem muito mais do que ele imaginava. Enquanto acariciava o dorso macio de Marujo, a mente de Edward procurava uma saída pela qual ele e Katie pudessem passar e levarem consigo sua, talvez, não tão pequena fortuna.

Capítulo 36

    Finalmente chegara o sábado, e, antes mesmo do horário marcado, Edward, Helen e William chegavam à residência dos Harrisons. Faltavam exatamente trinta minutos para as quatro horas da tarde, quando Bucky estacionou em frente à alfaiataria.
    — Entrem, por favor! — convidou Rachel ao recepcioná-los no portão. — Harold e Elgie já irão descer.
    Após os habituais cumprimentos, todos entraram e acomodaram-se na sala de visitas, e, pouco depois, Elgie desceu a escada seguida por Harold e por Katie. As crianças haviam sido orientadas a permanecer no quarto entretendo-se com seus brinquedos pelo tempo que durasse a visita para não atrapalharem os adultos.
    — Aceitam algo para beber? — perguntou Elgie.
    — Um café, se já houver pronto, senhora Harrison — pediu Edward.
    — Pode ser o mesmo para mim, Elgie — disse Helen.
    — Eu aceito um conhaque, se não for incomodá-la — disse William.
    — Incômodo algum, doutor Russel.
    Após Elgie e Rachel servirem as visitas, sentaram-se, e, durante os minutos seguintes, todos permaneceram em silêncio. Katie sentia que teria um ataque de nervos, caso as coisas não se resolvessem logo. Estava visivelmente ansiosa.
    — Senhor Harrison — falou Edward dando início ao assunto, — ontem eu concluí meus exames na universidade e, na próxima semana, finalmente terei em mãos meu diploma.
    — Fico muito satisfeito em saber disso, meu jovem — disse Harold.

Fez-se novamente silêncio na casa. Katie controlava-se para não tomar a palavra e despejar de uma só vez o assunto, para, assim, livrar-se daquela expectativa angustiante, mas Rachel apertou a mão da sobrinha discretamente.

— Bem — tornou Edward —, o que traz a mim, ao senhor e à senhora Russel aqui, nesta tarde, é meu desejo de pedir a mão de sua filha Katie em casamento.

A expressão no rosto de Harold não sofreu a mínima alteração. Ele permaneceu em silêncio durante algum tempo, olhando diretamente nos olhos de Edward.

— Senhor Cloods, desde que conversou conosco e pediu nossa permissão para namorar Katie, sempre acreditei que sua intenção fosse a de casar-se com minha filha... Só não imaginava que pretendiam se casar em tão curto espaço de tempo. Poderia me dar uma explicação aceitável para essa mudança de planos? — perguntou ele sem nenhum rodeio.

— Senhor Harrison, por essa razão eu e minha esposa estamos presentes neste encontro — disse William com tranquilidade. — Todos vocês sabem que Edward não possui nenhum parente deste lado do oceano e vive em nossa residência desde o incidente do assalto ocorrido com ele, na noite do aniversário de Katie. Eu e Helen o estimamos muito, o temos praticamente como um filho e decidimos acompanhá-lo até aqui hoje justamente para que não haja mal-entendidos ou dúvidas acerca dos motivos que levam Edward e sua filha Katie a adiantarem a data do casamento. Edward é um rapaz de mente brilhante e com um grande futuro pela frente, e eu estou ficando cada dia mais velho e cansado... Todos temos que ter discernimento para perceber quando o nosso tempo chega ao fim... O que quero lhe dizer, senhor Harrison, é que eu e minha esposa deixaremos Londres ainda este ano em busca de uma vida mais tranquila. Já colaborei com a medicina para que, agora, outros, mais jovens do que eu, possam realizar este trabalho. Um grande amigo meu e excelente médico que mora no Norte me escreveu na semana passada para solicitar-me uma indicação de um médico assistente, que pudesse auxiliá-lo em suas novas pesquisas com fármacos para tratamentos de enfermidades variadas, e não me passou outra pessoa pela cabeça senão Edward. Ele possui o perfil necessário, e essa certamente é uma oportunidade de ouro para o currículo dele. Como nosso jovem médico não quer afastar-se de sua bela filha, eu e Helen sugerimos a ele que a pedisse em casamento e que o fizessem o mais rápido possível, já que meu amigo necessita com máxima urgência de um assistente.

Harold permaneceu durante algum tempo em silêncio, levantou-se de onde estava e pôs-se a caminhar pela sala.

— Doutor Russel, agradeço muitíssimo sua atitude e a atitude de sua esposa em acompanharem Edward até minha casa. É algo muito louvável da parte de vocês, mas gostaria de perguntar primeiro a Katie se isso é de sua vontade.

— Sim, papai — respondeu ela, procurando controlar a respiração e esmagando com força os dedos da tia.

— Pois bem! A meu ver, só existe um problema nessa situação toda... — disse Harold ainda de pé e postando-se de frente para Edward. — Não tenho condições de dar para vocês uma festa de casamento como deveria. Eu e Elgie estávamos guardando algumas economias, pois imaginávamos que o casamento ocorreria somente no final do próximo ano.

— Senhor Harrison — disse Edward —, Katie e eu já conversamos sobre isso e não nos importamos com esse tipo de coisa. Tenho também algumas economias e posso muito bem arcar com as despesas de um jantar para nossos amigos mais íntimos, que são poucos.

— Pois bem... e quando pretendem noivar?

— Hoje mesmo! — disse Edward.

— Hoje?! Mas não preparamos nada!

— Papai, hoje será o noivado de Ilzie e Armand, e, conversando ontem, ela sugeriu que aproveitássemos a ocasião e noivássemos durante o jantar de hoje à noite, que será na casa dela.

— Eu trouxe o anel de noivado para Katie, senhor Harrison.

— Isso parece um complô... Você e Rachel sabiam disso, Elgie?

Elgie sorriu sem graça, com as bochechas avermelhadas.

— Katie havia conversado conosco, pois ela temia sua reação.

— Pois bem... — resmungou Harold. — Tenho até receio de perguntar qual data escolheram para esse casamento...

— Pela minha necessidade, senhor Harrison, deverá ocorrer daqui a doze dias.

— Doze dias?! Mas é pouco tempo! — disse Elgie. — Como faremos com o vestido de Katie?

— Não precisam se preocupar com isso, Elgie — disse Helen. — Esse será o nosso presente para Katie e para Edward: os trajes dos noivos. Eu e William gostaríamos de sugerir também que o jantar de casamento seja realizado em nossa casa. Podem deixar a decoração por nossa conta.

— Senhora Russel — disse Katie —, acredito que o jantar será na casa de Ilzie, pois combinamos que nos casaríamos no mesmo dia e na mesma igreja, sendo assim, poderemos dividir as despesas do jantar e o faremos na casa dela, que possui mais espaço.

Harold olhava para a filha com expressão de espanto, pois ela não se parecia em nada com uma adolescente de dezesseis anos. Katie já era uma mulher.

— Filha, concordo que você e Edward se casem e têm minha bênção para tal, mas diga para a senhorita Ilzie que as despesas do jantar correrão por minha conta. É a única exigência que faço como seu pai, e isso deve ser levado em conta por você e por seu futuro marido — finalizou ele lançando um rápido olhar para Edward. — Senhor Cloods, levará minha filha consigo para longe daqui e deverá me dar sua palavra de que a tratará com respeito e de que a protegerá como um verdadeiro marido deve fazer.

— O senhor tem minha palavra, senhor Harrison. Tenha certeza de que eu amo e respeito sua filha.

— Mais uma pergunta... — disse Harold. — A estadia de vocês nessa cidade que fica ao norte é temporária ou definitiva?

— Acredito que seja somente temporária, Harold — explicou William. — Como médico assistente, Edward estará terminando de preparar-se para caminhar sozinho e montar um consultório como fez o doutor Morringan. Ele ainda poderá trabalhar em um hospital ou até mesmo tornar-se professor em alguma universidade, mas, para chegar até lá, deverá obter um pouco mais de experiência comprovada. Somente aquela que adquiriu trabalhando para mim não será suficiente. Eu tenho certeza de que ele se sairá muito bem e, mais tarde, dentro de um período que compreende de seis meses a um ano, poderá retornar até mesmo para Londres, se assim ele desejar.

— Senhor Harrison, vocês poderão nos visitar durante o tempo em que estivermos morando fora. A família de Katie também é minha família — afirmou Edward.

— Está bem, meu jovem. Desejo a vocês muitas felicidades.

— E mesmo que Edward seja impedido pelo trabalho, papai, eu poderei vir para visitá-los.

— Está muito bem, minha filha.

Tudo correra perfeitamente bem. A presença de William e de Helen tornaram ainda mais convincente qualquer motivo apresentado por Edward e por Katie para apressarem o casamento.

Do lado de fora, indiferentes à fina garoa que começava a cair, havia um grande movimento de pessoas por conta das comemorações da chegada da primavera. Alguns moradores enfeitavam as janelas e as portas de suas casas com guirlandas de flores, barracas onde se vendiam comidas e bebidas estavam sendo montadas, e haveria também os tradicionais desfiles com carroças enfeitadas e a escolha da rainha da primavera. Esse tipo de festividade, em que se comemorava as mudanças das estações, o plantio das sementes e as colheitas teve início na era pré-cristã e perdura até os dias atuais em vários países do Hemisfério Norte.

O jantar na casa de Ilzie contou também com a presença de Morringan e Marianne. A data dos casamentos de Ilzie e Armand e de Katie e Edward foi anunciada e ficou marcada para dali a doze dias, em uma quinta-feira, às três horas da tarde na igreja de Santa Margarida.

Após o jantar, Armand aproximou-se discretamente de Edward e convidou-o a acompanhá-lo até a biblioteca. Chegando lá, trancou a porta com a chave e convidou Edward para sentar-se.

— Ilzie me pediu que o chamasse para conversar a respeito de um assunto muito importante.

Edward não imaginava aonde Armand pretendia chegar, nem do que se tratava exatamente.

— Sei que você está com um grave problema nas mãos — continuou Armand — e acredito que possamos ajudá-lo.

Certamente, Armand deveria estar se referindo à sua ligação com Elliot e à necessidade que ele, Edward, tinha de deixar a cidade antes que o outro descobrisse seu paradeiro.

— Agradeço muito a preocupação de vocês, Armand. Toda ajuda nos é bem-vinda, mas não vejo muito mais o que possa ser feito, pelo menos por ora. Não tenho como acelerar ainda mais os acontecimentos.

— Não estou me referindo ao seu casamento e à mudança de cidade. Estou me referindo ao que você tem nas mãos. A polícia jamais poderá descobrir isso.

Edward estava realmente surpreso, pois, em sua concepção, apenas ele, Katie e Helen sabiam sobre as pedras.

— Compreendo seu espanto e peço desculpas por me intrometer, porém, o que menos temos agora é tempo para perdermos com protelações. Sua noiva desabafou com Ilzie, que está muitíssimo preocupada com o futuro de vocês, e com toda a razão! Ela estima Katie como se fosse uma irmã mais nova ou filha — disse Armand levantando-se da cadeira e enchendo dois cálices com vinho licoroso. Entregou um deles para Edward e disse: — Sou advogado e vivi por muito tempo em Paris. Eu e Ilzie temos muitos contatos por lá. É extremamente arriscado que as gemas sejam negociadas em qualquer lugar dentro do território britânico. O comprador deverá ser alguém escolhido a dedo e de extrema confiança, caso contrário, você poderá ter sua vida arruinada. Quanto ao risco que você corre de ser denunciado à polícia pelo próprio bandido, não o vejo como tão sério assim, já que seria sua palavra contra a dele, e, como não existem provas contra você, duvido muito que a justiça dê crédito a alguém como Elliot. — Armand fez uma pausa e continuou: — Mas, para assegurar que isso ocorra, não poderá haver nenhuma pista, nada... nem um indício sequer que o ligue ao roubo dessas pedras. Você tem minha palavra de que, se necessário for e as coisas tomarem esse rumo, serei seu advogado.

Edward e Armand pouco se conheciam. É certo que havia uma simpatia mútua entre ambos, porém, não existia ainda um vínculo de confiança daqueles que só se conquista com a convivência. Contudo, na situação em que se encontrava, Edward rapidamente compreendeu que contar com a ajuda de um advogado e do noivo da melhor amiga de sua própria noiva seria algo providencial.

— Fico muito grato, Armand, e também mais tranquilo por saber que você poderá me defender, se necessário for, e aceitarei sim sua oferta de ajuda. E quanto ao lote de pedras? O que poderei fazer? Como comercializá-las em segurança, sem que sejamos descobertos?

— Tenho um contato em Paris, que poderá nos ajudar. Eu e Ilzie pensamos no seguinte... após as núpcias, você e Katie deverão ir para Paris, em uma viagem de lua de mel. Não precisarão se preocupar com lugar para se hospedarem ou com alimentação, somente com as passagens de trem. Temos uma casa em um bairro muito tranquilo, onde poderão ficar sossegados durante o tempo que quiserem permanecer.

— Não poderemos ficar na França por muito tempo, pois tenho um cargo para assumir no Norte.

— Mas acredito que poderá ter uma semana para uma viagem de núpcias...

— Sim, posso conversar com o doutor Russel a respeito disso, e enviaremos um telegrama, comunicando o casamento e o dia da minha chegada. Acredito realmente que, quanto a isso, não teremos problemas. Aliás, Armand, William e os pais de Katie não sabem nada a respeito das pedras, e acho que as coisas deverão continuar assim.

— Claro, eu compreendo. Quanto menos pessoas souberem, melhor... — concordou ele. — Eu e Ilzie temos um amigo em Paris que, como disse, poderá ajudá-los. Ele comercializa joias, obras de arte e também artefatos históricos de valor. Obviamente, o comércio de muitas dessas peças é feito de forma clandestina, voltado para milionários excêntricos, que pagam uma fortuna por uma estatueta velha e quebrada que deveria estar em um museu...

Edward sorriu.

— Você tem noção do valor das pedras?

Edward balançou a cabeça em negativa, pois realmente não fazia ideia do que tinha em mãos.

— Acredito que não devam valer pouco, pois esse é o real motivo de Elliot me perseguir até hoje. Só sei que ele as adquiriu durante um assalto a um magnata estrangeiro, e, pelo que me consta, esse homem era uma espécie de atravessador e foi morto por Elliot durante o assalto. Os diamantes são pequenos, porém, me parecem muito puros, de excelente qualidade... Não sou um especialista em pedras, então, só posso lhe falar do que meus olhos vêm. São de tamanho razoável, refletem a luz com um brilho encantador e possuem transparência irrepreensível. São de uma beleza ímpar e parecem pequenas estrelas cintilantes. Ouvi Elliot dizer que vieram da África, mas existe também uma pedra azul de maior dimensão e de beleza encantadora. Acredito que seja uma safira. Ouvi o Elliot comentar que valia uma fortuna e que ele iria vendê-la a um cliente russo que pertencia à nobreza.

— E Elliot? Tem tido notícias dele? Ilzie me disse que você procurou o inspetor Sunders há alguns dias.

— Infelizmente, não sabemos o paradeiro dele. Elliot é uma raposa velha e possui muitos aliados. Na verdade, acho mais fácil ele me encontrar primeiro. Sei que andou em minha casa logo após a suposta tentativa de assalto e tenho certeza de que foi até lá em busca das pedras. Não posso afirmar que já não saiba onde eu estou morando e com quem me relaciono, e esse é o meu maior receio. Conheço Elliot e sei do que ele é capaz. Temo pela segurança de William, Helen e especialmente de Katie.

— É compreensível... — disse Armand, deixando o cálice vazio sobre a escrivaninha. — Edward, preciso que me diga onde estão as pedras.

Edward permaneceu em silêncio durante algum tempo pensando no que iria fazer.

— Estão seguras.

— Compreendo sua relutância em revelar um segredo desses para praticamente um estranho, mas, além de você, alguém deverá estar de posse dessa informação para o caso de algo lhe ocorrer.

— Se algo me acontecer, procurem por Katie. Ela saberá dizer onde estão as pedras.

— Está bem. Que seja assim, então. Converse com sua noiva, e preparem-se para conhecer Paris.

Capítulo 37

A semana que se iniciava seria de grande movimentação para os noivos, que estavam envolvidos com os preparativos do casamento. Os dois casais encontraram-se na casa de Ilzie, na segunda-feira após o almoço, a fim de acertarem os detalhes da cerimônia, do jantar que seria servido em seguida e da viagem de Edward e Katie para a França, que deveria ocorrer na manhã seguinte ao casamento, muito cedo. O casal pegaria o primeiro trem para o sul da Inglaterra e, então, de lá partiriam para a França.

— É uma pena que vocês dois não possam ficar mais tempo em Paris. Tenho certeza de que Katie iria adorar se eu e Armand pudéssemos ir junto... — dizia Ilzie em tom meloso, olhando para o noivo com o canto dos olhos.

— Minha querida, você sabe que lhe faço todas as vontades, mas também sabe que não posso me ausentar de Londres durante as próximas semanas — disse ele colocando a mão sobre a dela.

— Bem, não faltarão oportunidades...

Apesar da chegada da primavera, os dias, em sua maioria, ainda estavam nublados e frescos. Os dois casais haviam se sentado na varanda dos fundos da casa e apreciavam o jardim, no qual estavam os canteiros cultivados por Ilzie. Os primeiros brotos começavam a nascer e eram, em sua maioria, hortaliças e temperos.

— Já enviamos um telegrama para nosso amigo em Paris. Ele sabe que vocês chegarão na próxima sexta-feira e que ele deverá procurá-los no sábado pela manhã, em nossa casa, na rua Lamartine, pois eu e Ilzie acreditamos que assim será mais seguro para todos — explicou Armand.

— Uma coisa me preocupa, Armand — disse Edward bebendo um gole de limonada. — Esse dinheiro que iremos receber pela venda das pedras é uma soma considerável... Não poderemos ficar andando por aí, com tudo isso em uma bolsa.

— Eu também pensei nisso Edward e tenho uma sugestão... — disse Ilzie. — Jean entregará o dinheiro a vocês e, infelizmente, terão de arriscar-se trazendo-o em uma valise. Ao retornarem para a Inglaterra, passarão novamente por Londres, onde deverão, para a própria segurança de vocês, permanecer somente uma noite. Na minha opinião, vocês deveriam se hospedar em um hotel, pois nem mesmo seus pais, Katie, devem tomar conhecimento de que estarão na cidade. Eu e Armand iremos encontrá-los, depositarei o dinheiro em minha conta no banco e, daqui a mais alguns meses, o entregarei novamente a você, Edward. Sabem que podem confiar em mim, pois eu e Armand temos dinheiro suficiente para viver sem trabalhar pelo resto de nossos dias, se assim o desejarmos. O pai dele nos deixou uma herança considerável. — Ela fez uma pausa antes de prosseguir. — Penso nessa possibilidade somente para que não sejam levantadas suspeitas sobre você, Edward, pois, caso o Falcão seja preso e o acuse, não existirão provas que o condenem. Como você explicaria para a lei a mudança radical da sua situação financeira de uma hora para a outra, sendo somente um médico assistente em início de carreira? Temos de pensar nos detalhes! Quando tudo passar, e os ânimos se acalmarem, o dinheiro retornará para as mãos de vocês.

Edward não confiava cegamente em Ilzie ou em Armand, contudo, como não tinha muitas alternativas no momento, precisaria correr o risco. Que ela era uma viúva rica, isso era incontestável, mas ele sabia também que existiam pessoas para quem dinheiro nunca é demais...

— Na minha opinião, é a maneira mais segura de fazermos isso — interferiu Katie olhando diretamente para o noivo. — Não temos como esconder uma caixa cheia de dinheiro debaixo da cama ou enterrada no quintal, correndo o risco de sermos assaltados ou de o perdermos durante um incêndio. Também não poderíamos aparecer com toda essa quantia em um banco, pois levantaríamos suspeitas do próprio governo, então, Edward, acho que deveríamos, sim, aceitar a oferta de Ilzie e seguir com o restante do nosso plano. Você assumirá o cargo de médico assistente, viveremos do seu salário, que, para nós, será mais do que o suficiente, e, numa hora mais oportuna, resgataremos o dinheiro da venda das pedras.

— Bem... que seja assim, então! — concordou Edward.

— Não há com o que se preocupar, Edward. Katie é como uma filha para mim — disse Ilzie.

Após combinarem os detalhes mais práticos e urgentes, Armand desculpou-se e saiu, pois tinha alguns compromissos profissionais inadiáveis. Katie e Edward permaneceram durante algum tempo na companhia Ilzie e, em seguida, despediram-se, pois ele deveria retornar para casa para auxiliar William em uma pesquisa que o médico estava concluindo.

Ao deixar a noiva na casa dos pais, Edward beijou-a nos lábios e a abraçou.

— Katie, quero que se lembre de uma coisa: eu a amo muito e você é a única pessoa em quem confio plenamente. Não existe entre mim e Ilzie a mesma relação de amizade que há entre vocês duas, então, é natural que existam algumas limitações em relação a confiar plenamente nela. Gostaria que você memorizasse bem minhas palavras. Preste muita atenção. Caso algo me aconteça... pegue — disse ele entregando para ela uma folha de papel dobrada.

Katie abriu as dobras uma a uma e leu o que estava escrito. Era a caligrafia de Edward.

A rainha das fadas é a guardiã do tesouro. Abaixo do manto escarlate, as estrelas brilham soberanas em volta da lua azul...

Durante alguns minutos, Katie permaneceu com os olhos fixos na folha de papel que segurava entre os dedos. O que queria dizer aquilo?

— O que significa isso? Você não é o tipo de homem que gosta de escrever poemas...

— Somente guarde com você e, caso me aconteça alguma coisa, leia novamente até encontrar sentido nas palavras que escrevi. Talvez sejam apenas palavras inúteis, que não venham a ter significado algum, mas guarde-as com você. Caso Elliot me encontre, leia o bilhete novamente ou quantas vezes for necessário até que minhas palavras façam sentido. Você me entendeu?

— Mas por que isso que você escreveu faria sentido? O que tem a ver com Elliot?

— Tem a ver com as pedras. Caso algo me aconteça, as pedras ficarão para você. Nesse bilhete há a pista que irá levá-la até elas — disse Edward por fim, beijando-lhe a testa e saindo apressado.

Katie ainda permaneceu durante algum tempo na frente de casa, segurando o bilhete aberto, enquanto via o noivo desaparecer na esquina.

A jovem dobrou novamente a folha de papel e entrou. Inventou uma desculpa qualquer para Elgie e Rachel, que estavam na cozinha, e foi para o quarto.

Releu inúmeras vezes o bilhete, e em nenhuma das vezes aquelas palavras fizeram sentido para ela. Decidiu, então, guardá-lo em uma das gavetas da penteadeira, debaixo de fitas e de outros enfeites para cabelo. As palavras de Edward a haviam deixado apreensiva, e a possibilidade de algo acontecer a ele nas vésperas de seu casamento a apavorava. Lembrou-se do sonho que tivera alguns dias antes com Eva, no qual ela lhe garantira que alguns espíritos amigos cuidariam para que a situação tivesse um final tranquilo.

Enquanto soltava os cabelos, Katie viu o rosto de Edward. Era como se o visse através do espelho, e sua expressão era de medo e de angústia. Viu seus lábios se moverem pronunciando seu nome, e, em um gesto de desespero, ela levou as duas mãos ao rosto, cobrindo os próprios olhos para que a imagem desaparecesse. Katie pediu ajuda a Eva, a Andressa e aos amigos espirituais que a pudessem ouvir. Talvez fosse apenas coisa de sua cabeça. As preocupações com o casamento e a necessidade de deixarem Londres às pressas possivelmente a estavam levando a um estado de esgotamento mental. Procurou, então, respirar fundo e fazer aquilo que Eva a aconselhara: manter a fé e a confiança de que tudo correria bem, afinal de contas, Edward só estava sendo cauteloso. Era o que ela faria se estivesse no lugar dele. Procurou distrair-se lendo, o que até certo ponto funcionou. Em seguida, o jantar ficou pronto, e Katie conseguiu distrair-se conversando com Elgie e Rachel e acabou esquecendo-se do tal bilhete e da perturbadora visão que tivera diante do espelho.

***

Após o jantar, Edward conversava com Helen na sala de visitas, quando Lucy o chamou.

— Doutor Cloods, deixaram isso para o senhor — disse ela, entregando-lhe um envelope.

— Obrigado, Lucy. Quando chegou?

— Hoje à tarde. Alguém o entregou para Bucky no portão. Está com seu nome.

— Obrigado — disse ele olhando para o envelope.

Não havia timbre ou selo, somente o nome dele escrito no local do destinatário. Edward observou que o papel era de ótima qualidade e a caligrafia também. Helen parou de bordar.

— Bem, vejamos o que diz... — disse Edward.

Ele leu em silêncio, procurando não deixar transparecer o que lhe ia no íntimo.

Caro Edward,

Estarei aguardando-o amanhã para entrarmos em um acordo de cavalheiros. Venha sozinho.

Peço-lhe que considere muito bem o convite deste seu velho amigo, pois não gostaria de ter de visitá-lo na residência da família Russel, já que sou um homem muito reservado, como bem o sabe. Também não acho apropriado procurá-lo no endereço de sua estimada noiva, a filha do alfaiate Harrison, mas confesso que cheguei a pensar nessa possibilidade, já que preciso muitíssimo vê-lo o mais breve possível.

Uma embarcação a motor estará aguardando-o amanhã no início da tarde, junto ao meu velho rancho de pesca, onde costumávamos nos encontrar. Tenho certeza de que se lembra onde fica.

Cordialmente,
Falcão.

— Está tudo bem, Edward? — perguntou Helen.

— Sim, sim... — respondeu ele procurando aparentar naturalidade. — Somente um velho conhecido que está passando novamente por Londres e que gostaria de me ver para colocarmos a conversa em dia.

Apesar dos esforços de Edward, Helen percebeu sua inquietação, mas decidiu não insistir. Não demorou muito para que ele se desculpasse dizendo que precisava fazer algumas anotações e fosse para o quarto.

Seria inútil perguntar a Lucy quem fora a pessoa que deixara o envelope com ela. De nada adiantaria e tampouco ajudaria a resolver aquela situação.

Sozinho, Edward pensava que não teria como escapar do encontro. Elliot deixara claras suas ameaças nas entrelinhas. Se ele faltasse ao encontro, poderia colocar em risco a vida dos Russels e também a de Katie. Talvez pudesse contar com a ajuda de Sunders para pensarem juntos em um plano eficaz para finalmente o capturarem, contudo, o que faria se o plano falhasse? Certamente, o rancho de pesca abandonado era somente um ponto de encontro. Possivelmente, Elliot mandaria alguém apanhá-lo para daí, então, levá-lo até o seu esconderijo. Precisava pensar em uma saída...

Naquela noite, Katie teve dificuldades para dormir. Virava de um lado para o outro na cama, enquanto sua temperatura corporal oscilava entre ondas de calor e de frio. As palavras de Edward não lhe saíam da mente: "Se algo me acontecer...". Se algo acontecesse a ele, Katie definharia de tristeza, enlouqueceria ou simplesmente deixaria de acreditar em qualquer tipo de poder ou justiça divina.

Esforçou-se para controlar os próprios pensamentos, travando uma batalha silenciosa que durou horas até que, finalmente, ela foi vencida pelo sono. Sonhou com um lugar estranho, onde nunca estivera antes. As águas escuras corriam por vários canais estreitos, cercados por árvores gigantes e por vegetação fechada. As margens lamacentas expeliam o odor característico da sedimentação, comum nas regiões pantanosas. Katie podia ouvir os ruídos dos sapos e das aves e finalmente chegou a uma casa de madeira apoiada sobre sapatas com mais de um metro de altura. A construção era muito velha, e as tábuas exibiam a cor natural da madeira envelhecida pelo tempo e pela ação das intempéries. Ela entrou pela porta dos fundos e viu Edward sentado no chão, encostado no canto de uma das paredes. O rapaz não usava paletó nem qualquer outro tipo de casaco. Suas roupas estavam amarrotadas e sujas de poeira e de lama, assim como suas botas. Seu rosto pálido exibia ferimentos no canto da boca, nos olhos e no nariz, e sua expressão era de cansaço, medo e angústia. Desesperadamente, Katie chamava-o, mas ele parecia não ouvi-la. Um homem franzino, de estatura mediana e olhos escuros muito brilhantes aproximou-se sorrindo e agachou-se ao lado dele. Katie podia ver os vultos sombrios que o cercavam, enquanto ele aproximava o punhal de lâmina muito limpa e afiada do rosto do seu noivo. A jovem gritou novamente o nome de Edward até que sentiu o peso de uma mão em seus ombros. Quando abriu os olhos, deparou-se com o rosto de Rachel, que, já havia alguns minutos, se esforçava para acordá-la.

— Katie! Você está tendo um pesadelo! Acorde, querida!

— Tia Rachel, desculpe-me se a assustei. Estava tendo um sonho ruim com Edward — explicou ela sentando-se na cama.

— Deve estar cansada e preocupada com tudo o que está acontecendo.

— É que tudo parecia tão real... Já amanheceu? — perguntou olhando na direção da janela.

— Sim, mas ainda é muito cedo — respondeu Rachel, sentando-se ao lado dela na cama. — Há sonhos que são assim, Katie, mas não quer dizer que acontecerão de verdade.

— É... talvez esteja certa — disse ela. — Mas estou realmente preocupada.

— Querida, tudo ficará bem. Vocês se casarão dentro de alguns dias e depois viajarão para Paris em lua de mel... o que mais você poderia desejar? — perguntou Rachel sorrindo.

— Que o tal Elliot morresse e nos deixasse em paz!

— Katie, confie em Deus e em seus mentores espirituais. Eles não lhe disseram que estavam trabalhando para ajudar vocês?

— Sim, mas existe o outro lado, tia... Eles também trabalham para alcançarem aquilo que desejam.

— Por que não vai até a casa dos Russels hoje à tarde para visitar seu noivo? Vou com você, se quiser.

— É uma excelente ideia, mas não será necessário ir comigo, tia Rachel. Sei que tem muito trabalho a fazer. Vou conversar com Ilzie. Com certeza, ela não se negará a me fazer companhia — respondeu Katie saltando da cama.

— Você é quem sabe. Estou aguardando-a lá embaixo. Vista-se e venha tomar café.

A ideia de visitar Edward renovou o estado de ânimo de Katie. Talvez Rachel tivesse razão. Quem sabe não fosse somente um sonho ruim, resultante da tensão e do cansaço acumulados nos últimos dias? Katie penteou-se, vestiu-se e depois desceu para o desjejum animada com a ideia de que dali a algumas horas ela e Edward estariam juntos.

***

Edward aguardava a chegada de Sunders em uma antessala minúscula e sem ventilação alguma, contando somente com o ar que entrava pela própria porta, que ele pediu ao guarda que deixasse aberta. A única poltrona que havia no cômodo estava sendo ocupada por ele. Fora ela, o outro móvel que existia ali consistia em uma banqueta de madeira, que era usada como apoio para uma bandeja redonda de metal com dois copos e uma jarra com água. Praticamente tudo estava coberto por pó. Os olhos de Edward pousaram justamente na jarra, e ele pensava na quantidade de dias que aquela água deveria estar ali...

— Senhor Cloods!

Ele foi retirado de suas divagações pela voz de Sunders, que acabava de chegar e finalmente abria a porta do gabinete.

— Acompanhe-me, por favor!

— Bom dia, inspetor!

— Muito bom dia, senhor Cloods! Muito bom dia! — disse o outro com exagerada animação. — Nosso pássaro foi visto navegando e não voando junto das instalações do estaleiro abandonado. Estava acompanhado por um sujeito descrito por meus informantes como um gigante assustador, que creio tratar-se do Muralha, seu velho conhecido.

Sunders abriu a porta do armário e serviu duas doses de uísque.

— Beba, meu caro! Vamos comemorar! — disse Sunders entregando um dos copos para Edward, que bebeu um gole e agradeceu.

— Parece um pouco abatido, doutor Cloods. Aconteceu alguma coisa?

— Sim, aconteceu — disse Edward entregando a ele o envelope com a mensagem de Elliot.

Sunders retirou o papel de dentro do envelope e leu-o com atenção.

— Hummm... ele tem uma bela caligrafia, o senhor não acha?

— Sim, ele tem. É um mau-caráter, mas não deixa de ser um homem culto e de gostos refinados.

— E o que o senhor pretende fazer? — perguntou o inspetor largando o envelope sobre a mesa. — Pelo jeito, ele já tem seu endereço e o de sua noiva. O senhor está noivo, doutor? Meus parabéns!

— Obrigado, inspetor.

— E quando pretende se casar?

— Nesta semana ainda, se não for assassinado.

Sunders não pôde conter o riso.

— Faremos de tudo para que o senhor não consiga escapar do matrimônio, doutor.

Cloods sorriu.

— Não sei o que fazer inspetor, por isso vim procurá-lo.

— Imagino que ele deva enviar alguém até o tal rancho de pesca para buscá-lo, para daí, então, levá-lo até seu esconderijo, o qual ainda não conseguimos descobrir onde fica.

— É o que penso também — disse Edward.

— Acredito que o senhor esteja pensando em não faltar a esse encontro, pois, somente assim, protegerá seus amigos, os Russels e também sua amada.

— Sim, senhor.

— Vou colocar alguns homens para segui-lo, mas o senhor terá de confiar em mim. Uma abordagem direta poderá colocar tudo a perder. O Falcão é muito esperto e deve estar contando com essa possibilidade. Minha sugestão é: vá até o local do encontro e siga com o comparsa de Elliot até o tal esconderijo. Meus homens estarão por perto. Assim que tivermos sua localização, os dois policiais que estarão disfarçados retornarão em busca de reforços

— Sunders levou alguns minutos em silêncio olhando para o envelope em cima da mesa. — A que acordo o Falcão está se referindo, doutor Cloods?

Edward foi surpreendido pela pergunta.

— Ele quer me cobrar uma dívida antiga, inspetor. Antes de abandonar a parceria com Elliot, eu roubei dele uma soma em dinheiro. Não era muito significativa, porém, eu o fiz, e ele é o tipo de sujeito que rouba, mas não admite ser roubado. Era dinheiro das lutas clandestinas das quais eu participava. No fundo, isso também me pertencia.

— Para mim, está tudo certo. Passado é passado, e, afinal de contas, eu não julgaria o senhor por roubar alguém como o Falcão — disse o inspetor dando de ombros. — A que horas pretende sair de casa esta tarde? Temos de marcar um local de encontro, pois é possível que nosso amigo tenha olhos na porta da casa onde o senhor reside. Os policiais não poderiam escoltá-lo desde lá.

— Muito bem colocado — disse Edward. — Antes das docas há uma hospedaria antiga, na qual funciona um bar na parte de baixo, sabe onde fica? O prédio está pintado de amarelo claro.

— Sim, eu sei onde fica. Meus homens estarão lá aguardando pelo senhor. Um deles é grande, forte e calvo, e o outro tem constituição física semelhante à sua, usa bigode e tem cabelos escuros. Quando passar, faça um sinal discreto para que eles o sigam. Se estivessem na repartição agora, iria apresentá-los ao senhor — disse Sunders. — De nada adiantará levar aquela arma que lhe dei, pois a primeira coisa que os comparsas do Falcão farão é revistá-lo. Minha sugestão é que vá desarmado e deixe o restante conosco.

— Está certo, inspetor. Muito obrigado — disse Edward levantando-se e estendendo a mão para Sunders.

— Doutor Cloods, a que horas pretende sair de casa?

— Logo após o almoço, por volta da uma hora da tarde.

— Está bem. Os Russels estão sabendo desse encontro?

— Não, senhor. Achei melhor não contar a eles.

— Compreendo. Boa sorte, doutor Cloods. O senhor é um homem corajoso. Teria sido um bom homem da lei.

Edward sorriu diante da observação de Sunders.

— Não tenho tanta certeza disso, mas agradeço muito o elogio — disse ele, por fim, deixando o gabinete.

A sós em seu escritório, Sunders esmiuçava todas as possibilidades do que poderia ocorrer durante aquele encontro. Edward com certeza estava correndo risco de morte, e disso ele não tinha dúvidas. Elliot era um sujeito vingativo e estava claro que tinha a intenção de matar o americano assim que pudesse. Sunders também não acreditou na versão contada por Edward sobre o roubo do dinheiro, que era resultado das lutas clandestinas. Para ele, era evidente que havia algo mais naquela história, mas pouco lhe importava o que Edward aprontara para Elliot no passado. Simpatizava com o americano e odiava o Falcão. Fosse o que fosse o que tivesse ocorrido entre os dois, para Sunders não tinha importância, pois todo mundo corre o risco de fazer coisas erradas quando a vida se torna mundo difícil, e com certeza o médico não era um mau caráter. Desejava mesmo era colocar as mãos no pássaro, vivo ou morto.

***

O tempo arrastou-se para Edward, que, apesar de não desejar encontrar-se com Elliot, rogava para que o momento do encontro chegasse logo, pois assim resolveria de uma vez por todas aquela situação. Pensou em Katie e no fato de não saber se tornaria a vê-la, e uma forte sensação de tristeza invadiu-o. Estava sozinho em seu quarto e ainda faltava cerca de meia hora até o almoço ser servido, então, resolveu escrever uma carta para ela. Procurou ser o mais verdadeiro possível, e isso para ele, que era um homem desprovido de romantismos tolos e floreios, não foi difícil. Gostaria somente de dizer mais uma vez a Katie o quanto a amava e desejava com todas as suas forças que ela fosse feliz e que lutasse por isso, independentemente do que viesse a acontecer com ele.

Mal terminara de assinar a carta, alguém bateu na porta.

— Entre, por favor.

— Edward? Está tudo bem? — perguntou Helen colocando a cabeça para dentro do quarto.

Edward não conseguia mentir para ela. O olhar de Helen desarmava-o de toda e qualquer máscara.

— Entre, minha amiga, por favor. Creio que ainda temos algum tempo antes do almoço, não é mesmo?

— Sim, cerca de meia hora — disse ela entrando e puxando uma cadeira para perto dele. — Aconteceu alguma coisa?

— Aconteceu — respondeu Edward, olhando dentro dos olhos dela. — Aquela mensagem que Lucy me entregou ontem foi enviada por Elliot.

Helen levou a mão direita até a boca entreaberta, em um gesto de espanto e de medo.

— Ele pediu um encontro, e eu irei.

— Não seja louco! — exclamou ela.

Edward acenou com a mão pedindo para que baixasse o tom.

— Ele irá matá-lo! — agora ela praticamente sussurrava.

— Sei que essa é a intenção dele, mas ele não me matará até descobrir onde eu escondi as pedras.

Helen balançou a cabeça.

— Sujeitos como esse homem são imprevisíveis, Edward! Quando ele perceber que não obterá o que deseja, o matará de qualquer forma!

— Já pensei nisso também — disse ele. — Hoje pela manhã, procurei o inspetor Sunders, e nós temos um plano.

Helen aproximou-se ainda mais.

— Dois dos homens do Sunders se encontrarão comigo nas proximidades do local designado por Elliot no bilhete. Com certeza, ele não estará lá, e sim um de seus comparsas, que deverá me levar até seu verdadeiro esconderijo.

— Mas por que você tem de ir ao encontro desse homem? Por que Sunders não manda alguém em seu lugar?

— Porque Elliot sabe onde eu estou morando, que vocês são meus amigos e até mesmo mencionou o nome de Katie. Se eu não for, todos vocês correrão risco, no caso de ele escapar, o que não é tão difícil de acontecer.

— E quem garante que o inspetor Sunders chegará a tempo de salvá-lo?

Edward deu de ombros.

— Ninguém. Não existe garantia para nada nesta vida, minha amiga. Estamos sempre correndo riscos, sejam eles maiores ou menores...

— Katie já sabe de tudo isso?

— Não, eu escrevi uma carta para ela e gostaria de pedir a você que a entregasse, caso eu não volte mais.

Ele entregou o envelope para Helen.

— A que horas será o encontro?

— Devo sair de casa logo após o almoço para chegar ao local marcado por volta das duas horas da tarde.

— Meu Deus! — disse ela baixinho segurando o envelope contra o peito. — Estou aflita e ficarei assim até que receba notícias suas...

Edward abraçou-a, e foi com esforço que ele conseguiu conter as lágrimas. Helen afastou-se e olhou nos olhos do amigo segurando-o pelos ombros.

— Dou-lhe minha palavra que, se até hoje à noite não tivermos notícias, mobilizaremos toda a força policial desta cidade e organizaremos grupos de busca para encontrarmos o esconderijo daquele rato! Você não morrerá nas mãos dele!

Edward sorriu ao vê-la falar daquele jeito. Sabia que a elegante senhora Russel era obstinada e corajosa o suficiente para sair ela mesma em sua busca, caso fosse necessário.

— Helen, tenho esperanças de sair vivo dessa, mas devo ser realista e encarar o risco que estou correndo. Entregue minha carta para Katie, caso algo me aconteça. Quero que saiba que você e William são minha família e que sou muito grato a tudo o que fizeram por mim. Gostaria de lhe pedir mais um favor, minha amiga... Se eu não sobreviver, não larguem da mão de Katie. Deixei as pedras preciosas para ela e sei que Katie precisará de ajuda para lidar com ambas as situações: com minha morte, se vier a ocorrer, e com a comercialização das pedras. — Após alguns segundos em silêncio, acrescentou: — E, se não for abusar de sua boa vontade, quero lhe pedir que não deixe meus gatos desamparados.

— Fique tranquilo. Eu lhe dou minha palavra de que Katie não está sozinha, mas também lhe prometo que farei o que estiver ao meu alcance para tirá-lo dessa situação. Quanto aos gatos, eu os adoro, você sabe... e William também...

Ambos ouviram os passos de Lucy aproximando-se pelo corredor. O almoço estava servido.

Embora não sentisse fome, Edward procurou alimentar-se normalmente, pois William acabara de chegar e sentara-se à mesa com eles.

Quando faltavam dez minutos para uma hora da tarde, Edward desculpou-se dizendo que tinha um compromisso com um velho amigo e saiu, Helen mal conseguia esconder sua inquietação. William não percebeu nada de diferente no comportamento de Edward ou da própria esposa, já que todas as suas atenções estavam voltadas para a entrevista que teria com Fields e que deveria ocorrer dali a uma hora mais ou menos. Ele, então, pediu licença a Helen e trancou-se na biblioteca.

Sozinha com seus pensamentos, Helen pensava em uma maneira de ajudar seu amigo.

Bucky levou Edward até as proximidades do centro, onde ele se despediu do cocheiro e caminhou por alguns metros até encontrar um cabriolé de aluguel.

— Para as docas — disse para o condutor.

Levou cerca de vinte minutos até que alcançassem a região da East Wend. A paisagem tornava-se menos urbana em determinado trecho para, em seguida, transformar-se em um aglomerado de ruas estreitas e sujas, assim como de habitações amontoadas. O condutor parou o transporte próximo da velha hospedaria, e Edward examinou a área ao redor e não demorou muito para avistar dois sujeitos sentados em uma carroça, cujas características físicas correspondiam às dos homens de Sunders.

Edward olhou para eles e cumprimentou-os com um discreto movimento de cabeça. Em seguida pediu ao condutor que seguisse em frente. Os dois policiais seguiram-no, adentrando a região onde ficavam as casas e as docas. Era praticamente impossível seguirem com rapidez, pois as ruas estreitas estavam cheias de pessoas e animais circulando por todos os cantos.

Virando a direita em um armazém em ruínas, alcançaram novamente as margens do rio, e Edward sentiu seu coração disparar ao avistar os ranchos de pesca alguns metros à sua frente. Ele pagou o condutor, dispensou-o e continuou a pé. Distantes dele somente alguns metros, os dois policiais caminhavam lado a lado. Estavam vestidos como a maioria dos moradores da região, então, passavam praticamente despercebidos. Já Edward, trajando um de seus ternos cinza e botas de boa qualidade devidamente polidas, despertava a atenção de todos com quem cruzava pelo caminho.

Antes de chegarem ao local do encontro, os dois policiais, que já conheciam sua localização, desceram o barranco em direção ao rio e entraram em uma embarcação a motor alugada, que os aguardava amarrada junto à margem. Um deles ligou o motor e parou no meio do rio. De onde estavam podiam perfeitamente ver Edward, que avançava pela estrada de terra contornando o barranco que ladeava a margem em quase toda a sua extensão. Os homens de Sunders fingiam estar pescando. O material de pesca fora providenciado pelo proprietário da embarcação, o que costumava ser comum.

Chegando ao local indicado por Elliot, Edward desceu em direção ao velho rancho, e, à medida que se aproximava, a proa de uma embarcação vermelha de madeira tornava-se mais evidente por detrás da parede da construção. Quando finalmente pôde vê-la na íntegra, avistou também o homem que o aguardava sentado dentro dela. Nele reconheceu o grandalhão que o atacara na noite em que fora esfaqueado.

— Boa tarde, doutor! — disse Muralha ao vê-lo aproximar-se. — Suba a bordo, por favor. Já estamos atrasados, e o chefe, como o senhor sabe, não gosta muito de esperar.

— Você deve ser o Muralha — disse Edward.

O outro esboçou um sorriso de canto de boca, medindo Edward de alto a baixo com os olhos.

— Isso mesmo! Já nos encontramos antes. Não quero ser indelicado, pois o chefe me deu ordens para que tratasse o senhor da melhor maneira possível...

— Pois não?

— O senhor não teria nenhuma arma escondida aí embaixo, teria? — perguntou ele com um movimento de cabeça, referindo-se ao casaco que Edward estava usando.

Edward estendeu os braços na horizontal, permitindo que o outro o revistasse.

— Pronto! Assim está melhor. Pode entrar, doutor.

Edward subiu a bordo e sentou-se próximo da proa. Muralha deu partida no motor várias vezes, que parecia estar afogado, e logo o cheiro de combustível espalhou-se pelo ar.

— Porcaria de motor velho! — resmungou. — Já, já darei um jeito, doutor... — desculpou-se ele mexendo com os grossos e desajeitados dedos nas engrenagens. — Prontinho, acho que agora podemos ir.

Edward observou que ele não parecia ser um mau sujeito. Na verdade, era uma arma muito útil nas mãos de alguém como Elliot, um gigante com raciocínio quase nulo, facilmente influenciável, obediente e muito forte.

— Faz tempo que você trabalha para Elliot, Muralha? — perguntou Cloods.

— Conheci ele faz uns dois anos mais ou menos.

— Mas você não é inglês, é?

— Não, doutor. Meus pais eram irlandeses.

— E onde estão? Na Irlanda?

O grandalhão deu de ombros com os olhos fixos nas águas.

— Talvez...

Seguiram em linha reta por mais ou menos uma hora, enquanto a embarcação dos policiais se aproximava devagar, procurando manter certa distância, parando de vez em quando em pontos que não estivessem alinhados com a trajetória do outro barco, e, então, jogavam linha e anzol na água. Ambas as embarcações eram lentas, mas a de Elliot era maior e com motor mais potente.

A região dos pântanos tornava-se cada vez mais suntuosa, e sua vegetação ficava muito mais densa. À medida que se afastavam dos limites urbanos da cidade, podia-se observar que inúmeras canaletas de rio surgiam praticamente lado a lado, em toda a extensão da margem direita, serpenteando para dentro do pântano, e todas eram muito semelhantes entre si. Edward não conhecia aquela parte do rio e da cidade e sabia que, no caso de uma fuga, não haveria muito como se perder já que todos os canais desembocavam no rio.

Agora, Edward já não avistava mais uma habitação sequer por quilômetros. Ele viu a embarcação dos homens de Sunders ficar para trás e procurou disfarçar a ansiedade, mas, à medida que Muralha conduzia o barco para fora da cidade, a outra embarcação distanciava-se até tornar-se um minúsculo ponto laranja desaparecendo por completo de seu campo de visão. O que teria acontecido? Provavelmente, haviam tido um problema com o motor. Edward tentava disfarçar seu desespero.

— O que foi, doutor? Está esperando alguém? — rosnou Muralha olhando desconfiado para ele e analisando com cautela a paisagem.

— Quem eu poderia estar esperando? A polícia?

O outro permaneceu em silêncio olhando para Edward, que sorriu.

— Você parece ser um homem inteligente, Muralha. Acredita mesmo que eu poderia envolver a polícia nisso?

Ele pensou durante algum tempo antes de responder. Desligara o motor, e Edward observou que, embaixo da blusa de lã, na altura de sua cintura, provavelmente havia uma arma de fogo.

— Acho que não, já que o senhor roubou o chefe...

— Pois é... então, quem eu poderia estar esperando?

— Ninguém — respondeu Muralha com expressão muito séria. — Vou dar partida novamente.

Desta vez, o motor funcionou sem engasgar, e eles navegaram por mais alguns metros até a proa do barco finalmente apontar para a direita e entrar em um dos canais. Edward percebeu que, próximo da entrada, havia restos de uma embarcação afundada, da qual via apenas a parte de cima da cabine. Quando o nível das águas baixasse, provavelmente poderia ver parte do costado e da proa também.

Durante dez ou quinze minutos, navegaram em velocidade muito lenta, abaixando a cabeça vez ou outra, quando algum galho de árvore se debruçava sobre as águas ou quando nuvens de mosquitos se aproximavam de seus rostos.

— Desta vez, Elliot realmente encontrou um bom esconderijo.

Muralha deu uma risadinha, e suas enormes bochechas avolumaram-se embaixo dos olhos parcos e azuis, dando a impressão de que seu rosto dobrara de largura, e, pela primeira vez, Edward pôde ver seus dentes retangulares, amarelados e afastados uns dos outros por notáveis frestas.

— O chefe é muito esperto.

— É verdade — concordou Edward.

Muralha olhou para ele, procurando encontrar algum indício de sarcasmo ou deboche, mas percebeu que o americano parecia estar sendo sincero.

— Chegamos, doutor!

O local era realmente perfeito para quem estava tentando esconder-se. Era impossível avistá-lo da entrada do canal, e estava totalmente camuflado pelas árvores e pela vegetação. Ao descer do barco, as botas de Edward afundaram-se na lama preta até a altura das canelas, e Muralha teve de puxá-lo para que conseguisse sair do lugar.

— Obrigado!

— Venha, doutor. Aqui pra cima o solo é mais firme — disse o grandalhão caminhando na direção da casa.

— Quando a maré sobe, não entra água dentro da casa? — questionou Edward.

— Não costuma entrar, mas chega até a porta.

Os dois homens subiram os degraus de pedra, e Muralha abriu a porta. Elliot aguardava-os sentado à mesa, fumando um de seus charutos e bebendo uma xícara de café. Edward percebeu que estava muito bem-vestido e barbeado e que diante dele havia um cinzeiro de bronze e um jornal com a data do dia anterior.

— Seja muito bem-vindo, meu amigo! — exclamou ele esticando um sorriso falso ao ver Edward parado à porta.

— Como vai, Elliot?

— Não posso dizer que estou mal, embora este não seja o lugar mais bonito e perfumado do mundo... Sente-se, doutor — disse, enquanto puxava uma cadeira para Edward. — Muralha, sirva um café para nosso estimado médico!

— Sim, senhor!

Muralha retirou de dentro do velho armário de madeira uma xícara de porcelana e encheu-a com café fresco.

— Se quiser açúcar, doutor, tem aí dentro — disse ele indicando o açucareiro que estava sobre a mesa.

— Obrigado, Muralha.

Edward sabia que o tratamento amistoso era somente uma farsa.

— Como está o sabor do café? — perguntou Elliot com certo tom de ironia, que Edward fingiu não perceber.

— Está perfeito!

— Fico feliz, meu caro. Gosto de receber bem meus amigos. Eu e Muralha estamos muito satisfeitos em tê-lo aqui conosco. Não é mesmo, Muralha?

— Sim, chefe.

Edward bebia o café, enquanto pensava em uma saída, em uma forma de fugir, mas como? Como passaria por Muralha e por aquele pântano? Se fossem somente ele e Elliot, ainda teria alguma chance no corpo a corpo, mesmo estando desarmado. Poderia roubar a embarcação, mas não escaparia daquele gigante, que mais se assemelhava a um ogro e não a um ser humano. Muralha era uma massa de músculos e de força bruta, que obedecia a comandos e parecia ser um servo muito devotado ao seu chefe.

Edward pensou nos policiais que haviam por azar ficado para trás e em como Sunders faria para encontrá-lo agora. Não poderia contar com a ajuda da polícia, e demorariam no mínimo alguns dias para vasculharem cada braço do rio. Teria, então, de fazer algo sozinho.

— Quanta coisa aconteceu desde que nos afastamos, não é mesmo? — disse Elliot olhando pra ele. — Você conseguiu se formar, arranjou amigos ricos e ainda por cima se casará... Fiquei feliz quando Davis me contou... Juro que fiquei!

"Então, havia sido o Davis. Previsível...", pensou Edward. Elliot era um sujeito cínico e dissimulado, além de perigoso e sangue-frio. Edward olhava para ele ouvindo-o falar e pensava no que viria a seguir.

— Todo mundo precisa de uma companhia, Edward. Fico satisfeito que queira constituir uma família, por isso resolvi lhe enviar aquela mensagem! Gostaria que deixássemos nosso passado para trás e colocássemos um ponto final nessa situação de uma vez por todas, então, pensei... Vou enviar a ele uma mensagem, e, assim, poderemos nos encontrar para conversar como dois cavalheiros que somos e, quem sabe, não possamos entrar em um acordo? O que você me diz?

— Estou aqui, não estou? Vim para ouvir o que tem a me dizer.

— Ótimo, meu amigo! Assim é que se fala! — exclamou Elliot, demonstrando exagerada animação e batendo sobre o tampo da mesa com a mão aberta. — Você devolve o que é meu e ficará livre para seguir com seus planos! Não é simples?

Edward bebeu lentamente um gole de café, demonstrando não ter pressa para responder, e percebeu que Elliot estava começando a ficar nervoso.

— Não, não é tão simples como você está dizendo.

— E por quê não? — perguntou o outro com os olhos estreitos de raiva.

— Porque não tenho garantias de que você me deixará vivo, depois que eu lhe disser onde estão as pedras — respondeu Edward, ainda tentando aparentar tranquilidade.

— E que garantias você tem de que permanecerá vivo, caso se recuse a me devolvê-las?

Muralha assistia à cena de pé junto da porta, a fim de impedir qualquer tentativa de Edward de passar por ela.

— Nenhuma... mas, enquanto eu estiver vivo, você tem a chance de recuperá-las.

Edward bebeu mais um gole de café e adicionou outro torrão de açúcar. Elliot olhava para ele em silêncio da outra ponta da mesa, soltando baforadas de fumaça.

— Quer dizer que ainda está com as pedras?

— Sim, mas estão em um lugar muito seguro, e, caso eu venha a morrer, duvido muito que elas sejam descobertas por você ou por qualquer outra pessoa... Talvez, em um futuro distante, muito além da nossa geração, alguém as encontre por acaso — disse Edward. — Me responda uma coisa... por que essas pedras são tão importantes para você, Falcão? Não são simplesmente pedras para a confecção de joias, não é mesmo?

— Sabe, Cloods... em alguns momentos, chego sentir certa nostalgia quando me lembro dos tempos em que você trabalhava para mim. É o homem mais inteligente que já tive aos meus serviços. A maior parte é assim como o Muralha, um amontoado de músculos sem cérebro — concluiu ele, apontando para o homenzarrão que guardava a porta.

Muralha pareceu não se importar com o comentário, pois deveria estar acostumado com aquele tipo de ofensas.

— Não, não são simplesmente pedras comuns, e por essa razão eu o trouxe até aqui. Preciso que me entregue aquelas pedras.

— Quanto você me pagará por elas?

Elliot soltou uma gargalhada, e Muralha imitou-o.

— Sua vida é o suficiente, meu caro, e a garantia de que sua noiva, a família dela e os Russels estarão livres de qualquer tipo de surpresa desagradável. Mas não precisa responder já, afinal, temos todo o tempo que eu puder dispor — disse ele sorrindo. — Pense bem, doutor! Aqui, neste buraco, a polícia dificilmente o encontrará. Talvez um dia, alguém encontre seus ossos, mas isso se daria em um futuro distante... Oh! Vejo que nem sequer trouxe bagagem de mão, mas não se preocupe! Temos aqui algumas roupas para você vestir e com as quais poderá sentir-se mais à vontade, pois, pelo jeito, nos dará o prazer de sua companhia esta noite. Logo mais, o Muralha sairá para buscar comida para fazermos um belo jantar, afinal, a ocasião merece comemoração, meu amigo!

***

Katie e Ilzie foram recebidas por Lucy, que as conduziu até a sala de visitas.

— A senhora Russel está no jardim. Fiquem à vontade, enquanto vou chamá-la.

— Muito obrigada, Lucy — disse Ilzie.

Ao ficarem sozinhas na sala, Katie desabafou.

— Estou com um pressentimento horrível...

— Calma, querida, não fique cultivando pensamentos ruins... está tudo bem.

Helen entrou na sala e cumprimentou as visitantes. Estava com os cabelos parcialmente desfeitos e usava um avental de jardinagem.

— Que surpresa agradável! — disse sentando-se de frente para as outras duas.

— Senhora Russel, Edward está em casa? Viemos, porque preciso muito conversar com ele.

Helen empalideceu e engoliu em seco. Não esperava ver Katie tão cedo desde que se despedira de Edward cerca de duas horas antes.

— Ele saiu, querida. Disse que tinha um compromisso com um amigo que estava passando pela cidade e que não via há muito tempo — mentiu ela.

Katie sentiu o coração acelerar. Algo na postura e no comportamento de Helen denunciava que ela não estava dizendo a verdade.

— Senhora Russel, aconteceu alguma coisa com Edward?

— Katie! — disse Ilzie. — Querida, tente se acalmar! — depois, voltando-se para Helen, comentou: — Ela está assim, porque teve um pesadelo terrível com Edward. Viemos para que ela o visse e, então, se tranquilizasse.

— Entendo... — disse Helen. — Katie, eu gostaria de aproveitar que estão aqui para conversar com Ilzie sobre um assunto particular. Gostaria de ficar a sós com ela por alguns minutos, está bem? Não falaremos sobre Edward. É que, por ser um assunto mais íntimo, gostaria de um conselho de uma amiga mais velha, você me entende?

— Claro, senhora Russel. Fiquem à vontade. Posso ir até o pomar?

— Sim, minha querida. Fique à vontade — respondeu Helen sorrindo.

Apesar de estranhar o pedido de Helen, Katie retirou-se deixando as outras duas a sós.

— Ilzie, ela tem toda a razão de estar preocupada — disse Helen, após olhar pela janela e certificar-se de que Katie já estava do lado de fora. — Edward recebeu uma mensagem do tal Falcão e foi ao encontro dele no início dessa tarde.

— Meu Deus! — exclamou a outra com os olhos arregalados. — Por que ele não chamou a polícia?

— Ele procurou o inspetor Sunders, e eles elaboraram um plano, que, na minha opinião, não é seguro.

— Mas como aquele homem o encontrou?

— Não sei, mas ontem alguém deixou um envelope para Edward, e era do tal Falcão.

— Como diremos isso para Katie? O doutor William já sabe o que está acontecendo?

— Não. Por enquanto, William não sabe de nada. Quanto a Katie, ele deixou uma carta para ela e pediu que eu lhe entregasse caso acontecesse alguma coisa com ele.

Helen levantou-se e aproximou-se da janela para certificar-se de que Katie ainda estava no pomar.

— Não posso entregar a carta para ela agora. Vamos aguardar até a noite para ver se teremos novidades. A polícia iria seguir Edward e depois retornaria ao esconderijo do bandido com reforços, mas acredito que tudo isso levará algum tempo, você não acha?

— Acho que sim...

— Eu pensei no seguinte... — disse Helen. — Vou aguardar até hoje à noite e, caso não tenha notícias de Edward, conversarei com William para que amanhã, pela manhã, procuraremos o inspetor Sunders. Se preciso for, penso ainda em contratarmos gente para ajudar na busca.

— Podem contar comigo e com Armand para o que precisarem. E quanto a Katie? O que faremos?

— Vamos poupá-la por enquanto, pois talvez hoje à noite tenhamos boas novidades.

— Helen, você pode me enviar uma mensagem amanhã pela manhã, positiva ou negativa, para que eu possa conversar com Katie caso Edward não retorne?

— Sim, na primeira hora pedirei para Bucky procurá-la. Fique sossegada. Mas vamos torcer para que tudo dê certo.

Helen pediu para Lucy servir um chá, e, em seguida, as visitas despediram-se, pois Ilzie tinha seus afazeres no ateliê.

Já dentro do coche, a caminho de casa, Ilzie procurava conversar com Katie na intenção de distraí-la, pois a jovem estava visivelmente angustiada e silenciosa.

— Amanhã, nossos convites ficarão prontos.

— Isso é ótimo — comentou Katie sem muito entusiasmo.

— Anime-se, querida! Tudo correrá bem! Seu noivo foi somente encontrar um velho amigo.

— Mesmo tendo estado na casa da senhora Russel e conversado com ela, ainda estou com uma sensação ruim a respeito dele, Ilzie. Você e a senhora Russel não estão me escondendo nada, não é mesmo?

— Claro que não. Ela pediu para você sair, porque ainda é muito jovem para ouvir certas conversas. Ela queria minha opinião sobre algumas questões mais íntimas relacionadas à... à relação dela com o doutor William. Consegue compreender? — mentiu Ilzie.

Katie balançou afirmativamente a cabeça e, em seguida, pôs-se a olhar pela janela.

Voltou para casa desanimada e ainda mais angustiada do que estava quando saiu. Cumprimentou rapidamente a mãe e a tia e foi para o quarto com a desculpa de que estava com dor de cabeça.

Sozinha diante do espelho, Katie desfez as tranças lentamente. Andrew a observava próximo da janela. Ele e seus amigos estavam fazendo o que podiam para ajudar Edward, mas o fato é que pessoas como Elliot também possuíam aliados. Apesar de Edward estar noivo de uma médium, não dedicava nem um pensamento sequer à existência do mundo espiritual, então, por mais que Andrew e os outros se esforçassem e se aliassem aos mentores do próprio rapaz, pouco resultado conseguiam obter contando com a intuição e a sensibilidade do jovem médico.

Haviam conseguido, sim, neutralizar um pouco a energia dispensada pelos espíritos obsessores para o próprio Elliot, o que o mantinha um pouco mais controlado, mas Andrew sabia que aquilo não duraria muito tempo e por isso tentava comunicar-se com Katie.

Embora Katie estivesse com os olhos bem abertos, sentada diante do espelho, surgiu na tela mental da médium a imagem de um rio largo, caudaloso e de águas escuras de cor cinza-grafite. Ela viu surgir uma paisagem pantanosa e sombria, que visitara em seu sonho na noite anterior, e viu também com muita clareza a casa onde Elliot se escondia. Andrew conseguia comunicar-se com Katie com grande facilidade, mas a moça não podia ver a imagem de Edward.

Agora posicionado atrás dela, Andrew repetia: "Esse é o lugar". Através da clariaudiência, Katie o ouvia. O fenômeno já ocorrera com ela anteriormente em outras situações.

— Mas o que quer dizer com isso? É você, Andressa? — perguntou ela em voz alta.

Novamente, a voz de Andrew chegava até ela de forma muito clara.

— Andrew, seu amigo. O lugar é esse.

Na mente de Katie, a imagem do esconderijo de Elliot conservava-se com impressionante nitidez. O que aquele espírito queria mostrar-lhe? Estaria apenas fazendo algum tipo de brincadeira e aproveitando-se de sua aflição? Ela sabia que isso era possível, mas o lugar era o mesmo com o qual sonhara, e no sonho estavam Edward e Elliot... Katie, contudo, pensava que fora até a casa dos Russels e conversara pessoalmente com Helen, que lhe dissera que tudo estava bem. Sentia-se confusa e exausta, então, deitou-se na cama e logo adormeceu.

Capítulo 38

Em seu gabinete, Sunders caminhava de uma parede a outra.

— Quero que organize um grupo de dez homens e o divida em dois grupos de cinco. Entendeu bem, Morris?

Diante dele estava um dos dois policiais que haviam seguido Edward e Muralha no início daquela tarde.

— Todos homens de confiança! Se vire com isso o mais rápido possível. Quero embarcações na água ainda esta noite.

— Durante a noite? Será difícil conseguir os barcos...

— Não seja preguiçoso! Com um pouco de boa vontade e algumas moedas, podemos conseguir tudo naquele lugar. Agora, reúna os homens, e eu mesmo irei com vocês. — Ele fez uma pausa e, em seguida, olhou novamente para o policial. — Vá logo, homem! O que está esperando? Caçada desse tipo se faz durante a noite! Mexa-se!

O homem já ia saindo, quando ele o chamou novamente.

— Morris!

— Sim, senhor!

— Instrua seus homens para atirarem para matar. Só se lembrem de que o americano é a vítima e não o bandido. Temos dois alvos principais. Um deles é o próprio Falcão, e o outro é um gigante de mais de dois metros de altura, que quebraria seu pescoço em um piscar de olhos, então, a ordem é: se preciso for, atirem para matar! Vou comer alguma coisa e depois voltarei para cá. Ficarei o aguardando. Agora, mande alguém até as docas para conseguir as duas embarcações. Não podemos mais perder tempo!

— Sim, senhor!

O policial saiu às pressas para tomar as devidas providências para a operação do resgate de Edward, e Sunders tomou o caminho de um pequeno restaurante que havia nas proximidades.

***

Na sala de jantar, enquanto ajudava Lucy a pôr a mesa, Helen sentia-se mais nervosa a cada minuto que passava. Olhava pela janela e constatava que o céu já escurecera e que algumas estrelas brilhavam entre as nuvens. Mal conseguia disfarçar a ansiedade e tinha o forte pressentimento de que as coisas não estavam correndo bem.

Fields recusou o convite para o jantar, pois tinha um compromisso, e William, então, sentou-se à mesa de frente para ela.

— Edward ainda não chegou? — perguntou ele, enquanto se servia de um pouco de ensopado.

— Não — respondeu Helen sem olhar para o marido.

Ele franziu as sobrancelhas e deu uma olhada rápida na direção da esposa.

— Está tudo bem, querida?

Helen permaneceu em silêncio durante alguns segundos, segurando a taça de vinho.

— William... preciso lhe contar algo.

Ele largou os talheres dentro do prato e entrelaçou os dedos debaixo do próprio queixo.

— Edward está correndo um grande perigo — desabafou ela. — A mensagem que ele recebeu ontem era do tal Falcão e não de um amigo.

William fez um gesto amplo com ambas as mãos, e ela percebeu em sua expressão o quanto o marido estava surpreso com o que acabara de ouvir.

— Por que não me disse nada antes?

— E de que adiantaria?

— Eu... eu não sei... mas por que Edward não me procurou para conversarmos?

— Porque ele não quis preocupá-lo, já que tinha esperanças de resolver ele mesmo a situação com a ajuda da polícia — respondeu ela. — Mas, pelo visto, algo deu errado...

— A que horas esse encontro foi marcado?

— Por volta das duas horas da tarde, mas o inspetor Sunders estava por dentro da situação e havia disponibilizado dois policiais disfarçados para seguirem Edward e descobrirem a localização exata do esconderijo daquele rato! — disse ela visivelmente alterada, enquanto atirava o guardanapo sobre a mesa.

— Querida, talvez ele ainda esteja para chegar, é cedo. Qual era o local do encontro?

— Nas docas.

William pensou durante algum tempo.

— Então, talvez tenham seguido rio adentro. Os policiais ainda deveriam retornar à base policial para, em seguida, voltar para as docas e procurar por Edward. Toda essa operação é razoavelmente lenta; leva tempo — concluiu ele. — Por que Edward teve de ir ao encontro daquele homem? Isso é loucura...

— Eu também disse isso a ele, mas depois acabei compreendendo sua atitude. No bilhete, o tal Falcão deixava claro que sabia onde Edward estava morando e também quem era sua noiva, como se fossem ameaças nas entrelinhas, entendeu?

— Claro — respondeu William bebendo um gole de vinho. — E se fôssemos procurar o inspetor Sunders?

— A estas horas, ele já não deve estar mais na delegacia.

William deu de ombros.

— Sempre tem alguém por lá. Podemos pelo menos obter algumas informações, o que você acha?

— Acho uma ótima ideia, já que a preocupação está me corroendo... vamos terminar de jantar para irmos até lá.

***

Usando um avental xadrez que mais se assemelhava a um remendo em seu suéter de lã, Muralha assoviava alguma coisa, enquanto mexia uma grande panela com guisado de carne de coelho e batatas. Edward fingia ler o jornal do dia anterior, enquanto Elliot raspava a barba com uma navalha. Edward não estava amarrado, não sofrera agressões físicas e estava espantosamente sendo bem tratado.

— O cheiro está muito bom, Muralha — disse ele, sem tirar os olhos do jornal.

— Obrigado, doutor.

Edward não estava mentindo. Talvez pela fome ou devido à ansiedade gerada pela situação, o fato é que a comida exalava excelente odor. Quem visse um gigante abrutalhado como Muralha jamais imaginaria que ele tivesse jeito com a culinária.

— Muralha pode não ser muito bom dos miolos, Cloods, mas é um excelente cozinheiro — disse Elliot aparecendo na porta do quarto.

— Eu trabalhei como cozinheiro de navio durante muitos anos — explicou Muralha sorrindo. — Acho que puxei à minha avó. Ela gostava de cozinhar.

Elliot arrastou uma cadeira e sentou-se de frente para Edward.

— Então, doutor, o que resolveu?

— Que as pedras poderão retornar para suas mãos, mas que eu terei de pelo menos lucrar alguma coisa com isso.

— Eu já lhe disse, Cloods! — exclamou Elliot aos berros. — Sua vida, a da sua noivinha e dos seus amigos serão seu lucro! Não tente dar uma de esperto para cima de mim! Já conseguiu fazer isso uma vez, mas não haverá uma segunda.

Em um movimento rápido, que se assemelhou ao salto de um gato, Edward pulou por cima da mesa e agarrou o pescoço de Elliot, jogando-o no chão com cadeira e tudo. Em poucos minutos, o rosto de Elliot adquiria uma coloração vermelha e, à medida que o ar lhe faltava, tornava-se azulado. Apesar de forte, Muralha tinha os movimentos mais lentos e correu para ajudar o chefe, arrancando Edward de cima dele e puxando-o pelo paletó.

Demorou algum tempo até que Elliot se recuperasse.

— Muralha, amarre as mãos e os pés desse desgraçado — ordenou com a voz entrecortada por uma tosse seca e persistente.

Muralha obedeceu e, por mais que Edward tentasse se desvencilhar de suas mãos gigantescas, não obtinha sucesso. Após vê-lo devidamente amarrado em uma das cadeiras, Elliot aproximou-se segurando na mão um punhal.

— Eu lhe trato como um hóspede, um verdadeiro irmão, e veja só o que acontece... — disse Elliot desferindo uma bofetada no rosto de Edward. — O melhor boxeador de subúrbio que eu já conheci, uma verdadeira promessa no mundo do crime... Diga-me, Cloods! E se eu lhe der a chance de voltar a trabalhar para mim? Juntos, nós poderíamos ganhar muito dinheiro, e eu não estou falando das luta. Você é um homem inteligente e requintado, e aquelas espeluncas imundas, repletas de lixo humano, não são para alguém como você; são para sujeitos como o Muralha, por exemplo...

Edward olhava para ele observando cada músculo do seu rosto amarelado. Precisava ganhar tempo.

— Talvez possamos conversar melhor sobre o assunto.

Elliot deu uma gargalhada e, em seguida, lhe deu dois tapinhas leves no rosto.

— Assim é que se fala! E sua carreira como médico?

— Bem, tenho consciência de que o salário de um médico assistente não é lá essas coisas...

— Hummm... É, você sempre foi um homem ambicioso! Gosto disso, só não tolero que me roubem. E quanto à sua noivinha? Ela o aceitará, caso queira mudar de ramo?

— Talvez... Mas ela não precisa ter conhecimento de tudo o que eu faço, não é mesmo?

— Vocês se casarão em breve, ainda esta semana, não é mesmo?

Cloods franziu as sobrancelhas. Elliot parecia estar mais bem-informado do que ele imaginava.

— Como soube?

— O cocheiro do médico tem a língua solta — respondeu ele com um sorriso.— Foi um ótimo informante, ingênuo, é claro, mas muito simpático e falante.

Bucky provavelmente contara muita coisa para Davis, mas sem a mínima intenção de criar problemas. Edward não pensava nem por um segundo em retornar à vida criminosa ao lado de Elliot; queria apenas ganhar tempo até que Sunders pudesse encontrá-lo.

— Vamos comer, doutor. Durante o jantar, conversaremos sobre seu retorno — e, em seguida, voltou-se para Muralha e disse: — Solte as mãos do nosso médico. Ele precisa estar bem-alimentado.

Muralha obedeceu e sentou-se à mesa com eles em silêncio. Edward percebeu que em seu rosto havia algo diferente, talvez um traço de contrariedade ou descontentamento. Quem sabe, finalmente, tivesse se cansado do fato de Elliot tratá-lo com tanto desrespeito. Se fosse isso, poderia usar esse descontentamento a seu favor.

***

Helen e William chegaram em frente ao quartel da polícia, no momento em que as equipes de busca se preparavam-se para sair. Em meio aos dez policiais que circulavam por ali, agora fardados, Helen avistou Sunders.

— Inspetor! — disse ela fazendo um sinal com a mão.

— Senhor e senhora Russel! É um prazer vê-los aqui — disse ele cumprimentando-os. — Estamos saindo em uma operação bastante importante, então, lamento não poder recebê-los pessoalmente. Mas se é alguma queixa, por favor, encaminhem-se até aquele balcão, pois lá há um policial que poderá ajudá-los.

— É sobre o nosso amigo Edward Cloods — disse William.

Sunders olhou para eles pensando no que deveria dizer, já que, segundo Cloods, os Russels não sabiam de nada.

— O que houve com o doutor Cloods?

— Inspetor, ele me disse que conversou com o senhor essa manhã — esclareceu Helen. — Eu e meu marido já sabemos do encontro entre ele e o Falcão e viemos até aqui porque estamos aflitos. Em poucas palavras, vou lhe explicar o que aconteceu. Hoje, quando retornou para casa após o encontro com o senhor, Edward resolveu me deixar a par do que estava acontecendo, inclusive do plano que vocês dois haviam traçado. Anoiteceu, e ele não voltou para casa, então, cheguei à conclusão de que algo provavelmente havia dado errado, conversei com William, e nós dois decidimos vir até aqui.

— Compreendo a preocupação de vocês, e não é para menos. Meus dois homens, que deveriam ter seguido Cloods até o esconderijo do Falcão, tiveram problemas com o motor da embarcação e, infelizmente, perderam a pista — explicou Sunders.

— Oh, meu Deus! — sussurrou Helen. — E agora inspetor? O que faremos?

— Vocês dois deverão retornar para casa, enquanto eu e meus homens iremos para as docas. Vasculharemos toda a extensão do rio até sairmos dos limites da cidade. Não é uma área pequena. Existem muitos buracos onde aquela cobra possa ter se escondido. Possivelmente, só teremos novidades pela manhã.

Antes que Helen pudesse protestar, dizendo que seria muito tempo de espera, William deu um passo à frente.

— Muito obrigado, inspetor! Amanhã pela manhã, viremos novamente até aqui. Por ora, só temos a lhe agradecer.

— Obrigado, doutor Russel. Foi um prazer. Agora, se me dão licença, eu e os meus homens temos de ir.

Helen ainda permaneceu algum tempo de pé, parada, olhando Sunders e os outros policiais afastarem-se.

— Vamos, querida. Não há nada mais que possamos fazer por enquanto.

Já passava das nove horas da noite, quando o grupo de policiais liderado por Sunders chegou à região das docas. Os moradores da região olhavam curiosos, e alguns estavam até mesmo receosos de vê-los passar.

Eles pararam diante de um bar, e Sunders entrou acompanhado por dois de seus homens.

— Boa noite! — disse dirigindo-se ao sujeito que estava atrás do balcão.

O silêncio no ambiente era total, e todos os olhares voltaram-se para os três homens. Muitos conheciam o inspetor Sunders, e bastava alguém trajando uma farda para causar pânico e agitação local. O dono do bar, um homem de estatura baixa e muito gordo, olhava para o inspetor com tranquilidade.

— Boa noite, inspetor.

— Joe, conhece um americano chamado Edward Cloods?

— Sei. O médico.

— Exatamente! Por isso que, sempre que tenho um problema nestes lados, costumo visitar primeiro o seu estabelecimento. Aliás, andou reformando? Ficou ótimo!

Na verdade, nenhuma reforma fora feita. Somente uma parede de tijolos fora erguida no meio do bar, destoando de todo o resto que era de madeira.

— Sim, a parede caiu, e não tive escolha, inspetor. Esta espelunca nunca recebeu cuidados, e já estava na hora de melhorar um pouco a aparência. É bom para os negócios — disse o homem orgulhoso da horrenda parede vermelha posicionada no meio do estabelecimento.

— Então, retornando ao assunto sobre Cloods, parece que nosso velho conhecido Falcão está envolvido no desaparecimento do médico. Aparentemente, ele foi visto pela última vez perto dos ranchos de pesca. Sabe por onde anda o Falcão?

Joe retorceu os lábios e esticou-os para baixo, enquanto balançava a cabeça em sinal de negativa.

Sunders sabia que o homem jamais lhe daria o endereço de Elliot, mas também sabia que Joe era um dos comerciantes locais que recebia proteção extra da polícia.

— Ouvi rumores de que está vivendo nos pântanos.

— Mas a região dos pântanos é muito grande. Não temos um ponto de referência?

— Não, senhor. São dezenas de canais, que se estendem ao longo de todo o curso do rio e que ultrapassam, inclusive, os limites da cidade...

Sunders permaneceu algum tempo em silêncio. Seria inútil perder mais tempo ali.

— Obrigado, Joe.

— Às ordens, inspetor!

O grupo de onze homens caminhou a passos largos na direção do barranco, onde ficavam os ranchos de pesca.

— Morris, onde estão as embarcações?

— Logo ali em frente, senhor. Naquele terceiro rancho — disse o cabo apontando na direção da margem do rio, onde podia se ver uma tremeluzente chama de vela acesa.

Um velho muito alto e magro, segurando um lampião, apareceu junto da parede da construção e, ao ver Morris aproximar-se, sorriu, exibindo seus poucos dentes.

— Essas são as embarcações que o senhor pediu.

Eram dois botes longos e de bordas altas e largas, que, conforme Sunders observou, pareciam estar em bom estado. Ambas as embarcações possuíam motor.

— Funcionam? — perguntou Sunders olhando para o velho.

— Sim, senhor! Se tiverem algum problema, não precisarão me dar o restante do pagamento.

— Ótimo! Um homem honesto... — comentou Sunders, sem dispensar mais atenção ao velho. — Vamos logo. Eu irei em um barco com cinco homens, e você e os outros quatro ocuparão a outra embarcação, Morris. Se virem algo, usem o apito, entendeu?

— Sim, senhor.

Assim, os dois grupos de busca subiram o rio. Os motores realmente estavam funcionando perfeitamente, e, quando os grupos chegaram à altura em que os canais começaram a se multiplicar, Sunders apitou uma única vez, ordenando que os motores fossem desligados. Uma fina garoa obrigava-os a usar capas de chuva e galochas.

— Morris! — gritou Sunders. — Agora vamos nos dividir. Teremos de vasculhar cada um desses canais.

— São muitos, senhor... — murmurou o cabo com desânimo.

— Não existe outra forma de encontrarmos o médico, que nem sabemos se ainda está vivo. A noite está silenciosa... quando terminarem de percorrer a extensão toda do canal, retornem para o rio, desliguem o motor e atentem os ouvidos, pois assim conseguiremos perceber onde estão os outros. Compreendeu?

— Sim, senhor.

✳✳✳

Katie dormia profundamente, e seu espírito podia ver com clareza a região pantanosa onde ficava o esconderijo de Elliot. Andrew e Octávio conduziam-na.

Quando chegaram à habitação, entraram e viram Muralha e Elliot jogando cartas, enquanto Edward, sentado em uma das cadeiras, assistia à cena.

— Edward, querido, estou aqui! — dizia Katie.

— Ele não pode ouvi-la — explicou Andrew —, mas talvez consiga sentir sua presença.

Naquele instante, o rosto de Katie veio com muita força à mente de Edward, e uma sensação de imensa tristeza o invadiu. Ele sabia que chegaria o momento no qual Elliot se cansaria de tentar arrancar dele a informação que queria e que, possivelmente, daria um fim à sua vida, enterrando seu corpo em algum lugar daquele pântano ou jogando-o no rio.

— Venha... — disse Andrew pegando-a pela mão.

Os três sobrevoaram a região até pararem perto da embarcação afundada na entrada do canal.

— Olhe bem. Isso lhe será útil — disse ele.

Em seguida, tudo desapareceu, e Katie viu-se novamente em seu quarto. Abriu os olhos e levantou-se da cama em silêncio para não acordar Rachel.

Agora tinha certeza de que Edward corria perigo. Mas aquela cena estaria se desenrolando no presente ou seria uma espécie de aviso e ocorreria no futuro? Katie olhou pela janela na direção dos fundos do terreno e viu que, apesar da garoa persistente, a noite não estava tão escura. A jovem ficou se perguntando que horas deveria ser. Possivelmente, pensou, ainda demoraria até amanhecer, e não havia nada que ela pudesse fazer àquelas horas, a não ser pedir ajuda a seus amigos espirituais para que protegessem a vida de Edward. Acordaria o mais cedo possível, no mesmo horário em que seu pai costumava ir para a alfaiataria, e iria novamente até a casa dos Russels.

Capítulo 39

As primeiras cores da alvorada despontavam no céu, quando Sunders reuniu seus homens e deu ordens para que retornassem. Por ora, as buscas seriam suspensas, pois todos estavam exaustos, famintos e com as roupas e os calçados molhados.

— E o médico, senhor? — perguntou Morris.

— Não estamos desistindo dele. Retornaremos mais tarde e retomaremos a busca do ponto onde paramos, pois assim teremos algumas horas para descansarmos e nos alimentarmos. Esta maldita região é enorme! Parece que esses canais nunca terminam! E esses mosquitos, então? Uma verdadeira praga! Como o Falcão consegue viver em um lugar como este?

— As pessoas se acostumam, senhor — respondeu Morris.

Sunders olhou para ele sem responder nada, e os grupos ligaram os motores novamente. Ao chegarem, o velho aguardava-os no rancho.

— Como foi a caçada, senhores?

— Não posso lhe dizer que foi boa — respondeu Sunders. — Aqui está seu dinheiro. Voltaremos logo após o meio-dia. Meus homens estão cansados e com fome. Pagarei outro aluguel pelos barcos.

— Sim, sim... estarão aqui mesmo aguardando o senhor — disse o velho, enfiando as moedas no bolso.

Desanimado e exausto, Sunders foi direto para casa, retirou os calçados e a roupa e atirou-se na cama por volta das seis horas da manhã. Apesar do seu estado de exaustão, estava com dificuldade para conciliar o sono. Debateu-se de um lado para o outro por cerca de uma hora e, então, desistiu, levantou-se e vestiu-se. Ao descer as escadas, encontrou a empregada preparando o desjejum.

— Bom dia, senhor Sunders! — disse ela sem mudar a expressão.

— Bom dia! — resmungou ele.

Ela trabalhava ali havia anos, contudo, os dois pouco conversavam. Ele achava que era melhor assim, afinal, as coisas haviam funcionado daquela forma até então. Ela era uma ótima governanta, de extrema confiança e muito discreta.

Em poucos minutos, a governanta pôs um prato com ovos, bacon e torradas na frente de Sunders e um bule com café e outro com leite. Depois, em silêncio, ela afastou-se e deixou-o sozinho. Sunders gostava de sua solidão e já tinha incômodos demais no trabalho, dessa forma, por que arranjaria mais problemas constituindo uma família? Comeu com prazer e, em seguida, acendeu uma cigarrilha. Como era de costume, ficou observando a fumaça subir em espirais perfumadas com um leve toque de baunilha e ficou pensando também em Edward. O americano ainda estaria vivo? Seu instinto de policial lhe dizia que sim, mas Sunders também sabia que dispunha de pouco tempo para encontrá-lo.

✷✷✷

Helen não conseguira dormir e levantara-se muito cedo, e Lucy encontrou-a bordando na sala vizinha à copa.

— Bom dia, senhora Russel! — disse a empregada, sem conseguir disfarçar a expressão de surpresa.

— Bom dia, Lucy! Poderia, por favor, me preparar uma xícara de chá com dois torrões de açúcar?

— Sim, senhora.

O desjejum ainda demoraria a ficar pronto, e Helen precisava de algo quente para beber. Os ponteiros do relógio marcavam seis e vinte da manhã, e ela pensou que Sunders e seus homens já deveriam estar retornando. Pensou em Edward com aflição, e, em seguida, o rosto de Katie lhe veio à mente.

— Senhora Russel, a senhorita Harrison e a senhorita Ilzie estão aí fora — disse Bucky entrando pela porta dos fundos como um relâmpago.

— Pois as faça entrarem, homem! Não as deixe lá fora!

— Senhora Russel — disse Katie, enquanto entrava pela porta da frente —, perdoe-me pelo inconveniente e pela hora, mas não posso mais ficar em casa como se nada estivesse acontecendo! Onde está Edward?

Helen olhava para Katie sem saber o que dizer.

— Venha, minha querida. Sente-se aqui — disse Ilzie conduzindo-a até uma das poltronas. — Olá, Helen!

— Olá, Ilzie.

Por alguns segundos, as três permaneceram em silêncio até que Helen começou a falar.

— Edward não está aqui. Ele saiu ontem no início da tarde para encontrar-se com aquele sujeito, o Falcão.

Katie sentiu como se seu coração fosse saltar pela boca. "Então, era verdade... Aquele espírito estava me dizendo a verdade. Edward corre perigo".

— Não quis lhe dizer nada, porque seu noivo me pediu para poupá-la até hoje pela manhã, pois ele e o inspetor Sunders tinham um plano que talvez desse resultados positivos — explicou Helen profundamente penalizada.

— Sim! Só não tinha certeza se tudo era real ou somente fruto das minhas preocupações... — dizia Katie como se falasse consigo mesma.

— Helen, Katie diz que sabe onde Edward está — afirmou Ilzie.

— Meu Deus! Por que não disse logo, minha querida? Vou acordar William e pedir a Bucky para preparar o coche para sairmos.

— Não será necessário — disse Ilzie. — Meu cocheiro está nos aguardando aí fora.

— Isso é maravilhoso! — exclamou Helen, sentindo suas esperanças renovarem-se. — E onde ele está, Katie?

— Nos pântanos, fora dos limites da cidade. Existem vários canais lá, mas eu sei qual é o certo, o que nos levará ao esconderijo de Elliot.

Ilzie e Helen olharam uma para a outra.

— Como soube disso? — perguntou Helen.

— Primeiro, tive um sonho em que vi Edward em uma casa velha de madeira que ficava nos pântanos, e Elliot também estava lá. Ontem, depois que voltamos para casa, tive uma espécie de visão diante do espelho. Um espírito chamado Andrew, que se diz meu mentor, me mostrou o local exato onde devemos procurar Edward. Confesso-lhes que cheguei a imaginar que fosse algum espírito zombador aproveitando-se do meu estado emocional, pois ando muito nervosa. Essa noite, contudo, tive a certeza de que Andrew e o outro me levaram até lá em espírito, senhora Russel. Foi algo muito interessante, pois eu tinha plena consciência de que era meu espírito que estava lá. Cheguei a ver meu corpo adormecido sobre minha cama e vi também Edward. Ele parece estar bem, mas sinto que temos pouco tempo. Elliot é imprevisível.

— Vamos tomar nosso desjejum e em seguida iremos. Vou acordar William... ou melhor, não! Deixemos que ele durma, pois trabalhou até tarde na biblioteca. Deixarei um recado com Lucy avisando a ele que fomos até a delegacia conversar com o inspetor Sunders.

***

O policial atrás do balcão olhava em silêncio para as três mulheres postadas diante dele. Não estava acostumado a receber visitas daquele tipo.

— Bom dia, policial! — exclamou Ilzie com um largo sorriso.

— Bom dia, senhoras. Em que posso ajudá-las?

— Gostaríamos de falar com o inspetor Sunders — respondeu Helen. — É muito importante.

— Ele ainda não chegou, e receio que demorará um pouco, pois passou a noite em uma operação e foi para casa descansar por algumas horas para depois retornar a campo. Hoje, será difícil encontrá-lo — explicou o homem. — Mas, se quiserem me falar do que se trata, verei o que posso fazer para ajudá-las.

Houve alguns segundos de silêncio, e as três mulheres trocaram olhares de cumplicidade.

— É exatamente sobre esse caso no qual ele está trabalhando que queremos falar. Temos uma informação muito importante, que poderá ajuda-lo na operação de busca — esclareceu Helen.

O policial ficou mais algum tempo em silêncio olhando para elas.

— O médico estrangeiro que está desaparecido é amigo meu e de meu marido, o doutor Russel. Ele reside conosco e é noivo desta jovem aqui — disse ela apontando para Katie. — O casamento deles acontecerá dentro de quarenta e oito horas! A vida desse rapaz está em perigo, e cada segundo se torna precioso numa situação como essa! Onde fica a casa do inspetor?

O homem não sabia o que fazer, pois não estava autorizado a fornecer o endereço de Sunders, contudo, tratava-se de um caso incomum, em que uma dama bem-conceituada como Helen praticamente o encostava na parede.

— Está bem, senhora Russel. Vou lhe fornecer o endereço, já que vocês afirmam ter uma informação importante. O inspetor Sunders reside aqui perto, subindo a avenida. Virem na segunda esquina à direita. A casa dele é um sobrado cinza-claro, com portas e janelas pintadas de branco. É a penúltima casa do lado direito e fica em uma rua sem saída...

— Existe um número? — perguntou Ilzie.

— Não, senhora. Não tem número algum.

— Muito obrigada, policial — disse Ilzie.

Após alguns agradecimentos rápidos de Helen e de Katie, as três mulheres saíram apressadas e entraram no coche. Não demoraram mais que dez minutos para chegar ao endereço indicado pelo policial.

Helen desceu e bateu algumas vezes na porta, e uma mulher de idade avançada e usando uniforme de governanta apareceu.

— Pois não?

— Bom dia! Procuro o inspetor Sunders.

A mulher nem sequer esboçou um sorriso e mediu Helen com os olhos de alto a baixo.

— Um momento, por favor. Verei se ele poderá atendê-la.

— Senhora, por favor, diga a ele que é Helen Russel e que o assunto é de máxima importância e urgência.

A mulher deu as costas e desapareceu dentro do longo corredor. Em poucos instantes, Sunders apareceu.

— Senhora Russel? Aconteceu alguma coisa?

Ilzie e Katie acabavam de descer do coche e juntaram-se a ela. Sunders olhava de uma para a outra sem entender o que estava acontecendo.

— Inspetor, essas são duas amigas minhas: Ilzie e Katie, que é a noiva de Edward.

— Oh, muito prazer, senhoras! Queiram me desculpar por minha distração. Entrem, por favor — disse dando um passo para o lado e deixando livre o caminho.

As três mulheres sentaram-se na aconchegante sala de visitas, que era um cômodo pequeno, porém, muito agradável e limpo. Havia no local uma lareira de dimensões proporcionais, quatro poltronas confortáveis e macias, revestidas de veludo na cor ocre, e uma mesinha de centro, na qual caberia perfeitamente um aparelho de chá ou café. Alguns quadros pintados pela mãe do inspetor com paisagens do litoral inglês davam um toque colorido discreto em verde e azul ao ambiente, que era majoritariamente composto por tons de marrom.

— Muito agradável a sua casa, inspetor — observou Ilzie.

— Obrigado, madame — disse ele.

Sunders não era um homem acostumado à companhia feminina, com exceção da própria senhora Corner, sua governanta. A mãe morava a quilômetros de distância, e sua família era composta de mais um irmão, também solteiro e mais velho que ele, e de duas tias com as quais não mantinha contato havia anos.

Em seu ambiente de trabalho, Sunders lidava com homens na maior parte do tempo, então, o sexo oposto causava-lhe certa insegurança, ainda mais quando representado por três mulheres como as que estavam agora sentadas diante dele.

— Inspetor Sunders — começou Helen —, estamos ansiosas para saber o resultado de sua operação na noite passada.

— Infelizmente, senhora Russel, ainda não obtivemos sucesso... aquela região pantanosa possui grande extensão, e não disponho de muitos homens com quem possa contar.

A governanta entrou no cômodo carregando uma bandeja de prata com um requintado jogo de louça, serviu o chá e retirou-se em silêncio. Observando a figura esguia e silenciosa da mulher, Ilzie pensava que ela, apesar da idade avançada, tinha a elegância e os olhos de uma serpente.

— Obrigado, senhora Corner.

A mulher retirou-se novamente.

— Então, senhora Russel e demais senhoras... Como estava lhes dizendo, aquela área é gigantesca, e ainda nos resta uma grande extensão de pântano para vasculharmos. Trabalhamos a noite toda e pretendemos retornar ao local no início desta tarde para darmos continuidade às buscas. Os pântanos avançam para além dos limites da cidade e possuem muitos canais repletos de possibilidades para alguém que queira esconder-se. Falcão é um marginal habilidoso e experiente, e há anos estamos tentando apanhá-lo.

— Inspetor Sunders — disse Ilzie enquanto se servia de uma xícara de chá —, esta jovem que aqui está afirma saber onde fica o tal esconderijo do Falcão.

Sunders franziu as sobrancelhas e ficou olhando para o rosto de Katie durante alguns segundos.

— Sei que o senhor deve estar se perguntando como ela pode saber de algo assim — disse Helen —, e eu irei lhe responder. Sou uma mulher de reputação irrepreensível perante a sociedade, não é mesmo, inspetor?

— Sim, sim, senhora Russel... Claro que sim! — exclamou ele, sem conseguir imaginar aonde Helen desejava chegar.

— Pois bem... a senhorita Harrison, noiva do senhor Cloods, é uma médium legítima e com capacidades inquestionáveis.

Sunders remexeu-se na poltrona, pois não acreditava no que estava ouvindo. Médium? Só lhe faltava isso... uma noite inteira acordado, e agora havia três mulheres malucas bebendo chá em sua sala de visitas falando sobre baboseiras daquele tipo. O que mais o incomodava é que não poderia ser grosseiro com nenhuma delas. "Tato, meu caro. Por favor, tenha tato, Sunders", dizia para si mesmo em silêncio, enquanto as três o encaravam.

— Senhora Russel, não quero ser indelicado com nenhuma de vocês, mas sou policial e trabalho com fatos e evidências, portanto, não posso me basear em... em... — Ele procurava uma palavra que não fosse ofensiva. — Especulações e suposições. Compreendo a preocupação de vocês e até mesmo o desespero pelo qual a senhorita Harrison deva estar passando neste momento, mas não acredito nessas coisas.

— Já esperávamos por isso, inspetor — interveio Katie. — Talvez seja difícil para alguém como o senhor acreditar em mim, mas posso lhe garantir que sei onde o meu noivo está e lhe digo mais: o senhor tem pouco tempo para resgatá-lo.

Sunders ficou olhando para Katie sem saber o que dizer. Aliás, ele sabia o que dizer para aquela jovem de olhar petulante, só não podia fazê-lo.

— Siga o rio até terminar o que o senhor considera o limite urbano — disse ela já de pé e encarando Sunders — e siga por cerca de duzentos metros. O senhor verá os restos de uma embarcação afundada próxima à margem direita. Entre no canal seguinte. O esconderijo de Elliot não é visível logo da entrada. Siga por mais alguns metros e verá que o canal se estreita bastante, então, em meio às árvores e ao mato, verá uma construção velha de madeira apoiada sobre sapatas de pedra. Meu noivo está lá — finalizou ela. — E agora que disse ao senhor o que sei, é sua obrigação, como homem da lei que está à frente deste caso e para quem Edward foi pedir auxílio, no mínimo averiguar se essas informações são verdadeiras. Se quiser, poderei acompanhá-los. Não tenho problemas em estar a bordo de uma embarcação nem de lidar com insetos — acrescentou.

Helen e Ilzie olharam para Sunders aguardando uma resposta.

— Senhorita Harrison, eu seria um irresponsável se permitisse que a senhorita nos acompanhasse, pois estaria colocando sua vida em risco. Mesmo assim, vejo que é uma jovem de muita coragem e agradeço sua oferta. Verei o que posso fazer, e, assim que retornarmos, enviarei uma mensagem para a senhora Russel.

— Muito obrigada — disse ela caminhando com passos firmes na direção da porta da frente.

As outras duas se levantaram-se e a seguiram, e Sunders acompanhou-as até o lado de fora.

Após se despedirem, ele permaneceu durante algum tempo junto ao portão com o rosto de Katie impresso em sua memória.

— Meu caro doutor Cloods... vejo que arranjou uma noiva bastante temperamental e um pouco maluca também — disse baixinho para si mesmo.

Sunders retornou para dentro de casa e sentou-se novamente em uma das poltronas. As palavras de Katie fervilhavam em sua mente. Ele não acreditava naquelas coisas, mas o que, afinal de contas, tinha a perder?

Andrew sorriu satisfeito ao ver o inspetor vestir o paletó e retornar para a base da polícia.

***

— Cloods! — exclamou Elliot. — Hoje será um grande dia!

Edward olhou para Elliot procurando disfarçar a desconfiança.

— Beba seu café, meu caro, e coma os ovos que o Muralha preparou, pois estão deliciosos — disse Elliot sorrindo. — Esse patê de carne de pato com ervas está divino... experimente — afirmou empurrando na direção de Edward o recipiente com o conteúdo pastoso.

Edward passou um pouco em uma fatia de pão e mordeu.

— De fato, é muito saboroso.

Elliot sorriu.

— Viu só? Um homem que sabe apreciar os bons sabores da vida! E, então, Cloods... pensou bem a respeito do que conversamos?

— Sobre trabalhar novamente para você?

— Sim... e não. Estou falando de minhas pedras também.

— Ah! As pedras... — disse Edward fingindo distração. — Posso vendê-las para você por um valor muito abaixo do que valem, então, poderá comercializá-las e ficar rico! Não lhe parece satisfatório?

Elliot olhou para Muralha e deu um longo suspiro.

— Bem — disse ele com tranquilidade —, você tem até o final desta tarde para me dizer onde estão minhas pedras, caso contrário, irei perdê-las para sempre, porém, você, meu caro, perderá sua vida também.

Edward engoliu um gole de café procurando disfarçar o pânico que as últimas palavras de Elliot haviam lhe causado. Tinha plena certeza de que o outro honraria sua promessa. Restavam-lhe apenas algumas horas para pensar em uma estratégia de fuga ou ser resgatado pelo pessoal de Sunders, porém, perdera a fé nessa última opção. Sobrara-lhe, então, a primeira opção, e a única forma que enxergava para sair dali era contar com o apoio de Muralha. Se pudesse ficar a sós durante algum tempo com o ajudante de Elliot, poderia tentar convencê-lo a ajudá-lo, contudo, o Falcão nunca se ausentava. Se alguém tivesse de sair para buscar alguma coisa, este alguém era Muralha, e, na maioria das vezes, para não ser seguido, Elliot pagava a um pescador ou outro para que lhe prestasse serviços. Esses homens eram razoavelmente bem pagos, pois, caso contrário, poderiam entregar a localização do esconderijo à polícia, que também costumava pagar por essas informações.

Edward respirou profundamente, fechou os olhos por alguns segundos e pensou que talvez fosse melhor entregar de uma vez por todas aquelas pedras para Elliot, mas tinha quase certeza de que, depois que o fizesse, ele o mataria. Morreria de qualquer forma se não fosse encontrado logo, por isso pensava que pelo menos deixaria para Katie uma boa fortuna e um futuro tranquilo. Estava decidido. Não entregaria as pedras para aquele rato imundo. Esse prazer ele teria antes de morrer.

✳✳✳

Ao chegar em casa, Helen encontrou William e Morringan conversando na sala de visitas.

— Bom dia, Carl! Bom dia, querido!

— Bom dia, Helen! — disse Morringan beijando-lhe a mão com delicadeza.

— Bom dia, querida! Vejo que saiu cedo...

— É uma longa história... — disse ela sentando-se ao lado do marido. — Ilzie e Katie apareceram aqui antes das sete horas da manhã e fomos procurar Sunders. O Carl já está sabendo da história?

— Sim, William me contou tudo. Que coisa horrível! Têm alguma notícia do doutor Cloods?

— Infelizmente, não — respondeu Helen. — Estivemos na casa do inspetor essa manhã... Ele e outros policiais trabalharam durante toda a noite, mas não obtiveram sucesso. Katie diz que teve uma visão na qual pôde ver onde Edward está.

— E vocês disseram isso para o inspetor Sunders? — perguntou Morringan com curiosidade.

— A própria Katie disse. Embora ele tenha nos deixado claro que não acredita em coisas do mundo espiritual, ela fez questão de dizer que ele tinha a obrigação de pelo menos averiguar a veracidade do que ela estava lhe dizendo. Eu e Ilzie ficamos admiradas com a postura adotada por aquela jovem. Katie é pouco mais que uma menina, mas tenho quase certeza de que Sunders, acreditando ou não no mundo dos espíritos, vai averiguar essas informações. Segundo ela, Edward ainda está vivo, mas tem pouco tempo.

— Vamos ter bons pensamentos, minha cara — disse Morringan —, e confiar que o inspetor Sunders encontrará nosso amigo com vida. Ele é um excelente policial, íntegro, competente, e vive para o trabalho. E nossa Katie? Como ela está com tudo isso acontecendo?

— Eu a achei bastante abatida e muito nervosa, o que é natural, mas ela tem se mantido forte. Eu mesma não gostaria de estar na pele dessa jovem — disse Helen. — Você parece conhecer muito bem o inspetor Sunders, Carl.

— Ele e muitos de seus homens são meus pacientes, e posso afirmar que Sunders é um homem de extrema confiança.

— Helen — disse William —, nosso velho amigo Carl veio nos dar uma excelente notícia!

— É mesmo? — perguntou ela animada olhando para Morringan.

— Consegui concretizar o negócio com aquela propriedade em Essex.

— Carl, isso é maravilhoso! E quando pretendem se mudar?

— Pensamos em fazer isso daqui a uns três meses mais ou menos. Será tempo suficiente para fazermos as restaurações necessárias, que não são muitas, e mobiliarmos a casa. Quando tudo estiver pronto, nos mudaremos.

— O que fará com sua casa aqui em Londres. Vai alugá-la ou vendê-la?

— Marianne acha melhor que contratemos alguém de confiança, uma governanta, que faça a limpeza periódica, e que deixemos a casa fechada para usarmos quando viermos para a cidade. Ela diz que há coisas aqui que a agradam, então, resolvi concordar, afinal de contas, não estaremos longe e nada nos impede de passarmos algum tempo aqui quando desejarmos.

— Eu concordo com ela. Eu e William estamos pensando em fazer o mesmo — disse Helen sorrindo.

— Vocês já decidiram para onde pretendem se mudar após encerrar suas atividades, William?

— Eu gostaria de levar Helen para conhecer alguns lugares, como a Alemanha, a Áustria e parte da França e da Espanha. Gosto muito das regiões montanhosas desses dois últimos países. A região dos Pirineus é belíssima. Até retornarmos de nossa viagem, você e Marianne já terão se mudado, então, iremos visitá-los e, quem sabe, não encontremos alguma propriedade que nos agrade?

— Formidável! Tenho certeza de que encontrarão algo de que gostem, e seremos vizinhos — disse Morringan sorrindo. — Bem, tenho de ir andando, pois ainda vou atender alguns pacientes. Por favor, me deixem informado sobre a situação do nosso amigo, sim?

— Assim que tivermos novidades, enviarei uma mensagem para você — prometeu Helen.

— Estou me sentindo exausta! — exclamou ela, após a saída de Morringan. — Não tenho mais trinta anos de idade.

— Nem quarenta... — observou William.

Ela riu.

— Por que não se deita um pouco, querida, e tenta dormir? Não teremos novidades sobre Edward antes do final da tarde. É inútil ficar se consumindo em suposições, gerando ansiedade, sem que possamos fazer nada.

— Acho que farei isso — disse ela. — Vou me deitar. Você tem de sair antes do almoço?

— Não, preciso somente revisar alguns textos. Estarei na biblioteca. Vá se deitar. Chamo você um pouco antes do almoço ser servido.

Ela deu um beijo no rosto do marido e foi para o quarto.

***

Katie explicava para Rachel e Elgie o que acontecera com Edward, e elas a ouviam boquiabertas, sem saberem o que dizer.

— Menti para o papai dizendo que Ilzie havia pedido minha ajuda para organizar mercadorias novas nas prateleiras da loja, já que a funcionária estava doente. Acho que ele acreditou, porque não me fez outros questionamentos — disse ela. — Tive de inventar alguma coisa, mamãe, já que, quando saí de casa, ele me viu passar pelo corredor junto ao muro.

— Está tudo bem, filha. E quando teremos novidades do seu noivo?

— Eu acredito que ainda hoje, até o início da noite — respondeu Katie com desânimo.

— Eu imagino sua aflição, minha filha... — disse Elgie. — Por que não vai se deitar um pouco?

— Não vou conseguir dormir, mãe. Embora tenha me levantado cedo, fui dormir cedo ontem à noite e dormi muito bem.

— Você precisa ocupar sua cabeça, Katie! — disse Rachel. — Seu noivo sairá são e salvo dessa! Confie! Lembra-se? — perguntou ela referindo-se às instruções que Katie recebera de Eva. — Agora, venha me ajudar a fazer algumas tortas de maçã. Verá como se sentirá bem melhor...

Apesar da preocupação constante com Edward, Katie conseguiu distrair-se um pouco na companhia da tia e da mãe, e as horas passaram com mais rapidez, chegando o momento em que Sunders e sua equipe deveriam retornar para a região das docas e prosseguir com a busca.

Levou cerca de quarenta minutos de navegação para alcançarem o ponto onde haviam parado na noite anterior.

— Senhor, devemos continuar daqui mesmo? — perguntou Morris de dentro do outro barco.

Em pé na proa, Sunders olhava em silêncio para a paisagem ao redor. Enquanto isso, todos os outros olhavam para ele e aguardavam suas ordens. O encontro com a noiva de Edward naquela manhã não lhe saía da cabeça, tampouco as palavras ditas por ela. Que loucura! Pensar em seguir os conselhos de uma jovem petulante e que ainda por cima sofria de devaneios!

— Sim! Vamos prosseguir de onde paramos. Faremos da mesma forma que ontem. Desliguem os motores para avançarem pelo canal e, se houver qualquer novidade, usem o apito. E não se esqueçam: se precisar, atirem!

— Sim, senhor! — todos responderam ao mesmo tempo.

Findo o terceiro canal investigado pela embarcação de Sunders, as palavras de Katie ressoavam ainda mais fortes em sua memória. O som estridente e longo do apito ecoou alcançando alguns metros de distância, e as duas embarcações simultaneamente aproaram na direção do rio.

— Morris, vamos seguir pelo rio até praticamente sairmos dos limites da cidade. Fiquem de olho na margem direita em qualquer vestígio de embarcação afundada, e, caso avistem algo, não usem o apito. Apenas desliguem o motor e sinalizem — orientou ele.

— Sim, senhor.

Após mais vinte minutos de navegação, Morris desligou o motor junto à margem direita e acenou para Sunders, que vinha alguns poucos metros atrás.

— Aqui, senhor! — exclamou ele apontando para um pedaço de madeira que, de longe, mal dava para distinguir o que era.

Ao se aproximar, Sunders percebeu que era um pedaço da proa de uma embarcação submersa.

— Ótimo — sussurrou ele. — Vamos entrar nesse próximo canal. Peguem os remos, cabo. Não podemos fazer barulho. Tudo aqui é muito silencioso, e o Falcão nos ouviria de longe.

— Como sabe que ele está aqui, senhor?

— Instinto, Morris, instinto... Agora, me sigam.

Quando alcançaram a altura em que o canal se estreitava, Sunders lembrou-se novamente das palavras de Katie. Deveriam estar bem próximos do local. Ele, então, levantou a mão direita em um gesto imperativo para que todos parassem e caminhou com equilíbrio até a popa da embarcação, a fim de chegar o mais próximo possível da proa do outro barco, que era onde Morris estava.

— Vamos amarrar as embarcações. Deixaremos um homem dentro de cada uma delas e iremos por terra — disse em um tom de voz praticamente inaudível.

Morris balançou a cabeça afirmativamente, dando a entender que compreendera as ordens. Sunders pulou do barco, e suas botas afundaram-se no solo lamacento. Ele, então, segurou-se no galho de uma árvore e conseguiu alcançar uma elevação do terreno onde o chão era mais firme. Nove homens espalharam-se pelo local com suas armas carregadas em punho. Conforme a orientação de Sunders, deveriam seguir adiante sem se afastarem da margem. Pouco tempo depois, um dos policiais fez sinal para Morris e apontou para algum ponto entre os galhos das árvores, através dos quais podia se ver o que parecia ser uma construção de madeira. "Só pode ser aí...", Sunders pensou.

O inspetor chamou o grupo para perto e instruiu os homens sobre como estes deveriam cercar o local em silêncio quase absoluto. Os policiais, então, aproximaram-se, esgueirando-se junto dos troncos velhos e úmidos cobertos pelo limo e, quando chegaram muito perto da construção de madeira, puderam ouvir o som de algumas vozes.

A casa ficava mais alta que o nível do chão devido às sapatas nas quais estava apoiada, o que dificultava a visão de quem estava do lado de fora da construção.

Após cercarem o local, Sunders berrou em alto e bom som.

— É a polícia! Entregue-se, Falcão! Você não tem para onde voar desta vez!

Silêncio absoluto.

— Inspetor Sunders? — berrou Elliot de dentro da casa. — É o senhor mesmo? Quanta honra fazê-lo vir até este fim de mundo... Devo realmente ser um sujeito muito importante, não é mesmo?

Sunders não disse nada, pois sabia que Elliot estava tentando ganhar tempo para poder escapar.

— Ou será que nosso estimado médico americano é o real motivo de sua vinda?

— Eu diria que são os dois, meu caro.

Silêncio novamente. Sunders gesticulava para alguns de seus homens, ordenando que se posicionassem no lado direito e esquerdo da porta. Ele colocou-se de frente para a abertura, e outro policial guardou suas costas.

— Se você não der ordens para seus homens se afastarem, vou estourar a cabeça do seu amigo americano. Deixem-me sair, e ele terá uma chance de vida.

Sunders permaneceu em silêncio durante alguns segundos.

— Diga para seu amigo Muralha sair primeiro e entregar-se.

— Ele não está aqui.

— Não minta, Falcão! Eu sei que seu guarda-costas está aí dentro. Fale para ele sair agora e se entregar!

Depois de alguns minutos, a porta abriu-se, e Muralha apareceu com as mãos para cima.

— Desça os degraus devagar, e nada lhe acontecerá.

Muralha obedeceu em silêncio, e Sunders aproximou-se junto com os outros dois policiais para revistá-lo. Em seguida, algemaram-no e prenderam suas mãos para trás, de modo que os braços do prisioneiro enlaçassem um tronco de árvore.

— Pronto, Elliot! Pode vir! É a sua vez!

Silêncio novamente.

— Vou sair com o americano, e você e seus homens não tentarão nenhum tipo de gracinha. Deixem-nos chegar até o barco.

— Está bem, será do seu jeito. Saia! — berrou Sunders.

Edward apareceu na porta, e seus olhos cruzaram-se com os de Sunders. Estava visivelmente nervoso e mantinha as mãos atrás da cabeça. Logo atrás dele, encostando o cano do revólver na coluna vertebral do refém, vinha Elliot. Como sua estatura era bem mais baixa, ficava praticamente oculto atrás do outro. Desceram os degraus lentamente, e, ao chegarem no último, Elliot parou.

— Peça para seus homens se afastarem, Sunders!

Ninguém se moveu.

— Estou mandando se afastarem! — berrou Elliot novamente. Parecia que ele estava perdendo o controle.

Em uma fração de segundos, Edward virou-se segurando o pulso direito de Elliot, e um tiro foi disparado. Em seguida, mais três tiros saíram da arma de Sunders. O corpo de Elliot tombou no chão, enquanto Edward caía de joelhos tentando conter o sangramento em seu abdômen.

Sunders agachou-se ao lado do corpo de Elliot e percebeu que ele ainda respirava. Seus olhos abriram-se e puderam contemplar em uma imagem confusa e turva o rosto do inspetor.

— As pedras... — sussurrou ele com a voz embriagada.

Tentou dizer mais alguma coisa, porém, suas forças se extinguiram.

— Está morto — anunciou Sunders. — Levem o corpo para o barco e o grandalhão também — e, em seguida, voltando-se para Edward, que, sentado no chão com as pernas esticadas, observava a cena e lutava contra a dor, procurando como podia evitar a perda de sangue, ele disse: — Doutor Cloods, venha...

Sunders tentou levantar Edward com a ajuda de um dos policiais e completou:

— Com sorte, o senhor não perderá um casamento amanhã.

Pouco tempo depois, Marianne abriu a porta e deparou-se com Sunders acompanhado de outro policial. Ambos arrastavam Edward pelos braços, tentando mantê-lo de pé.

— Meu Deus! É o doutor Cloods! Carl! — gritou ela. — Venha rápido até aqui! — Em seguida, dirigindo-se a Sunders, disse: — Venham! Podem trazê-lo para dentro. Coloquem-no aqui, na enfermaria — ordenou, enquanto ia mostrando o caminho.

— O que está acontecendo aqui? — perguntou Morringan do parapeito da escada.

— Venha rápido, o inspetor trouxe Edward. Ele está ferido.

Morringan desceu rapidamente a escada e entrou na enfermaria. Àquela altura, Edward já perdera completamente os sentidos.

— Faz quanto tempo que ele foi baleado?

— Cerca de uma hora e meia. Ele já perdeu bastante sangue.

— Pelo visto, a bala atingiu o baço. Vamos torcer para que nosso amigo escape desta vez. Foi uma bala perdida ou Falcão atacou novamente?

— Foi o Falcão. Mais uma das dele antes de morrer — respondeu Sunders. — Nosso amigo teve sorte, e espero que ela não o deixe.

— Ele irá precisar — disse Morringan com expressão muito séria. — Agora tenho de trabalhar, inspetor, pois, caso contrário, ele não terá nenhuma chance. Depois nos falamos. Obrigado por trazê-lo.

— Não há o que agradecer, doutor — disse Sunders retirando-se. — Se puder me dar notícias, lhe serei muito grato.

— Farei isso, sim. Fique sossegado.

Marianne acompanhou os dois policiais até a porta e retornou para auxiliar Morringan. Após quase duas horas de cirurgia, Edward repousava sobre lençóis limpos e com grossas mantas de lã, com o objetivo de elevar sua temperatura corporal que estava muito baixa. Segundo Morringan, ele ainda não estava completamente fora de perigo, mas tinha boas chances de sobreviver.

Capítulo 40

    William e Helen estavam terminando de jantar, quando Lucy anunciou a chegada de Morringan.

    — Boa noite, Helen, William... Me desculpem pelo horário, mas o objetivo desta visita o justifica — disse ele pendurando o chapéu e o casaco.

    — Boa noite, Carl. Você sabe que não precisamos desse tipo de cerimônias. Sente-se, por favor. Quer jantar? Posso pedir para Lucy servi-lo.

    — Não, não, minha cara. Eu e Marianne já jantamos, muito obrigado. Mas aceito um pouco de vinho!

    — Claro! — disse Helen levantando-se e caminhando até a cristaleira.

    — Traga um cálice de licor para mim, querida — pediu William.

    — Bem... — começou Morringan, após Helen retornar para a mesa. — Suponho que ainda não tenham recebido nenhuma notícia do senhor Cloods... Ele está em minha casa, mais especificamente ocupando um dos leitos da enfermaria.

    — Meu Deus! — exclamou Helen baixinho.

    — O que aconteceu, Carl? — perguntou William.

    — Sunders e outro policial apareceram com ele no fim da tarde. Edward foi resgatado, porém, sofreu um ferimento à bala na altura do baço e perdeu bastante sangue... Mas estou otimista quanto à sua melhora.

    Helen respirou aliviada ao ouvir as últimas palavras de Morringan.

    — E o marginal chamado Falcão?

    — Foi morto durante o resgate. Segundo Sunders, houve uma breve troca de tiros, e agora só nos resta esperar que nosso amigo se recupere. No momento, ele está dormindo, pois recebeu sedativos. Nosso doutor Cloods é mesmo um homem de muita sorte. Seu maior problema foi a perda de sangue, já que estavam longe. Todo o trajeto até minha casa durou pouco mais de uma hora.

— Bem... — disse William —, acho que teremos de avisar Katie e Ilzie sobre o ocorrido.

— Por isso vim até aqui... para irmos juntos até a casa dos Harrisons. O casamento dele e de Katie terá de ser adiado — disse Morringan.

Helen levantou a mão.

— Só existe um detalhe para o qual devemos nos atentar: o senhor Harrison, pai de Katie, não sabe de boa parte dessa história. Sabe, é claro, que o casamento deveria ocorrer amanhã, mas desconhece os reais motivos pelos quais Edward queria deixar a cidade. Ele não pode saber o que aconteceu. Teremos de ir até lá para acalmar o coração de Katie, mas devemos ter uma boa desculpa para tal... Ah, sim! E para que o casamento seja adiado também, afinal de contas, soará esquisito dizermos ao sogro de Edward que ele levou um tiro durante uma operação policial no meio do pântano...

William e Morringan permaneceram em silêncio durante algum tempo, pois sabiam que Helen tinha razão. Precisariam ser convincentes.

— Poderíamos dizer que — sugeriu William —, devido à última semana na universidade ter sido muito exaustiva e às preocupações que envolvem os preparativos para o casamento, Edward foi vítima de uma infecção respiratória grave, pois não estava se alimentando bem. Poderíamos dizer que ele passou mal no meio da tarde e que tivemos de levá-lo às pressas para sua clínica, Carl, onde, após ser medicado, o rapaz permanece em observação. Para finalizar, sugeriríamos que o casamento seja adiado por mais alguns dias — concluiu ele.

— A ideia é boa... — disse Morringan.

— Mas eu terei de encontrar uma desculpa para ficar a sós com Katie — disse Helen. — Bem... isso será fácil. Pensarei em alguma coisa durante o caminho. Vamos indo? Já passa das oito, e não devemos chegar muito tarde à casa dos Harrisons, ainda mais sem avisar com antecedência — concluiu ela ficando de pé.

***

Pouco depois, Morringan seguiu na frente pelo corredor lateral que dava acesso à porta da casa, e não demorou muito até que Elgie aparecesse.

— Doutor Morringan? Senhor e senhora Russel? Entrem, por favor.

Katie estava na cozinha ajudando Rachel com a louça, e Harold estava sentado na sala de visitas, como era seu hábito, fumando um charuto e bebendo uma dose de brandy.

Ao constatar a chegada dos três visitantes àquela hora, Katie sobressaltou-se e empalideceu, agarrando-se com força ao braço de Rachel.

— Boa noite, doutor Morringan. Boa noite, senhor e senhora Russel.

— Boa noite, Katie — respondeu Morringan.

— Boa noite, minha querida — disse Helen.

— Boa noite, Katie — disse William. — Estamos aqui, em nome do doutor Cloods, que não pôde vir pessoalmente.

Katie sentou-se ao lado da mãe em silêncio.

— Carl, peço que explique a eles o que ocorreu — pediu William.

— Bem, nessa tarde, seu noivo foi vítima de um mal-estar que o fez desmaiar. Ele foi levado às pressas da universidade para minha clínica, mas passa bem e está descansando agora.

Morringan falava pausadamente e deu ênfase às últimas palavras para frisar que Edward estava bem, na intenção de tranquilizar o estado de ânimo de Katie. Pela maneira como ela o olhou, pôde perceber que a jovem compreendera sua mensagem.

— Mas o casamento é amanhã... — disse Elgie.

— Por essa razão, viemos a esta hora. Provavelmente, terão de adiá-lo por mais alguns dias, senhora Harrison — explicou Morringan. — O doutor Cloods precisará de mais algum tempo até reestabelecer sua saúde.

— Mas, doutor, o que realmente aconteceu com ele? — perguntou Harold. — Ele está doente ou foi apenas um estado de fraqueza que o afetou?

— Senhor Harrison, eu acredito que seja apenas um estado de exaustão somado à má alimentação das últimas semanas. Edward assumiu compromissos exagerados, acreditando que daria conta de tudo. Enfim, como ele apresentou um pouco de febre e falta de ar, desconfio de que tenha adquirido uma infecção nos pulmões, o que é comum ocorrer, quando nosso organismo está fraco e debilitado. Acredito, contudo, que, dentro de alguns dias, ela recuperará o vigor e a força.

— Muito correto, doutor. Podemos adiar o casamento por mais algum tempo, mas e quanto ao emprego que o doutor Russel havia conseguido para ele no Norte? Como ficará? — perguntou Harold novamente.

— Eu já passei um telegrama para meu amigo, senhor Harrison, e ele concordou em aguardar mais quinze dias. Assim, Edward terá tempo para se recuperar e cuidar dos preparativos do casamento.

— Temos de conversar com Ilzie! — disse Katie.

— Sim, querida, mas acho melhor fazer isso amanhã pela manhã — disse Elgie olhando para a filha com o canto dos olhos.

— Acho que precisamos conversar com ela hoje mesmo, mamãe, pois os convites já foram enviados. Amanhã, Ilzie tratará das flores para enfeitar a capela e fazer a decoração das mesas para o jantar.

— O que acha de você e eu irmos até a casa dela? — sugeriu Helen. — Não é tão tarde ainda, e não há perigo, já que fica tão perto daqui...

— Ótima ideia, senhora Russel. Vamos o quanto antes.

Assim que alcançaram a calçada, Helen puxou Katie pelo braço, e a duas atravessaram a rua.

— Katie, Edward está mesmo na clínica do Carl, porém, foi ferido à bala durante o confronto entre a polícia e o Falcão.

Katie arregalou os olhos e levou a mão direita até os lábios.

— Calma! Tranquilize-se! Ele perdeu um pouco de sangue, mas, segundo Carl, deverá recuperar-se em alguns dias. Se quiser, você poderá visitá-lo amanhã.

— Oh, senhora Russel! Muito obrigada! — exclamou ela sorrindo, enquanto abraçava-se a Helen. — Eu não me importo em aguardar mais alguns dias para a realização do casamento. O que me importa é que Edward fique bem.

— Katie, o Falcão está morto! — disse Helen baixinho. — Vocês estão livres agora e poderão permanecer em Londres, se assim o desejarem... não é maravilhoso?

— É, sim, senhora Russel. Não vou lhe dizer que, em alguns momentos de fraqueza, eu não tenha desejado a morte daquele homem, mas não o fiz por mal. Talvez, se isso não tivesse ocorrido, não teríamos paz, pois haveria sempre uma sombra, um risco, uma possibilidade de estarmos sendo seguidos ou observados por ele. Não devemos nos regozijar com a morte de quem quer que seja, mas não tenho como esconder o alívio que estou sentindo agora... Acho que, cedo ou tarde, isso acabaria ocorrendo com Elliot. Imagino que, de alguma forma, Edward e ele tenham alguma ligação do passado espiritual, contudo, acredito que isso não venha ao caso agora... Não há nada que possamos fazer nesse sentido.

— É verdade, minha querida. O que importa é que vocês conseguirão seguir em frente com a vida de vocês — concordou Helen sorrindo.

Pouco depois, ao ouvir as notícias sobre Edward, Ilzie ficou felicíssima com o fato de o rapaz estar vivo e finalmente livre do seu perseguidor. Ela comprometeu-se a ir com Armand à capela onde seria realizada a cerimônia e tentar remarcá-la para a sexta-feira da semana seguinte, pois fazia questão de que ela e Katie se casassem no mesmo dia.

***

Naquela madrugada, Edward despertou, percorreu com os olhos o ambiente parcialmente iluminado à sua volta e, aos poucos, reconheceu a enfermaria de Morringan. Devido aos sedativos, sentia-se ainda tonto e com o raciocínio lento. A região frontal da cabeça e o abdômen doeram um pouco, quando ele tentou se levantar. A cena da rápida luta corpo a corpo travada com Elliot veio-lhe à cabeça, e ele lembrou-se dos policiais com as armas apontadas, do disparo feito contra ele praticamente à queima-roupa e, em seguida, do tiro desferido por Sunders, que atingiu em cheio o coração de Elliot. Havia terminado. Estava livre. Ele e Katie estavam livres. Edward sorriu, mesmo sabendo que seu estado de saúde ainda inspirava cuidados. Seus olhos, então, cederam ao torpor dos fármacos e fecharam-se novamente.

***

Já deitada em sua cama, Katie agradecia, em silêncio, a Deus e a todos aqueles do mundo espiritual que prestaram auxílio a ela e a Edward. Como estava ansiosa para ver o noivo na manhã seguinte, demorou um pouco até conseguir pegar no sono e lembrou-se das palavras de Edward ao deixá-la em casa na noite da festa de Santa Valburga: "A rainha das fadas é a guardiã do tesouro. Abaixo do manto escarlate, as estrelas brilham soberanas em volta da lua azul". Lua azul... estava claro para ela que o rapaz não deveria estar se referindo a uma crença popular muito antiga, que circulava em alguns países do Hemisfério Norte, de que, de tempos em tempos, ocorria uma lua cheia rara, conhecida como lua azul ou lua das fadas. Katie, então, adormeceu pensando no significado de tudo aquilo.

Após Katie pegar no sono, o espírito da jovem pôde novamente contemplar seu corpo adormecido sob as cobertas e ver com clareza tudo ao seu redor. Um rapaz, trajando roupas antigas do século 18, aproximou-se sorrindo, e Katie reconheceu nele a figura de Andrew. Apesar de estar vendo seu rosto pela primeira vez, ele, com seus olhos verdes dotados de grande vivacidade, lhe inspirava simpatia. Ela sorriu também.

— Parece que deu tudo certo, não é mesmo? — perguntou ele.

— Sim, e eu gostaria de lhe agradecer por isso.

— Não agradeça a mim, Katie, pois sou somente um espírito como qualquer outro, que está tentando progredir. Assim como você, sou apenas um espírito. Muitos dos nossos estavam envolvidos nesta operação.

— E Elliot? O que acontecerá com ele? A morte dele foi provocada por vocês?

— Muitas perguntas... Você sempre foi curiosa. Bem, ele receberá auxílio, afinal, todos recebem. Aceitá-lo ou não será escolha dele, mas não há como escapar da grande roda da evolução. Trata-se de uma lei universal. Não, não fomos nós quem provocamos a morte dele, e, por ora, é tudo o que tenho a lhe dizer sobre o assunto.

Katie olhou para Andrew e observou o rosto do homem à sua frente em detalhes. Parecia-lhe familiar.

— Por que disse que sempre fui curiosa? Referiu-se a mim nesta existência ou em outras?

Ele deu uma gargalhada.

— A prova de que é curiosa é estar novamente me fazendo perguntas. Me referi à sua existência atual e a outras também. Katie, o espírito é o que é, independentemente do corpo ao qual esteja ligado. E, antes que me faça uma nova pergunta, a resposta é sim. Nós estivemos juntos no passado, e, agora, assumo o papel de um de seus mentores. Andressa não o fará mais por enquanto, pois lhe foi designada outra tarefa. Vocês duas possuem um forte vínculo afetivo, e o amor é atemporal.

— Ela está naquele lugar que visitei?

— Sim, na Colônia dos Carvalhos, e por essa razão estou aqui. Vim para levá-la até lá. Eva e Urian gostariam de vê-la.

— Quando meu corpo despertar, se lembrará desta nossa conversa?

— De algumas coisas. Outras ficarão armazenadas em sua memória espiritual. Seu espírito se lembrará; ele possui acesso à sua mente racional. Para quem está ligado ao corpo físico, isto é, encarnado, é um pouco difícil compreender como isso se dá, mas, no momento, recebi a tarefa de levá-la comigo até a colônia. Vamos?

Andrew segurou na mão de Katie, e, em uma velocidade semelhante à do pensamento, os dois chegaram à Colônia dos Carvalhos.

— Este lugar fica sobre Londres? — perguntou Katie, enquanto Andrew a levava até a sala de Eva.

— Na verdade, não. Estamos localizados sobre o País de Gales.

— Hummm... Tenho muito desejo de conhecer aquele lugar.

Andrew olhou para ela e sorriu.

— Eva, eu trouxe Katie para vê-la.

Eva estava de pé diante da janela e virou-se sorrindo.

— Estou feliz em vê-la novamente, Katie. Sente-se.

Ela obedeceu, e Andrew sentou-se ao seu lado.

— Andrew deve ter lhe dito que Andressa assumiu uma nova tarefa, não é mesmo?

— Sim. Ela está aqui mesmo, na colônia?

— Está, mas, por enquanto, deverá permanecer em uma área aonde você não poderá ir. Théo também está lá, e ela está responsável por ele.

Ao ouvir o nome de Théo, Katie foi tomada por certa comoção.

— E como ele está se saindo? Está melhor?

— Sim, mas o progresso no caso dele é lento. Foram muitos anos terrestres em isolamento nas áreas de baixa vibração.

— O que ocorrerá depois?

— Se tudo correr conforme desejamos, e isso dependerá dele também, Théo receberá o treinamento necessário para trabalhar conosco.

— Ele e Andressa não reencarnarão novamente?

— Um dia.

— Poderei vê-los novamente?

— Sim, mas tudo a seu tempo — respondeu Eva. — O motivo pelo qual está aqui é relacionado a você mesma e à sua trajetória como médium.

Katie permaneceu em silêncio olhando para ela.

— Posso dizer que, até o momento, você está cumprindo muito bem seu papel. — observou Eva esboçando um sorriso. — Mas seu trabalho deve continuar, e algumas coisas mudarão.

— Você se refere à minha vida ou à minha mediunidade?

— A ambas, afinal, uma coisa está ligada à outra. Sua vida agora está entrando em uma nova fase. Tudo será diferente para você, e isso também está dentro dos planos. Nada está fora do lugar, você compreende?

Katie balançou a cabeça afirmativamente.

— Você já progrediu como médium, mas é apenas o começo. Muitas coisas mudarão com o passar dos anos, mas não se preocupe com isso. Siga o curso de sua existência, faça sua parte, cuide de seus pensamentos e de suas ações, promova o bem e não o mal, e o restante se apresentará a você. E não se esqueça de que, como sempre, estaremos por perto para orientá-la. Andrew será seu mentor mais próximo por algum tempo.

— Assim como Andressa, ele deixará de ser meu mentor?

— Ele deverá permanecer durante o tempo em que lhe for útil, pois para tudo existe uma razão. Depois, ele seguirá adiante em seu próprio ciclo de aprendizado e evolução, mas também não se preocupe com isso. Simplesmente, cumpra o papel que se comprometeu a assumir como médium. Todas as mudanças que estão ocorrendo em sua vida servirão para promover sua missão. Aos poucos, você deixará de ser uma médium de efeitos físicos, como denominam na Terra, e deverá atuar de forma mais sutil, sem grandes desgastes de energia para si e para seu corpo. Tudo o que você passou, Katie, constituiu uma espécie de treinamento para, no final, transformá-la no que é agora, e, como tudo sempre muda, siga em frente. — Eva fez uma pausa. — Durante algum tempo, você deverá nos visitar durante seus períodos de sono, sempre na companhia de Andrew, para receber novas lições.

— Um dia eu vivi aqui, neste lugar?

— Sim. Por ora, não poderei lhe dar mais esclarecimentos, e não lhe é permitido especular sobre seu futuro. Apenas confie — disse Eva, voltando-se em seguida para Andrew. — Acho que é tudo. Mostre para ela alguns dos nossos pavilhões, aqueles que ela frequentará. Agora, se me dão licença, tenho alguns assuntos importantes para analisar e debater com Urian. Até breve!

Os dois se retiraram e percorreram o corredor até o final daquele prédio, e Andrew mostrou para Katie onde ficava a biblioteca.

— É imensa! — exclamou Katie, enquanto, maravilhada, percorria com o olhar as gigantescas paredes revestidas por volumes e mais volumes de livros. — Por que usam isso aqui no mundo espiritual? Livros não coisas do mundo terreno?

— Este lugar está situado em uma faixa vibratória intermediária, Katie. Tudo aqui é feito de matéria menos densa do que a terrena. Os espíritos que aqui estão se apresentam com uma aparência que corresponde à de um corpo que tiveram em uma existência qualquer. É o meu caso por exemplo, e o seu também... — explicou ele. — Veja... é seu espírito que tem sua forma humana? Não, na verdade chamamos isso de perispírito, uma espécie de invólucro. Além desta, existem muitas outras colônias de aprendizado e de resgate. Algumas estão na mesma faixa vibratória, outras, em mais sutis. E existem ainda locais que funcionam como pontos de apoio aos desencarnados e aos encarnados e estão localizados em zonas de faixas vibratórias bem mais densas, muito próximas da Terra.

— Você já visitou alguns desses locais dos quais acabou de falar? Me refiro a esses, que são ainda mais evoluídos do que a Colônia dos Carvalhos. Não consigo sequer imaginá-los, já que este aqui está acima da expectativa do que na Terra chamamos de paraíso... Este lugar é lindo! Existem outros ainda mais belos?

Andrew sorriu, e Katie percebeu o quanto o rosto dele parecia infantil.

— Sim, existem, mas nunca os visitei. Faz parte da nossa evolução! Chegará o momento em que não encarnaremos mais na Terra. Existem outros mundos também, e, à medida que evoluímos, tudo à nossa volta muda. A realidade que conhecemos também passa a ser outra.

— Compreendo... — murmurou ela caminhando pelo vasto salão. — Do que tratam esses livros?

— De muitos assuntos: história, ciência do ponto de vista do mundo espiritual, arte... Temos registrada aqui toda a história dos fenômenos espirituais e como isso evoluiu junto com a humanidade... É um lugar fascinante, mas, por enquanto, você não terá acesso a ele. Só a trouxe até aqui para que conhecesse, já que acho este lugar um dos mais incríveis da colônia.

E era realmente. Poltronas confortáveis espalhavam-se pelo ambiente, e Katie tocou-as com as pontas dos dedos, pois eram revestidas de algo semelhante ao veludo, todas na cor verde-claro. Duas grandes peças de tapeçaria, que ocupavam uma das paredes, chamaram-lhe a atenção. Das quatro paredes que compunham o local aquela era a única que não estava coberta por prateleiras com livros. Katie aproximou-se para observar mais de perto, e, em uma delas, uma jovem dama parecia conversar com um ser angelical em uma floresta. A delicadeza dos fios e o relevo que formavam eram algo que, para os encarnados, poderia ser descrito como sobrenatural, muito além da realidade concreta com a qual estavam acostumados na Terra, apresentando tonalidades e texturas desconhecidas para nós. No outro havia três jovens vestidas de branco, sentadas na relva, em um clima de descontração. O primeiro chamou-lhe mais a atenção do que o segundo, e Katie voltou a parar diante dele. O vestido vermelho da dama, seu corpo delicado e esguio, lembrando o de uma fada, tal qual era representada nos livros de fábulas, as asas brancas do anjo com pontos brilhantes criados em fios prateados, fizeram-na pensar: "A rainha das fadas, o manto escarlate... estrelas que brilham...". Era como se aquela imagem lhe desse uma pista.

— Vamos? — perguntou Andrew.— Logo, logo seu corpo despertará.

Capítulo 41

— Você tem visitas, Edward — disse Marianne, quando entrou para retirar a bandeja do desjejum.

A dieta de Edward estava extremamente restrita, sendo lhe permitido somente líquidos. Morringan pretendia liberar alimentos pastosos somente a partir do dia seguinte.

— Bom dia, meu jovem! — disse William.

— Bom dia, doutor Russel. É muito bom vê-lo — disse Edward com a voz fraca.

— Bom dia, Edward! — cumprimentou Helen entrando na enfermaria.

— Helen! É muito bom ver vocês!

— Podemos dizer o mesmo — disse William. — Morringan acredita que, dentro de três dias, poderemos levá-lo para casa.

— Isso é ótimo.

Edward ainda estava muito pálido e fraco, então Helen e William não se demoraram muito tempo. Antes de se despedirem, Helen aproximou-se e segurou na mão dele.

— É bom tê-lo entre nós novamente, meu amigo. Katie já sabe que você está aqui e deverá vir visitá-lo ainda hoje. E, só para que se tranquilize, Ilzie e Armand estão tratando dos detalhes do casamento e tentarão adiá-lo para o fim da próxima semana.

— Helen! — exclamou William enfiando a cabeça porta adentro. — Temos de deixá-lo descansar!

— Está bem! — depois, voltando-se para Edward, disse: — Tenho de ir. Amanhã, viremos novamente. Descanse e logo estará em casa conosco.

Edward beijou a mão de Helen com carinho, e despediram-se. Dentro de pouco tempo, ele adormeceu.

— Você acha que ele realmente está bem, Carl? — perguntou Helen, enquanto se servia de uma xícara de chá. — Eu o achei tão pálido...

— Sim. Se não houver mais sangramentos e mantivermos a ferida longe de qualquer infecção, logo nosso doutor Cloods poderá voltar a cuidar dos doentes. Não se deixe impressionar pela palidez. É perfeitamente normal no caso dele.

— E como Katie recebeu a notícia? — perguntou Marianne.

— Na medida do possível, muito bem — disse Helen. — Antes ter o noivo vivo, mesmo que ferido, do que morto pelas mãos de um assassino. — E, em seguida, mudou de assunto. — E como estão os preparativos para a mudança?

— Estamos muito animados — disse Marianne. — Após nosso casamento, iremos a Essex para contratar mão de obra e dar início a algumas pequenas reformas.

— Isso é ótimo! — exclamou Helen.

— As reformas serão pequenas — explicou Morringan. — Faremos somente algumas adaptações na cozinha e na parte de cima da casa. Pensamos em transformar um dos quartos em uma sala, para que nós e nossas visitas possamos ter um local agradável durante o inverno, onde possamos conversar ou nos distrair de alguma forma. Desejamos que essa fala fique no piso superior.

— Nós iremos visitá-los assim que pudermos, não é, querido?

— Sim — respondeu William. — Mas, por enquanto, vamos nos ater à nossa realidade. Temos de voltar para casa, querida, pois me encontrarei com Fields após o almoço.

— É verdade — disse ela deixando a xícara sobre a mesa e levantando-se.

Os Russels despediram-se, e, logo em seguida, Katie e Ilzie chegaram e foram recebidas por Marianne e por Morringan, que, naquela manhã, não tinha pacientes para atender.

— Venha, querida — disse Morringan para Katie. — Seu noivo ficará feliz em vê-la.

Katie entrou na enfermaria pisando suavemente para não acordá-lo e parou de pé ao lado da cabeceira da cama. A jovem estendeu a mão direita na direção do rosto de Edward, mas recolheu os dedos, baixando a mão novamente.

— Pode acordá-lo, Katie. Ele está dormindo, porque os remédios para a dor que administrei são muito fortes — sussurrou Morringan em seu ouvido.

Ilzie preferiu ficar na sala de visitas na companhia de Marianne para que Katie pudesse aproveitar melhor o tempo ao lado do noivo.

— Edward...— disse ela baixinho junto ao ouvido dele. — Eu estou aqui...

O rapaz abriu os olhos devagar, e, aos poucos, o rosto de Katie tornou-se nítido para ele.

— Agora, não me importo de morrer... — disse ele esboçando um sorriso.

— Não fale tolices! — exclamou ela em uma suave repreensão. — Não sabe o quanto tive medo de perdê-lo.

Edward segurou a mão de Katie e beijou-a repetidas vezes.

— Nunca me perderá. Helen me disse que nosso casamento foi adiado. Por favor, me dê mais uma semana para que possa me recuperar. Não queira me substituir por outro...

Katie sorriu.

— Agora não precisamos casar às pressas, se você não quiser.

— Para que desarrumarmos tudo aquilo que tivemos tanto trabalho para arrumar? Se temos um casamento para ir, então, vamos! Afinal de contas, já estamos noivos, não é mesmo?

— Sim. E você ainda aceitará o emprego de médico assistente do amigo do doutor Russel?

— O que você acha?

— Penso que será bom para sua carreira e que, para nós, a experiência de morarmos em um lugar que não conhecemos será boa. Amo minha família, mas acho que viver longe deles poderá ser positivo para meu amadurecimento.

— Está certo. Aceitarei o emprego, e iremos embora.

— Não quer dizer que teremos de ficar morando lá para sempre...

— Claro que não! Onde gostaria de morar?

— Tenho muita vontade de conhecer o País de Gales.

— É muito bonito.

— Então... quem sabe do futuro não é mesmo? Mas, primeiro, teremos que ir à Paris — disse ela sorrindo.

— Sim, vamos resolver tudo isso.

— Sei o que você quis dizer com aquelas palavras estranhas que escreveu naquele bilhete.

Edward ficou olhando para Katie, sem entender o que ela estava falando, pois ainda sofria com o efeito dos sedativos.

— Mas não é tão importante assim. Quando estiver melhor, conversaremos sobre o assunto. Agora durma, querido — disse ela beijando-lhe com carinho e acariciando-lhe os cabelos.

Em poucos minutos, Edward adormeceu segurando na mão de Katie.

***

À medida que os dias passavam, o estado de saúde de Edward melhorava rapidamente, e, quando o domingo chegou, William e Bucky foram buscá-lo para levá-lo para casa. O rapaz caminhava com o apoio de uma bengala e começava a se alimentar normalmente, mantendo jejum de bebidas alcoólicas e alimentos gordurosos e de difícil digestão. Katie visitou-o todos os dias até chegar a véspera do casamento.

Na casa dos Harrisons, Elgie e Rachel trabalhavam na cozinha preparando pães, tortas e também o bolo dos noivos. Na companhia de Ilzie e de Armand, Katie foi até a capela de Santa Margarida para acertar os últimos detalhes relacionados à cerimônia, que deveria ser simples. A decoração, que ficara por conta de uma florista contratada por Ilzie, seria feita com arranjos de margaridas salpicados por delicadas violetas, que seriam elegantemente presos por laços de cetim arrematados por contas imitando pérolas. Estes, por sua vez, seriam presos nas laterais dos bancos, da porta de entrada até o altar.

— Será que não exageramos, Ilzie? — perguntou Katie. — Afinal de contas, teremos pouquíssimos convidados...

— Não são para os convidados, querida! São para nós! Nós merecemos um lindo dia amanhã, com as mais belas flores! Merecemos estar maravilhosas em nossos vestidos, comer comidas deliciosas e nos sentir as mulheres mais felizes do mundo! — disse Ilzie sorrindo e pousando a mão de leve sobre o braço de Katie. — Olhe ali... — disse apontando para Armand, que conversava com o pároco. — Tenho todos os motivos do mundo para desejar me sentir feliz amanhã, pois, finalmente, me casarei com o homem que amo. Nunca imaginei que este dia chegaria...

Katie sorriu.

— Você está certa, está totalmente certa. Eu gostaria de lhe agradecer por tudo o que tem feito por mim.

— Não precisa me agradecer por nada. Tudo o que fiz foi por minha vontade. Eu a amo sinceramente como a uma irmã ou, por que não dizer, como a uma filha... Você e Edward serão muito felizes! Eu tenho certeza disso!

***

Na manhã do dia do casamento, uma fina garoa caía por toda a cidade, e a temperatura estava agradável, livre do frio excessivo ou do calor. Katie sentia-se anormalmente tranquila para uma noiva, e parecia que Rachel é quem iria se casar.

— Querida, temos que arrumar seu cabelo.

— Ainda está cedo, tia.

— Você é quem pensa! As horas passam muito rápido. Daqui a pouco, já passou a hora do almoço e...

Katie estava sentada diante da penteadeira e virou-se na direção de Rachel, que estava de pé atrás dela. A tia procurava secar as lágrimas, que caíam em abundância sem que conseguisse contê-las.

— Tia Rachel... por que está chorando?

— Não sei... — respondeu com a voz entrecortada. — Porque vou vê-la ir embora...

— Tia, a senhora poderá me visitar quando quiser. Edward e eu decidimos que não ficaremos no Norte por muito tempo. Vou escrever toda a semana para a senhora e para a mamãe. Além do mais, não estamos nos mudando para outro país, existem os trens...

— É verdade, querida... É tolice minha. Estou me tornando uma velha solteirona e ridícula!

Ambas riram.

— Você não é velha e só está solteira, porque nunca quis se casar. E isso é ótimo, sabe? Porque pode viajar para onde quiser, o que significa que poderá me visitar quantas vezes desejar e até mesmo viver conosco, se assim o desejar. Tenho certeza de que Edward jamais iria se opor...

— Katie, nunca deixarei sua mãe, pois ela e seus irmãos precisam de mim. Além do mais, tenho agora meu emprego no ateliê de Ilzie. Mas certamente irei vê-los assim que puder. Querida, eu desejo a você e a Edward todas as bênçãos de felicidade e de sucesso e reforço que sempre estarei aqui para qualquer coisa que precisar. — Ela abraçou Katie. — Agora, vamos trançar esses longos fios para enfeitá-los com flores...

As horas não tardaram a passar, e finalmente o momento da cerimônia chegou. O interior da igreja do século 12 estava praticamente vazio, e o som do órgão ecoava pelo ambiente com grande liberdade, o que o tornava ainda mais intenso. Além de Morringan e Marianne, Helen e William, Lucy e Bucky, os empregados de Ilzie, os Harrisons, com exceção de Harold, que chegaria junto com as noivas, e dois casais de conhecidos de Armand, estavam presentes também Fields e Sunders.

Assim que os dois noivos se posicionaram no altar, uma carruagem de aluguel, puxada por cavalos brancos, parou a alguns metros da porta da igreja. Usando trajes apropriados para a ocasião, conforme as exigências de Ilzie, o cocheiro desceu e abriu a porta. As duas noivas desceram primeiro, e, em seguida, Cindy e Telma apareceram segurando um buquê de violetas e com seus vestidos cor-de-rosa pálido, enfeitados com laços e rendas. As damas de honra caminharam com elegância e causaram suspiros de admiração. De braços dados com o pai, Katie entrou logo em seguida, toda de branco. O corpo justo do vestido, feito com rendas, subia em uma gola alta bordada com minúsculas pérolas, e a saia, sem armação, era longa e estendia-se em uma cauda de mais ou menos um metro. Os cabelos da jovem estavam soltos, e somente duas delicadas tranças laterais entrelaçavam-se atrás da cabeça, enfeitada com pequenas margaridas. Entre as mãos, Katie trazia um buquê de rosas brancas, suas flores preferidas. Ilzie entrou por último e achou mais apropriado não se casar de branco. Ela fez questão de um véu curto cobrindo-lhe o rosto e optou pela cor pérola.

O sermão demorou cerca de uma hora e finalmente chegou ao fim, com os noivos trocando as alianças e votos de fidelidade, concluindo, assim, a cerimônia.

Andrew e Andressa assistiram ao casamento, e ela não pôde conter a emoção ao ver Edward colocar a aliança no dedo de Katie. Quando todos os convidados deixaram o local, ela retornou para a colônia, e Andrew seguiu junto com Katie para a casa de Ilzie.

Lá chegando, o clima era de descontração e alegria. A chuva cessara, e até mesmo uma parca luminosidade dourada tingia o céu de final de tarde. No jardim, uma grande tenda fora montada no dia anterior e abrigava uma longa mesa de madeira com bancos para os convidados se sentarem. Tudo estava enfeitado com flores e luminárias revestidas de papel colorido, e em uma pequena mesa quadrada repousava o bolo dos noivos, feito com três volumosas camadas, que seria cortado no fim da festa. Edward ainda caminhava com o auxílio da bengala e mantinha um pequeno curativo cobrindo o local onde recebera o tiro, mas sentia-se muito bem e revigorado.

— Está feliz? — perguntou ele para Katie.

— Sim, muito, embora tenha achado o sermão um pouco enfadonho...

Ele sorriu concordando.

— Parece que nossa amiga Ilzie está vivendo um conto de fadas — comentou ele junto ao ouvido dela.

— E acredito que para ela e Armand deva ser mesmo algo assim, afinal, não foi fácil para eles vivenciarem em segredo um romance durante todos esses anos.

— Confesso que continuo achando um pouco estranho — comentou Edward dando de ombros, enquanto fisgava com o garfo uma batata assada. — Mas prefiro não ficar pensando nesse tipo de coisa. Gosto dela e de Armand, então, que sejam felizes.

— Onde dormiremos esta noite? Ilzie sugeriu que ficássemos aqui, no quarto de hóspedes, e seguíssemos para a estação amanhã pela manhã.

— Eu acho uma boa ideia, a não ser que você faça questão de passarmos a noite em um hotel.

— Creio que seria melhor ficarmos aqui. Depois de cortarmos o bolo, podemos ir até minha casa para buscarmos nossa bagagem. Será muito mais prático. Eu sou uma mulher prática.

Ele achou engraçada a forma como ela se expressou. Realmente, Katie era uma mulher dada à praticidade. Apesar de feminina e de aparência delicada, não poderia jamais ser considerada frágil ou fútil.

O bolo foi cortado por volta da meia-noite, e todos se despediram cerca de uma hora depois. Ao retornarem para a casa de Ilzie com a bagagem e ficarem a sós no quarto de hóspedes, Katie retirou de dentro da mala um pequeno volume quadrado enrolado em um pedaço de tecido preto e entregou-o para Edward, que estava deitado na cama.

— O que é?

— Abra.

Ele desenrolou as dobras e retirou de dentro a caixinha de joias com a qual presenteara Katie em seu aniversário.

— "A rainha das fadas é a guardiã do tesouro" — disse ela sorrindo. — Confesso que demorei dias até desvendar o mistério.

Ele sorriu.

— Você deve admitir que foi inteligente da minha parte.

— E arriscado também! Como pôde cometer a loucura de esconder uma pequena fortuna em um objeto como este, para depois dá-lo de presente para uma quase desconhecida?

— Ora, senhora Cloods! Não pense que é somente a senhora que possui raros dons... Quando a presenteei com a caixa, eu já pensava em me casar com você. Talvez eu possa prever o futuro... pois, desde que a vi pela primeira vez, insistindo em nadar naquela fria manhã de inverno, senti algo diferente. Quando nos encontramos pela segunda vez, tive a certeza de que estava diante daquela que seria a mulher da minha vida — concluiu ele puxando-a para perto de si.

— Mentiroso! — exclamou ela sorrindo. — Pode ser que eu tenha feito pouco caso dos seus dons como sensitivo, meu caro, mas ainda acho que o que o levou a esconder as pedras no meu presente de aniversário se resume somente a um ato desesperado de salvaguardá-las para si...

Edward deu uma gargalhada.

— Saiba que uma das coisas que mais admiro em você, senhora Cloods, é sua inteligência, e isso para mim, como marido, se apresenta como uma faca de dois gumes, mas sou o tipo de homem que sempre acreditou que a vida é feita de riscos. Aliás, o inspetor Sunders me parabenizou por minha escolha... Disse que, apesar da primeira impressão que teve de você, é uma mulher que impressiona pela determinação e que é muito corajosa — disse ele. — Mas o fato é que as pedras estão aqui conosco e que estamos casados, o que para mim é o que basta. O que quer fazer com elas?— perguntou ele.

Katie olhou dentro dos olhos dele e percebeu que a pergunta deveria ser levada a sério.

— Por que devo responder a essa pergunta?

— Porque quero sua opinião a respeito, já que essas pedras são fruto de um roubo. O que devemos fazer? Entregá-las para Sunders?

Ela demorou um pouco antes de responder.

— Não, acredito que haja um motivo maior para estarem conosco e para você ter sobrevivido duas vezes às tentativas de Elliot de matá-lo.

— O que quer dizer com isso?

— Exatamente o que acabei de falar, que acredito que exista um motivo para termos ficado com esse pequeno tesouro.

— E qual seria esse motivo, senhora Cloods?

— Ainda não sei. Só sei que ele existe, que devemos vendê-las e não utilizar o dinheiro de forma frívola e egoísta. Confesso, contudo, que é somente isso que por ora tenho a dizer sobre o assunto. Afinal de contas, você hoje é médico, tem emprego garantido tanto aqui em Londres como no Norte e, com as bênçãos do doutor Russel, eu diria que as portas se abrirão para você em muitos outros lugares do Reino Unido. Bastará a nós escolher...

— Está dizendo que não devamos usar esse dinheiro em nosso próprio benefício?

— Não digo que não possamos fazer isso com uma parte dele, mas que não devemos ostentar e gastá-lo com futilidades. Penso que devamos empregá-lo de forma inteligente e não gananciosa. Talvez sejamos as pessoas certas para estarmos de posse desses valores, contudo, temos de honrar a oportunidade que estamos tendo e agir com equilíbrio para empregarmos parte dele em uma causa mais nobre.

— E qual causa seria essa?

— Acredito que isso se revelará de uma forma ou de outra no momento certo. Agora, vamos descansar, pois daqui a três horas deveremos estar de pé novamente.

Edward puxou-a para junto dele e sussurrou em seu ouvido.

— Podemos deixar para dormir depois, quando estivermos no trem, não acha? Afinal de contas, é nossa noite de núpcias...

Katie sorriu e beijou-o lentamente.

— Acho que tem toda a razão... — disse ela apagando com um único sopro a vela que estava ao lado da cama.

Capítulo 42

O primeiro trem para Dover saía por volta das cinco horas da manhã. Ilzie e Armand despediram-se de Edward e de Katie na estação.

— Por favor, nos enviem um telegrama quando chegarem lá — pediu Ilzie.

— Pode deixar — disse Katie abraçando-a. — Na próxima semana, estaremos de volta.

Edward e Armand apertaram as mãos, e finalmente o casal entrou no trem e partiu. Algumas horas mais tarde, ao chegarem ao porto de Dover, embarcaram em um navio de passageiros que fazia a travessia do Canal da Mancha. O clima estava agradável e ameno, e Katie, que nunca navegara antes, surpreendeu o marido por não apresentar nenhum tipo de mal-estar, enjoos ou vertigens tão comuns àqueles que não estão acostumados com o mar. A viagem foi curta, com cerca de uma hora e meia de navegação, e, por fim, o casal chegou ao porto de desembarque na cidade de Calais, no norte da França. Almoçaram lá mesmo já que teriam de esperar o próximo trem para Paris, que sairia somente no início da tarde.

— O que está achando da viagem? — perguntou Edward, quando já estavam dentro do trem.

— Maravilhosa! Descobri que gosto de viajar — respondeu ela sorrindo.

Ao chegarem a Paris, no início da noite, alugaram um coche e foram para o endereço indicado por Ilzie, na rua Lamartine, número 646. Pararam diante de um portão de grades altas e viram que atrás dele havia um jardim harmonioso, com canteiros bem cuidados, e, aos fundos, uma construção de dois andares feita de concreto. No escuro, era difícil distinguir a cor das paredes, mas para Katie pareceu algo semelhante à cor de vinho, com as aberturas das janelas e portas pintadas de branco. Edward abriu o cadeado, e eles entraram carregando as duas únicas malas que traziam. O curto caminho que levava até a porta da frente era pavimentado com pedras, e tudo estava muito limpo e bem cuidado. Ilzie costumava pagar mensalmente a um jardineiro e uma faxineira para que fossem até lá e mantivessem a propriedade em ordem.

Algumas luminárias a gás haviam sido providenciadas para a chegada dos hóspedes, assim como velas, provisões alimentícias, lenha, roupas de cama e de banho. Ilzie advertira os dois funcionários de que, durante aquela semana, não deveriam ir até a propriedade para não perturbarem o casal de amigos que estaria em lua de mel.

Na manhã seguinte, Edward levou Katie para passear pelas ruas de Paris, e ela encantou-se com a arquitetura das casas, dos cafés, com as galerias e os restaurantes. Retornaram para casa no meio da tarde, já que, por volta das sete da noite, Jean, o amigo de Armand, iria procurá-los a fim de avaliar o lote de pedras.

Pontualmente, um homem alto, magro e com as costas levemente curvadas surgiu no portão.

— Jean? Muito prazer. Sou Edward Cloods. Queira entrar, por favor.

Assim como Katie, Edward também conhecia um pouco do idioma francês.

— Muito obrigado — respondeu o homem. — Fizeram boa viagem?

— Sim, excelente — respondeu Edward sorrindo. — Venha por aqui.

— Eu já estive aqui antes. Conheço bem a propriedade.

Jean parecia ser um pouco tímido, nada expansivo e muito discreto, até mesmo em sua forma de vestir. Usava um terno marrom-escuro e uma gravata do tipo lenço em volta do pescoço, seus gestos eram suaves e sua voz era um tanto quanto baixa, o que tornava difícil compreender o que ele dizia em alguns momentos. Katie serviu café e chá, e, dentro de algum tempo, o recém-chegado mostrou que estava se sentindo mais à vontade.

— Me desculpem, não quis causar má impressão, mas é que só faço esse tipo de intermediação quando tenho certeza de que estou lidando com pessoas de confiança. Posso ver as gemas?

— Querida, pode ir buscá-las, por gentileza?

— Claro — respondeu Katie levantando-se e subindo rapidamente a escada que levava ao piso superior.

Quando abriram a caixa de joias e exibiram as pedras diante dos olhos do intermediador, ambos perceberam que ele procurou disfarçar o entusiasmo e a admiração. Estava diante da safira azul mais perfeita que já tinha visto. A pedra recebera muitos títulos, e um deles era de lua azul, o mesmo que Edward utilizara para referir-se a ela. Na verdade, Elliot referia-se à pedra daquela forma. O belga, residente em Paris desde a infância, estava acostumado a conviver com pedras preciosas dos mais variados tipos, pois seu avô e seu pai também trabalhavam com os mesmos produtos. Jean analisou os diamantes um a um e confirmou que se tratavam de pedras de excelente qualidade. Ao todo eram doze, mas a safira certamente ultrapassava de longe o valor de todos elas juntas.

Jean colocou as gemas novamente dentro da caixa e entregou-a para Katie.

— Há um comprador específico para pedras preciosas únicas como essa — disse Jean, referindo-se à safira. — Vocês pretendem permanecer em Paris até quando?

— Temos quatro dias para resolver esse assunto, pois uma oportunidade de trabalho me aguarda no norte da Inglaterra — respondeu Edward.

— Aqui na França não existe comprador para essa pedra, somente para os diamantes. Ficarei com eles hoje mesmo, pois já tenho para quem os repassar. Agora, quanto à safira, terei de enviar um telegrama para um contato meu que mora em São Petersburgo. Deverei receber a resposta logo e tenho quase certeza de que ele autorizará a compra.

Jean segurou a pedra redonda com cinco centímetros de diâmetro entre os dedos polegar e indicador da mão direita e olhou através dela.

— Esta pedra veio da Índia, pertenceu à coleção particular de uma rainha alemã e estava desaparecida há muitos anos, eu diria que há cerca de um século. Reapareceu na Rússia e desapareceu novamente. Para mim, é uma experiência singular tê-la em mãos. Vale uma fortuna — acrescentou ele. — Não terei todo o dinheiro para dar-lhes agora e precisarei de alguns dias para levantar o restante, mas Armand me conhece e sabe que sou de extrema confiança.

Edward e Katie entreolharam-se, e ela fez um discreto, quase imperceptível, gesto com a cabeça que ele compreendeu.

— Se Ilzie e Armand não confiassem em você, não estaríamos tentando negociar neste exato momento. Faça contato com seu conhecido em São Petersburgo, e aguardaremos sua resposta.

— Fechado! — disse Jean satisfeito e apertou a mão de Edward. — Trarei o dinheiro dos diamantes amanhã pela manhã e, dependendo da resposta do meu contato, entregarei para vocês a metade do valor da lua azul dentro de poucos dias. Agora, preciso ir — disse ele levantando-se.

— Vou acompanhá-lo até o portão — disse Edward.

Na manhã seguinte, Jean retornou com uma razoável soma em dinheiro, que entregou nas mãos de Katie, e levou consigo um pequenino saco de veludo contendo os doze diamantes.

Dois dias após a venda, foi finalmente concluída a negociação da rara safira azul. Jean sugeriu a Edward que ele e Katie deixassem Paris naquela mesma noite, pois sempre havia a possibilidade de ter sido seguido durante o trajeto.

Eles acataram a sugestão e tomaram o trem novamente para Calais. Lá, pernoitaram em um hotel próximo à estação e, na manhã seguinte, tomaram novamente o navio de passageiros para Dover, fazendo, assim, o trajeto de retorno a Londres. Como no dia em que partiram, Ilzie e Armand aguardavam-nos na estação.

— Que bom que estão de volta! — disse ela abraçando Katie. — Como foi em Paris?

— Estava ótimo, Ilzie. Adoramos sua propriedade! A casa é aconchegante, e o bairro é muito tranquilo.

— Vocês visitaram todos os pontos turísticos? Igrejas, museus, a Torre Eiffel?

— Não tivemos tempo para tudo — respondeu Edward.

— Então, vocês gostaram da casa? É um mimo, não é mesmo? Estava tudo em ordem quando chegaram?

— Sim, gostaríamos de lhes agradecer por tudo — disse Edward.

— Não é necessário, Edward. Quando quiserem visitar Paris novamente, fiquem à vontade para se hospedarem em nossa propriedade — afirmou Armand.

Já estavam dentro do coche, quando Ilzie perguntou em um tom de voz bastante baixo próximo ao ouvido de Katie, que teve de inclinar-se para frente para poder ouvi-la.

— Correu tudo bem com Jean?

— Sim, viemos mais cedo por sugestão dele, inclusive. Parece ser um homem muito sensato e correto em seus negócios.

— Fizeram bem, minha querida. Sim, apesar do ramo com o qual trabalha não ser considerado legal, ele é de extrema confiança — disse ela calando-se.

Foram direto para a casa de Ilzie, e Edward entregou o dinheiro para ela e Armand para que o guardassem no banco, com a promessa de que depois retornaria para as mãos dele e de Katie.

Passaram a noite na casa dos Harrisons e, no dia seguinte, almoçaram com Helen e William.

Após o almoço, Helen e Katie foram caminhar no jardim, enquanto William conversava com Edward na biblioteca.

— Estão preparados para se mudar para a região de Manchester?

— Acho que posso dizer que sim, doutor Russel. Acredito que será uma experiência interessante tanto para mim quanto para Katie.

Segurando o cachimbo aceso entre os dedos, William permaneceu em silêncio durante algum tempo.

— Gostaria que você conversasse com sua esposa e que vocês ponderassem a possibilidade de permanecerem aqui mesmo, em Londres.

Edward olhou para William com expressão de espanto, pois já estava tudo certo para ele assumir a vaga de médico assistente em uma localidade próxima a Manchester.

— Mas, doutor Russel, nós nos comprometemos com seu amigo...

William soltou dois círculos de fumaça pela boca, que se ergueram lentamente no ar e deu de ombros.

— Meu jovem, penso que uma indicação como professor assistente de anatomia na universidade e a possibilidade de assumir a clínica do doutor Morringan, com o aval dele próprio e com uma clientela já formada, constitui uma oportunidade bem mais promissora para você.

Edward mal podia acreditar no que estava ouvindo. Russel tinha total razão no que estava dizendo. Era uma oportunidade de ouro para um recém-formado.

— Nem sei o que lhe dizer, doutor William... Acredito que, primeiramente, teríamos de encontrar um lugar para morarmos, pois Katie não deseja residir na casa dos pais, nem eu...

— Eu e Helen pensamos nisso também. Esta casa é muito grande para nós dois, Bucky e Lucy ocupam as dependências dos fundos, e, daqui a mais alguns meses, possivelmente nos mudaremos para a região de Essex e assim ficaremos próximos de Marianne e de Morringan, que acabaram de fechar negócio em uma propriedade — ele fez uma pausa.

— Claro que, vez por outra, teriam de nos receber como hóspedes, aqui em Londres... Você deverá assumir a cadeira na universidade dentro de, no máximo, quinze dias e a clínica de Morringan em, no máximo, dois meses. Já tomei a liberdade de conversar com ele a respeito, e Carl gostou muito da ideia, desde que você não ocupe a área residencial, que deverá permanecer fechada para ser ocupada por ele e Marianne quando resolverem visitar a cidade.

— A proposta é tentadora. Vou conversar com Katie ainda hoje.

— Por que não a chamamos agora e perguntamos a ela o que pensa? Assim, já poderei enviar um telegrama ao meu amigo de Manchester dizendo que você recebeu um convite da universidade, o qual não poderá recusar.

Helen e Katie conversavam à sombra das macieiras, que, àquela altura, estavam completamente floridas. O sol agradável da primavera as absolvia do uso dos casacos e agasalhos pesados, trazendo sensação maior de liberdade. Dois gatos dormiam sobre a grama, e um deles abriu preguiçosamente os olhos para vê-las passarem.

— São dorminhocos, não é mesmo? — disse Katie sorrindo.

— Adoro gatos! Camille também os amava... — comentou Helen. — Às vezes, tenho a sensação de que ela ainda vem nos visitar.

— Tenho certeza de que sim, senhora Russel.

— Me chame de Helen, afinal de contas, não precisamos mais dessas formalidades, querida. Você a vê, Katie?

— Em algumas ocasiões, sim; em outras, apenas percebo a presença dela, como agora, por exemplo. Eu acredito que, alguns deles, estou me referindo aos desencarnados, é claro, atingiram tal grau de conhecimento que podem se deslocar na velocidade do pensamento e é através dele que conseguem nos sentir e vice-versa.

— Tudo isso é maravilhoso, não é mesmo?

— É, sim, senhora Russel... quero dizer, Helen. Sabermos que não perdemos para sempre aqueles a quem amamos é algo maravilhoso.

— Para você, deve ser ainda mais intenso, por conta da sua mediunidade... então, quer dizer que, quando a imagem de minha filha me vem à mente de forma extraordinária ou singular, talvez eu esteja sentindo a proximidade dela?

— Isso mesmo. Neste momento, posso percebê-la ao seu lado.

Camille sorriu.

— Consegue comunicar-se com ela?

— Acho que sim — respondeu Katie fechando os olhos e concentrando-se.

— Pergunte a ela se está em um bom lugar...

Katie ficou em silêncio durante alguns segundos.

— Ela disse que sim, que está aprendendo algumas coisas... e preparando-se para exercer uma função, ou algo assim.

Helen franziu as sobrancelhas.

— Como assim? Ela não reencarnará mais? Não é assim que as coisas funcionam?

Novamente silêncio.

— Ela diz que sim, que um dia reencarnará, mas que deverá respeitar um tempo até que isso ocorra — Katie ficou em silêncio novamente. — A função à qual ela se refere diz respeito a um trabalho em uma colônia espiritual.

— Como se fosse em uma cidade?

— Sim.

— E o que ela fará lá?

Katie permaneceu em silêncio durante mais algum tempo.

— Algo como ajudar pessoas que desencarnam em situações dolorosas.

— Ah... ela desejava mesmo seguir o caminho do pai. Camille amava tudo e todos, a natureza, as pessoas... e dizia que gostaria de tornar-se uma médica para cuidar daqueles que estão doentes... Ela não pode falar através de você, Katie?

— Ela diz que isso não é necessário... e que tem de ir, mas sempre estará próxima de vocês.

— Gostaria muito de abraçá-la — disse Helen —, mas acho que isso, pelo menos por enquanto, não seja possível.

— Você poderá fazê-lo, mas não da forma como a que estava acostumada a fazer. Concentre-se em sua filha e veja a si mesma abraçando-a. Ela poderá sentir, mesmo estando no plano espiritual.

Helen abraçou Katie.

— Obrigada, minha querida. O que você fez por mim e por William foi algo maravilhoso! Sua missão é maravilhosa e poderá trazer esperança e alento a muitas outras pessoas.

Katie sorriu.

— Senhora Russel! — disse Lucy. — O doutor Russel e o doutor Cloods as estão aguardando na sala de visitas.

— Obrigada, Lucy. Poderia nos servir um chá, por favor?

— Sim senhora — disse a empregada afastando-se.

— Helen, suponho que você e Katie ainda não tenham conversado a respeito da nova oportunidade de trabalho que surgiu para Edward — disse William.

Katie sentou-se ao lado de Edward e Helen junto a William.

— Ainda não. Estava aguardando você conversar primeiramente com Edward.

— O doutor Russel me indicou para assumir a cadeira de professor assistente na universidade, Katie... — disse Edward.

Ela permaneceu em silêncio durante algum tempo e olhou para ele. Também não espera tal reviravolta nos planos.

— E o doutor Morringan — disse William — sugeriu que seu marido assumisse também a clínica e os pacientes dele, já que ele e a senhorita Scott estão de mudança para Essex. O que você nos diz, minha querida? — perguntou William, olhando através das lentes para o rosto de Katie.

Ela ponderou não somente a carreira de Edward, como também o desenvolvimento útil de sua missão como médium. Permanecer em Londres, que era uma cidade na qual as ideias espiritualistas floresciam a olhos vistos, talvez fosse a melhor alternativa para ambos. Andrew, que estava ao lado da jovem naquele momento, a intuiu a dizer sim.

— Eu acho a ideia excelente, doutor Russel.

— Isso é perfeito! Eu sabia que não poderia esperar outra resposta de você.

— Mas e o amigo do senhor, que vive em Manchester?

— Eu me encarregarei dele. Edward e eu temos somente de ir até a universidade pela manhã para acertarmos alguns detalhes e para que ele possa assinar a documentação.

— Então, teremos de arrumar moradia por aqui... talvez alugar uma casa pequena próxima à clínica do doutor Morringan, pois eu não gostaria de continuar morando com meus pais... A casa não possui espaço suficiente, e também tenho receio de que minha mãe interfira em nossa vida particular — observou ela.

— Você está corretíssima, Katie, por isso mesmo Helen e eu sugerimos que vocês fiquem morando nesta casa.

Ela olhou para o marido sem esconder o espanto.

— Sim, querida — disse Helen. — Aqui, vocês terão muito espaço, pois Lucy e Bucky permanecerão desempenhando suas funções e ocupando a habitação dos fundos, e, assim, nossa casa não ficará fechada. Como vocês já sabem, eu e William viajaremos por algum tempo e depois pretendemos nos mudar para Essex também. Mas não abro mão de vir a Londres vez por outra, então, não cogitamos vender esta propriedade. Não vejo, assim, uma solução melhor para ambos os lados. Se quiserem, vocês poderão se mudar hoje mesmo e escolher o quarto que irão ocupar. Sugiro o de hóspedes, que fica no piso superior e que já tem uma cama de casal.

— O que acha, Katie? — perguntou Edward.

— Estou muito surpresa, mas também muito feliz! Claro! Façamos desta maneira! Muito obrigada, doutor Russel!

— Não precisa me agradecer.

— Com licença, doutor Russel! O senhor Fields acaba de chegar.

— Por favor, Lucy, peça para ele entrar.

Alguns segundos depois, o jornalista estava na sala de visitas.

— Boa tarde a todos! Senhor e senhora Cloods! Que bom vê-los! Como foi a viagem para Paris? — disse ele apertando a mão de Edward com entusiasmo.

— Foi excelente, Fields! Obrigado! Mas temos de retornar ao trabalho...

— É verdade que irão nos deixar? — perguntou o jornalista, enquanto se servia de uma xícara de chá.

— Realmente, nós iríamos, mas houve uma grande mudança nos planos — respondeu Katie.

— Ficaremos em Londres — acrescentou Edward.

— Isso é maravilhoso, senhorita Harri... quero dizer, senhora Cloods! Assim, poderemos dar seguimento ao nosso projeto com as entrevistas.

— Sim, poderemos. Eu também gostaria de, na primeira ocasião que tivermos, trocar algumas ideias com o senhor a respeito da divulgação dessa linha de pensamento sobre a existência da vida após a morte, fundamentada nos fenômenos mediúnicos. O que o senhor me diz?

Os outros três trocaram olhares em silêncio.

— É perfeito, senhora Cloods! Acredito que, juntos, possamos desenvolver um excelente trabalho para a divulgação dessas ideias!

Andrew e Eva entreolharam-se e sorriram. Iniciara-se uma nova etapa na vida de Katie e de sua missão como médium.

Posfácio

Notas posteriores da autora espiritual Margot sobre a história da médium Katie Harrison

O casamento com o senhor Cloods foi um marco de intensa mudança na vida de Katie. Apesar de precoce, ela possuía não somente um grau de sensibilidade e de mediunidade intensos e incomuns, como também inteligência, lucidez e capacidade de raciocínio aliadas à boa vontade, ao esforço e à determinação.

A parceria entre ela e o jornalista Fields durou cerca de duas décadas, vindo a se extinguir somente com o desencarne dele, após o qual Katie seguiu em frente contando sempre com o apoio do marido e de sua inseparável amiga Ilzie.

Katie e Edward residiram em Londres até o fim de suas vidas e foram militantes muito ativos da causa espírita e das demais correntes espiritualistas, cuja base fundamental era a continuidade da vida após a morte e as provas irrefutáveis dessa realidade por meio dos fenômenos de comunicação entre desencarnados e encarnados por meio da mediunidade.

Durante muitos anos, eles não somente viajaram por diversas cidades do Reino Unido, como também visitaram alguns países do continente europeu e da América do Norte, muitas vezes respondendo a convites, ocasiões nas quais a mediunidade de efeitos físicos se fazia necessária para os mais céticos.

Katie também desenvolveu suas habilidades na psicografia inconsciente e consciente, além de servir como canal, emprestando suas cordas vocais para os desencarnados, aliviando a dor de muitos pela perda daqueles a quem amavam ou, ainda, influenciando decisivamente as crenças de outros, que achavam que a morte significava o irremediável fim.

Ela nunca aceitou dinheiro ou utilizou seus dons mediúnicos de forma fútil com a intenção de exibi-los para benefício próprio. Ela e Edward trabalharam utilizando seus próprios recursos financeiros.

O dinheiro resultante da venda das pedras preciosas foi gasto, no decorrer dos anos, em impressões de textos, folhetins e periódicos, cujo conteúdo era de abordagem espírita e na compra de livros para a educação de jovens médiuns menos favorecidos financeiramente. Muitos desses jovens, que se encontravam na mesma situação pela qual a própria Katie passara um dia, receberam apoio não só espiritual, emocional e psicológico, como também financeiro, já que algumas famílias viviam em condições lastimáveis de extrema carência material.

Katie e Edward nunca chegaram a receber a soma total da venda da valiosa safira azul, pois Jean, o intermediador com o qual se encontraram em Paris, foi assassinado dois dias após o último encontro que tiveram, e a famosa pedra desapareceu de forma misteriosa novamente.

Até o fim de seus dias, Edward conviveu com suas dúvidas acerca da realidade de uma vida espiritual, mas cumpriu seu papel como um colaborador dedicado ao lado da esposa, sem nunca se tornar um obstáculo para ela. Como médico, atendeu a tantos quanto cruzaram seu caminho, independente de poderem pagar por seus serviços ou não. Apesar de resistir à ideia de que os espíritos podem manter contato com o mundo dos vivos e de que sofremos suas influências, ele deixou, mesmo sem o perceber, diversos artigos escritos resultantes de pesquisas e inspirados por seus mentores, nos quais defendia que a alimentação era a responsável por boa parte dos males e das enfermidades, catalogando uma série de itens do reino vegetal e suas qualidades curativas.

Depois de algum tempo, ele e Katie deixaram de consumir produtos de origem animal. Ele defendia a causa da saúde do corpo, e ela, indo além, fora motivada pelo ponto de vista espiritual.

Não tiveram filhos. Por alguma razão desconhecida, Katie nunca os concebeu, talvez porque tivesse que dedicar parte significativa de seu tempo aos filhos de outros, àqueles que se tornariam os divulgadores da boa-nova no futuro, após sua partida para o plano espiritual.

A médium nunca permitiu que fossem feitas publicidade e especulações em torno das sessões e do trabalho que realizava em prol da espiritualidade. Ela e o marido viveram suas existências confortavelmente, porém, sem ostentação.

Morringan e Marianne mudaram-se realmente para Essex e lá viveram até o falecimento dele, quando contava com oitenta e cinco anos de idade. Ela retornou para Londres e foi viver em uma casa de repouso, sem deixar de receber a assistência dos amigos até o dia de seu desencarne, aos noventa e dois anos.

William e Helen empreenderem algumas viagens e, depois, fixaram residência em Essex durante cerca de dois anos. William, contudo, não se adaptou à vida simples do campo, e o casal acabou retornando para sua residência em Londres, onde viveu até o fim de seus dias na companhia de Katie e Edward. Helen faleceu oito anos depois, vítima do que hoje denominamos de aneurisma cerebral. William continuou dedicando-se às suas incansáveis pesquisas e faleceu cinco anos após a esposa, de ataque cardíaco. Os dois finalmente reencontraram a filha Camille, que os aguardava no plano espiritual.

Armand e Ilzie viveram felizes durante quinze anos após o casamento, então, ele desencarnou vítima de uma infecção pulmonar incurável. Ela passou o restante de seus dias dedicando-se à causa espiritualista junto a Katie, Fields e Edward e faleceu com idade bastante avançada, enquanto dormia em sua própria cama.

Edward e Katie tornaram-se os herdeiros legais de Helen e de William. Ele faleceu com setenta e oito anos, vítima de um mal súbito do coração, enquanto fazia uma visita a um de seus pacientes acamados. Katie viveu até perto dos cem anos de idade, dedicando praticamente um século de existência de forma silenciosa e apaixonada ao que julgava ser sua verdadeira missão: mostrar para o maior número possível de pessoas que a mediunidade é uma capacidade natural do ser humano e que o contato entre desencarnados e encarnados não é sobrenatural e, sim, algo que faz parte da nossa natureza.

Rua das Oiticicas, 75 – SP
55 11 2613-4777

contato@vidaeconsciencia.com.br
www.vidaeconsciencia.com.br